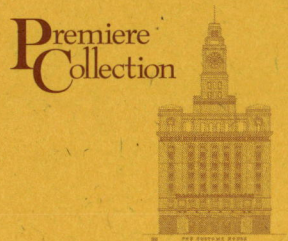
Premiere
Collection

近代中国と広域市場圏

――海関統計によるマクロ的アプローチ

木越義則 著

京都大学学術出版会

プリミエ・コレクションの創刊にあたって

　「プリミエ」とは，初演を意味するフランス語の「première」に由来した「初めて主役を演じる」を意味する英語です。本コレクションのタイトルには，初々しい若い知性のデビュー作という意味が込められています。

　いわゆる大学院重点化によって博士学位取得者を増強する計画が始まってから十数年になります。学界，産業界，政界，官界さらには国際機関等に博士学位取得者が歓迎される時代がやがて到来するという当初の見通しは，国内外の諸状況もあって未だ実現せず，そのため，長期の研鑽を積みながら厳しい日々を送っている若手研究者も少なくありません。

　しかしながら，多くの優秀な人材を学界に迎えたことで学術研究は新しい活況を呈し，領域によっては，既存の研究には見られなかった溌剌とした視点や方法が，若い人々によってもたらされています。そうした優れた業績を広く公開することは，学界のみならず，歴史の転換点にある21世紀の社会全体にとっても，未来を拓く大きな資産になることは間違いありません。

　このたび，京都大学では，常にフロンティアに挑戦することで我が国の教育・研究において誉れある幾多の成果をもたらしてきた百有余年の歴史の上に，若手研究者の優れた業績を世に出すための支援制度を設けることに致しました。本コレクションの各巻は，いずれもこの制度のもとに刊行されるモノグラフです。ここでデビューした研究者は，我が国のみならず，国際的な学界において，将来につながる学術研究のリーダーとして活躍が期待される人たちです。関係者，読者の方々ともども，このコレクションが健やかに成長していくことを見守っていきたいと祈念します。

第25代　京都大学総長　松本　紘

目　次

序　章
近代中国市場圏研究　　1
　　Ⅰ　はじめに　1
　　Ⅱ　近代中国市場研究のアプローチ　4
　　Ⅲ　近代中国の市場圏の史的展開　13
　　Ⅳ　本書の構成と視角　22

第1部　開港場市場圏と世界経済

第1章
国際価格波動と中国の国際分業 ── 銀価格低落問題の再検討　　29
　　Ⅰ　はじめに　29
　　Ⅱ　外国品の貿易物価と貿易数量　35
　　Ⅲ　内国品の貿易物価と貿易数量　44
　　Ⅳ　おわりに　61

第2章
開港場市場圏の形成と変容 ── 開港都市天津の事例分析　　65
　　Ⅰ　はじめに　65
　　Ⅱ　価格波動と開港場市場圏の形成　69
　　Ⅲ　開港場市場圏の実勢と変容　77
　　Ⅳ　おわりに　86

第2部　長江市場圏から全国市場圏へ

第3章
長江市場圏と日本帝国圏 ── 上海の工業化と日本の満洲支配　91

 Ⅰ　はじめに　91
 Ⅱ　開港場市場圏の最終段階　95
 Ⅲ　開港場市場圏の終焉　101
 Ⅳ　おわりに　106

第4章
上海の工業化と交易条件　109

 Ⅰ　工業化と貿易をめぐる理論　109
 Ⅱ　両大戦間期上海の貿易趨勢　113
 Ⅲ　前半期（1914～1931年）の工業化と貿易　117
 Ⅳ　後半期（1932～1937年）の工業化と貿易　129
 Ⅴ　所得交易条件　133

第5章
関内市場圏の形成 ── 1930年代中国の遠隔地間流通　139

 Ⅰ　はじめに　139
 Ⅱ　1930年代中国対外輸出の開港場別動向　142
 Ⅲ　1930年代関内遠隔地間交易の構造　150
 Ⅳ　おわりに　162

第3部　全国市場圏の分断と再建

第6章
戦時期の市場圏の分断　　169

- I　はじめに　169
- II　日中戦争と市場圏の分裂　172
- III　太平洋戦争と市場圏の衰退　176
- IV　おわりに　184

第7章
戦後初期中国の広域市場圏の再建　　187

- I　はじめに　187
- II　戦後初期国民政府のマクロ経済政策　190
- III　戦後初期中国の外国貿易　193
- IV　中国地域別でみる国際分業　203
- V　戦後初期中国の国内分業　209
- VI　おわりに　217

第4部　統計と推計

第8章
中国海関統計論　　223

- I　はじめに　223
- II　海関統計の制度的基礎　226
- III　海関統計の編制方法　232
- IV　海関統計の類別・刊行状況　240
- V　おわりに　244

第 9 章
貿易物価指数の推計　　　　　　　　　　　　　　　　　247

　　I　はじめに　247
　　II　指数推計の共通事項　248
　　III　中国輸出入物価指数（1867～1948 年）　251
　　IV　上海貿易物価指数（1869～1942 年）　263

終　章
全国市場圏の形成と挫折　　　　　　　　　　　　　　277

　　I　ダイバーシティ経済としての中国　277
　　II　輸入代替工業化とダイバーシティ経済　280
　　III　近代中国の広域市場圏の到達点　283
　　IV　通時的比較と国際比較　287

付　表　291
海関統計一覧　317
参考文献一覧　323
あとがき　331
索　引　335

序　章 ｜ 近代中国市場圏研究

I　はじめに

　本書の課題は，19世紀半ばの開港によってもたらされた市場機会に対して，中国の各地域がどのような反応を示し，そして地域間で新たにどのような分業関係を築いていったのかを明らかにすることである．中国各地が広域的に取り結ぶ商品流通の網の目を，「市場圏 (Market Area)」という経済空間の概念でとらえ，その構造と変遷をみていきたい．

　近代中国における市場圏は，時に分断の様相をはらみながらも，20世紀に入ると，国内での分業関係を緊密化する方向に進み，1930年代までに国民経済と呼べるような凝縮性ある内実を持ちつつあった．その形成の歩みと到達について実証的に明らかにすることが，本書のねらいである．

　20世紀前半期，中国経済は，「貧困の罠」から抜け出し，持続的な経済成長を実現できる可能性を持っていた．世界経済との通商を維持しながら，拡大する国内市場を軸に，上海を中心とする沿海地域で工業化が進み，それを支える経済制度の改革も国民政府の手によって進められていた．その方向性は，日本との戦争，そして社会主義時代の政策によって中断を余儀なくされたのであり，中国の工業化を伴う市場経済の発展の起源は，改革開放政策からではなく，20世紀前半期にまで遡る必要がある．

　近代中国の経済パフォーマンスを全体的にみれば，かつて世界の中心的位置にあった国が衰退していった時代である，と見られるかもしれない．中国経済の歴史的なパフォーマンスを定量的にみた代表的な研究にアンガス・マディソン

表 0-1 中国の GDP の長期推計

	GDP (百万 G-K)	人口 (千人)	1人当 GDP (百万 G-K)
1820	228,600	381,000	600
1850	247,200	412,000	600
1870	189,740	358,000	600
1890	205,379	380,000	530
1900	218,154	400,000	540
1913	241,431	437,140	545
1929	274,090	487,273	562
1936	303,433	489,000	597
1950	244,985	546,815	448
2003	6,187,983	1,288,400	4,803

資料) Maddison [2007].
注1) G-K (Geary-Khamis dollars) とは、1990年の購買力平価を基準とする国際比較を目的とした通貨の単位である.

(Angus Maddison) の研究がある[1]. それによると,近代中国の経済成長率は0.22％に過ぎず(世界平均1.64％),人口1人当たりでみればマイナス成長という推計結果が示されている.

しかし,マディソンの推計を19世紀半ばと19世紀末以降に分けてみれば,近代中国が押し並べて低成長の時代であった,とする評価は適切ではない(表0-1参照). 開港から1870年代にかけて,中国のGDPは10％低下し,人口も5,000万人以上減少という数値が示されているが[2],1890年代に入ると中国経済は徐々に回復基調となり,人口は1910年代,GDPは1920年代に開港前の水準に復帰したことがわかる. そして,1930年代には中国史上最も豊かな水準に到達した. 確かに,同時代の欧米諸国,日本に比べればそれほど高いパフォーマンスを実現できていたわけではないが,それでも着実に中国経済は成長の方向に進んでいた.

中国経済が成長軌道に乗った大きな理由の1つは,国際貿易の刺激を受けて商品流通の規模と範囲が拡大したことであろう. 近代中国における商品経済と地域間の社会的分業の結びつきは,開港以降の諸外国との貿易を通じていっそう深化した. 貿易を通じた中国の社会経済構造の変容は,近代中国経済史の古典的なテーマであり,これまでも少なからぬ研究者によってとりあげられてきた. しか

---

1) Maddison [2007].
2) Maddison [2007] は,人口の減少要因を太平天国の乱による経済的疲弊にもとめている.

し，貿易と国内経済との相互連関のメカニズムの究明にはなお詰めるべき余地が多く，数量的証拠と経済理論を踏まえて，いっそう研究を進める必要がある．

本書は，近代中国の市場圏の歩みを，統計分析によって跡づける．経済統計が極めて乏しい近代中国において，船舶による商品流通の統計は，長期的かつ体系的に記録された数少ない資料である．それは，1859〜1949 年にかけて，中国海関 (China. Maritime Customs; CMC)[3] が作成した海関統計[4]に示されている．中国の港湾を通じて国内外に流通した商品の数量と価額，そして貿易財の価格から，商品流通の規模と範囲を定量化し，その流通構造にみられる特徴，そして時代毎の変化を追うことで，近代中国の市場圏の構造的特徴に接近する．

むろん，そこで示される数値は，中国全土の商品流通の一端でしかない．港湾がない地域の商品流通は全くと言ってよいほど計上されていないし，船舶を除く輸送手段も無視できない規模である時代もある[5]．しかし，そのような欠点を認めた上でも，約 90 年間にわたり統一された体系的なフォーマットで統計数字を拾うことができる，という利点は計り知れないものがある．

本書の構成と分析視角を語る前に，先学によって培われてきた豊富な中国市場研究を整理したいと思う．中国経済は，欧米の経験を元にモデル化された経済理論だけで，その特質を捉えることが難しい．そのため，中国経済史学は，特徴ある経済社会を特徴ある概念でもって説明してきた．そこで，II において近代中国市場研究のアプローチをみることにしよう．そして，III において開港から人民共和国に至る中国市場経済の歩みは，今までのところどのような歴史像で語られているのかを素描したいと思う．II と III の作業の後，近代中国市場経済研究の課題と展望を確認し，数多くの研究テーマのうち，本書がどの部分に貢献しよう

---

3) 海関とは，そもそも清代初めに清朝政府が海上交易を管理するために設けた機関である．1854 年に，外国人税務司制度が創設され，外国人海関官吏が西洋列強諸国との貿易を管理するようになった．それ以来，海関は，列強との海上貿易を管理する「洋関」と，それ以外の中国の海上交易を管理する「常関」に分割されることになった．今日，中国海関 (China. Maritime Customs) と通称されているのは，外国人総税務司制度下の洋関のことである（岡本 [1999]）．本書は，慣例にならい，この洋関を中国海関と呼称する．

4) 中国総税務司 (Inspector General of Customs; IGC) によって編纂，出版された刊行物は，Chinese Customs Publications と呼ばれる．Chinese Customs Publications は，I. Statistical Series, II. Special Series, III. Miscellaneous Series, IV. Service Series, V. Office Series, VI. Inspectorate Series の 6 つに大別される (IGC [1940])．本書が言う海関統計とは，I. Statistical Series を指す．リストは巻末を参照．

5) 海関統計の貿易統計としての問題点は，第 8 章を参照．

としているのかを提示し，全体の導入とする．

II　近代中国市場研究のアプローチ

(1)「国家なき資本主義化」

マリー＝クレール・ベルジェール (Marie-Claire Bergere) は，戦前期中国の資本家階級を論じた著作において，中国の工業化を「国家なき資本主義化」と表現した[6]．第1次世界大戦を契機として上海で勃興した近代工業の多くは，政府による働きかけなしに，進取に富んだ中国人企業家たちが拡大する市場機会に機敏に反応した形で発展した．ベルジェールは，それを指して「国家なき」と表現したのである．

1920年代末に国民政府が登場するまで，中国では政府による市場介入は極めて限定されたものであった．もちろん，洋務派官僚たちによる富国強兵政策，そして体制の秩序を維持しようとする中央政府による広い意味での規制は存在したが，市場メカニズムを補完してうまく機能させるような制度改革は稀であった[7]．つまり，政府がマクロ経済を安定化させる制度的仕組みを備えていなかったこと，これが開港から1920年代にかけての中国経済の特徴であった，といえる[8]．

近代の中国経済は，乱高下する物価，不安定な為替相場，脆弱な輸出市場，国際収支赤字，高い失業率，そしてたびたび発生する金融危機といった不安定なマクロ経済環境に慢性的に悩まされてきた．マクロ的に市場を安定化させるためには，金融政策・財政政策を通じた働きかけと，資金の国内外の移動に関する注意深い規制が必要となる．欧米そして日本の経験が示すように，技術の革新と導入だけでなく，金融改革と財政改革 (租税制度の確立を含む) によって，はじめて産

[6) Bergere [1986].
7) 洋務派官僚の工業政策については，波多野 [1961]，鈴木 [1992] を参照．近年は，洋務派官僚たちの西洋近代理解が劣っていた，という評価は，相対化されつつある．日本と中国の近代化のプロセスの違いは，政策担当者の資質の違いに求められるのではなく，社会経済の構造によるものだ，と考えられている．そのような観点を代表する最新の著作として，岡本 [2011]．
8) Shiroyama [2008] は，1931年以前の中国経済をインフレーションと自由放任の時代と集約的に表現している．その指摘は正鵠を得ている，と本書は評価している．

業化を効率的に進めることができる[9]．

　近代中国の通貨金融制度の特徴は，全国的に統一された法定通貨がなく，そして通貨の総量を調整する中央銀行制度が長らく確立されていない点にあった[10]．貨幣経済の中心では，金属純分を基礎に，主に銀もしくは銅を素材とする多種多様な貨幣が流通していた．銀は主に大口の決済手段，銅（銭）は小口の売買に利用された．政府の徴税単位が銀に置かれていたこと，そして遠隔地間決済でも銀が利用されたことによって，中国の物価はほぼ銀の価値に直結する形で変動した．そして，銀の海外流出入に対して，政府が事実上規制を加えなかったため，国内の通貨供給量は，国際的な銀の需給動向から直接影響を被り続けた．1930年代に国民政府の手によって幣制改革が実施されるまで，中国は金融市場，さらには為替相場の水準を自由に操作できる力を十分にもっていなかった．

　政府が金融市場を操作する力をもたない場合，マクロ経済の調整手段として財政の役割が重要となる[11]．近代中国の財政制度は，欧米と比して見れば，Tax，すなわち生産活動に対する定期的な課税よりも，Fee，すなわち一定の権利を付与する見返りとして金銭を納付させる課税行為が大きな位置を占めていた．生産活動の増減に密接に関連性を持つ Tax 税制の整備の立ち遅れにより，中国は安定した財政収入源を確立することができなかった．そして，敗戦条約国として開港した中国は，1930年代に関税自主権を回復するまで，関税政策も自由に実施することができなかった．そのため，財政出動あるいは税率の調整によって民間経済活動を刺激し，戦略的な産業政策を遂行できる余地は相当小さかった．

　経済史研究，そして開発経済理論から導きだされる重要なインプリケーションの1つは，工業化とは，限られた生産要素の意識的あるいは戦略的な集中によって生み出されるものであり，もしそれがなければ，国際貿易を通じて工業化が発生することは稀である，という点である[12]．そして，産業政策を実施するにしても，市場メカニズムを補完するような方向性がなければ，たとえ国内の企業を競争から保護しても，経済全体の生産性を低め，その結果，所得の持続的成長に

---

9) 途上国が農業国から工業国へ移行するための開発理論の集約的整理は，Todaro and Smith [2009] を参照．
10) 中国の通貨金融制度については，濱下 [1990], Shiroyama [2008] を参照．
11) 近代中国財政史研究の整理については，久保 [2011]．
12) 自由主義的な経済体制において，途上国が工業化を進めることは困難である，という認識は，国際経済学においても通説的位置をしめつつある（Krugman and Obstfeld [2009]）．

は結びつかない[13]．政府による市場調整機能の不備は，開港から19世紀末にかけて，国際貿易が拡大する一方で，長らく中国が工業化を進めることができなかった要因の1つであった．

そうした中で，第1次世界大戦を契機に中国で工業化が始まった．ヨーロッパでの大戦は，それまで中国市場を席巻していた西ヨーロッパの工業製品の後退をもたらし，そこに大きな市場の空白が生まれた，という幸運があったことは間違いない．しかし，農業社会に甘んじていたすべての国が中国と同じように工業化を進めることができたわけでない点に鑑みると，その躍動を外的条件にだけ求めるのは不適当である．そこには，開港以来の中国経済の構造上の変化が基礎にあるはずである．

ベルジェールが描いてみせた戦前期中国工業の躍動，そしてそれが政府による国民経済を支える制度的枠組みがない中で進展したという事実は，その後の中国経済史研究の方向性を基調づける重要な主題となった．開港以来の中国経済の本質を，停滞あるいは国際経済上の従属性という視点から見るのではなく，20世紀の工業化へつながる進歩的方向性から再評価しようとする潮流が生み出されてきた．その研究の成果は，政府の市場介入がなくとも，中国にはそれなりの体系性と秩序ある市場が，地域間および国際間の分業関係を内包しながら形成されていた，という点である．

(2) 中国の市場秩序

アヘン戦争により締結された中国とイギリスの間の通商条約は，中国を国際経済上の従属的地位に編入する起点となった，と言われてきた．関税自主権の喪失，治外法権の存在に代表される片務的条項は，中国市場における外国勢力の活動の優位性を決定づけた，と考えられていた．さらに，第2次アヘン戦争により，中国は内国航行権を外国に認めることになり，その後の条約上の解釈をめぐる中国側の譲歩によって，それは内国通商権まで拡張され，いっそう中国経済は従属

---

13) 国際貿易が途上国にとって有効に機能する条件をめぐる議論は，J・E・スティグリッツ (Joseph E. Stiglitz) を中心とする情報の非対称性の理論に基づく研究が主流となっている．そこでは，貿易自由化が必ずしも最適均衡にはなりえず，むしろ政府による介入を通じて産業特化を進めたほうが，ある国では厚生水準が高くなることが示されている．つまり，政策的介入を通じてインセンティブを変化させることのほうが有利であるという戦略的貿易政策という考え方が登場している (Stiglitz [2002], Stiglitz and Charlton [2005])．

的地位に置かれていた、とみなされていた[14]。

しかし、現在は、通商条約の片務的内容にだけ着目するのではなく、その通商ルールが実際にどのように運営され、その中でどのような商業活動が展開されたのかを実証的に解明しようとする研究がみられるようになった[15]。それによると、通商条約が一方的に外国企業に有利に働いた、とは言えず、むしろそれまで広域的な交易への進出を制限されていた中国人の商業活動を活性化した側面が注目される[16]。

通商条約は、中国政府による気まぐれに満ちた市場介入から、中国人の商業活動を保護する役割を果たした側面がある。国際貿易を通じた商品流通であることを証明できれば、通商条約を盾に取り、地方官憲による度重なる流通税の徴収を回避することができた[17]。また、開港都市における国際貿易上の紛争は、外国領事によって必ずしも一方的に外国人に有利な裁定がくだされたわけではなく、中国の商民の財産に対しても尊重が払われていた。そして、外国の商船が提供する海運サービスは、それまで局地的な商業活動に甘んじていた中国人が広域的な販売網を確立するうえで多大な貢献を果たした。開港都市は、外国人のための通商上の拠点、と言うよりは、世界経済がもたらす多様な市場機会を中国人に提供した点が、多くの実証研究によって明らかにされている[18]。通商条約は、確かに市場に対する中央政府の統制力を弱める作用があったが、他方において、市場を支える国家制度の未発達な点を補い、中国人の市場に対するインセンティブを高めた、といえる。

一方、通商条約の効力が大きく及ばない郷村レベルでは、中国社会の基層レベルに根ざした市場秩序があり、外国人が進出するのはいっそう困難であった。当

---

14) 石井孝［1972］は、日本と中国の不平等条約の内容の違いに着目して、前者よりも後者の従属性が極めて強かったと主張した。また、並木・井上［1997］は、日本は「交渉条約国」、中国は「敗戦条約国」として区別され、日本は中国に比べるとかなり良好な条件で国際環境に乗り出したとして、石井［1972］の主張を発展させた。

15) 代表的な研究として、本野［2004］。

16) 中国商人のアジア規模での展開を実証的に明らかにした研究として、籠谷［2000］。

17) 1858年の天津条約により、輸入税のほかにその半分の税を納めれば、アヘンを例外として、内地において再度流通税を課せられないと定められた（子口半税）。中国商人は、この子口半税制度を利用して、内地市場を開拓していた、という事実が明らかにされている（本野［2004］）。

18) その研究潮流は「アジア交易圏論」と呼ばれる。それが中国経済史研究にとってもつ意義について整理したものとして、村上［2011］、古田［2011］。

然，国際貿易と郷村市場をつなげる役割は，中国人によって担われたのである．郷村経済においても，中央政府による規範化されたルールが市場を律していたわけでない．そこでは，宗族関係を軸にした個人のネットワークを基礎に，社会全体の秩序が保たれていた[19]．中国社会では，規範化されたルールよりも，あいまい的な個人的な関係を伝統的に重視する．その意味で，中国の基層社会でみられる民間組織の多くは，ヨーロッパのギルド，日本の村落に比べれば，共同体による規制がはるかに弱い[20]．かつては，共同体規制の弱さを中国経済の停滞と結びつけて理解しようとしていたが，現在では，むしろ中国社会のネットワーク的な特性が市場経済にダイナミズムと柔軟性を与えていた，と考えられるようになっている[21]．

　国際貿易の伸長による経済条件の様々な変化は，一方において新たな商業機会を生み出すと同時に，他方において経済活動の不確実性を増す．開発経済理論における途上国の農村研究をみれば，経済条件の変化を前にして，伝統的な基層社会の多くが解体，衰退を余儀なくされた事例を見出すことができる[22]．しかし，中国の基層社会は，本来もつネットワーク的特性をより発展させることで，新たな経済条件に柔軟な対応をみせていった．開港以降，国際貿易の集積地に進出した中国の商業組織，手工業組織，そして労働者組織をみると，そのほとんどが出身地の郷村における地縁・血縁的な関係に支えられていたことを容易に見いだせる[23]．このようなネットワーク的特性に支えられて，郷村市場は世界市場と結びついていた．

　開港都市において，外国企業とビジネスを展開した中国人の中から，商業的に成功を収めた企業家が数多く輩出した．彼らは一般的には「買弁」と呼ばれる．かつて買弁とは，外国人の手先となり中国の民族的利益の上前をはねる売国奴的な意味合いで使われる場合が多かったが，今日では，世界市場と中国市場を橋渡しし，中国の市場経済の発展に大きな貢献を果たした企業家として評価されてい

---

[19] 中国の社会関係を理論的に整理した代表的な研究として，村松 [1949]．
[20] 仁井田 [1951]，旗田 [1973]．また，宗族関係と個人の関係について，Eastman [1988] の整理によれば，家に帰属する大きな土地や資産がある場合，宗族関係は個人に大きな影響を及ぼしていたが，財産をもたない零細な人々の場合，ほとんど影響を受けなかった，という指摘もある．
[21] 近代中国社会のネットワーク的特性については，古田 [2000]．
[22] 東南アジアにおける農村社会の変容を理論的に整理したものとして，原 [1996]．
[23] 根岸 [1932]．

る[24]．買弁たちが果たした最も重要な役割は，市場における情報の非対称性を世界経済と中国経済の間で解消した点にある[25]．外国商人は，郷村市場に対するネットワークをもたず，さらに官民両方における慣習的ルールについての情報に不足していた．一方，郷村市場では，世界市場あるいは中国の他地域における市場情報を手に入れることが困難であった．買弁たちは，その両方の情報を手中にすることができた立場にあった．その他にも，外国商人の専属の雇用人あるいは中間業者の立場になくとも，中国の商業的成功者は，多かれ少なかれ，このような情報の非対称を解消し，それを巧みにビジネスに結びつけた人たちであった．第1次世界大戦を契機として勃興する上海の民族工業のほとんどは，このような社会層を出自としている．中には，政府による特権的保護を得て近代工業に乗り出した政商的性格の出自の企業家もいるが，その数は前者に比べれば少ない[26]．

開港以降の中国市場は，慢性的な停滞状態と工業国に対する一方的な従属的地位にあったのではなかった．政府による市場調整機能がほとんど作用しない中で，通商条約と外国商人は，中国の広域的な流通を支える役割を果たしていた．そして，外国商人が直接進出できない郷村経済では，伝統的な民間組織が市場秩序を支え，さらにそれが開港都市にまでネットワークを広げることによって，商品流通の拡大を促進していた，と考えられている．

(3) 中国の市場圏

ミクロレベルでの市場秩序の実証研究だけでなく，現在ではマクロレベルでの市場構造の研究でも多くの成果をみることができる．その成果を検討する前に，中国の市場構造をマクロ的に説明した古典的理論の位置を占めるウィリアム・スキナー（William Skinner）の研究に言及しなければならない．戦前から中国研究者たちは，中国は商品経済が農村でもかなり浸透していたことに気づいていた．し

---

24) かつて，日本と中国の開港を比較した研究において，日本は外資の進入をなるべく排して産業革命を達成したのに対し，中国は買弁の存在によって国内の資本蓄積が進まず，産業革命に失敗した，という理解がみられた．このような見解は，日本経済史の側からもかなり相対化されつつある．例えば，石井寛治[2007]は，「中国において買弁商人を中心に商人的蓄積が相当進んでいたにもかかわらず，彼らによる産業投資が順調に進まなかった理由は，強大な皇帝権力による恣意的な収奪にあったと見て間違いない」と述べている．つまり，買弁によって資本蓄積は進んでいたのであって，問題はそれが産業投資へ結びつかなかった制度の側にあった．
25) このような「買弁」の位置づけを制度史から簡潔に整理したものとして，王穎琳[2001]．
26) Bergere [1986]．

かし，それを「市場圏」という概念ではじめて説明したのは，1960年代に登場するスキナーの研究だからである[27]．

スキナーは，中国の農村では商業が重要であったにもかかわらず，多くの農民の社会的な視野は狭く，そして受容している習慣や言語が地域ごとに統一性が見られない点を見出した．つまり，商品経済が浸透している割には市場圏がきわめて狭い．スキナーは，その理由を中国の地形的特徴と交通システムの効率性から説明した[28]．中国は，国土が広く，地形的に分散しているため，前近代的な交通システムでは，1つの統合された市場システムを維持することができなかった．中国は，交通が比較的便利な大小の河川流域を中心に，多数の市場圏に分かれていた．そして，市場圏のあいだでは，わずかな交流しかなく，実質的に自給自足的な経済圏を形づくっていた，という．そして，スキナーは，流水域に基づいて中国を8つの経済圏に区分し，それを「大地域 (Macro Region)」と名付けた．

スキナー理論での市場圏は，国土の地形的特徴に根ざした商品流通の地理的空間のまとまりを指す．一方，市場圏の形成と発展を資本主義社会の成立を見据えて理論化した大塚久雄の場合，市場圏とは，商品流通の範囲だけを意味しない．市場圏とは，商品経済の発展を基礎とした「社会的分業の独立の体系」の姿である．市場圏が形成されるためには，「農民経済の繁栄を土台」として，特産物が市場に流通するようになり，そこから得た収入で生活必需品を自給しなくてもよい状態が農村で生まれてくる必要がある．そこに工業部門が立脚できる市場が形成される，とみた．そのような社会的分業が「2，3ないし数ヵ村」の間で形成されていれば局地的な市場圏 (Local Market Area)，局地の規模を超えた地域を覆うものであれば地域的な市場圏 (Territorial Market Area)，さらにネーションの規模に達していれば国民経済 (National Economy) となる[29]．

大塚理論に続く，西洋経済史，日本経済史の豊富な市場圏研究を見据えた場合，中国経済史においては，スキナーが理念的に描き出した中国市場像が，果たして開港後，国際貿易が広がる中で，どのように変貌したかが問題となる．それを検討した研究に立ち入る前に，スキナーの分析のもう1つの鋭い洞察について言及する必要がある．

中国市場が複数の市場圏に分裂しているならば，経済的な発展あるいは衰退の

---

[27] Skinner [1964, 1977].
[28] スキナー理論の整理は，Eastman [1988] に依拠した．
[29] 大塚 [1969]．大塚理論については，小堀聡氏から有益な助言をいただいた．

周期と程度には市場圏ごとに違いがみられるはずである．このような相違があるならば，中国全体の経済を一般化することは困難である．仮に，例えば江南デルタ地帯の経済を一般化したものは，他の地域を説明するモデルには成り得ない．

1980年代になると，スキナーの洞察に刺激を受ける形で，地域経済の研究が興隆した．「中国とは何か」と問うよりも，例えば「江南地域とは何か」というように，中国を多様な個性を持つ経済社会が複合したものとして研究者は理解しようと努めた．中国では国民経済は成立していなかったのだから，その存在を前提とした1国マクロ分析を相対化しないといけない，という主張が随所で唱えられた．

その潮流は，経済史研究の実証レベルを高めるのに多大な貢献を果たしたのであるが，一方で，中国研究者たちは，1つの地域経済の個性を抽出するだけでは不十分であって，それが中国という全体の中に占める位置，すなわち構造を描き出すことも重要である，と考えている．

地域経済研究の実証密度があがればあがるほど，どの地域であれ，市場の変貌は開港以降の国際貿易の役割が重要であったことがあらためて確認された．確かに，湖南省や四川省といった内陸部の農民が，日本製の綿布を着て，アメリカ製の煙草を吸っていた，と証明することは難しい．しかし，ロイド・E・イーストマン（Lloyd E. Eastman）が指摘しているように，輸出は中国の農村経済にとってはるかに大きな意味を持っていた[30]．開港によって，中国の農民たちは，より多くの一次産品をより広い市場に向けて生産するようになった．国際貿易の存在によって，初めて伝統的な農村経済の殻を打ち破った中国人が増えたのである．

中国市場圏の研究においては，国際貿易の分析こそが，中国全体と地域経済を統合的にみる重要な方法となっている．それは，事実として国際貿易が市場圏の交流を促進しただけでなく，国際貿易を詳細に記録した海関統計という資料の存在が密接に関係している．

(4) 海関統計と市場圏研究

マクロ定量化からのアプローチは，経済統計の加工・整理，そして分析の方法が重要な位置を占めている．その経済統計の根幹的位置を占めるのが海関統計である．海関統計をマクロ経済学の理論にもとづいて斉合的に利用した研究が登場

---

30) Eastman [1988].

するのは，1930年代である．その代表的研究者としては鄭友揆と何廉を挙げることができる．その潮流はマクロ経済学の興隆と軌を一にしていた．折しも，ケインズ経済学の登場と，その後の国民所得会計という分析ツールの発展によって，中国の国際貿易を厳密に確定することが要請された[31]．その潮流は，戦後も長らく続く．1960年代には，侯継民（Hou Chi-ming）の中国国際収支研究が登場し[32]，1970年代には，過去の研究成果を総合したHsiao Liang-linの中国国際貿易研究と続いた[33]．その意味で，近代中国経済史研究もまたケインズ経済学から自由ではなかった，といえる．

　1980年代に入り，研究者たちが1国マクロ分析だけでは中国市場経済の本質を見たことにはならない，と気づきはじめると，あらためて海関統計に別の角度から光が当てられることになった．なぜなら，そもそも海関統計は，国民経済を前提に作成された狭義の貿易統計ではなかったからである．古田和子は，中国市場研究の進展は，海関統計を歴史統計としてどのように利用したか，という研究者の視点が重要な役割を果たしてきた，と述べている[34]．まさに1980年代以降の中国市場研究の進展は，海関統計の利用方法の発展ともいえる．

　海関統計は開港都市を単位とし，開港都市の取引相手地域によって貿易形態を区別する．開港都市と諸外国との取引は「外国貿易（Foreign Trade）」，開港都市の間の取引は「国内貿易（Domestic Trade）」，そして開港都市と非開港都市との取引は「通過貿易（Transit Trade）」と呼ばれた．このように，海関統計における「貿易（Trade）」概念は，国境によって区切られた外国貿易だけを意味しない．

　1980年代以降の近代中国貿易史研究は，分析を外国貿易に限定せず，国内貿易，通過貿易を包括する形で進められてきた．そのため，実態としては狭義の貿易研究ではなく市場研究として展開した．そして，その過程において，各研究者は，海関統計の貿易形態を一種の市場圏を示す概念に置き換えていった．その成果について節をあらためてまとめることにしよう．

---

31) 何廉はイェール大学でアーヴィング・フィッシャー（Irving Fisher）に学び，帰国後，中国対外貿易物価指数を推計し，国際貿易理論の枠組みで近代中国貿易を分析する道を開いた．鄭友揆もアメリカ留学経験者である．彼の主著，Cheng [1956] は，そのタイトルからして発展，成長というマクロ経済学的なエッセンスに満ちている．中国の対外貿易と産業構造の変化を関連づけたのは彼の功績である．

32) Hou [1965].

33) Hsiao [1974].

34) 古田 [2000].

III 近代中国の市場圏の史的展開

(1) 開港から1870年代 —— 沿海市場圏 ——

開港前から中国の商品経済は相当高い水準にあった,と言われているが,国内で広域的に流通していた物産は,穀物,塩,茶,土布(在来綿布),砂糖,大豆油粕,そして絹製品に代表される奢侈品など数えるほどしかない.生活必需品の多くは,局地的で限られた範囲内で取引されていたのであって,1つの統一された全国規模の市場圏はまだ形成されていなかった[35].その実態とは何かについて,理論的・実証的に明確に定義することは難しい.明清代の中国市場について言えば,「局地的市場圏の複合体」というのが学界の大方の意見である,といえよう[36].

局地的市場圏(Local Market Area)の間での交易が拡大し,そこから地域間の社会的分業を内包したより広い範囲の市場圏,すなわち地域的市場圏(Territorial Market Area)が形成されてくるのは,18世紀半ばである,と考えられている.そのうち代表的なものは,中国の南北の海岸線にそって形成された「沿海市場圏」である.それは,東北・山東地方,江南デルタ地帯,華南沿岸部の3つの市場圏が融合したものであった.沿海市場圏の実態とそれが開港前後の中国経済にとって持つ意義を考察したのは,宮田道昭である.宮田の論稿から,沿海市場圏の構造を整理すると次のようになる.

東北・山東地方の特産品である大豆油粕は,効力が高くかつ低廉な肥料として,江南デルタ地帯の綿花,華南沿岸部の甘蔗栽培に用いられた.一方,江南の綿花は,代表的な大衆衣料である土布の原材料として華南沿岸部に供給された.そして,華南沿岸部の特産品である砂糖は,中国の他地域を圧して富裕であった江南デルタ地帯で多く消費された.このように,大豆油粕,綿花,砂糖の3品の生産と消費が地域間で結びつくことで,開港前までに,沿海地域では自立した体系をもつ地域的市場圏が確立していた,と考えられている.

沿海市場圏は,開港により外国商船が進出すると,輸送コストが低廉化し,さらに輸送リスクも軽減されることによって,いっそう交易規模が拡大した.その

---

35) 中国市場の史的展開については,加藤弘之・久保[2009]による優れた整理がある.
36) 明清代の市場圏の研究については,宮田[2006]の整理が参考になる.近代中国の市場圏の全体的見通しについては,加藤弘之・久保[2009].

結果,沿海市場圏は,開港前よりも強固な分業関係を築きあげた.開港から1870年代にかけて,イギリスを中心とする海外勢力は,自国製品が中国市場へ浸透しないことに苛立ち,通商条約の適用範囲の拡大を軍事的・外交的圧力を通じて清朝政府に求めたが,それでも沿海市場圏の前に外国貿易は低い水準に留まらざるをえなかったのである[37].

(2) 1880年代から19世紀末 ── 沿海市場圏の世界経済への溶解 ──

沿海市場圏の存在によって,開港から約30年以上にわたり,中国市場は,世界経済に対して相当自立した体系を備えていた.ところが,1880年代に入ると,沿海市場圏は,いっそう拡大する国際貿易の前に再編を余儀なくされた.沿海市場圏は,自立性を弱め,その内部にあった各地の市場圏が世界経済と直接結ぶ関係が強くなっていった.宮田道昭は,沿海市場圏は19世紀末にほぼ解体した,と評価している.その再編を進めた要因について,先行研究の成果をまとめると次のようになろう.

◉再編要因① ── 銀価低落 ──

1870年代から西ヨーロッパを中心に国際金本位制という世界経済のあらたな枠組みの確立が進むと,世界的に銀の価値は趨勢的に下落していった.中国の貨幣経済は,銀を通貨価値の中心に据えていたことで,この国際的な価格波動の影響を正面から受け止めることになった.

銀価低落が及ぼす様々な影響の中でも中国経済全体に及ぼした最大のインパクトは,為替相場の下落を通じて,中国の一次産品輸出の規模と範囲が飛躍的に拡大した点であった[38].銀価低落は,中国の一次産品全般の対外的価格を下落させ,ヨーロッパまでの輸送距離とコストを差し引いても利益が出る余地を広げた.その結果,それまで輸出されなかった中国各地の多様な一次産品が急速に輸出を伸ばしていくことになった.

一次産品輸出の規模と範囲の拡大によって,開港から長らく狭い局地的な市場

---

37) 19世紀半ば,中国が開港すると,意外にも外国製綿布は思うように中国市場に浸透しなかった.その1つの要因は,外国製綿布の大半が都市富裕者に好まれる薄手生地であったため,中国の大衆人口の大部分を占める農民に多く需要されなかったことである(川勝 [1981]).しかし,それよりも大きな要因は,中国の沿海地域では在来の綿布生産を支える分業関係が確立されていた点にあった.

38) 濱下 [1990],杉原 [1996],加藤祐三・川北 [1998].

に留まっていた地域が世界経済と結びつくようになった．それは，一方で農業部門の商品経済を発展させ，所得を上昇させる契機となったのだが，他方で各地の市場圏が個別に世界経済と関係を深める要因になり，結果的に中国の国内市場は全体として分裂の様相を深めた．

◉再編要因② ── アジア物産の流入 ──

　一次産品輸出によって中国の消費市場の規模は従来よりも持続的に拡大した，と考えられる．しかし，拡大する国内市場を満たしたのは，中国で生産された物品（以下「中国品」と呼ぶ）ではなく，1870～80年代にかけて生産力を伸ばしたインド，日本，東南アジアの物産であった．

　インド綿糸は，拡大する中国市場へ進出したアジア物産の先鞭となった．太糸であるインド綿糸は，中国の大衆衣料である厚手綿布の生産原料として，1870年代から普及していった．その初期の浸透速度は緩慢であったが，農村で流通していた貨幣である銅銭の価値が1870年代後半から銀に対して高くなると，その最終消費価格水準が一層低下し，急速に普及していった[39]．

　一方，1880年代にはじまる日本の産業革命は，アジア海域における新たな貿易の求心力となり，中国の沿海地域も日本を中心とする東アジアの国際分業体制の中に急速に取り込んでいった，と考えられている[40]．江南デルタ地帯の綿花は，日本の綿紡績業の原材料として需要されるようになり，1880年代後半から長江流域の綿花の交易量は，国内よりも日本向けのほうが大きくなった．さらに，中国東北地方（以下，歴史的地理概念として「満洲」と呼ぶ），直隷省（現河北省），山東省といった中国の北方地域の一次産品の多くは，日本向け輸出が急増し，それと平行して，中国の沿海地域への移出が減少していった．そして，日清戦争前後になると，日本製の厚手綿布が中国北方地域へ進出するようになり，さらに日本による南満洲鉄道株式会社を通じての開発によって，満洲の特産品である大豆は，いっそう世界市場に輸出されるようになった[41]．

　東南アジアとの関係は，交易と労働力移動を通じて，主に中国の華南沿海地域の分業関係に影響を及ぼした．蘭領印度で生産されたジャワ糖が中国本土に進出

---

39) 森［2001］．
40) 杉原［1996］，濱下・川勝［2001］．
41) 堀［2009］．

するようになり,福建・広東の砂糖生産は停滞に追い込まれていった[42].そして,都市部で需要される穀物の多くも東南アジア産への依存を高めていった.さらに,東南アジアでの鉱山・プランテーションを通じた植民地開発が進むと,多くの中国人労働者が国外へ流出していった[43].

　銀価低落に端を発する一次産品輸出の拡大は,農業部門の所得を高め,アジア物産の消費を刺激することになった.中国 1 国のマクロ規模でみれば,確かにそれは,中国全体をより広域的な「アジア間貿易」に取り込み,アジアが対欧米に対して相対的に自立性を高めることになったのである.しかし,それが中国に及ぼした影響は,国内市場の求心力を弱める方向性に作用した.

(3) 19 世紀末中国の市場圏

　1880 年代から国内分業よりも国際分業の拡大が進行した結果,19 世紀末までに中国の遠隔地間流通は特徴ある構造を形成するに至った,と考えられている.その代表的な 2 つの議論をここではとりあげることにしよう.①地域経済と国際分業の関係に着目した「開港場市場圏」,②中国最大の開港都市である上海の流通に着目した「上海ネットワーク」である.

◉開港場市場圏

　一次産品輸出を通じて農村と世界経済の結びつきが強くなると,外国貿易の窓口となっていた開港都市が地域経済の中で果たす役割が大きくなっていった.開港都市の人口は急速に増加し,数十万人を超える大都市が中国各地に点在するようになった.そして,開港都市には,一次産品輸出を支える金融・商業資本が集積し,さらにその周辺に特産品を加工する都市雑業が形成された.

　一次産品の生産地から開港都市に至る流通ルートに沿って,より小さな商業都市が点在していった.そして,その流通ルートの逆をたどるようにして,外国製品が農村まで浸透していった,と考えられている.すなわち,世界市場─開港都市の分業関係を頂点として,一次産品の生産地が後背地として 1 つのまとまりを持つようになっていた.このような市場圏が,開港都市ごとに中国全土に散らばっている,というのが 19 世紀末における国内市場の 1 つの歴史的イメージとなっている.

---

42) 宮田 [2006].
43) 藤村 [1995], 杉原 [1996].

1880年代末になると，有力な洋務派官僚を筆頭として，地方政府が独自の通貨を鋳造し流通させるようになるが，その背景には，この市場圏単位での利益を取り囲む（あるいは保護する）目的があった，と考えられている．そのような地域通貨は，開港都市と後背地の間の決済で用いられるようになり，そこに独自の通貨圏も形成されることによって，ますます開港場を中心とする市場圏は，圏外の市場に対する自立性を強めていった．それは政治的にも中央政府の力が弱体化して，中国そのものが地域的に分裂していく契機ともなった．
　黒田明伸は，19世紀末にみられたこの独特な市場圏を「開港場市場圏」と呼んでいる．19世紀末に中国は，沿海市場圏が衰退していきながら，各地の商品経済が成長するという，一見すると矛盾した方向に進んだ理由は，まさに開港場市場圏の存在があったからである．黒田は，このような「地域経済の自律性を保存しながら，超地域的な交易網の延伸を保証する」市場のあり方を「非均衡型市場経済」と呼んでいる[44]．

◉上海ネットワーク
　すべての開港場市場圏がそれぞれ自立的かつ対等な関係にあったかと言えば，それは歴史事実に反する．やはり，そこには金融・商業資本の集積の違いや，開港都市の位置する地理的な条件によって，重層的な関係が形成されていた点も見逃すことができない．
　上海は開港都市の中でも特別な地位にあった．その背景には，陸上輸送インフラの整備が立ち遅れていた中国にとって，海運と水運が商品流通の中心であり，その流通ルートが最も交差する地点に上海が位置していたからである．上海は，東西の長江水運と南北の東シナ海運の交差する地点にある．したがって，国際貿易が発展すればするほど，上海の商業拠点としての重要性は高まっていった．そこに国内外の金融・商業資本が集積していくことで，中国経済における不動の地位が確立されていった[45]．
　小瀬一は，19世紀末における開港都市間の流通構造を検討し，中国の一次産

---

44) 黒田［1994］．黒田の非均衡型市場経済とは，国民経済としてはアンバランス（Unbalance）な市場経済の成長という程度の意味である．したがって，経済学の市場均衡（Equilibrium）とは異なる概念である．
45) 張忠民［2005］は，開港以降みられたこの上海の発展プロセスを3つの段階の生起的発展として捉えている．すなわち，商業部門の発展が金融部門の発展を促進し，金融部門の発展が工業部門の発展を促進した．

品の多くが上海を中継して輸出され，外国製品もまた上海を中継して中国各地の開港都市に流通していた点を示した．小瀬はそれを「開港場間流通」と呼んでいる[46]．開港都市の間での交易拡大によって，中国各地の市場圏は，上海を中心とする流通構造の中で全国的な市場圏としてまとまりを持っていたかのようにも思える．

しかし，それは流通ルートにみられる特徴であって，上海を中心として国内の生産と消費の分業関係が緊密に結びついていたことを意味しない．上海の交易の90％は，中継貿易であり，その大部分が国際貿易に係わる交易であった．その本質はやはり，世界市場と中国各地の開港場市場圏の分業関係であった，と言うのが適当である．

ただし，上海が中国をとりまく商品流通の中継拠点であったこと，そしてその流通の範囲を空間的に1つの歴史概念として抽出することは，意味のないことではない．19世紀末上海の交易の特筆すべき点は，それが国内における中継貿易に留まらず，東アジア全体の交易の中心であった点にある．上海は，朝鮮半島，日本と世界市場を結ぶ交易の拠点でもあった．古田和子は，それを「上海ネットワーク」として概念化している[47]．

古田の議論を踏まえて，黒田が示した開港場市場圏を読み解くならば，1880年代から19世紀末にかけて，中国市場を国内と国外に分けて論じることはあまり建設的ではないことがわかる．この時期の上海の膨張とは，中国がまさに世界経済の一部となってゆき（黒田はそれを「溶解」という独特の言葉で表現している），1つの自立性ある体系として世界経済に対峙していなかったことを反映したものであった．

(4) 20世紀初頭 —— 国産アヘンと輸入代替の胎動 ——

ヨーロッパやアメリカへの輸送距離とコストを考えれば，一次産品を少しでも加工して，より付加価値を乗せて輸出するほうが商業的に有利である．あるいは，本国からわざわざ輸入しなくとも，中国で工場を設立して売りさばけば，もっと利益があがるかもしれない．そう考えた外国人は少なくなかった．また，商業的に成功を収めた中国人たちも，より安全で利益があがる投資先を求めていた．19世紀末から20世紀初頭にかけて，開港都市では工場設立の機運は高まっていた．

---

46) 小瀬 [1989]．
47) 古田 [2000]．

しかし，この時に成功を収めた工場はほとんどない[48]．中国の近代工業の本格的な形成は，第1次世界大戦まで待たなければならない．

では，中国の輸入代替は，どのようにはじまったのであろうか．それは，中国で最も付加価値が高い商品であったアヘンからはじまった．アヘンを栽培してそれを売れば，巨万の富を獲得できることに気づいた中国人は多数いた．けれども，その栽培に適した土壌と気候を十分に備えていたのは，四川・雲南・貴州といった内陸部であった．林満紅の研究によれば，1870年代に四川省でアヘンの栽培が試みられ，1890年代には西南諸省での生産量は輸入量を超えるまでに規模を拡大していた．開港以来，長らく中国の輸入の30〜40％はアヘンで占められていた．それが1890年代から急速に国産アヘンで代替されるようになり，20世紀初頭にはアヘンの輸入はほぼ皆無となった[49]．

アヘンの輸入代替生産が内陸部で勃興したことは，国内市場の拡大に大きく貢献した，と考えられている．峻厳な山々と深い渓谷に囲まれた内陸部は，交通条件の悪さのため，国際貿易の利益を享受することができなかった．ところが，アヘンの登場により，内陸部は輸送コストを補って余りある特産品を手にすることになった．内陸部のアヘンは，この時期，最も広域的に流通した商品であった．開港都市の富裕層では，外国産アヘンの風味を良しとする風潮が依然としてあったとはいえ，国産アヘンは低廉さを売りに，より多くの中国大衆の嗜好品として急速に普及していった．

アヘンは，内陸部の金銭収入の機会を拡大しただけに留まらない．杉原薫は，アヘンの流通によって形成された商業ネットワークが，後に続く内陸部と沿海部の商業基盤の確立に貢献した，と指摘している[50]．アヘン商人は，アヘンだけを商うだけではなく，沿海部から生活必需品を内陸部にもたらす交易商人でもあった[51]．国産アヘンの登場により，国際貿易の影響をほとんど受けていなかった内陸部も，より広域的な分業関係に参加する機会を得ることになった．

(5) 両大戦間期 ── 工業化と日中関係 ──

開港から19世紀末にかけて，外国貿易は，中国の遠隔地間流通の成長を牽引

---

48) Eastman [1988].
49) 林満紅 [2007].
50) 杉原 [1996].
51) 岡本 [2011] は，アヘン商人たちが太平天国の反乱を支えていた点も指摘している．

する原動力であった．しかし，外国貿易の成長速度のほうが国内貿易のそれよりも常に優位にあったため，外国貿易の伸長は中国経済の国際経済上の従属性を強めた側面もある．海関統計から中国の遠隔地間流通の純交易額の比重をみると，純交易総額の約45〜50％が外国品，25〜30％が中国品の輸出と，国際分業に係わる商品移動が全体の75％前後を常に占め続けた．そして，そのほとんどがヨーロッパ市場に向けられていた．それが，徐々に中国品の国内分業にとってかわりはじめたのは，20世紀に入ってからである．

　19世紀末から1930年代にかけて，近代的運輸通信手段の普及，近代的金融制度の整備，さらには上海を中心とする沿海地域における近代工業の勃興を背景として，遠隔地間流通の規模と範囲が持続的に拡大し，全国的な市場のまとまりを強める方向が進展していった．外国貿易の面では，ヨーロッパの比重が減少して，日本，アメリカが急速に台頭した．このように輸入代替化と外国貿易におけるヨーロッパの後退を受けて，遠隔地間流通の構造は質的に変容していった．そして，1930年代になると国民経済形成を推進しようとする国民政府と，他方で中国大陸に政治経済の影響力を拡大しようとする日本帝国との対立構造が鮮明になってくる．

　国民政府の政策と経済構造の変容を詳細に分析した久保亨は，国民経済として凝縮力を高める方向性にあった点を強調している．保護関税政策の展開は，国内産業と競合関係にある外国製品を防遏し，1930年代を通じて鉱工業生産力の伸張を継続させた[52]．一方，堀和生は，中国の地方別対外貿易の推移を検討し，関内の対外貿易全体が縮小する中で，日本帝国と関わりが深い地域，産品は，貿易の伸張がみられる事実を明らかにし，1930年代中国の国民経済形成は全国的に均質に展開したのではない，という問題提起をした[53]．両者の研究を総合すると，1930年代の中国は，対外貿易から後退しながらも，関税政策によって保護された国内市場を中心とする発展の方向性があったことをうかがわせる．

　この問題について関連がある研究は，呉承明による「埠際貿易」分析である[54]．埠際貿易とは，海関統計の国内貿易を指す．呉は，海関統計の限界に留意しながら，1930年代に国内貿易の規模が拡大している点を見出した．国内貿易は1936年にピークに達した後，日中戦争が勃発した1937年から急速に規模

---

52) 久保 [1999, 2005 (中国語)].
53) 堀 [2006].
54) 呉 [1985].

を縮小させていった．以上のように，日中戦争直前までの 1930 年代は，社会主義成立以前中国の遠隔地間流通が関内において最も凝縮力があった時代であった，と評価されている．

(6) 戦時から戦後初期 —— 市場の分裂 ——

1930 年代に中国は，工業化を軸に全国市場圏の形成へと進んでいった．しかし，その歩みを挫折に追い込んだのは，日本による中国本土への侵攻であった．これにより，中国本土は，日本軍占領地域と国民政府支配地域に分割統治され，それは市場圏の分裂をもたらした．

戦時期の市場圏がどのようなものであったか．従来は，日本の中国侵攻によって，中国の工業部門は壊滅的打撃を受け，ハイパーインフレーションの進行により市場メカニズムも機能していなかった，とする見方が支配的であった．しかし，近年は，日本軍占領地域，特に華北地域での交易は相当維持されていた，とする研究がみられるようになっている[55]．また，上海での工業生産が戦時期に活況していた事実も発掘されている[56]．さらに，国民政府が依った内陸部では，工業設備の移転と投資が相当行われていた点も，明らかにされている[57]．したがって，市場圏は分裂したことは確かであるが，それは市場を繋げる流通ルートと輸送手段の欠乏によるものであって，生産力は相当維持され，市場圏は解体までは及んでいない，とする見方が有力である．

戦後初期については，国家の再統一と国民経済の再建に取り組んだ国民政府の政策は，尽く失敗に終わった，と評価されている[58]．それは，中国共産党との内戦によるもの，というよりは，国民政府自身の情勢認識の甘さと，不適切な貿易政策，通貨金融政策，財政政策の結果だ，という見方が有力である．国民政府は，軍事的に敗北する以前に，経済の復興を願う中国一般大衆の支持を失い，大陸を追われてしまった．ただし，近年の研究潮流では，失敗に終わったとはいえ，それまでの成果が人民共和国の下でどのように継承されたのかを明らかにしようと努めている[59]．

---

55) 林采成 [2006]．
56) 張賽群 [2007]．
57) 長岡・西川 [1995]，久保・土田・高田・井上 [2008]．
58) 西川 [1992]，長岡・西川 [1995]，大石 [2008]，久保・土田・高田・井上 [2008]．
59) 久保 [2006]．加島・木越・洪・湊 [2012]．

研究史の整理を通じて，近代中国の市場圏の歩みは，おおむね次のような歴史像として語られている，といえよう．
　①開港から1870年代：沿海市場圏の時代．
　②1880年代から20世紀初頭：開港場市場圏の時代．
　③両大戦間期：全国市場圏形成の時代．
　④戦時・戦後初期：全国市場圏分裂の時代．
そして，中華人民共和国に全国市場圏の再建と確立が引き継がれ，それが1970年代末からの改革開放政策によって，現在大きく花開いている，というのが大方の見方である．

IV　本書の構成と視角

　本書は四部構成により，このような近代中国の市場圏の歩みをよりダイナミックな動きとして把握したい，と考えている．第1部から第3部は，市場圏の展開を時系列で検討した分析編である．第4部は，本書が市場圏を分析する上で利用した統計，そしてその数値を加工した方法について解説した統計編である．本書が描く歴史像を求める場合は，19世紀末は第1部，両大戦間期は第2部，戦時・戦後初期は第3部を読まれたい．統計処理について詳しい内容を求める場合は，第4部を参照することを望む．分析編で検討される論点，そして論じる際に本書が念頭に置く視角について，以下に整理する．

(1) 第1部　開港場市場圏と世界経済

　第1部は，開港前に成立していた沿海市場圏が解体してゆき，開港場市場圏が形成されてくるプロセス，そして開港場市場圏が中国経済に果たした役割についてみる．開港場市場圏は，銀価の長期的低落という国際価格波動が契機となり，その効果が中国だけでなくアジア全域に波及し，中国をとりまく国際分業関係が再編されたことで形成された，と理解されている．そこで，第1部では，銀価低落とアジア国際分業，この2つに論点を絞り，銀価→国際分業→市場圏再編と続く連関が分析される．

　第1章は，銀価低落という相対価格の変化が中国とアジアの国際分業を変えた，という見解を批判的に検討した．中国では，銀価低落がもたらす理論的効果

がほとんど発揮されなかった．そして，開港場市場圏は，アジア国際分業の進展ではなく，いっそうヨーロッパとの国際分業を深化することで形成された点を明らかにする．地理的空間に置き換えれば，19 世紀末まで，中国の華南地方と西ヨーロッパの農工間分業が支配的であり，そこには中国の全国市場圏の胎動がなかったことが示唆される．

　第 2 章は，開港場市場圏の時代における，中国の華北地域と日本・アメリカの国際分業関係を検討した．開港場市場圏が 20 世紀に入っても，かくも強固に存続した理由が，日本・アメリカの工業部門の台頭と結びついた点であることは，比較的よく知られている．本書は，その分業関係を支えていた条件は，一次産品価格の長期的安定である点を明らかにする．開発経済理論では，プレビッシュ＝シンガー命題に代表されるように，一次産品の市場と価格は非常に不安定なことが多く，その輸出を通じての成長は，難しいと考えられている[60]．ところが，1880〜1910 年代にかけて，中国の一次産品輸出価格は，安定的に推移した．それによって，中国経済は，長らく農業部門の外向きの成長を志向していた点を明らかにする．

(2) 第 2 部　長江市場圏から全国市場圏へ

　第 2 部は，第 1 次世界大戦を契機に中国で進む工業化を内包した広域的な市場圏の形成の歩みを検討する．中国の国内分業の深化によって開港場市場圏の歴史的役割が終わり，中国経済は急速に国民経済と呼べるような様相をみせていった．そのプロセスが分析される．

　第 3 章は，上海工業の勃興期，中国の市場圏は，当初から全国的に融合したのではなく，まず長江流域で工業部門を支える国内市場が形成されてくる点を明らかにする．それを本書は「長江市場圏」と呼ぶ．中国の工業化が長江流域で胎動したという事実は，その後の中国経済の展開にとって重要な意味があった．長江市場圏が形成されてくる時代は，日本が中国大陸をいっそう取り込もうとする動きが進行していた．日本内地を中心とする帝国内分業が進みながらも，上海の工業部門が持続的に成長できたのは，それが長江流域に基盤を置くものであった点

---

60) Prebisch [1950]．一次産品の価格が長期的に低迷する，という認識に対して，ラテン・アメリカの実証研究から数多くの批判もある．しかし，国際経済論の中で，一次産品輸出に依存することは，途上国の成長にとってリスクが大きい，という認識は一般的である（Krugman and Obstfeld [2009]）．

を明らかにする．

　第4章は，上海工業の勃興と成長の要因を，価格波動の側面から検討する．上海の工業部門が国内市場を志向し，かつそれがうまく機能した条件には，国内交易条件が極めて有利な状態が進行した点を明らかにする．その趨勢は，1930年代に中国をとりまく国際経済環境が著しく悪化した時代も続き，それが中国の輸入代替工業化を支える大きな条件の1つであった．

　第5章は，1930年代半ばに確立した全国規模の市場圏の構造を分析する．1931年の満洲事変と，それに続く満洲国の成立により，東北地域は日本によって中国から切り離されてしまったが，それでも東北地域を除く中国本土（以下，関内と呼ぶ）では，国内市場を軸に工業化を進める余地が相当多く残されていた点を明らかにする．本書は，関内で成立した全国規模の市場圏を「関内市場圏」と呼ぶ．

　第2部の分析を通じて，工業化を内包する戦前期中国の経済的躍動は，長江流域における農業部門と工業部門の均斉的成長によるものであった点が示される．農業部門の成長は，欧米市場への一次産品輸出の拡大に支えられていた．それによって，国内市場が持続的に拡大し，工業部門の成長も牽引されるという連関があった．そして，中国の東北・華北地域で，日本による帝国規模の国際分業の構築が進みながら，中国経済が急速に国民経済の様相を帯びることができたのは，このような市場圏の地理的構造にあった点が明らかにされる．

(3) 第3部　全国市場圏の分断と再建

　第3部は，中国の全国規模の市場圏が分裂し，その再建が達成できなかった要因を検討する．1940年代の分析を通じて，市場圏の分裂と縮小の要因は，工業部門の側ではなく，農業部門の一次産品市場が失われたことにある点が明らかにされる．

　第6章は，1937年にはじまる日中戦争とそれに続く太平洋戦争が，中国本土で形成が進みつつあった国民経済をどのように分断したのかを検討する．日本の軍事支配は，農業部門の輸出市場を奪い，その結果，工業部門の国内市場を縮小させた．もちろん，満洲国を含む日本帝国内で需要される一次産品は，太平洋戦争のさなかでも交易は維持されたのであるが，それは決して中国本土の工業部門の成長を牽引するものではなかった点を示す．

　第7章は，戦後国民政府が取り組んだ全国規模の市場圏の再統合と復興につい

て，その成果と到達を検討する．戦後初期，上海の工業部門は，日本の撤退により台湾・東南アジアで生まれた市場の空白を埋め合わせる形で輸出を伸ばし，かなりの回復がみられた．しかし，工業製品の輸出が，果たして国内経済の成長を牽引していたかと言えば，それは非常に限定されていたものであった．なぜなら，工業の復興を重視する国民政府の政策によって，国内の農業部門の交易量は低水準に留まっていたからである．総合的にみると，国民経済の復興を促進すると考えられた国民政府の経済政策は，これまでの研究で評価されてきたように失敗であった，と結論づけられる．

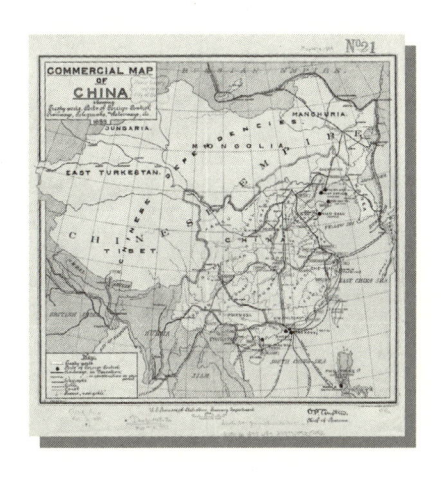

第1部

開港場市場圏と世界経済

Commerical map of China, showing treaty ports, ports of foreign control, railways, telegraphs, waterways, etc., 1899 (United States. Dept. of the Treasury. Bureau of Statistics)
解説:清末の開港都市と商業交通ルートが記載された地図.沿海部の都市を中心に,世界経済と結びついた中国の姿を示している.

第1章 国際価格波動と中国の国際分業
銀価格低落問題の再検討

I　はじめに

(1) 銀, 国際分業, 市場圏

　開港から 30 年以上にわたり, 中国との通商は, 西洋人が期待したほどの成果はみられなかった. 長らく西洋は招かれざる客であった. 中国の一般大衆が進んで西洋人との取引に応じるようになったのは, より多くの銀を差し出されてからである. 1880 年代になると, 中国の一般大衆にとって, 外国人にモノを売ることは, 外国人からモノを買うよりはるかに重要になった. 外国人にモノを売れば, 今までより多くの銀を手に入れられることに気づいたのである.

　銀をより多く手に入れるために, 世界市場向けの生産活動が中国全土で活性化した. それは, 茶, 生糸のような伝統的な輸出商品に限らない. 中国の土地条件で生産できるあらゆる農産物が世界市場に向けられるようになった. 狭い市場圏での生産活動に留まっていた農村は, 開港都市を通じて世界市場と結びついてゆく.

　銀, 国際分業, そして市場圏. この 3 者の関係は, 19 世紀後半期の中国経済をめぐる重要な論点である. 銀は国際分業を変え, 国際分業は市場圏を変えた. 銀→国際分業→市場圏と続く連関のうち, ここでは銀と国際分業の関係を分析する. 国際分業と市場圏の関係は第 2 章で検討される. では, 銀はいかに中国経済を翻弄し, また変えたのか. その基本的な事実の整理からはじめよう.

(2) 銀価低落の理論的効果

　中国は銀を貨幣経済の中心に据えていた. 銀はさまざまな商品の価値を表す尺

度として機能した．ただし，どれくらいの銀の量が価値の基準となるかは，地域ごとに異なっていた．つまり，銀は価値の一般尺度であるが，その規定となる本位は全国的に統一されてはいなかった．そこで「銀本位国」とは呼ばず，「銀利用国」とここでは呼ぶことにする[1]．いずれにしろ，中国の国内交易の大口取引の決済は銀によって行われ，さらに国際貿易の決済もまた銀が利用された．そのため，一般物価と為替相場の水準は，いずれも銀の価値に直結する形で変動した，と考えられている[2]．

中国人が国際貿易を通じてより多くの銀が手に入ると気づいた時，もはや銀は世界的に貨幣ではなくなりつつあった．ヨーロッパを中心に，国際金本位制という世界経済のあらたな枠組みを確立する過程が進み，金が本位貨幣となっていたのである．そして，1890年代にはインド，日本といったアジア諸国も銀本位から離脱していった[3]．この世界的な銀本位離脱の動きは約四半世紀にわたり続いた．その間に世界市場における銀の価値は急速に低落していった．銀利用国に留まった中国は，この国際的な銀価格の波動をただ1人正面から受け止めることになる[4]．

理論的にみた場合，銀価格の低落が銀利用国に及ぼす影響について，有利な点と，不利な点に分けて整理しよう．

〈1〉有利な点

　①金本位国からの輸入が抑制される．

　②金本位国への輸出が増加する．

　③①と②の効果によって貿易収支が好転する．

　④③により銀の国内流入が増加し，国内の通貨供給量が拡大し，金融緩和となる．

　⑤銀利用国での投資利益を金貨国へ送金した場合，損失を被るため，銀利用

---

1)「銀利用国」とは，銀を主要な決済手段として利用していた，という程度の意味合いである．アジアの貨幣制度を本位から把握する方法についてはさまざまな議論がある．近代中国の貨幣制度の本位問題をめぐる議論については，濱下［1990, pp. 131-132］を参照．なお，杉原薫は，アジアが19世紀後半に銀利用国として1つのまとまりをもっていた点を強調するため「銀利用圏」という概念を使用している．濱下は「銀貨圏」という言葉を使っているが，その意味する内容は杉原のものと同じである．

2) 濱下［1990, p. 89］．

3) インドは1893年に銀貨自由鋳造を禁止，日本は1897年に金本位制に移行した．

4) 銀価低落の原因については以下を参照．濱下［1990, pp. 64-65］，杉山［2005, pp. 207-208］．

国への再投資が促進される[5]．
〈2〉不利な点
　①金建ての外債償還の負担が増す．
　②実質関税率が低下し，関税収入が減る[6]．
　以上のように，不利な点は，主として中央財政に関わる問題であり，全体としてみれば銀価低落は国内の民間経済活動にとって有利な点のほうが多い，と言える．したがって，銀価低落は，中国経済の成長を牽引した，と考えられてきた．しかし，実証研究が進むにつれ，必ずしも理論通りの効果はみられない，という説も登場し，この問題については学界の中で一定のコンセンサスができあがっているわけではない．
　銀価低落こそが中国経済の成長を牽引したとする説，これを銀効果重視説と呼ぼう．そして，銀価低落そのものは中国の国際分業に及ぼした影響は大きくはないという説，これを銀効果否定説と呼ぼう．両者の見解とその対立点を整理するならば以下のようになる．

(3) 銀効果重視説

　1880年代まで，インドと日本はまだ通貨価値を銀に置いていた．中国，インド，日本を中心とするアジア地域は，いちはやく金本位制に移ったヨーロッパ工業国に対して，銀利用圏として20年近く対峙していたことになる．その間，銀価格の低落効果は，中国だけでなく，アジア全体に対して波及したのであり，それは，アジアがヨーロッパに対して「相対的な自立性」を獲得していく契機となった，と考えられている[7]．このように，一国史を前提とせず，アジア独自の経済的空間を抽出する理論的潮流を「アジア交易圏論」と呼ぶ[8]．
　アジア交易圏論は，銀価格の低落がアジアの成長の呼び水となった，と考えている．その因果関係を整理するならば次のようになろう．まず，銀価低落はアジ

---

5) 濱下 [1990, pp. 69-70]．
6) 中国の関税率は形式的には従価税であったが，大部分の品目が申告価格ではなく，申告数量に基づいて課税されていた．そのため輸入価格の変化が課税率に反映されず，輸入価格の上昇は実質関税率の低下を意味した（岩井 [2006, p. 143]）．
7) 濱下 [1990, pp. 62-63]，杉原 [1996, pp. 33-35]．
8) 濱下によれば，近代におけるアジア貿易圏とは「西洋のアジア貿易圏への参入を契機とし，かつそれへの対応の結果，域内市場の競争関係にもとづく新たな結合がもたらされたもの」と定義される（濱下 [1990, p. 63]）．

ア諸国の為替相場の下落を引き起こし，対ヨーロッパ向けの一次産品輸出を刺激した．それは，アジア域内の所得の増大をもたらし，消費財に対する需要を喚起した．同時に，為替相場の下落は，ヨーロッパの工業製品の輸入を抑止する効果があった．それにより，アジアは輸入代替工業化を有利に進める機会を獲得する．その機会を巧みにつかんだのが，インドと日本であった．インド，日本は，綿紡績業を軸に工業化を進め，アジア域内の交易を刺激することになった．それを通じて，アジアは新たな国際分業を構築していき，ヨーロッパに対して相対的に自立した経済圏を形成した[9]．

中国に限定してみても，銀価格の低落は成長を牽引した，と考えられている．銀価格の低落は，中国の一次産品輸出の多様化をもたらした．それまで，中国のヨーロッパ向けの輸出品は，茶，絹，陶磁器に代表されるように，単価が高く，かさ張らない財が中心であった．ヨーロッパで需要がありながら，単価が低くて，輸送コストを補填できない一次産品が数多く存在していた．為替相場の下落は，輸送コストを含めてもヨーロッパ市場で利益を確保できる一次産品の種類を広げた[10]．その例としては，獣毛，採油用種子，動植物性油脂，卵粉などが挙げられる．さらに，この時期，中国は急速に対アジア貿易を拡大した[11]．日本向けを中心に，大豆油粕，綿花の輸出が拡大した．輸入では，インドからの綿糸，日本からのマッチに代表される雑貨品の輸入増加がみられた[12]．

そして，アジアからの輸入を含めても，全体として中国の貿易収支は黒字となり，海外から銀が流入することで，そのストック量は増え続けた[13]．国内の銀の増加は通貨供給量の増大となり，一般物価水準の緩やかな上昇につながった．物価上昇は，悪性インフレとはならず，国内経済規模の拡大に相応した成長通貨の供給を満たした[14]．このように，銀価低落は貿易拡大と物価上昇を誘発して，中国経済がより成長的な段階に導く効果があった，と積極的に評価されている．

---

9) 杉原［1996, pp. 13-14］．
10) GBFO［1893, pp. 15-16］．
11) 杉原［1996, pp. 13-14］．
12) 日本綿糸が中国市場に進出するのは銀価低落が底に達した1890年代後半以降である（古田［2000, pp. 125-130］）．
13) Jamieson［1893, pp. 9-10］，NCH［Oct. 11, 1889］．
14) 王玉茹［1997, 2004］．

(4) 銀効果否定説

中国の貿易動向は，銀価値の低落，すなわち為替相場の低落が及ぼす効果だけで説明することは難しい，とする見解も無視することができない．伝統的なヨーロッパ向け輸出品である茶，生糸，絹の伸びは決して大きいとは言えず[15]，ヨーロッパ製品の輸入も一時的に減退した年はあれ趨勢として抑止されていた，という事実は見出しがたい[16]．

その時代の中国経済の当事者と観察者たちは，銀価格の影響はほとんど中国に及んでいないとみていた[17]．19世紀後半における中国の世界市場への統合のあり様は価格メカニズムによって説明されないのではないか，消費構造，国内流通網といった伝統経済の中国的特殊性が価格メカニズムの作用を妨げているのではないか，というのが当時のヨーロッパ側からみた印象であったと言える[18]．

実証研究が進むと，金と銀の相対価格の変化だけみて，中国の価格への反応が緩慢であると結論づけることはできない，と考えられるようになった．森時彦は，消費財の輸入動向は金銀比価よりも銀と銭（銅銭）の相対価格に左右されていた，と指摘している[19]．中国の人口の圧倒的多数は銭圏の農村にあるため，大衆的な消費財であればあるほど，銭建て価格が最終消費価格の水準となった．つまり，中国の市場経済は，金銀比価と銀銭比価という2つのフィルターを通してヨーロッパ市場と結びついていた．中国の国際貿易は，銀価低落によって牽引されたのではなく，銀安銭高になる1890年代になってようやく拡大した，と評価されている．

この他に，西洋経済史の分野でも，銀価の低落効果はそれほど顕在化しなかった，という主張を見出すことができる．19世紀後半期，ヨーロッパの輸出物価は，卸売物価の長期的低落の影響も受けていた．西ヨーロッパ諸国は1873年恐慌を皮切りに1895年まで続く長い不況下にあった．その不況を特徴づけるのは，第1に，それまでは1～2年の短い周期で景気が循環していたのに，20数年間ほぼ好況局面がみられなかったこと，第2に，農産物を含む商品の全般的な物価低下がみられたことである[20]．つまり，アジアに輸出されるヨーロッパ製品の価

---

15) 本書の図1-9，図1-12を参照．
16) 本書の表1-1を参照．
17) 同時代における銀価低落についての認識は本章IIIを参照．
18) 川勝 [1981, pp. 1-32]，宮田 [2006, pp. 77-79]．
19) 森 [2001, pp. 20-21]．
20) 太田 [1992, p. 104]．

格は,銀価低落の全期間にわたって下落し続けた.その結果,アジアではヨーロッパからの輸入が実質的に抑止されていなかった,と言われている[21].

日本経済史の分野でも,銀価格の国際波動と工業化の間に直接的な因果関係がある,という主張に対して,多くの批判的な意見が寄せられている[22].なぜなら,銀価格の低落は,銀利用国すべてに作用したのに対し,すべての銀利用国で工業化が発生したわけではないからである.銀価格の低落は,工業化を有利にすすめる必要条件であったが,十分条件ではなかった.日本,インドの工業化は,国際的な価格波動とは別の条件で説明される必要がある.事実,日本経済史は,工業化を国際価格波動以外の要因で説明,実証してきた.

ともあれ,中国一国レベルでは,銀価低落は理論的に考えられる効果を十分に発揮しなかった.その理由は,銀価低落の効果を相殺する別の価格要因の結果である,と理解されている.そして,日本,インドの工業化が銀価格の低落によって勃興した,と考えられていない以上,中国の対アジア貿易の拡大が銀価低落の直接的結果ではないことが示されているように思う[23].

(5) 本章の課題と視角

銀効果重視説は,中国をアジア交易圏というスケールに置き換え,日本,インドを含む国際分業のダイナミックな変容を整合的に説明する非常に魅力的な枠組みを提供している.ただし,銀価格の国際波動と国際分業の再編の間に直接的な因果関係がある,という主張に対して,多くの批判的な意見が寄せられているのも事実である.はたして銀価格の水準は,中国の国際分業をどれほど規定していた,と結論づけられるのであろうか.

ここでは,重視説と否定説の間の橋渡しをする作業をしたい,と考えている.というのは,これまでの研究は,必ずしも仮説検証的な手続きがされてきた,とは言えないからである.例えば,森は,外国製の綿糸・綿布の銭建て価格を詳細

---

21) 厳 [1955, pp. 57, 72].
22) 日本経済史からのアジア交易圏論の代表的批判は,高村 [2001] を参照.また,アジア交易圏論への総合的批判は,堀 [2009] を参照.
23) 日本の対ヨーロッパ貿易の研究でも,銀価低落が輸出を促進したという事実は確認されない.杉山伸也は,日本の対金貨国輸入額は輸出額より増加していた点を指摘し,銀価低落の効果に疑問を投げかけている(杉山 [2005, pp. 208-213]).また,中林真幸は,生糸価格と為替相場の相関を分析し,生糸輸出の拡大と為替相場には直接的な関係がないとし,むしろ労働生産性の上昇が重要であった点を強調している(中林 [2003, p. 103]).

に検討し,その輸入の増減は,銅銭の相対価格の推移と強い相関があることを発見した.ただし,森は,その他の外国製品,そして中国の一次産品の貿易動向も銅銭の購買力に規定されていたかどうかまでは検証していない.森の主張は特定の産業部門から中国全体に敷衍された含意という側面がある.

一方,銀効果重視説も貿易財の価格水準と貿易量の相関を数量的に検証しているわけではない.そこで提示されたのは,対ヨーロッパ向け一次産品輸出とアジア間貿易が拡大したこと,この2つである.はたしてそれらが,銀の相対価格との間にどれくらいの相関が見出されるのかまでは検証されていないのである.

そこで本章では,問題の焦点にある貿易財の価格を分析の軸にする.中国の輸出入物価を推計し[24],その水準を規定した要因について,金銀比価だけでなく,銀銭比価,ヨーロッパの卸売物価,中国の市場価格といった,これまで指摘されてきた変数を組み込むことで解析をする.そして,貿易財の価格と貿易数量の関係を分析し,銀価格の低落が中国の国際分業に及ぼした影響の当否を検証したい.

本章の構成は以下の通りである.IIにおいて,銀価低落がヨーロッパ工業製品の輸入を抑止し,アジア間貿易を拡大する効果があったのかを検討する.IIIでは,銀価低落と一次産品輸出の拡大の間に,どのような因果関係を見出されるのかを分析する.そして,IVにおいて分析を総合し,銀価低落の意義について筆者の見解をまとめることにする.

II 外国品の貿易物価と貿易数量

(1) 金銀比価と為替相場

まず問題の出発点となっている金銀比価について検討しよう.1870年代にはじまる銀価低落は,それまでの騰落と異なり,20数年という長きにわたり継続した点に特徴がある.その原因は,前述したように,1870年代から国際的に通貨制度は銀本位から金本位へ移行し,その過程で各国が準備金として保有してい

---

[24] 第9章で詳しく言及するように,あらためて推計が必要であるのは,これまでの推計の方法と結果に多くの問題があるからである.中国の貿易財の価格水準の重要性がかくも長らく指摘されてきながら,その議論の前提となるデータの検証は疎かにされてきた.

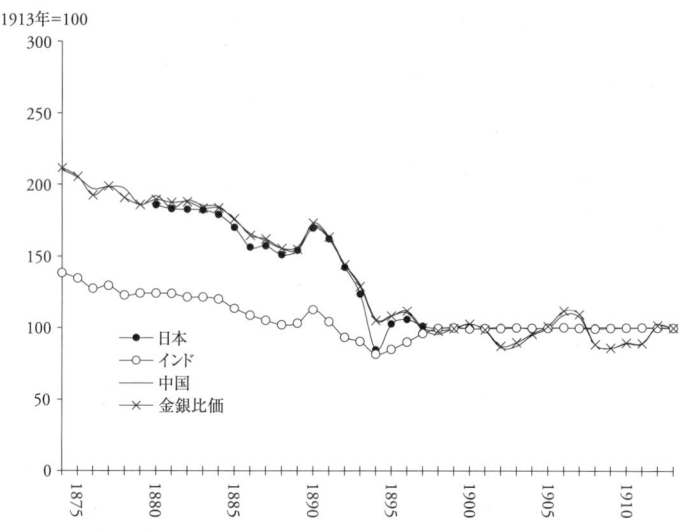

図1-1 金銀比価と日本, インド, 中国の対ポンド相場 (1874-1913年)

出所) 日本:東洋経済新報社 [1929, p. 156].
インド:杉原 [2002, pp. 41-42].
中国:孔 [1988, pp. 605-615, p. 685].
金銀比価:中国銀行経済研究所 [1937, p. 5139].

た銀を市中に放出したからである[25]. また, 1870年代にアメリカのネバダ州で豊富な銀鉱脈が発見され, 1880年代後半から銀産出高が増大して銀価の下落が加速化した[26].

銀価は趨勢的に下落したのであるが, 図1-1から金銀比価の動向をみると, 時期によって下落の幅が異なることがわかる. 1870年代から1884年までの下落は緩慢であった. 1885年から1889年にかけて下落速度がやや速まる. 1890年は, アメリカがシャーマン条例を公布して銀買い上げ額を増やしたため, 一時的に1880年代前半期の水準にもちなおした[27]. しかし, 1891年から1894年にかけて激しい下落がみられた. 以上のように, 銀価低落が顕著になるのは1880年代半ば以降であり, その下げ幅が甚大であったのは1891年から1894年にかけて

---

25) 杉山 [2005, pp. 207-208].
26) 海関統計 [1877, No. 4, p. 119].
27) アメリカの銀買上政策は, 中国の輸出減少・輸入増加をもたらしたが, その効果は一時的なものであった. 銀価は2月から9月にかけて25.5%上昇したが, 10月から下落し, 1891年末には1890年初頭の水準に回帰した (GBFO [1891, pp. 3-4]).

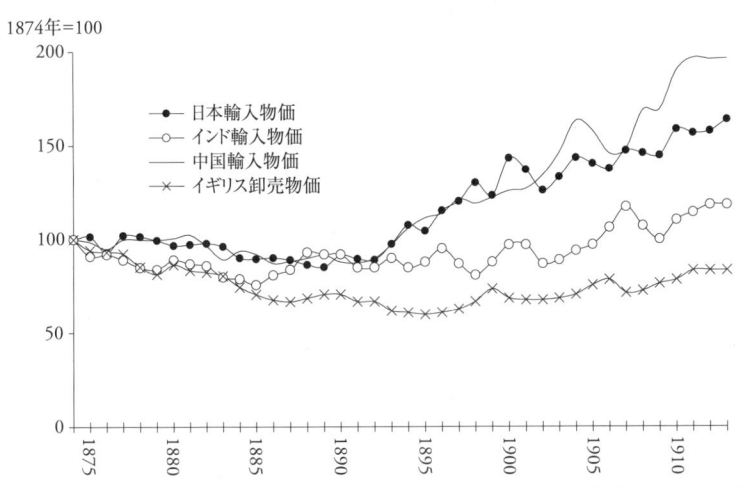

図 1-2　日本，インド，中国の輸入物価指数とイギリス卸売物価指数（1874-1913 年）
出所）日本：山澤・山本［1979, p. 197］．
　　　インド：杉原［2002, pp. 41-42］．
　　　中国：本推計，付表 1．
　　　イギリス：杉原［2002, pp. 41-42］．

であった．

このような金銀比価の推移は，銀利用国の為替相場水準と直結していた点も確認しよう．図 1-1 からインドルピー，日本円，中国海関両[28]の対ポンド為替相場をみる．インドルピーは 1893 年に銀利用国から離脱したため，グラフでみると，1890 年代前半期の下げ幅が小さく，指数全体が下方に位置している．とはいえ，1892 年までは金銀比価と平行して下落していた．日本円は，1897 年の貨幣法による金本位制採用まで，金銀比価の下落と軌を一にしていた．そして，銀利用国にとどまった中国の為替相場は，一貫して金銀比価と同一に推移していた．このように銀利用国にとって，銀の対外価値が為替相場の水準そのものであったことが確認される．

(2) 輸入物価

銀効果重視説は，金銀比価の推移が銀利用国の輸入物価の水準を相当規定していた，と考えているが，実際に輸入物価はどのような状態であったのか，図 1-2

---

28) 海関両とは，中国海関が中国各地の税関の税額と貿易額を統一的にみるために考案した計量貨幣である．詳しくは第 8 章を参照．

から再び日本，インド，中国の三国を比較しよう．

　日本の輸入物価は，1870年代後半から緩やかに下落してゆき，1889年を底として上昇に転換し，1893年から急騰している．インドの輸入物価は，1870年代後半以降，デフレ基調が継続し，1886年から転じて1888年まで上昇し，以後，1895年まで同水準で上下した．中国の輸入物価は，1886年までデフレ基調で推移し，1887年から緩やかに上昇に転じて，日本と同様に1893年から急騰している．以上のように三国ともに輸入物価は，1880年代前半期まで為替相場の下落にもかかわらず低落し，1880年代後半から1892年までの上昇幅も為替相場の下落幅よりも小さかった．そして，輸入物価が為替相場の下落に見合った動向を示すのは1893年以降である．

　銀利用国の輸入物価が全体として低位にあったという事実は，やはり国外の価格要因をみる必要がある点が示唆される．その1つが，ヨーロッパの卸売物価の水準である．それをイギリスの卸売物価から確認しよう．イギリスの卸売物価は，1874年から1887年まで断続的に下落し，1888～89年に一時回復するものの再び1895年まで下落した．

　輸入物価，為替相場，イギリス卸売物価の三者の関係について，中国の事例を詳しく検討しよう．理論的には，輸入物価の変動率は為替相場とヨーロッパの卸売物価を足し合わせた変動率と等しくなるはずである．19世紀後半期中国の最大の貿易相手国はイギリスであったので，ヨーロッパの卸売物価はイギリスで代替できると仮定する．

　図1-3は，三者の関係の計測結果を示している．イギリスから中国までの運輸距離，特殊な市況の影響などを勘案し，3ヵ年移動平均の数値とした．計測結果は，予想通り，中国の輸入物価の変動率は，為替相場とイギリス卸売物価を合わせた変動率と近似的に推移したことを示している．

(3) 中国の対金貨国輸入の推移

　銀価低落によるヨーロッパからの輸入抑止効果は，ヨーロッパの全般的な物価低落によって実質的に波及しなかった，と考えられる．その抑止効果の実勢について，貿易相手国の輸入額から跡付ける作業をする．

　表1-1は，銀価下落が顕著になる1880年代後半から1890年代前半までの中国の主要相手国別輸入額の推移を示している．金貨国としてはイギリス，大陸欧州，アメリカ，1893年以降のインド，銀貨国としては日本，インド（1892年ま

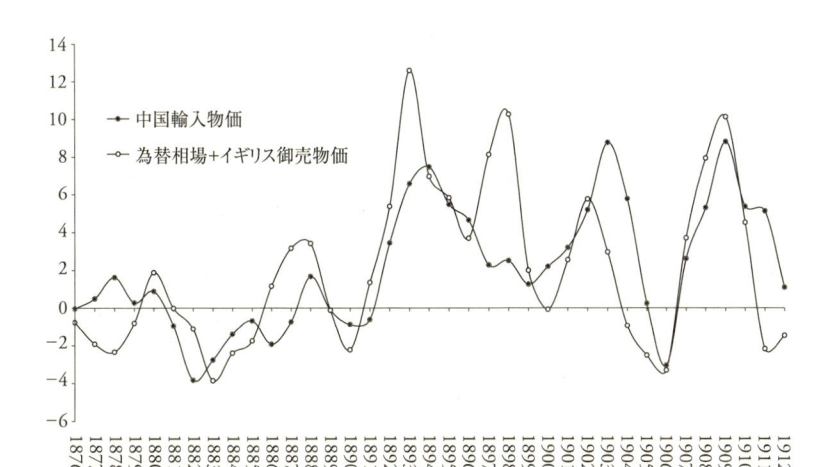

図1-3 中国輸入物価と為替相場・イギリス卸売物価の変動率（1876-1912：3ヵ年移動平均）

で）である．香港は銀利用圏に属するが，香港からの輸入には金貨国の製品が多数含まれる．香港からの輸入が，実質的に金貨国，銀利用国どちらであるか判定しがたいため，ここでの分析から除外する[29]．

では，金貨国と銀利用国に分けて，輸入の推移を確認しよう．金貨国からの輸入が一貫して抑止されていた，という事実は確認されない．金貨国の代表であるイギリスからの名目輸入額は，1884年から1888年にかけて増加し，1889年に激減したが，その後回復して1890年代においても顕著な減少がみられなかった．1889年の減少は，長江の大洪水によって綿布需要が一時減少したためであり[30]，銀価下落の影響ではない．ただし，実質輸入額で評価するならば，イギリスからの輸入は，1892年は前年比5％減，1893年は10％減と1889年に次ぐ減少をしめした．アメリカからの実質輸入額も同年に大きく減少している．

銀利用国からの実質輸入額は，1891年まで金貨国と比べて突出して増加しているとは言えず，銀価低落が対アジア貿易を牽引したという事実は見出しがたい．ただし，1892年，1893年に，日本，インドからの輸入は増加している．以

---

29) 杉原薫は香港の対欧米向けと対アジア向けの比率の推定を試みている．その推定結果は，1883年輸出（74：21），輸入（47：53），1898年輸出（75：21），輸入（51：48），1913年輸出（47：48），輸入（60：39）である（杉原［1996, pp. 21-22］）．
30) 海関統計［1890, No. 3 to 4, p. 184］．

表 1-1 中国の主要相手国別輸入額 (1884-1894 年)

単位：貿易額 (100 万海関両)，成長率 (%)

		1884	1885	1886	1887	1888	1889	1890	1891	1892	1893	1894
名目輸入額	イギリス	169	240	220	257	304	212	246	296	289	282	299
	大陸欧州	18	25	27	26	30	22	25	44	51	52	58
	アメリカ	24	33	46	34	31	38	37	77	61	54	93
	香港	308	353	349	578	698	634	721	682	698	809	824
	インド	164	161	170	55	66	79	103	125	139	167	199
	日本	37	53	57	56	58	66	74	57	67	79	91
実質輸入額	イギリス	169	244	237	273	317	217	262	317	301	272	265
	大陸欧州	18	26	30	27	31	23	26	47	54	50	51
	アメリカ	24	34	50	36	33	39	39	83	63	53	82
	香港	308	359	375	613	727	648	769	729	729	781	729
	インド	164	164	183	59	69	81	110	133	145	162	176
	日本	37	54	61	59	60	68	79	61	70	76	81
輸入物価指数 (1884=100)		100	98	93	94	96	98	94	93	96	104	113
実質貿易額の年成長率	イギリス		44	-3	15	16	-32	21	21	-5	-10	-3
	大陸欧州		46	15	-7	12	-27	17	78	14	-6	1
	アメリカ		39	48	-28	-9	19	1	111	-24	-17	56
	香港		17	5	63	19	-11	19	-5	0	7	-7
	インド		0	11	-68	17	17	36	21	8	12	9
	日本		46	14	-3	2	12	17	-23	15	8	7

出所）名目貿易額：海関統計 [1884-1894, No.3 to 4，全国]．
　　　輸入物価指数：本推計，付表 1．
　　　実質貿易額：名目貿易額÷輸入物価指数．

上のように，銀効果重視説が主張する効果がみられたのは，1890 年代，より厳密には 1893 年，1894 年のわずか 2 年であった．

　銀価低落は，1890 年代の一時期を除いて金貨国からの輸入抑止にはならなかった．逆に 1880 年代後半，中国は金貨国からの輸入を急速に増加させている．図 1-4 は，中国の輸入の推移を名目指数と数量指数にわけて示している．中国の輸入が拡大を示す転機となるのは 1885 年である．1884 年まで同じ水準で推移していたが，1885 年から一貫して拡大していった．表 1-1 から 1885 年の輸入相手国をみると，その拡大はイギリスの 44％増，大陸欧州の 46％増，アメリカの 39％増と，金貨国からの輸入が飛躍的に増大した．

(4) 銀銭比価

　中国の金貨国からの輸入が 1885 年から急速に拡大する要因は，これまで検討

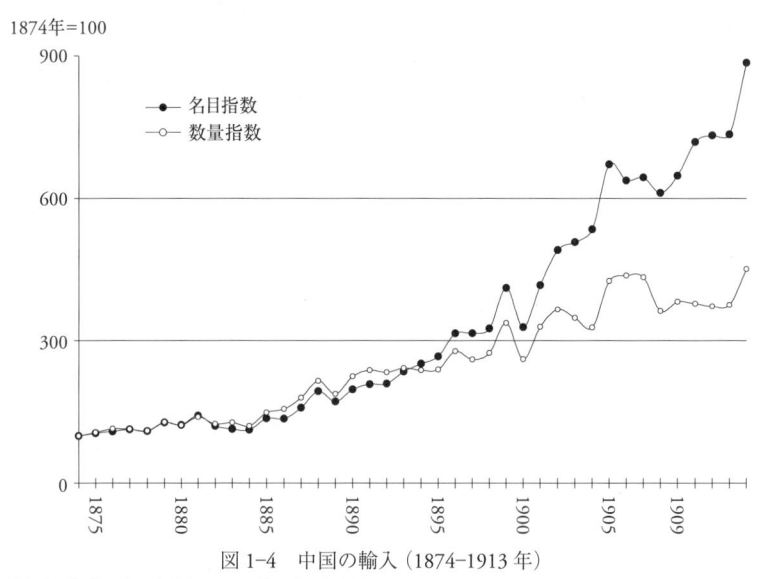

図1-4 中国の輸入（1874-1913年）

注）名目指数＝名目貿易額÷1874年の名目貿易額×100.
数量指数＝名目指数÷輸入物価指数×100.
出所）名目貿易額：海関統計［1874-1913, No.3 to 4, 全国］.
輸入物価指数：本推計，付表1.

した輸入物価の動向からは見出しがたい．なぜなら，1887年まで輸入物価は低落しているが，その低落幅は輸入の短期的拡大を牽引するほど大きい，とは言えないからである．

中国の大衆消費財の輸入動向は，消費者の大半が銅銭の経済圏にある農民であるがゆえに，銀と銭の比価からも規定されていた，と言われる．従来，銀銭比価の問題は，インド綿糸輸入と関連して1890年代に分析が集中しているが[31]，これまでに確認した事実を踏まえるならば，1880年代半ばまで検討を広げる必要がある．図1-5は，江蘇省における銀銭比価と銭表示の輸入物価を示している．銀銭比価は，1874年から1878年にかけて下落し，1879年から1885年にかけて反転したのち，1886年から1891年にかけて下落した．この銀銭比価と先の輸入物価を掛け合わせ，銭建て輸入物価を計算すると，外国製品の価格は1882年から1891年にかけて低落の傾向にあったことがわかる．1880年代の銀安銭高は，

31）森［2001, pp. 13-36］.

1874年=100

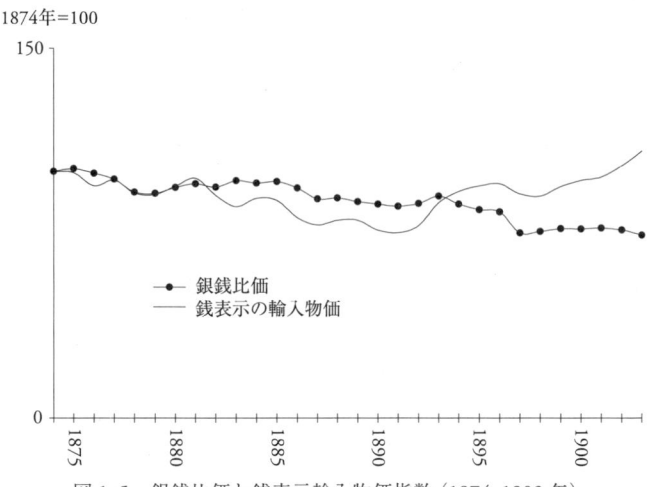

図 1-5　銀銭比価と銭表示輸入物価指数（1874-1903 年）
出所）銀銭比価：森［2001, p. 23］.
　　　銭表示の輸入物価：本推計輸入物価指数×銀銭比価指数÷100.

金貨国の製品価格をよりいっそう低落させたのである.
　中国海関の十年報告は，1880 年代にヨーロッパから輸入された大衆消費財が，中国の農民まで浸透していった状況について以下のように述べている.

> 老人の目には，今や一円で購入できる商品は十年前と比べて少なくなったとうつるようだ．この印象は，外国製品については正確ではない．（中略）農民は甘薯あるいは純粋な中国のものを生産し，その収入で外国製品あるいは外国品を用いて製造した商品の購入に充てる．外国製品は比較的安価であるが，その購入によって生計費は増加する．しかし，それによって農民は自己の生産物の価格をあげることができる．我々は中国の都市を少し歩いただけで，普通の中国人が近来いかに外国の嗜好品に慣れ親しんでいるかみることができる．洋物店の数は年々増加しており，海関統計の外国輸入貨物の数字も同じように増加している．中国人家庭で外国品を利用していない家などみあたらない．それは綿製品に限らない．オイルを用いた室内照明からヨーロッパで製造された数々のもの，中国人の嗜好に合う様々なちょっとした雑品は枚挙にいとまがない．一般的に，中国人の生計費は上昇してしまった．彼らはすでに外国製品の利用に慣れ親しんでしまったのである．彼らは日常生活の中で銀価の波動の影響を感じはじめている．しかしその感じる程度は非常に小さいものだ[32]．

32) 海関統計［1893, No.6, First Issue, pp. 302-303］.

表 1-2　中国の主要輸入品の数量指数（1884-1894 年）

1884 年＝100

	1884	1885	1886	1887	1888	1889	1890	1891	1892	1893	1894
アヘン	100	99	101	111	123	113	114	115	106	101	94
綿布	100	140	125	136	166	127	147	157	146	111	123
綿糸	100	148	147	227	262	260	414	464	499	376	444
綿花	100	70	59	93	84	61	80	59	57	29	23
毛織物	100	124	140	135	106	92	80	97	90	81	72
鉄	100	143	130	121	154	136	133	205	161	128	141
錫	100	121	86	90	148	114	126	122	117	115	134
石炭	100	115	119	116	102	141	116	140	151	163	185
砂糖	100	108	107	246	132	95	189	263	481	1403	1652
マッチ	100	203	165	190	267	282	346	408	436	509	552

注）輸入数量指数＝名目貿易額÷輸入物価指数.
出所）海関統計［1884-1894, No.3 to 4, 全国］.

　海関十年報告が述べる状況は，上海ではなく，地方都市鎮江のものである．報告内容から，1880 年代に外国製品は相対的に安価である，と都市部の人々だけでなく農民にも意識されていたことが読み取れるであろう．そして，引用文中にあるように，それは綿製品だけでなく，様々な日常用品にまで及んでいたのである．

　表 1-2 から 1880 年代にどのような消費財の輸入が増加したのかを裏付けよう．数量が拡大した代表的日常用品はマッチである．マッチは，低廉さを売りに日本製の進出が著しかったが，スウェーデン製の輸入も拡大し，両者は以後中国市場をめぐって激しく競争してゆく[33]．また西洋からの鉄の輸入量も大きく増加した．その大半は，鉄道建設に向けられたが，他方で刃物，釣り針，農具などの製造を目的とする輸入も増大している[34]．

---

33) 日本製マッチがヨーロッパ製マッチと中国市場をめぐって競争するようになるのは，1870 年代後半である（海関統計［1878, No.4, p. 122］）．日本製マッチは粗製ながら安価を武器に販路を拡大した．これまで日本製マッチの中国市場席捲が強調されているが，それは黄燐マッチであり，安全マッチ市場はスウェーデン製が支配的であった．日本製マッチが 1 箱 3 文に対して，スウェーデン製が 1 箱 4 文と品質の割に価格差は小さかったと言える．上海以外の開港場では日本製の輸入が圧倒的と伝えられているが，上海のマッチ市場における日本製のシェアは 6 分の 1 であり，大部分はスウェーデン製で占められていたという報告もある（GBFO［1886, p. 4］）．
34) 海関統計［1886, No.4, p. 162］．

(5) 銀価低落と中国の輸入環境

金銀比価，銀銭比価，為替相場，輸入物価の動向から，銀価下落期の中国の輸入環境について以下のことを指摘することができる．第1に，銀価低落は19世紀後半全体にわたってヨーロッパからの工業製品を抑止する効果を発揮しなかった．抑止効果を発揮したのは，1893年，1894年に限定される．第2に，銀価が低落したにもかかわらず，輸入物価は上昇しなかった．その原因は，ヨーロッパの製品価格が銀価低落を相殺するほど長期的に下落したからである．第3に，銀価低落期は，中国の外国貿易にとって，ヨーロッパから多様な製品をより多く輸入した時期として位置づけられる．それを推進したのは，銀銭比価の動向である．銀銭比価は，1890年代のインド綿糸輸入だけでなく，それよりも10年早く中国の大衆消費財の輸入拡大を牽引した．

III 内国品の貿易物価と貿易数量

(1) 内国品物価をめぐる同時代の認識

輸入物価の検討を通じて，われわれは銀効果重視説が主張した効果は，中国では顕著に発揮されていなかった点を確認した．それでは，中国の国内で生産された物品の価格水準は，銀価の低落を受けて，どのような反応を示したのであろうか．重視説によれば，為替相場の下落は，輸出増加をもたらし，貿易収支が好転することによって，銀の流入量を増加させ，国内の物価を上昇させる効果をもつはずである．

しかし，同時代の人々は，為替相場の下落に比して，内国品の物価の反応は緩慢である，と認識していた．この動向は，同時代の人々にとって「内国品物価の停滞問題」として意識され，中国の貿易に携わる人々の論争の主題になっていた．最初に，この論争をみることで，当時の人々がこの問題をどのように理解していたのかを確認しよう．

1886年11月17日のノース・チャイナ・ヘラルド紙は，この問題を次のように指摘している．

> 銀価の下落は，為替を下落させ，中国の茶と絹のイギリスでの卸売価格を下降させている．しかし，外国商人は，価格の観察の結果，このような感覚を持っていない．

もし茶と絹のイギリスの価格波動を考えるならば，1876年以来，茶と絹の価格は安定しているからである．長年の中国の物価観察の結果に基づくと，物価はある季節は非常に高いかもしれないが，銀の変動による為替及び一定範囲内のイギリスの需給となんら関係がないことを明記しなければならない[35]．

同紙は，中国の物価が為替相場と対応関係がない，と指摘している．この現象は銀価がいっそう低落した1890年代初頭でも継続した．1893年のイギリス商業報告は，次のように記している．

> 物価はすでに上昇基調に入っている．しかし，いまだ相当の為替下落はまったくみられない．一般的に，中国の生産者は，僅かな価格上昇を平均的に享受したにすぎない[36]．

商業報告も内国品の物価上昇は銀価低落の幅と対応していない，と指摘している．この問題について最初に検証を加えたのは，G. Jamiesonである[37]．彼は，貿易財を3つに分類した．第1に国内貿易の商品，第2に輸出商品，第3に輸入商品である．そして，1874年から1892年までの海関統計に基づいて，3つの商品類の貿易物価指数を推計した．推計の結果は，銀安にもかかわらず，内国品の輸移出物価は停滞しているどころか，いっそう下落しており，それは国内貿易において顕著である，というものであった．

1894年3月16日のノース・チャイナ・ヘラルド紙も，内国品の物価停滞問題を取り上げた[38]．同紙は，Jamiesonの推計方法に問題があるため，中国の貿易物価の停滞基調を過大評価しているのではないか，と疑問を投げかけている．Jamiesonの推計方法は，雑多な商品の価格を合計して平均するというものであった．例えば1担当たり8.25両の柏油と1.25両の米穀を足して割って求めた価格は，一般物価の水準を意味しないことは明らかである．そこで，同紙は，重さ当たりの単価が近い商品を平均するという方法を採用した．それでも，Jamieson推計ほどではないけれども，やはり下落しているという観察結果を見出した．

このように，当時は内国品の物価が銀価の変動に相応して上昇しないという現象も銀価問題の1つである，と認識されていた．そして，貿易物価の推計が十分

---

35) NCH [Nov. 17, 1886].
36) GBFO [1894, pp. 14-15].
37) Jamieson [1893, pp. 17-18].
38) NCH [Mar. 16, 1894].

な形でなされなかったこともあり，その要因については実証的な形で探求されず，その現象面で問題である，と言及されるに留まっていたのである．

(2) 輸移出物価の実勢

内国品の物価は，同時代人が問題にしたように，銀価低落と実際に連動しなかったのだろうか．そもそも彼らの事実認識が正しかったのかを検証する必要がある．19世紀後半における中国の輸移出物価指数の推計を通じて，当時の物価水準の趨勢について確認することにしよう．

図1-6は，輸出物価指数の推移である．全中国，上海，天津いずれも1870年代後半から1890年代前半にかけてほぼ同じ水準で安定的に推移した．その年平均変動率は，全中国で2.98％，上海で3.71％，天津で7.06％である．次に，図1-7から国内貿易物価の動向について上海の指数から確認すると，単年で騰貴する場合もあるが，ほぼ外国貿易物価と同様に1890年代初頭まで安定的に推移したことがみてとれるであろう．

本推計の観察の結果，Jamiesonやノース・チャイナ・ヘラルド紙が指摘したような明らかな物価下落傾向は見出されない．しかし，輸移出物価は，銀の購買力低下に連動して上昇しなかった点は事実であった．なぜ内国品の物価は，これほどにも堅固な安定をみせたのであろうか．

銀価下落が始まったばかりの1877年，中国海関は将来の中国の貿易物価について示唆的な報告をしている．

> 銀はすべての貨物に対して購買力を低下させたのか，それとも金に対して購買力を低下させたにすぎないのか？ 私は後者が実際の事態であると考える．中国では，銀価下落を要因とする一般物価の上昇はみられない．中国のある地域では物価が上昇するという現象が発生した．しかし，私が知るところ，それぞれの状況は，現地の環境の変化を要因として十分に説明することができる[39]．

銀価低落とは，金と銀の関係の問題であり，銀のその他の財貨に対する購買力に影響することはないと明言されている．

そもそも，銀が金に対してだけでなく，国内の財貨に対しても安くなるためには，国内の銀の量が増大しなければならない．銀価下落は，より海外から銀を国内に吸収するという方向に作用してはじめて輸移出物価の上昇を引き起こしたは

---

[39] 海関統計 [1877, No. 4, p. 119].

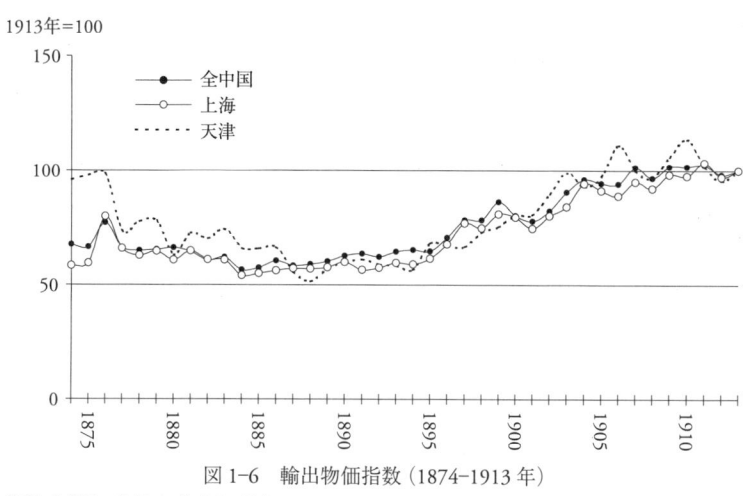

図 1-6 輸出物価指数（1874-1913 年）
出所）本推計，付表 1，付表 4，付表 10．

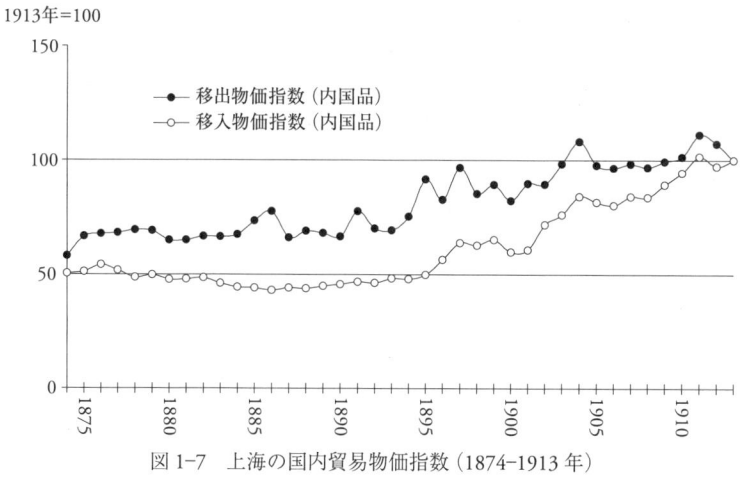

図 1-7 上海の国内貿易物価指数（1874-1913 年）
出所）本推計，付表 6．

ずであった．そういう過程を抜きにして，銀価と貿易物価を結びつけることはできない．1877 年の中国海関の報告は，そのような洞察に基づいていたのではなかろうか．

当時は，為替相場が下落しても中国の輸出は大きく増大することはありえず，よってその代価としての銀の流入が好転することもない，という見方が強かった．

Jamiesonはそのような見方を次のように言い表している．

> 生糸と茶を除いて，中国は普遍的に需要される産品を生産することがない．中国最大の産業は農業である．しかし農業は自己の需要に対して供給されるにすぎない．米，小麦，そしてその他の穀物は，豆類を除いて，いずれも輸出が絶対的に禁止されている．もしそうでなければ，中国の輸出も迅速に成長するであろうが，眼前の状況からみて，輸出を急速に拡張させることは不可能である[40]．

銀価低落が輸移出物価の上昇に結びつかなかった要因は，2つの方向から検討される必要がある．第1に，銀の流出入について数量的に確定すること，第2に，為替相場の下落が，輸出数量に対して及ぼした効果の実勢を分析することである．

(3) 銀の流入量

1866年の海関報告は，1866年以前，中国に銀を持ち運ぶ場合，海関に許可を申請する必要がなかったため，銀の流入を包括的かつ正確に示す統計は存在しないと述べている[41]．また，1887年4月に香港内に九龍海関，マカオ対岸に拱北海関が設置されるまで，香港，マカオと華南の間の貿易は，通関手続きを経ない，いわゆる密貿易が横行していた．そのため，1887年以前は，香港を経由して中国に流出入する銀も正確にはわからない[42]．海関統計の貴金属輸出入表 (Treasure) によって，中国の銀の流出入の全体像を比較的正確に知ることができるのは1888年からである．

まず，1887年以前の概算を示す推計を紹介する．*London and China Express* は，1870年代前半の中国の銀収支は，約1,000万ポンドの入超である，と見積もっている[43]．Sargent も 1870年代の銀収支は入超である，と推計している[44]．

---

40) Jamieson [1893, pp. 17–18].
41) 海関統計 [1866, No. 4, p. 7].
42) 班思徳 (T. R. Banister) [1931, pp. 215–219].
43) 1887年以前の銀収支について，*London and China Express* の推計によれば，1868年から1875年の間で，中国からイギリス，インドに輸出された銀は1,260万ポンド，ヨーロッパ，アメリカ大陸，インドから中国に輸入された銀は2,305万ポンドであり，1,039万ポンドの流入があったことになる (*London and China Express* [Jun. 2, 1880])．ヨーロッパからの流入量は，ジャーディン・マセソン商会が提供した資料で，日本向けも含まれる．アメリカ大陸からの流入量は，駐サンフランシスコ英領事 Booker の報告．インドからの流入量は，インド政庁の報告．
44) Sargent [1907, pp. 254–255], Jamieson [1893, pp. 9–10].

図 1-8　中国の銀収支（1888-1931 年）
出所）孔 [1988, p. 674].

1880 年代前半期については，Jamieson が独自に貿易額を F.O.B. / C.I.F. 価額に修正し，貿易収支が均衡しているので，銀収支も均衡していたであろう，と述べている[45]. 銀収支のおおよその趨勢としては，1870 年代の入超，1880 年代前半期の均衡，と考えられている．

1888 年以降の推移について，海関統計の貴金属輸出入表から検討しよう．図 1-8 は，1888 年から 1931 年までの中国の銀収支の推移である．19 世紀末までについてみると，1888 年から 1892 年までは，1890 年を例外として銀収支は出超である．1893 年から入超に転じ，1900 年代に入るまでその状態が継続した．

以上のような 19 世紀後半の銀収支の推移は，先に検討した貿易物価と比較的整合的である．貿易物価が低位安定していた 1880 年代は，中国の銀収支が均衡，出超であり，国内の銀の量は一定もしくは減少する傾向にあった．そして貿易物価が上昇基調に転じるのは，銀収支が入超に転換する 1893 年であり，国内の銀が増加傾向にあった時期に該当する．しかし，1870 年代は，銀が入超であったにもかかわらず，貿易物価は低い水準で安定的に推移していた．このことは，銀収支だけに貿易物価の動向の要因を帰することができないことを示している．そこで，主要な輸移出品の需給動向について分析しよう．

---

45) Jamieson [1893, pp. 9-10].

(4) 輸移出品の需給動向
主要貿易品目

　貿易物価は，個別商品の価格を総合したものである．どの商品の価格が安定期に推移していたのか，そしてどの程度貿易物価全体の水準に影響を与えていたのかについて確定する必要がある．その場合，分析を輸出に限定するのではなく，移出の動向も踏まえるのが望ましい．そこで，中国最大の開港都市である上海をとりあげることにする．上海は，1880年代半ばまで輸入65～70％，輸出40％強と中国の外国貿易の中で支配的な地位にあった．そして，図1-6に示されるように，全中国の貿易物価は，上海とほぼ一致しているため，上海で取引される貿易財が全中国の貿易物価の水準を規定していた，と考えられる[46]．

　19世紀後半期の上海で取引された主要な内国品は，茶と絹である．1870年代には，この2大類目で輸移出の60％を占めていた（表1-3参照）．1880年代以降になると茶と絹の比重が後退して，綿類，穀物，砂糖，皮革，煙草，紙，動植物油脂が伸張してくる．上海は，年代を経るごとに茶と絹の海外輸出港から，より多様な産品を国内外へ積み出す港に変容していった．その傾向は，表1-3の主要品目の比重の合計が年代を経るごとに減少している点にも示されている．ただし，その傾向が顕著になるのは20世紀に入ってからであり，茶と絹は1880年代から1890年代にかけて依然として相当高い比重を占めていた．したがって，同時期における貿易物価全体の水準は，茶と絹の価格が強く規定していた，と言える．他方で，20世紀初頭までに，上海の貿易で急速に比重を高めたのは綿花である．綿花は，1890年代には茶に匹敵する比重を占めた．そして，綿花は中国国内，アジア域内での社会的分業の変化から影響を受けた代表的商品である．以下では，銀の購買力低下の時期，上海の貿易の主要商品であった茶，絹，綿花の貿易物価を具体的にとりあげることにする．

茶

　図1-9に示したように，19世紀後半期，上海から積み出される茶の量は，80万担から100万担であり，その約60～70％が外国へ向けて輸出された．茶は開港前から世界全土に向けて輸出された世界商品であったが，上海を流通する茶のすべてが海外市場に向けられたわけではない．上海から積み出される茶が，海外

---

46) 上海とその他の開港都市の貿易物価の差異については，第2章，第5章で論じられる．

表 1-3 上海の主要輸移出品

単位：%

	1870 年代	1880 年代	1890 年代	1900 年代	1910 年代
茶	26.59	17.35	13.38	8.63	8.26
絹	37.18	32.91	34.78	30.26	22.83
蚕繭	0.50	2.41	2.54	2.12	2.42
生糸	31.07	21.95	23.17	20.98	15.53
絹織物	4.78	7.94	8.59	6.70	4.58
綿	9.06	8.21	11.88	14.77	18.82
綿花	7.63	6.22	8.55	8.55	6.48
綿糸	0.00	0.01	0.94	3.16	8.85
綿布	1.40	1.69	2.00	2.91	3.37
穀物	5.46	9.32	9.33	5.57	2.38
砂糖	4.05	5.69	2.24	0.78	0.35
紙	1.36	2.60	1.86	1.55	1.28
生薬	1.71	1.85	1.20	0.77	0.86
煙草	0.95	1.92	1.35	1.62	3.39
皮革	0.67	1.89	3.55	6.44	6.33
真田紐	0.65	2.89	2.99	2.76	0.97
動植物性油脂	0.56	0.65	1.16	2.08	3.16
種子	0.23	0.34	0.80	2.88	3.71
羊毛	0.06	0.60	1.79	2.11	2.54
卵	0.02	0.05	0.13	0.67	2.01
合計	88.55	86.27	86.44	80.87	76.88

出所）海関統計［1870-1919, No. 3 to 4，上海］．

市場に特化するのは 20 世紀に入ってからである．銀の購買力低下が著しかった 1880 年代から 1890 年代，上海の茶の仕向地は，国内市場と海外市場の間で拮抗していた．

　上海の輸移出市場からみると，茶の貿易物価は，同時期に国内市場からの規定性を強く受けていたと予想されるが，実際は，後述するように，インド茶，日本茶との競争関係が強まり，より世界市場から価格の規定を受けるようになった．その点は，上海の茶の価格を輸出と移出に分けてみても読み取ることができる．図 1-10 は，上海で取引された紅茶の 1 担あたりの価格である．紅茶の輸出と移出の価格差は，単年で外国貿易の価格が上昇することはあるが，ほぼ一致している．このことは，紅茶は，輸出と移出に関係なく，同一の価格体系の下にあったことを意味する．

　中国茶は，世界市場における占有率の低下と同時に値を崩して行った．図 1-

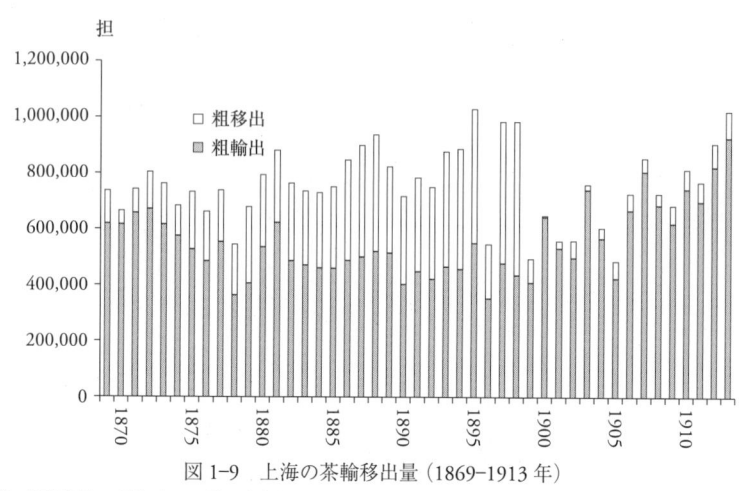

図 1-9　上海の茶輸移出量（1869-1913 年）

注）茶の輸移出量には以下の 14 品目を含む．tea, black / tea, black locally fired / tea, brick / tea, brick, black / tea, brick, green / tea, dust / tea, green / tea, green locally fired / tea, leaf and unfired / tea, log / tea, scented / tea, stalk / tea, tablet / tea, tribute.
出所）海関統計［1869-1913, No. 3 to 4, 上海］．

図 1-10　上海における紅茶の貿易物価（1869-1913 年）

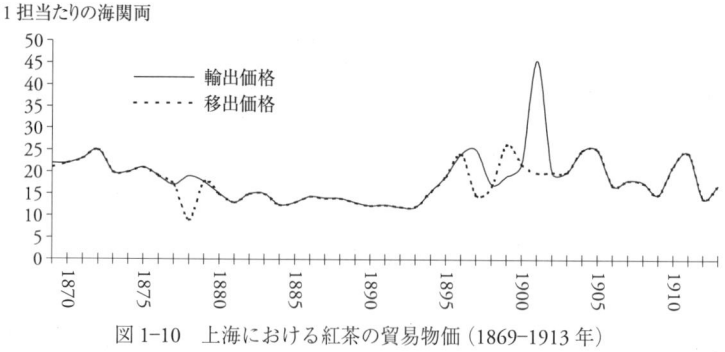

注）価格は年平均価格である．輸出額（移出額）÷輸出量（移出量）で計算．
出所）海関統計［1869-1913, No. 3 to 4, 上海］．

11 は，中国茶，インド茶，セイロン茶，日本茶の世界市場占有率と価格の推移を比較した．中国茶の市場占有率は，1850 年代末まで 99％を占める独占状態にあった．しかし，1860 年代から，中国茶はインド茶と日本茶の競争に晒されるようになる．インド茶と中国茶のロンドン茶市場における価格を比較すると，インド茶の市場占有率が上昇するに従い，中国茶の価格もインド茶の価格に連動して下落していくことが確認できる．そして，上海における茶の輸出価格をみる

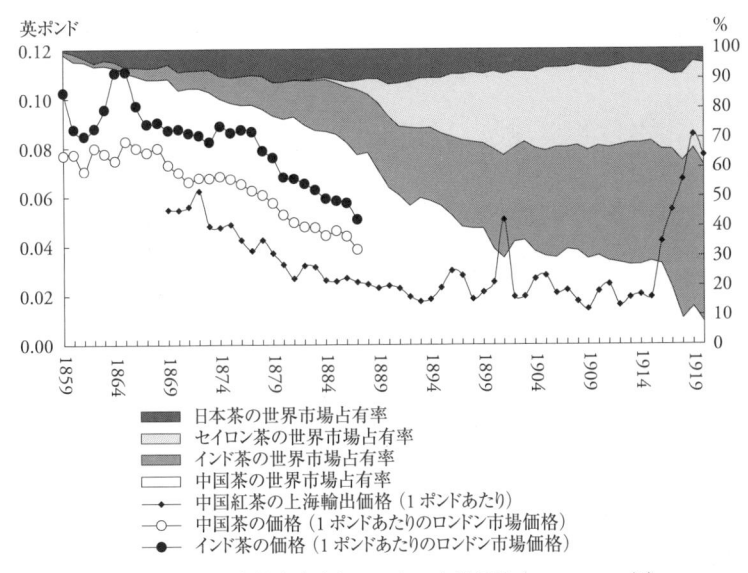

図 1-11　茶の市場占有率とロンドン市場価格（1859–1920 年）

注）世界市場占有率とは，各国の輸出量÷上記 4 カ国の輸出量の合計．
出所）各国の茶輸出量：陳慈玉 [1982, pp. 324-325]．
　　　中国紅茶の上海輸出価格：図 1-10 の輸出価格をポンドに換算．
　　　中国茶の価格：陳前掲書．
　　　インド茶の価格：同上．

と，ロンドン市場価格より輸送費と商人の利潤分下方に位置しているが，その価格動向は，ロンドン市場価格に連動して下落していったことが確認できる．

　茶が上海の貿易額に占める比率は，表 1-3 で示したように，1880 年代は 17％，1890 年代は 13％であった．貿易額の比重は，貿易物価全体の水準を決定する割合，すなわちウェイトを意味する．つまり，上海の輸移出物価が，銀の購買力低下の時期に低位安定を保った要因の 13〜17％は，茶の価格が，インド・日本茶の競争によって下落したことに規定されていたのである．

絹　類

　本章の言う絹類とは，蚕繭，生糸，絹織物，絹製品を指す．その内訳は図 1-12 の下段に示した．さて，絹も茶と同様に開港初期の段階から海外市場との結びつきが強い商品であった．図 1-12 でみるように，移出数量はほぼ横ばいで推移したのに対して，輸出数量は継続的に増加した．その結果，上海の絹貿易に占

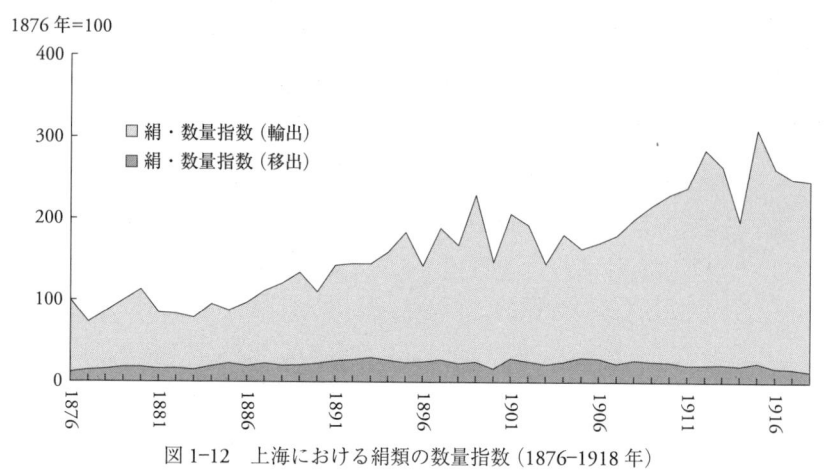

図 1-12 上海における絹類の数量指数（1876-1918 年）

注）数量指数＝名目貿易額÷絹類の輸出物価指数.
出所）絹類の輸出物価指数：図 1-13.

物価指数の商品バスケット（58 品目）

［蚕繭］silk, cocoons / silk, cocoons, refuse / silk, cocoons, wild / silk, refuse or waste / silk, refuse or waste (cocoon strippings) / silk, yarn waste

［生糸］silk, raw, re-reeled / silk, raw, steam filature / silk, raw, white / silk, raw, white, not re-reeled and not steam filature / silk, raw, white, re-reeled / silk, raw, white, steam filature / silk, raw, white, thrown / silk, raw, wild / silk, raw, wild, filature / silk, raw, wild, not filature / silk, raw, yellow / silk, raw, yellow, not re-reeled and not steam filature / silk, raw, yellow, re-reeled / silk, raw, yellow, steam filature

［絹織物］silk piece goods / silk, pongees / silk, pongees, honan / silk, pongees, kweichow / silk, pongees, shantung / silk, pongees, shantung, honan, & szechwan / silk, pongees, szechwan

［その他］caps, silk / clothing, silk / clothing, silk and cotton / clothing, silk and fur / collars, cuff and muff, silk, velvet, and fur / fans, silk / mats, tea, silk, and dunnage / shoes and boots, silk and cotton / silk and cotton embroidery / silk and cotton mixtures / silk and cotton mixtures, fancy / silk and gold embroidery / silk and gold embroidery, old / silk and woollen embroidery / silk fiddle strings / silk, bands / silk, coarse / silk embroidery / silk, embroidery old / silk, girdles / silk, lace / silk, noil yarn / silk, padding / silk, ribbons / silk, ribbons embroidered / silk, wadding / silk, wadding old

める国内市場の比重は相対的に低下していく傾向にあった．

　図 1-13 から絹類の輸出物価を確認すると，銀価低落期に安定している．絹類の輸出物価が高い水準で乱高下するようになるのは，20 世紀に入ってからである．絹の輸出物価は，国内外の市場における競争条件の高まりによって変動したことをうかがわせる．

　絹の輸出物価をさらに，絹織物，生糸に分けてみる．図 1-13 の白抜き丸印（○）で示される絹織物の価格は，1880 年代初頭から 1890 年代前半まで一貫して同じ水準を保っていた．一方，黒丸印（●）で示される生糸の価格は，1870 年代初頭から緩やかに下降してゆき，1891 年を底として上昇に転じているが，絹織

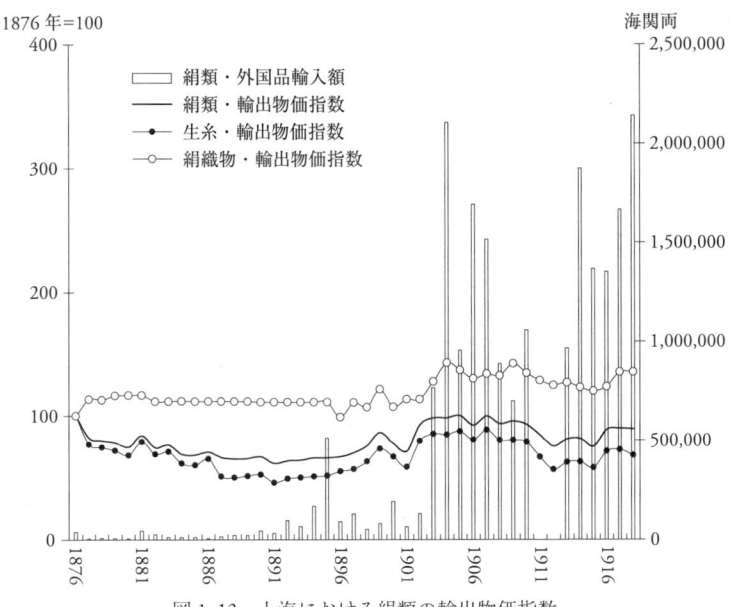

図 1-13 上海における絹類の輸出物価指数

注) 物価指数の商品バスケットは，図 1-12 を参照．
出所) 輸出物価指数：本推計，図 1-12 のバスケットから独自に推計．
　　　外国品輸入額：海関統計 [1876-1918, No. 3 to 4, 上海]．

物と同様に19世紀後半期における騰落の幅は小さく，やはり安定していたと言える．以上のように絹織物，生糸いずれも，銀価低落の影響を受けた形跡がみられない．その要因について，絹織物と生糸を個別に分析することにしよう．

　図1-14に示したように，絹の数量指数から絹織物だけを抜き出してみると，19世紀後半期において上海の絹織物の仕向地の大半は国内市場であったことがわかる．その比率は高い時で95％，低い時でも61％を占めていた．そして，絹織物の貿易物価が騰落を示しはじめる時期は，香港を含む海外市場向けの比率が上昇する時期と重なっている．つまり，19世紀後半期，絹織物の貿易物価が銀の購買力低下にもかかわらず，極めて安定した水準を保っていた理由は，銀同士で決済される市場空間での取引が大半を占めていたからである．

　一方，生糸は，茶と同様に海外市場との結びつきが強く，かつ世界商品として欧米市場で価格が決定される商品であった．そして，1880年代から日本製生糸と国際市場で競争関係に晒されるという，これまた茶と同じような特徴を持って

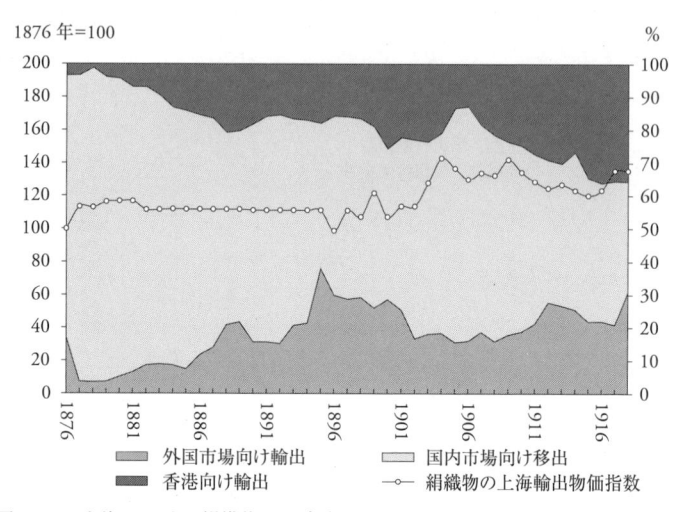

図 1-14 上海における絹織物の国内市場の占有率と輸出物価（1876-1918 年）
出所）輸出物価指数：図 1-13．
　　　輸移出額：海関統計 [1876-1918, No. 3 to 4, 上海].

いた[47]．

　図 1-15 は，中国生糸の価格動向を世界市場の規定性を示す情報と絡めて示したものである．太い実線に黒丸印がついている線は，中国生糸のロンドン市場価格である．中国生糸のロンドン市場価格は，1870 年代後半から下落し，1880 年代に一度安定するが，1890 年代から再び下落した．1890 年代に中国生糸のロンドン市場価格が値崩れをおこす要因は，第 1 にフランス，イタリアが蚕病の影響から脱して欧州での生産が回復したこと[48]，第 2 に同時期に中国，日本も生産量を増大させたことで，世界の生糸供給量が 1.5 倍に上昇したことである．

　1870 年代後半から 1880 年代前半にかけては，生糸は茶と異なり，競争相手の世界市場に占める供給量はそれほど大きなものではなかった．つまり，同時期に中国生糸の価格を押し下げる要因を世界市場での競争に見出すことはできない．1883 年 5 月 25 日のノース・チャイナ・ヘラルド紙は，同時期における中国生糸の価格低下の要因について次のように指摘している．

---

[47] 茶と区別される生糸の特徴は，1904 年頃から上海を中心とする江浙地方で，近代製糸業が成立することである．近代製糸業成立以降の貿易物価の動向は第 4 章で論じられる．
[48] 曽田 [1984, p. 15].

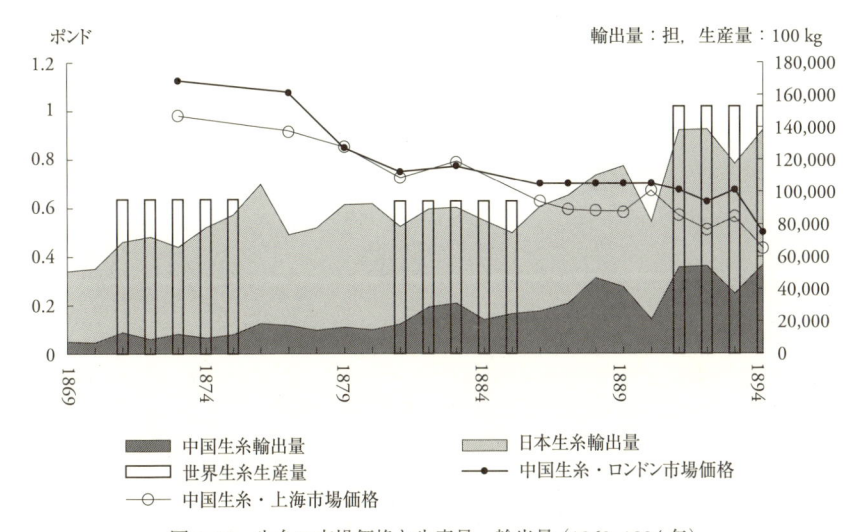

図 1-15 生糸の市場価格と生産量，輸出量（1869-1894 年）

出所）中国生糸輸出量：海関統計［1869-1894, No. 3 to 4, 全国］.
　　　日本生糸輸出量：東洋経済新報社［1935］.
　　　世界生糸生産量：Matsui［1930, pp. 57-58］.
　　　中国生糸・ロンドン市場価格：GBFO［1894, Shanghai, p. 17］.
　　　中国生糸・上海市場価格：同上.

　　　イギリス市場とフランス市場で中国生糸は，多くの人を失望させた．ヨーロッパとアメリカの風潮上，生糸に要求される規格には純度，均質性，膠着度がある．つまり，製糸工場の製品のようなものである．フランス，イタリア，日本は，大量にこのような生糸を供給している．そのため中国生糸の価格は下落せざるを得ない[49]．

　このように，中国生糸は欧米市場が要求する品質を満たしていないと判断されたことが，銀の購買力低下にもかかわらず輸出価格が下落した要因であった．
　この中国生糸の品質問題が上海の貿易物価全体に与えた影響は非常に大きなものであった．なぜなら，品質問題が取りざたされた時期，生糸が上海の輸出額に占める比率は，20〜30％に及んでいたからである．つまり，銀の購買力低下に対して中国の貿易物価が，19世紀に敏感に反応しない理由の20〜30％は，生糸の品質問題に帰着することになる．

49) NCH［May 25, 1883］.

1869年=100

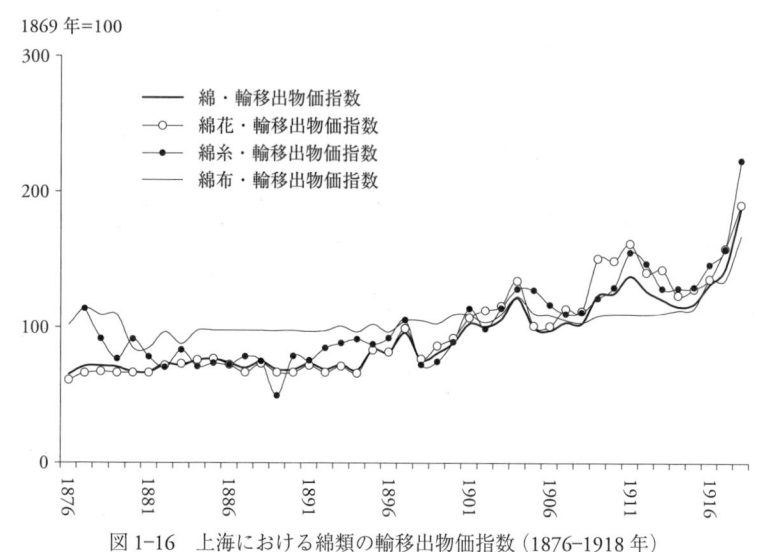

図1-16 上海における綿類の輸移出物価指数（1876-1918年）
出所）以下の商品バスケットから独自に推計.

［綿花］cotton, old, and rags / cotton, raw / cotton, raw ginned / cotton, waste
［綿糸］cotton, cord and thread / cotton, cord and thread oiled / cotton, rope / cotton, yarn / cotton, yarn dyed and mercerised / cotton, yarn, waste
［綿布］cotton, blankets / cotton, cloth, native and nankeens / cotton, cloths / cotton, counterpanes / cotton, drills / cotton, drills, dyed / cotton, flannelettes / cotton, irishes, native-dyed / cotton, jeans / cotton, jeans, dyed / cotton, lace / cotton, lawns / cotton, lawns, native-printed / cotton, muslins, native-printed / cotton, native-bleached / cotton, native-dyed / cotton, ribbons / cotton, sheetings / cotton, shirtings / cotton, shirtings, dyed / cotton, shirtings, grey and white / cotton, t-cloths / cotton, towels

綿　花

　綿花は，19世紀後半期の綿類全体の輸移出物価を規定した．図1-16の太い実線が綿類全体の輸移出物価指数，白抜き丸印がついた線が綿花の輸移出物価指数である．19世紀後半，両指数の線は，ほぼ重なり合っており，綿類全体の輸移出物価とは綿花であると言っても過言ではない．

　綿花の貿易物価動向を解明する前提として，1880年代半ばから1890年代における中国綿業の生産構造について言及する．森時彦の研究に依拠すると，1890年代における中国綿業の生産構造は，図1-17のようにモデル化できる[50]．実態経済面で，中国綿花はインド綿糸の流入と日本紡績業の勃興という2つの規定を

---

50) 森［2001, pp. 13-36］．

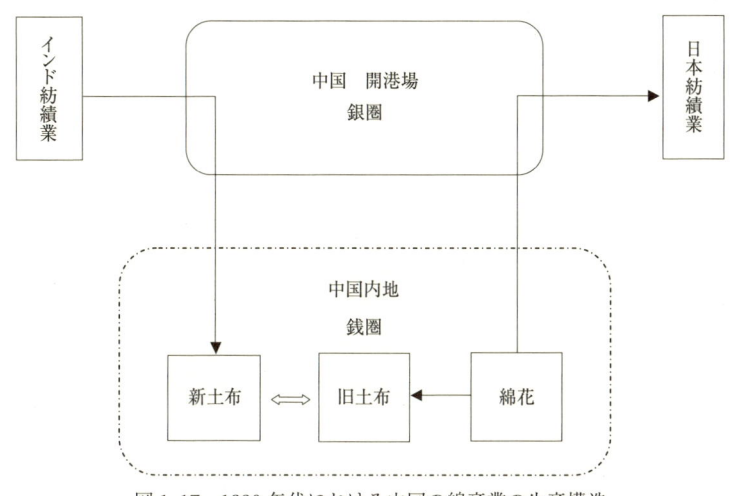

図1-17　1890年代における中国の綿産業の生産構造

受けていた．

　中国内地の綿布消費は，厚手綿布を中心としていた．薄手のイギリス製綿布は，都市部の高所得者層に消費されたが，内地市場まで浸透しなかった．1870年代になると，インド紡績業が生産する太糸が，中国市場に大量に浸透するようになる．中国内地で生産される厚手の綿布を土布と言う．そのうち，中国産の綿花を原料として生産される土布を旧土布と言い，前述したインド綿糸を原料として生産される土布を新土布と言う．旧土布と新土布は代替関係にあり，中国内地においては，中国綿花はインド綿糸と原料面で競争関係にあった．他方で，日本紡績業の勃興は，上海の綿花流通に対して劇的な変化を及ぼした．1888年から，上海から日本へ輸出される綿花の量が増大し，翌年の1889年から，この日本向け輸出綿花の量は，上海から中国国内に向けて移出される綿花の量を凌駕するようになった．このように，この時期，実態経済面で，中国綿花は，価格を押し下げるインド綿糸との競争と，価格を押し上げる日本紡績業向けの供給量増大という，二つの相反する力が作用していたと言える．

　もう1点留意しなければならないのは，銀と銭の関係である．この時期は，銀が銭に対して安くなるという銀安銭高の傾向にあった．そのため，綿花の上海市場価格は，銀表示価格であるため，生産地での価格よりも高くなる状態に置かれていたはずである．しかし，上海の綿花価格は，図1-16で示したように1895

年まで高騰しなかった．その原因は，インド綿糸の価格下落作用がかなり大きなものであったからである．上海の綿花価格は，1893年にインドの銀貨自由鋳造禁止によってルピー相場が急騰して，インド綿糸の価格が上昇しはじめるようになってから，ようやく上昇するようになるのである．

(5) 銀価低落と中国の輸出環境

上海における主要な内国品の貿易物価の個別分析の結果，銀の購買力が低下した1880年代に，内国品は，大きな物価上昇を経験しなかった．物価が大きく上昇するのは，概ね20世紀に入ってからである．茶と生糸の場合，開港当初から世界市場との関係が強く，金銀比価の影響を受けるはずであったが，世界市場においてインド，日本の国際競争に直面して敗退してゆく時期と重なっていた．絹織物の場合，依然として国内市場の比重が大きく，金銀比価の影響を直接受けることなく価格が推移した．綿花の場合，1893年までインドが同じ銀利用国であったため，為替相場の大幅な変動の影響を受けなかったインド綿糸から強い価格圧力を受け，日本側の需要増大にもかかわらず価格を上昇させることができなかった．このように，貿易物価を押し上げる力以上に，それを抑制する力が上海の主要輸移出品目に対して同時に作用していたのである．

貿易物価が低位安定していた19世紀後半は，茶，絹に代表される中国の伝統的輸出商品が世界市場で敗退してゆく時期と重なっていた．為替相場の下落という輸出増大の絶好の機会は，Jamiesonが指摘したように，それまでの主要輸出商品の市場拡大に結びつかなかったのである．

それでは，輸出物価の長期的停滞に対して，貿易数量はどのような反応を示したのであろうか．図1-18から中国の輸出数量をみると，茶と絹の停滞に対して，輸出数量全体の伸張が1880年代半ばから著しい．輸出数量全体は，1913年までに1887年の水準の約4倍強となった．同期間に茶と絹の輸出数量は1.5倍の増加に留まっている．銀価低落期に，中国は持続的に世界市場に向けて絹・茶以外の輸出を拡大してゆく段階に入ったのである．

表1-4から輸出数量の伸長を牽引した品目を確認しよう．イギリス商業報告，海関報告の記述に基づいて，主要な仕向け地別に分けた．ヨーロッパ向け輸出は，一次産品の種類を多様化させた．その背景について，イギリス商業報告，海関報告は，一様に銀価低落によって為替相場が下落し，価格が低廉であることを挙げている．羊毛の場合，為替相場の下落によって中国産はオーストラリア産よ

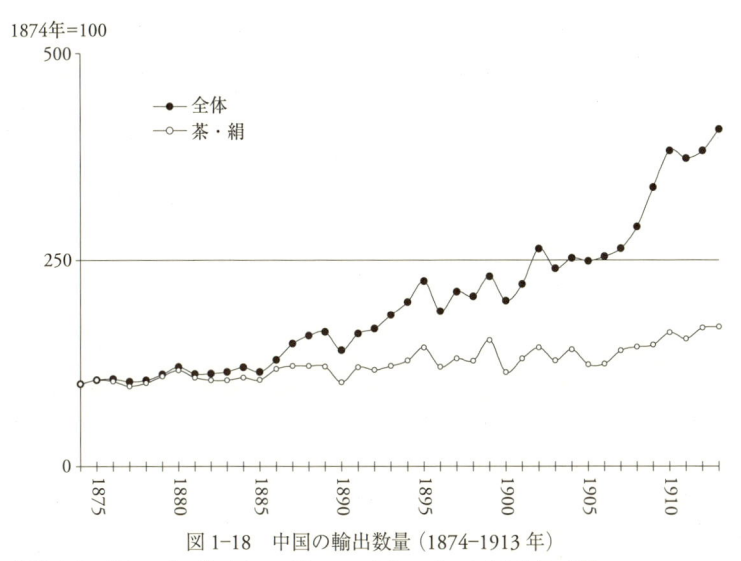

図 1-18　中国の輸出数量（1874-1913 年）
出所）全体，付表 1．茶・絹，図 1-9，図 1-12 の商品バスケットから独自に推計．

りも価格が低廉となりイギリス向けの輸出が急増した[51]．葉煙草の場合，イギリスにおいてトルコ産よりも低廉で品質がよいと評判が上々であるとイギリス商業報告で指摘されている[52]．このように銀価低落は，アジア地域で中国だけが大量に生産できる一次産品の価格をヨーロッパが従来原料供給地としていた諸国・植民地よりも低廉としたのである．

IV　おわりに

これまでの分析結果を総合して，銀価低落が中国の国際分業に及ぼした意義についてまとめることにしよう．最初に，当該期に輸入物価，輸出物価を規定した要因を整理すると次のようになる．

　　輸入物価←為替相場（金銀比価），ヨーロッパ物価，銀銭比価．
　　輸出物価←為替相場（金銀比価），中国物価（銀ストック量），日本・インドとの競争．

51）海関統計［1895, No. 4, p. 3］．
52）GBFO［1876, p. 27］．

表 1-4　中国の輸出品の数量指数（1886-1896 年）

1886 年 = 100

	1886	1887	1888	1889	1890	1891	1892	1893	1894	1895	1896
ヨーロッパ向け											
植物性芳香油	100	287	410	362	386	380	554	397	469	207	536
葉煙草	100	267	323	334	450	451	443	531	547	538	504
羊毛	100	116	169	211	204	280	359	269	468	448	314
羽毛	100	130	145	172	151	183	199	245	196	295	291
亜麻	100	126	130	159	105	126	182	235	286	289	257
なめし革	100	185	182	98	64	67	155	253	208	279	235
生皮	100	93	101	70	69	78	73	110	137	133	183
ヨーロッパ・日本向け											
豆油	100	1,702	1,770	1,182	1,353	1,215	1,201	4,143	5,366	6,072	5,954
大豆・大豆油粕	100	106	94	214	687	1,554	2,679	4,613	3,718	414	3,125
日本向け											
綿花	100	146	426	1,060	628	747	1,070	1,211	1,571	1,884	879
東南アジア向け											
土布	100	246	241	227	230	302	385	636	608	1,365	782
紙	100	239	296	279	270	300	327	353	370	612	389
陶磁器	100	211	271	247	216	245	248	292	284	498	331
麺類	100	176	111	116	126	102	144	286	284	265	279
焼酎	100	339	359	305	249	247	240	275	258	286	267
扇子	100	88	188	191	209	223	176	187	179	363	248
桂皮	100	193	166	155	213	187	243	92	153	366	192

出所）名目貿易額：海関統計 [1886-1896, No. 3 to 4, 全国］．
　　　数量指数：各商品の名目貿易額を付表 1 の輸出物価指数で除した．

　銀価低落による為替相場下落効果は，輸入物価，輸出物価を規定した他の要因によって実質的に発揮することがなかった．つまり，銀価低落は，中国の対アジア貿易を対ヨーロッパ貿易よりも相対的に拡大する原動力とならなかったのである．対アジア貿易の拡大は，日本，インドの工業化という隣国の経済構造の変化によって牽引されたのであり，相対価格の変化は輸出，輸入ともに対ヨーロッパ貿易の拡大という方向に作用した．

　銀価低落の意味は，それがヨーロッパと中国の物価停滞時期と重なったという点から評価される必要がある．もし，銀価低落がなければ，中国の対ヨーロッパ輸入はいっそう拡大し，逆に中国の対ヨーロッパ輸出は停滞したであろう．つまり，銀価低落があったからこそ，中国の対ヨーロッパ貿易は輸出と輸入どちらも拡大したのである．

　その帰結は，世界経済の規模と範囲をより遠隔地間で結ぶことになった．ヨー

ロッパにとっては，工業製品輸出と一次産品輸入の相手として中国をより組み込むことになった．中国にとっては，茶・絹に代わる内地の一次産品が開拓され，より国土全体が世界経済と結びつくようになったのである．そしてヨーロッパ製品の浸透も進展した．それを数字で示すと，輸入物価が同じ水準である 1887 年と 1893 年を比較すると，中国全体の輸入額は 1.5 倍増加したのである[53]．

そして，国際分業の拡大は，それまで上海を窓口としていた流通構造にも変化を及ぼしていった．上海が中国全土の対ヨーロッパ貿易に占める地位は，相対的に低下していく．同時期の上海の輸入額は 1.2 倍にすぎず，その約 70% はインドからの輸入増加であった．このようにして，中国各地の開港都市は，個別にヨーロッパ市場と分業関係を結ぶ方向に進むことになった．その具体的な様相については，第 2 章で検討する．

本章の結論に対して，相対価格の変化に国際分業の動向を還元させている，という批判がありうるであろう．むろん，輸入の動向は，国内の需要構造の変化，輸出の動向は，海外の需要構造の変化といった，各社会の所得水準の推移にも規定されている．19 世紀後半の他のマクロ指標を世界レベルで連関させる研究は，まだ緒についたばかりであり，我々はそのような主張を検証する素材を持ち合わせていない．

再度確認すると，本章のインプリケーションは，相対価格の変化が中国の対アジア貿易を拡大したという結果は見出されず，それは対ヨーロッパ貿易の拡大を牽引した，という主張にある．

---

53) 海関統計 [1888, 1894, No. 3 to 4，全国]．

第2章 開港場市場圏の形成と変容

開港都市天津の事例分析

I はじめに

(1) 開港場市場圏の時代

1870年代に始まる銀価格の世界的な低落は，中国からの一次産品輸出を刺激し，農業社会を国際分業の中に組み込んでいった．拡大する輸出は，開港都市の交易拠点としての重要性を高め，開港都市を中心に周辺農業社会を包み込む市場圏が形成されていった．これが19世紀後半期中国でみられた特徴ある市場圏，「開港場市場圏」である．

開港場市場圏は，それまで商工業の規制が及びにくかった農村を都市と結びつけ，開港都市と周辺農村から構成される1つの再生産圏として，中国の各地に出現した．具体的には，天津を中心とする華北地域の市場圏，漢口を中心とする長江中流域の市場圏，広州を中心とする西江流域の市場圏，烟台を中心とする山東省北部沿岸の市場圏などがある[1]．規模と範囲の大小の違いはあれ，基本的に世界市場向けの一次産品輸出を軸に形成されたという点で共通している[2]．

黒田明伸は，その形成が先進工業国の原材料需要によって牽引されたものであったため，開港場市場圏が相互に結びつき，全国規模の市場圏が形成されるという方向にはなかなか進まなかった，と評価している．中国は国際貿易を通じて商品経済が発展しながら，国民経済としては開港場市場圏ごとに分裂の様相を深

---

1) 代表的な研究として以下のものがある．葉 [1983]，劉 [1990]，佐々波（城山）[1992]，黒田 [1994]，庄 [2000]．
2) 日本による植民地開発が進む前は，満洲も開港場市場圏の1つとしてみることが可能である．

めていった.黒田は,19世紀後半期にみられたこのアンバランスな成長を「非均衡型市場経済」と集約的に表現している[3]．

一方,開港場市場圏の形成と平行して,上海と香港が中国の国際貿易上の拠点として台頭してくる．上海と香港は,中国各地の開港場市場圏と世界市場の間の交易ルートの途上に位置していた．その役割は,中国各地の一次産品,そして海外の工業製品を国内外に再分配することであった[4]．

市場圏とは,単なる商圏や販売ネットワークを意味する概念ではなく,供給(生産)と需要(消費)の結びつきからなる分業関係を意味する．そのため,上海と香港を通じて商業ネットワークが広がっていたことは,必ずしも中国で広域的な市場圏が形成されたことを意味しない．上海と香港は,開港場市場圏と世界市場を媒介したのであり,その交易の本質は,開港場市場圏と世界市場の間の一次産品と工業製品の分業とみるべきである．

本章は,開港場市場圏の1つである天津を中心とする市場圏をとりあげる．華北地域における開港場市場圏は,どのように形成され,そしてそれはどのような展開をみせるに至ったのか,そしてそれが中国経済にとってもつ意義とは何であるのか,このような基本的問題を再検討したい．検討に先立ち,天津を中心とする華北地域の市場圏の研究成果を整理しよう．

(2) 天津を中心とする華北経済の研究

開港前の天津は,江南と首都北京を結ぶ南北運河が連結する交通の要衝にあり,北京に運ばれる物産の集積地として,とくに明代中期から商業が発展していた[5]．開港後,天津は,北京にもたらされる物産の集積地という機能に加えて,華北・モンゴル地域一帯で産出する農畜産物の積出港という性格も併せ持つようになり,上海に次ぐ中国第二の開港都市として発展した[6]．

開港後天津の貿易については,これまで,葉淑貞,姚洪卓,リンダ・グローブが海関統計を利用して,貿易額の推移と貿易構造について検討している[7]．先行研究が明らかにした開港後天津の一次産品輸出の拡大を支えた要因をまとめると

---

3) 黒田［1994］．
4) 古田［2000］．
5) 浜口［1999, pp. 10-12］．
6) 浜口［1999, pp. 12-13］．
7) 葉［1983］,姚［1993］,グローブ［1999; 2000］．

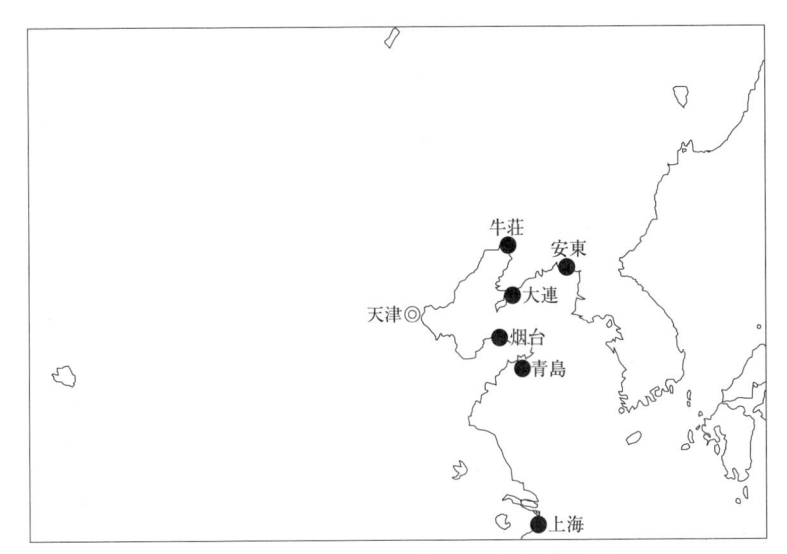

図 2-1　上海以北の主要開港都市の位置（民国期）

次のようになろう．

　第 1 に，天津はその地理的条件によって，華北地域における農畜産物の独占的な積出港としての地位を確立した．図 2-1 に示したように，東北地域以西，黄河以北の広大な地域にとって，世界市場および華中，華南地域との最短ルートを結ぶ開港都市は天津であった．天津の主要な輸移出品は，ロシア国境地域で産する毛皮，直隷省北部およびモンゴルの羊毛，そして直隷省南部および河南省北部の綿花であった．そして，この 3 品目が輸移出額に占める比重は，19 世紀後半で 30％，20 世紀に入ると 50％と，時代が下るにつれて，より集中する傾向があった．そして，これら 3 大品目を産する地域が需要する消費財も天津を経由して持ち運ばれたのである．

　第 2 に，交易を支えるインフラである近代的運輸通信手段が，華北地域では天津が先行する形で整備されてゆき，青島が 20 世紀に台頭するまでには，華北地域の流通はいっそう天津に集中するようになった．そのなかでも電信，鉄道が天津でいち早く整備された背景には，李鴻章に代表される洋務派官僚の拠点が天津にあったからである．導入当初の目的は軍事的なものであったが，天津の経済的地位が高まるにつれ，有力官僚による工業投資が展開するようになる．

　第 3 に，上記の 3 大輸移出品が 20 世紀に入りいっそう成長する背景には，日

本，アメリカでの一次産品需要の拡大がある．19世紀末まで天津の輸移出入額の70〜90％は上海との貿易に集中していたが，20世紀に入ると対上海取引の比重が断続的に低下しながら，輸出額は爆発的に拡大していった．世界恐慌直前の1928年までに天津の輸移出総額の約30％が日本とアメリカ，輸移入総額の約35％が日本，約15％がアメリカとの取引で占められていた．

　以上のように，これまでの開港後天津の貿易研究は，①立地条件，②供給を支えたインフラ整備，③需要先としての日本・アメリカの重要性，という3つの視角から検討されてきたと言えよう．そして，国際貿易の拡大により，華北地域は，天津を中心とする市場圏としてまとまりをもつようになった，と考えられている．

　本書は，先行研究が指摘した要因が天津を中心とする市場圏の形成を推進した点について同意する．ただし，先行研究の問題を挙げるならば，貿易の数量分析が名目貿易額に偏っている点である．したがって，本章の新しさは，これまで先行研究が分析の拠り所とした数値を物価と数量に分けて把握しようとする点にある．

　この手法によって導かれる天津の貿易像は，これまでの段階的な時期区分とは異なるものとなる．葉淑貞は，輸移出と輸移入をあわせた総貿易額の年平均成長率から，次のような3つの段階区分で天津を中心とする華北経済の変動を理解するべきである，と述べている[8]．①1867〜1899年初期段階．②1899〜1918年停滞段階．③1918〜1931年最盛段階．葉は，③の最盛段階に天津の貿易物価がインフレーションの傾向を強めた点をみていない．天津の貿易は，②の停滞段階において，物価と数量の間の良好な関係の下，高い実質貿易成長を実現していた．天津貿易の拡張は，単に需要地の転換，インフラの整備から直接的に牽引されたのではない．それらが貿易財の価格に対して波及することで，実質的な効果を顕在化させたのではなかろうか．このような問題意識にもとづき，天津貿易の分析を通じて，華北地域における開港場市場圏の形成と変容を検討していきたい．

---

8) 葉［1983, p. 17］．

II 価格波動と開港場市場圏の形成

(1) 一次産品価格と農業社会

　一次産品の輸出にとって，世界経済からの価格波動の重要性は論を俟たない．一次産品の輸出に依存する農業社会にとって，その価格は所得水準を直接的に規定する．一次産品価格をめぐる議論で重要視されている点は，価格の絶対的水準ではない．より重要な問題は2つある．第1に，相対価格（交易条件），すなわち一次産品を1単位輸出して得た所得で購入できる工業製品の量である．第2に，価格の起伏が安定しているか否かである．特に，後者の問題は，農業生産者が零細であればあるほど，深刻な影響を与える．農業社会が商品経済で持続的に生産を行い得るかどうかは，価格水準の安定性にかかっている．

　一次産品の輸出がはたして成長の推進要因になるかどうか，この問題は長い論争の歴史がある．第1の問題について言えば，プレビッシュ＝シンガー命題に代表されるように，一次産品価格は工業製品価格に比して長期的に悪化することが知られている[9]．そして，第2の問題も，一次産品価格は不安定な場合が多いことが指摘されてきた．つまり，一次産品の輸出に依存することは，経済の不確実性とリスクを高めると一般的に考えられている[10]．

　現在の開発経済理論においても，一次産品輸出の促進は，政策的にはベストではない．一次産品輸出を通じた利益は，広範な農民層に分配されることは稀である．むしろ，農業部門は，国内の食糧自給率を高め，さらに工業部門に対する安定的な原材料供給に尽くすほうが成長につながる，と考えられている[11]．

　一次産品輸出をめぐるこれまでの議論から導かれた知見と対照した時，19世紀後半期に形成された中国の開港場市場圏は，どのような特徴がみられるのであろうか．ここでは，相対価格と価格の安定性の2つの視角から，天津の貿易財の価格波動を分析することにしよう．

(2) 物価安定の時代

　天津の輸移出物価は，開港から長らく不安定な状態にあった．図2-2から価

---

9) Prebisch [1950].
10) 木越・内藤 [2011].
11) Todaro and Smith [2009].

第 1 部
開港場市場圏と世界経済

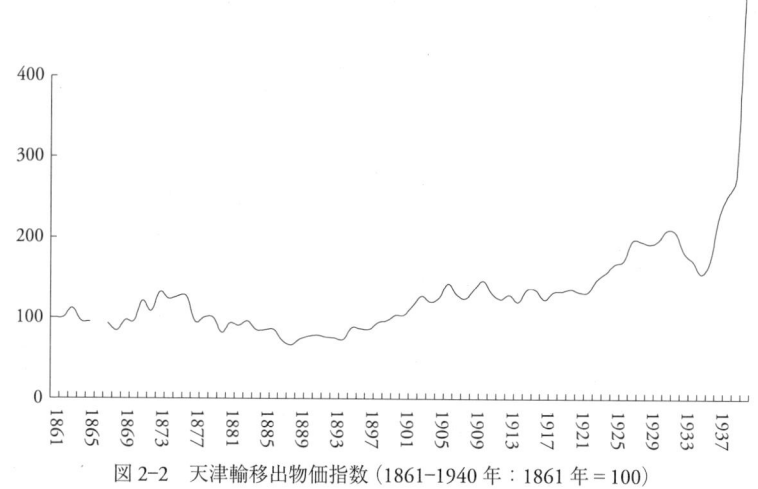

図 2-2 天津輸移出物価指数（1861-1940 年：1861 年 = 100）
出所）付表 10.

　格波動の趨勢を確認するならば，1860 年代から 1880 年代半ばまで，単年度の騰落の幅が大きい．ある年は価格が上昇したかと思えば，次の年は一昨年の水準よりも価格が急落する．そういう状態が 20 年以上続いていたのである．さらに，1870 年代からは，輸移出物価は趨勢的に下落していた．1861 年を基準にするならば，1870 年代半ばには物価は 20〜30％下落していた．後に言及するように，この時期の天津の貿易は，当然ながらかなり低い水準のまま推移せざるを得なかった．
　そのような恵まれない状況が好転するのは，1888 年以降である．物価の起伏が小さくなったばかりか，趨勢的に物価が上昇するようになった．その傾向が 1903 年ぐらいまで続くことになる．
　一方，輸移入物価は，開港初期の場合，輸移出物価よりも安定していたとは言え，やはり趨勢的傾向としては同じような特徴を確認することができる（図 2-3 参照）．開港から 1880 年代半ばまでは物価の下落，そして 1888 年以降，安定的な上昇基調への転換という傾向がみられた．
　ここでは，1880 年代後半から 20 世紀初頭にかけて，天津の貿易物価がきわめて安定的に推移した点に着目したい．この時期は，まさに中国全土で開港場市場圏が形成された，と評価が与えられてきた．その時期の只中に貿易財の価格が安定的に推移した，という事実は，市場圏と価格の間に因果関係があることを窺わ

70

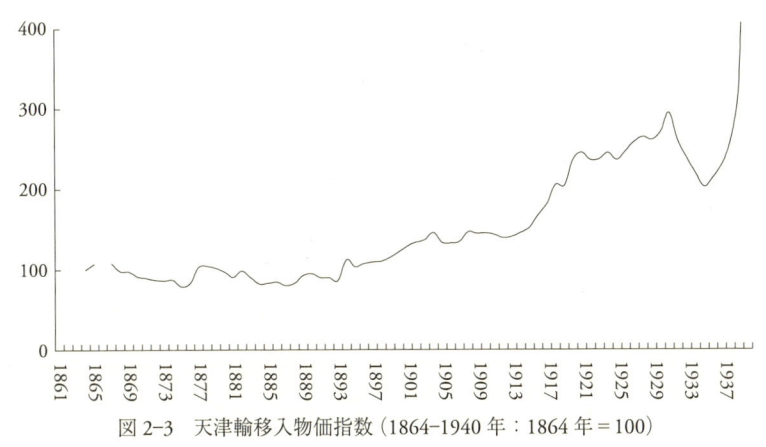

図 2-3　天津輸移入物価指数（1864-1940 年：1864 年 = 100）

出所）付表 10.

せるからである.

(3) 物価安定と開港場市場圏の形成

　第 1 章では銀価低落問題の分析を通じて，19 世紀後半期中国の貿易物価は，為替相場（金銀比価）だけでなく，ヨーロッパの卸売物価，各商品の需給関係に規定されていたことを見出した．ここでは，第 1 章とは視点を変えて，商品を加工度別に分けた類としての長期的な波動の特徴について検証することにしたい．「はじめに」で述べたように，天津の貿易商品の構成は，一部の一次産品に集中化していく傾向があった．このように貿易商品の構成が単純である場合，類別の長期的な傾向を計量的に把握しやすい．

加工度別分類

　貿易物価の解析の前作業として，天津の貿易品目を加工度別に分類する．その手順は，第 1 に，国際連合の標準国際貿易商品分類（SITC）を利用して，個々の品目を類型化する[12]．第 2 に，SITC のコードを，一次産品，軽工業品，重工業品の 3 つに組み替える．SITC コードの組み替えは，以下のように行った．（　）の数字は SITC コード番号を指す．

---

12) 国際連合 [2000].

表 2-1　輸移出の商品構成（%）

SITC 主要品目			1870年	1880年	1890年	1900年	1910年	1920年	1930年	1940年
一次産品			67.6	51.4	61.1	82.2	86.6	78.8	86.6	65.1
うち	02 乳製品	（卵粉）	0.0	0.0	0.0	0.0	0.5	5.2	7.9	14.0
	05 蔬菜・果実	（アーモンド，なつめ）	21.5	9.7	12.5	3.9	12.8	7.5	11.4	11.1
	11 飲料	（焼酎）	3.8	3.3	3.6	2.6	5.4	2.1	0.9	0.8
	12 煙草		9.2	0.7	0.2	0.0	0.1	2.0	4.6	0.8
	21 毛皮		3.0	1.9	1.4	14.8	12.9	5.5	11.5	0.1
	22 採油用種子	（落花生，大豆）	0.0	0.0	0.0	16.5	3.2	4.9	2.0	3.2
	26 繊維原料	（羊毛，綿花）	2.4	9.5	21.2	26.5	30.4	28.3	32.1	6.4
	27 粗肥料		0.5	0.1	0.0	0.0	0.4	1.5	1.2	2.5
	28 粗鉱物		0.0	0.0	0.0	0.0	0.1	0.1	0.5	0.8
	29 その他原材料	（豚毛，鹿角，生薬）	27.2	26.0	17.2	12.7	15.5	12.9	9.0	15.7
	32 石炭		0.1	0.0	4.9	4.7	2.3	3.3	1.5	3.0
軽工業品			28.4	45.2	34.1	17.4	12.5	19.3	10.3	30.9
うち	61 毛皮製品		21.8	10.9	13.6	5.3	8.6	8.0	3.2	11.5
	65 繊維製品	（真田紐）	1.3	26.5	15.1	11.0	2.1	9.0	5.4	16.0
	84 衣類品		2.5	2.2	1.0	0.5	0.4	0.3	0.3	0.1
	85 はき物		0.0	2.8	3.6	0.2	0.0	0.0	0.0	0.1
	89 その他雑貨		2.8	2.7	0.8	0.4	1.2	2.0	1.1	1.1
重化学工業品			4.0	3.4	4.8	0.4	0.9	2.0	3.2	4.0

出所）海関統計［1870-1930, No. 3 to 4, 天津；1940, No. 1, 全国］．

　一次産品：食料・動物（0），飲料・煙草（1），原材料（2），燃料（3），油脂（4），化学品（5）のうちのアヘン．

　軽工業品：皮革製品（61），ゴム製品（62），木製品（63），紙および同製品（64），繊維製品（65），鉱物製品（66），雑貨（8）のうち重工業品でないもの．

　重工業品：化学品のうちアヘン以外のもの（5），鉄鋼（67），非鉄金属（68），金属製品（69），機械類（7），その他機器（81），理化学器（87），カメラ・時計（88），武器・弾薬（891）．

　では，以上の整理を踏まえた上で，類別ごとの違いを検討することにしよう．表 2-1 は，輸移出の商品構成を 1870 年から 1940 年まで 10 年おきにしめした．天津の輸移出は，開港から日中戦争期まで，商品構成の変化が乏しかった点が再確認される．軽工業品の比率が高い年代もあるが，その中身は毛皮製品もしくは真田紐であり，機械制工業製品であるとは言いがたい．天津の輸移出は，農畜産物とそれを原料にした加工製品で 80％以上を一貫して占め続けた．

表 2-2 輸移入の商品構成（％）

SITC		主要品目	1870年	1880年	1890年	1900年	1910年	1920年	1930年	1940年
一次産品			29.9	39.8	34.0	33.4	28.9	36.6	45.8	59.7
うち04	穀物	(米穀, 小麦, 小麦粉)	2.1	9.1	15.0	20.2	7.8	11.3	14.7	29.0
06	砂糖		3.8	10.2	7.5	4.4	4.7	3.5	5.5	2.5
07	茶・香辛料		1.2	2.9	2.0	0.8	2.6	2.1	2.7	2.6
12	煙草		1.7	2.0	0.6	0.7	2.1	6.7	6.8	7.2
24	木材		0.0	0.1	0.3	0.1	1.8	1.7	1.6	2.4
26	繊維原料		0.2	0.4	0.7	0.2	0.1	0.5	5.5	4.6
29	その他原材料		1.1	1.5	1.7	1.6	1.3	0.9	0.9	1.4
33	石油	(灯油)	0.0	0.3	1.0	1.1	2.2	4.2	6.9	4.4	3.8
54	アヘン		23.3	8.7	2.5	1.2	0.1	0.0	0.0	0.0
軽工業品			58.5	53.5	60.6	56.2	49.3	43.1	39.2	22.5
うち63	木製品		0.1	1.7	2.2	1.0	0.8	0.4	1.0	0.3
64	紙製品		2.2	3.6	4.8	3.4	3.5	3.0	3.7	2.2
65	繊維製品	(綿布, 綿糸)	55.2	43.4	49.9	48.2	39.7	32.7	27.7	15.2
89	その他		0.9	4.7	3.7	3.4	3.6	4.5	4.1	1.5
重化学工業品			4.6	6.6	5.2	9.1	20.5	19.6	14.5	14.6
うち53	染料・顔料		0.6	1.8	1.1	1.5	2.2	2.1	1.7	1.3
66	鉱物製品		1.3	1.0	1.4	1.8	2.6	1.8	1.4	0.6
67	鉄鋼	(鉄道建設材料)	0.3	0.8	0.7	2.7	6.6	4.6	4.0	5.2
68	非鉄金属		1.4	1.1	0.8	0.6	1.5	1.3	0.7	0.5

出所）海関統計［1870-1930, No. 3 to 4, 天津；1940, No. 1, 全国］．

次に，表 2-2 から輸移入の商品構成を確認する．輸移入は，繊維製品（綿布・綿糸）を筆頭にして，穀物，茶，砂糖，煙草などの消費財の割合が大きかった．開港当初はアヘンの輸入額が大きかったが，20世紀になるとほぼ輸入されなくなる．19世紀末からの鉄鋼輸入の拡大は，鉄道建設材料が大宗を占めた．一時的に資本財の輸入の拡大がみられたとはいえ，全体としてみれば，天津の交易構造は，明らかに典型的な農業社会のもの，すなわち農畜産物と消費財の交換であったと評価される．

商品類別の貿易物価

以上の商品構成の概観を踏まえ，商品類の貿易物価指数を比較することで，相対価格の問題に接近する．輸移出は，一次産品の指数と軽工業品の指数．輸移入は，食料品の指数（穀物・砂糖・茶），繊維製品の指数，そして金属の指数（66, 67, 68）を取り上げ，一般貿易物価を分解してみよう．

第 1 部
開港場市場圏と世界経済

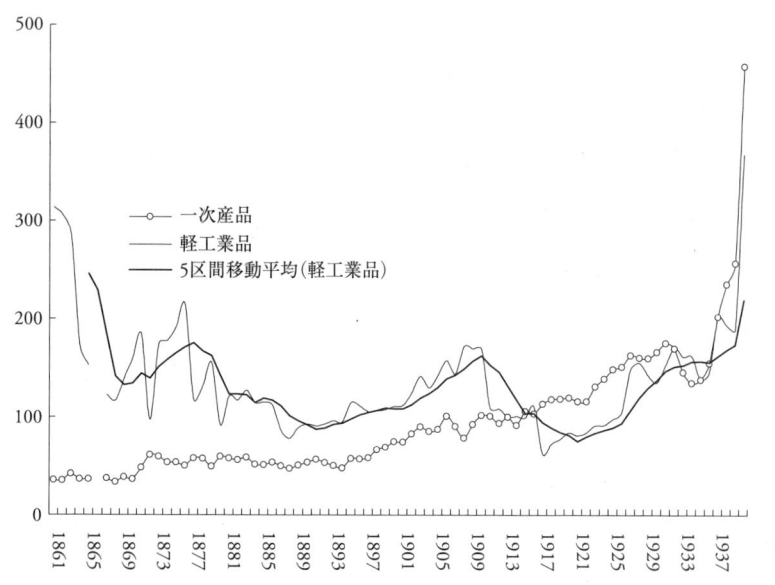

図 2-4　輸移出物価における一次産品と軽工業品の貿易物価（1861-1940 年：1913 年 = 100）

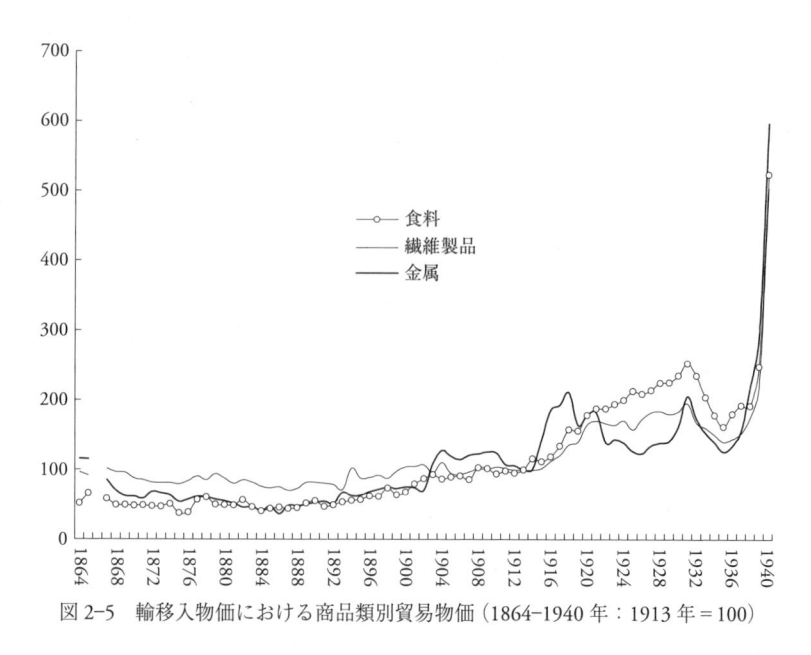

図 2-5　輸移入物価における商品類別貿易物価（1864-1940 年：1913 年 = 100）

第 2 章
開港場市場圏の形成と変容

　商品類別でみるならば，興味深い事実を見出すことができる．開発経済理論が指摘してきた一次産品輸出に依存することの問題と逆の結果が出ているからである．開発経済理論は，一次産品の価格は工業製品よりも不安定であるため，それに依存することは途上国の持続的成長を推進することはないと考えた．ところが，図 2-4 から輸移出物価をみれば，天津の場合，一次産品の価格はきわめて安定的に推移したのに対し，軽工業品の価格はめまぐるしく上下の起伏を繰り返していた．さらに，図 2-5 から輸移入物価についてみると，消費財の中心を占める食料品と繊維製品の価格は安定していた．それに対して鉄道建設材料が大部分を占める金属の価格が比較的不安定に推移したことを確認できる．つまり，総合的にみると，一次産品輸出と消費財輸入の物価が相互に安定していた．そしてそれが最も顕著にみられた時期が 1880 年代後半から 20 世紀初頭であった．開港場市場圏は，このような物価構造に支えられて形成されたものであると考えられる．輸出では，一次産品の物価の安定，ひいてはそれが前年よりも今年，今年よりも翌年と緩やかに上昇してゆく中で，その生産と輸出が牽引されたのである．
　それは同時に，華北地域において世界市場向けに生産される一次産品の選別と集中化をもたらしたと考えられる．華北地域で生産したのでは，価格的・規模的に見合わない一次産品，すなわち比較劣位の産品は，徐々に綿花・羊毛・皮革といった比較優位の産品に置き換えられていった．その結果，輸移出構造は，いっそう一部の一次産品に集中していった．このような事例は，天津以外の開港都市でもみられる．例えば，満洲における大豆，漢口における茶，採油用種子などがその典型的な事例である．各市場圏が特定の一次産品に生産を特化させたことで，市場圏同士の競合は回避されることになった．それによって，物価水準が安定化したという要素も見逃すことができない．

価格波動の影響の集約的意味
　物価安定と一次産品輸出の特化が同時的に進行した点を，パーシェ・チェックと呼ばれる測定方法でより集約的に検証しよう．パーシェ・チェックとは，ラスパイレス指数とパーシェ指数を比較して，価格の変化に対する商品構成の変化を分析する方法である（両指数の概要については第 9 章 II で解説する）．両指数の乖離幅が大きいことは，単年度の価格の変化に対して，商品の構成が大きく変化したことを意味する．したがって，乖離幅が小さいことは，価格と商品構成の間に良

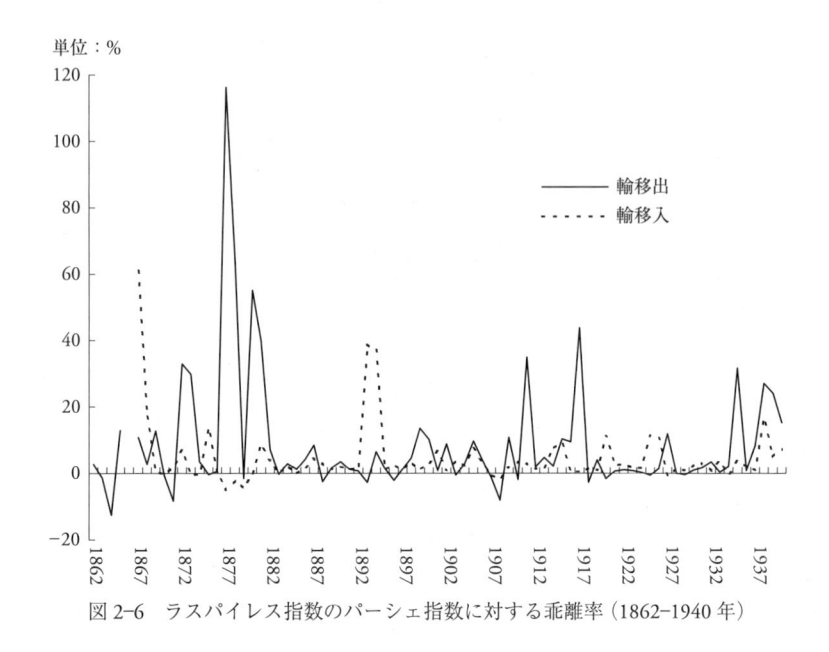

図 2-6　ラスパイレス指数のパーシェ指数に対する乖離率（1862-1940 年）

好かつ安定的な関係があることを意味する[13]．

図 2-6 は，パーシェ・チェックの結果を示したものである．輸移出は，1870年代に乖離幅が大きいことを見出すことができる．すなわち，1870 年代は，物価水準の変化を受けて，天津の貿易の商品構成が急激に変化していた．ところが，1880 年代になると，乖離幅は小さくなり，安定していったことを示している．

これはまさに天津における開港場市場圏の形成から確立までのプロセスを集約的に表現したものに他ならない．1870 年代は，天津の輸移出の商品構成に劇的な変化が続いていたことを意味している．それは，世界経済で需要される一次産品に商品構成が集中化する過渡的な状況であった．その過渡期を経て，1880 年代には商品構成が綿花・羊毛・皮革の 3 大品目に落ち着き，それが 20 世紀初頭まで続いていたことを示している．

これまでの分析結果をまとめると，一次産品の価格は，開港場市場圏の形成を推進する要因であった．国際的な価格変動が 1870 年代から中国に押し寄せ，それは最初に中国の一次産品価格の低落をもたらし，次いで海外市場で需要が大き

---

13) アレン [1977]，阿部 [1980]．

い一次産品が急速に主要品目として台頭してくる．そして，1880年代後半になると，一次産品の価格は緩やかに上昇し，開港場市場圏の確立を推進したのである．

III　開港場市場圏の実勢と変容

　IIにおいて価格波動と開港場市場圏の形成の関係について考察した．その検討を踏まえて，ここでは，天津を中心とする開港場市場圏の交易の実勢と，その後の展開についてみる．「はじめに」で整理したように，貿易額だけの検討では，交易の実勢を確定することにはならない．物量の多寡を確定し，各時期の交易水準を相互に比較することで，はじめてその歴史的な位置を明らかにすることができる．

　ここでの分析を通じ，開港場市場圏にとって，輸出のほうが輸入よりもはるかに重要であったことが再確認されるであろう．そして，19世紀末から20世紀にかけて，アヘン，綿糸を筆頭に，海外からの輸入品の主要な部分が開港場市場圏の中で輸入代替されていった点も確認される．一次産品輸出を通じての成長から輸入代替化を通じての成長という展開を経て，天津を中心とする開港場市場圏は，ますます中国の中で自立性を強めていった点も確認される．

　しかし，そのような成長の方向性は，1920年代までに限界に達していた点もここでは示したいと思う．すなわち，中国が本当の意味で「貧困の罠」から脱却し，持続的な成長を遂げるためには，より広域的な市場圏へ再編される必要があった．開港場市場圏に留まる限り，中国は世界経済の一部でしかなかった．これは，第II部での本格的な考察の予備作業でもある．

(1) 一次産品輸出を通じての成長と限界

　開港場市場圏が形成された後，天津の輸移出の実勢は，爆発的とも呼べる成長を見せたことにあらためて驚かされる．図2-7からその趨勢をみるならば，1880年代の実質成長率は14.1％，1890年代は10.3％と二桁成長を維持していた．そして1900年代は5.5％と陰りがみえるが，実は，これは義和団事件の影響により貿易が途絶し，1900年に－50.2％と極端な後退を経験したためである．それを除けば，成長率は12.0％になる．さらに成長は続き，1910年代には12.8％

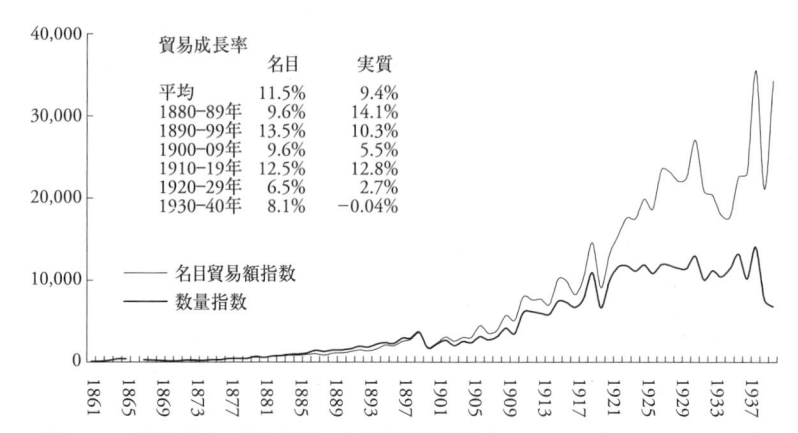

貿易成長率	名目	実質
平均	11.5%	9.4%
1880-89年	9.6%	14.1%
1890-99年	13.5%	10.3%
1900-09年	9.6%	5.5%
1910-19年	12.5%	12.8%
1920-29年	6.5%	2.7%
1930-40年	8.1%	−0.04%

図 2-7 天津輸移出の数量指数，名目貿易額指数（1861-1940 年：1861 年 = 100）
出所）付表 10 の物価指数から計算．

を維持した．すなわち，開港場市場圏が形成された後，天津は 40 年にわたり 10％以上の輸移出成長を持続したのである．20 世紀初頭までに，華北地域の農民・牧民は，開港前には考えられないほど，世界市場に向けて農畜産物を生産し続けた．

それに比べると，輸移入の規模の拡大は色あせてしまう．図 2-8 からその実勢をみるならば，1880 年代は 2.9％の実質成長率，1890 年代 7.0％，そして 1900 年代には鉄道建設の刺激を受けて，11.4％とはじめて 2 桁に達するも，以後低迷が続くことになる．

外に向けてより多くの一次産品を出しながら，外からはあまり多くの物品を入れない．これもまた開港場市場圏がもつ特徴である．一次産品の輸出を通じて得た所得は，外国や中国の他地域からの物品の購買に当てられるよりも，その開港場市場圏の内部で生産された物品の消費に向けられたほうがはるかに大きかった．

開港場市場圏全体の所得は，明らかに開港前よりも増加していった．しかし，アンガス・マディソンが指摘しているように，人口の成長率はそれに劣らず高かった[14]．そのため 1 人当たりの所得水準の上昇は小さく，国際貿易が進展する中で，豊かさが実現されていると感じている農民の数はかなり少なかったはず

---

14) Maddison [2007].

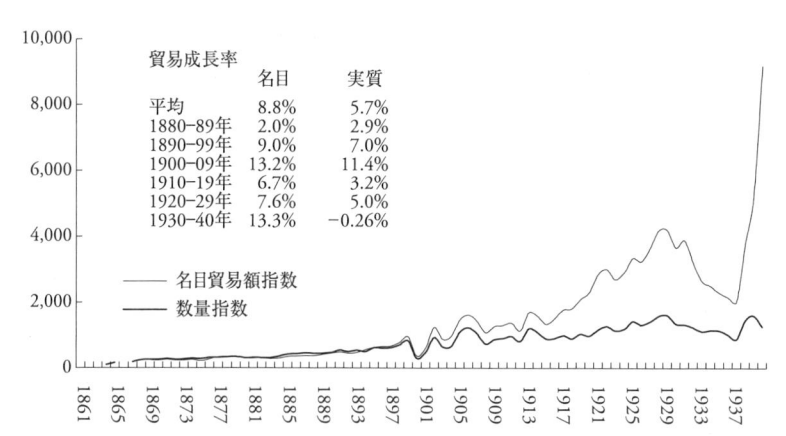

貿易成長率	名目	実質
平均	8.8%	5.7%
1880-89年	2.0%	2.9%
1890-99年	9.0%	7.0%
1900-09年	13.2%	11.4%
1910-19年	6.7%	3.2%
1920-29年	7.6%	5.0%
1930-40年	13.3%	-0.26%

図 2-8　天津輸移入の数量指数，名目貿易額指数（1864-1940 年：1864 年 = 100）
出所）付表 10 の物価指数から計算．

である．

　農業部門の技術水準が，開港前に比べて著しく改善されたという証拠もほとんどみられない[15]．したがって，華北地域の一次産品の生産拡大は，増加した人口，すなわち労働投入量の増加によって達成されたものであることは間違いない．もちろん，金融・商業組織の改善，19 世紀末から進展する鉄道建設は，取引費用を小さくし，それまで世界市場にアクセスできなかった人々をその渦の中にますます巻き込んでいったであろう[16]．しかし，それが 1 人当たりの所得上昇まで実現したという証拠もまたない．やはり，労働投入量の増加が拡大したとみるべきである．

　したがって，華北地域の一次産品輸出にも限界がある．技術の改善がない以上，農産物を生産できる土地，そして家畜を養うことができる牧草地の自然的条件を超えて生産を拡大することはできない．事実，図 2-9 にみるように，1920 年代，一次産品の輸移出の実質水準は頭打ちになってしまった．

　それに対して，世界市場での綿花・羊毛・皮革に対する需要は止むことがなかった．図 2-4 に立ち戻り，輸移出物価をみるならば，1920 年代に入り，一次産品の物価水準は，需要に比して供給が常に不足した結果，かつてない水準で上昇していった．一見すると，この事態は，農民の所得上昇に結びついたと考えら

---

15) Eastman［1988］．
16) グローブ［2000］．

単位：海関両

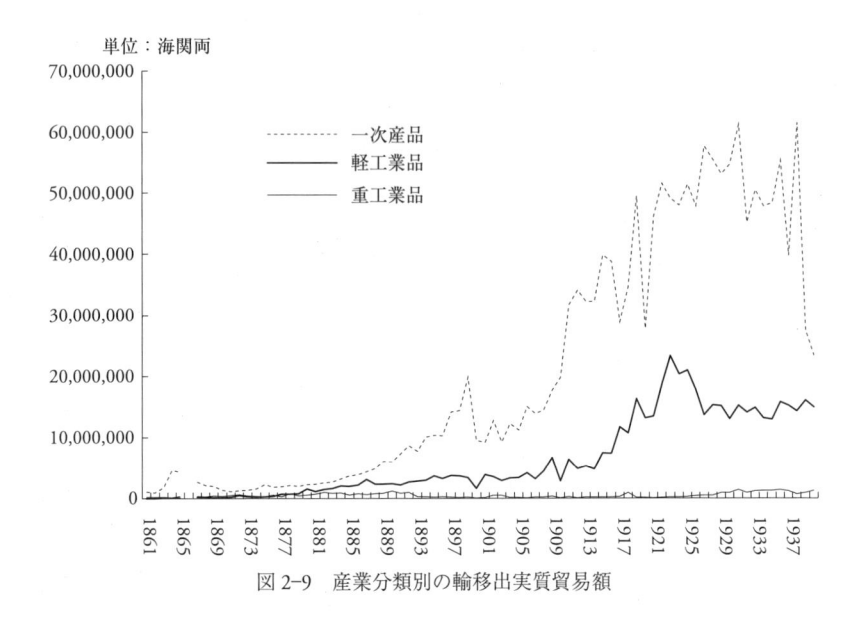

- 一次産品
- 軽工業品
- 重工業品

図 2-9　産業分類別の輸移出実質貿易額

れるかもしれない．しかし，事はより複雑である．図 2-5 をみるならば，輸移入物価の水準が 10 年以上先行する形で上昇していた．したがって，華北地域の農民からみた一次産品と消費財の比価は，必ずしも彼らに有利な方向に作用してはいなかった．

　このように，一次産品輸出だけに頼ることは経済成長に限界があることがわかる．では，一次産品を加工することで，より付加価値が高い製品を輸出する方向性はどうであろうか．天津について言えば，ある製品がある時期に輸出が好調に推移したことはあった．例えば，原皮になめし加工を加えた革製品，真田紐のような蔦・葦といった繊維素材をもとに作成された組物製品などがある．しかし，図 2-4 でみるように，天津から輸移出された雑貨の多くは，不安定な価格変動の前に翻弄され続けた．さらに，このような単純な加工製品は，海外市場では一定の品質を要求されることが多く，標準化された製品の安定的供給を果たせないまま，結果として市場を失った場合も多かったのである[17]．

---

17) Allen and Donnithorne [1954].

(2) 輸入代替と開港場市場圏

結果として，天津に限らず，中国各地の開港場市場圏は，輸入代替に活路を見出してゆくことになる．それまで輸入に頼っていた製品でも，製造技術が単純なものは，たとえ品質が劣っていたとしても，現地で生産すれば，低廉さを売りにかなりの販売量を確保できるものがあった．その初期の輸入代替で代表的なものはアヘンである．その他にも，第1次世界大戦前から，マッチ，紙巻煙草，釘，洋紙，石鹸などの生産が開港都市で試みられた．

ここでは，アヘンの輸入代替化について詳しくみることにしよう．1870年代に天津の外国産アヘンの輸入額は，輸移入総額の20％以上を占めていた．その輸入代替化は，第1次世界大戦中に機械製綿糸の工場生産が天津で本格化するまで，最大の効果があった．

国産アヘンの生産は，外国産アヘンの生産拠点であった英領インドにほど近い西南諸省（四川・雲南・貴州）で1870年代頃に始まったと考えられている．1880年代には，輸入量に匹敵する生産量を実現するまでに急成長していた[18]．国産アヘンの生産地は急速に中国全土に広がっていった．アヘンは，釐金に代表される国内流通税の課税率が高いため，なるべく消費地に近い場所で生産すればするほど，法外な利潤を獲得できる機会があった[19]．それは天津を中心とする華北地域においても同様である．特に，北京という上層階級が集積する首都の存在は，いっそう華北地域でのアヘン生産の誘因となった．

天津におけるアヘンの輸入代替の推移を図2-10からみるならば，1867年の8,000担をピークとして1880年代から減少率を高め，1911年以降の輸移入量は皆無となった．その背景には，天津が属する直隷省，そして近隣の山西省，山東省，河南省，奉天省（現遼寧省）でもアヘンの生産量が増加したことである．1905年における直隷省のアヘン生産量は3,437担であり，近隣諸省の生産量を併せればゆうに2万担を超えた[20]．

---

18) 林満紅［2007］．
19) 1880年代前半期まで外国産アヘンと国産アヘンの価格差は，最大で3倍であったと言われる．価格差の最大の要因は，国産アヘンが外国産アヘンよりも品質が劣る点にあったが，同時に課税率が外国産アヘンに対して重かったことも価格差を広げる要因の一つであった．1887年に外国産アヘンの中国国内流通税（釐金税）が統一され，一律に海関で徴収されるようになると，課税がより厳格に行われるようになった．また，同年4月には，香港，マカオに海関が設置され，密輸アヘンの取締りが強化された．1887年から外国産アヘンの末端価格は上昇し，国産アヘンとの価格差をより広げる結果となった（林満紅［2007］）．
20) 林満紅［2007］．

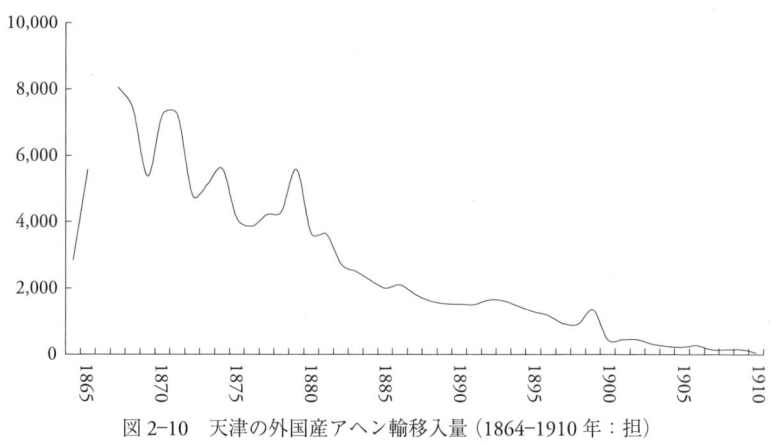

図 2-10　天津の外国産アヘン輸移入量（1864-1910 年：担）
出所）海関統計［1864-1910, No. 3 to 4，天津］．

　価格が輸入代替化を進める誘因であった点は，1910 年代に工場設立が進む綿紡績業についても当てはまる．綿糸の輸入代替化についてみると，1910 年代後半から天津で 6 つの民族紡績工場が設立された[21]．その背景には，第 1 次世界大戦による輸入綿糸価格の高騰がある．図 2-11 から，天津の綿糸輸移入量の推移をみると，外国製綿糸の輸移入量が 1923 年から急速に減少している．そして，より重要なのは 1910 年代後半以降，上海，青島の紡績工場で生産される国産綿糸の移入量の伸びも歯止めがかかった．また，直隷省高陽県は，19 世紀末から日本から鉄輪機と呼ばれる織機を導入して改良土布の生産を始めていたが，外国製綿布の高騰を受けてその代替品生産を開始した．1913 年に 2,500 台ほどであった織機台数は 1919 年には 2 万台近くに急増したのである[22]．

　ここで取り上げたアヘンにしても綿糸にしても，天津を中心とする開港場市場圏では，輸入代替化に留まらず，移入代替化も進んでいた点に留意する必要がある．その結果，天津を中心とする開港場市場圏は，ますます中国の他の地域に対する自立性を強める方向に進んだ．一方で，海外市場向けの一次産品輸出は，高い水準を維持し続けた．つまり，中国の外に対しては，工業国の原材料供給地，中国の内に対して，自立的な再生産圏という開港場市場圏の本質的な性格を強めていったのである．その様相を天津の海外市場と国内市場を分析することで確認

21）グローブ［1999］．
22）森［1996］．

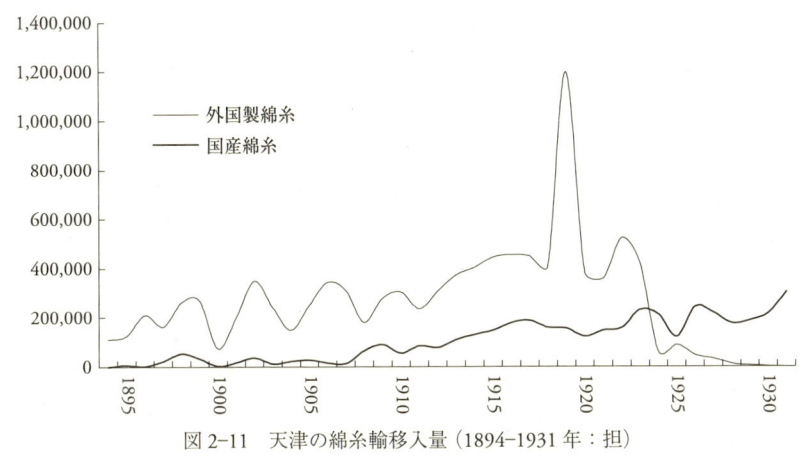

図 2-11 天津の綿糸輸移入量（1894-1931 年：担）
出所）海関統計 [1894-1931, No. 3 to 4, 天津].

しよう．

(3) 開港場市場圏の海外市場と国内市場

　海関統計を見る限り，19 世紀後半期，天津を通じて華北地域の外に出た物品は，90％が国内の開港都市に向けられたものである．その内の約 70％が上海に移出された（図 2-12 参照）．この事実は，あたかも開港以来，華北地域は海外市場よりも国内市場と結ぶ関係が強く，いわば上海を中心とする広域的市場圏の一翼を担っていたかのように思えるかもしれない．しかし，すでに II で検討したように，天津の輸移出品の商品構成のほとんどは，綿花・羊毛・皮革に代表される一次産品で占められ，その最終消費地は工業国であった．つまり，上海向けの移出とは，ヨーロッパ向けの商品移動であると判断して差支えない．

　20 世紀に入ると，上海経由ヨーロッパ輸出が急速に減少し，それと平行して，日本向けの輸出が急激に増加し，次いで第 1 次世界大戦中にアメリカ向け輸出も相当のシェアを占めるようになった．1920 年代後半までに，日本とアメリカがそれぞれ天津の輸移出の約 30％を占めた．開港場市場圏が外と結ぶ関係は，対ヨーロッパ向けから対環太平洋向けに劇的に移動した．そのことは，1930 年代に続く日中関係の激動にとって様々な影響を及ぼしてゆく．

　しかし，天津を中心とする開港場市場圏が生産する一次産品は，海外市場での販売に依存していた，という性格の本質に変わりはない．すなわち，1880 年代

図2-12　天津の主要輸移出先

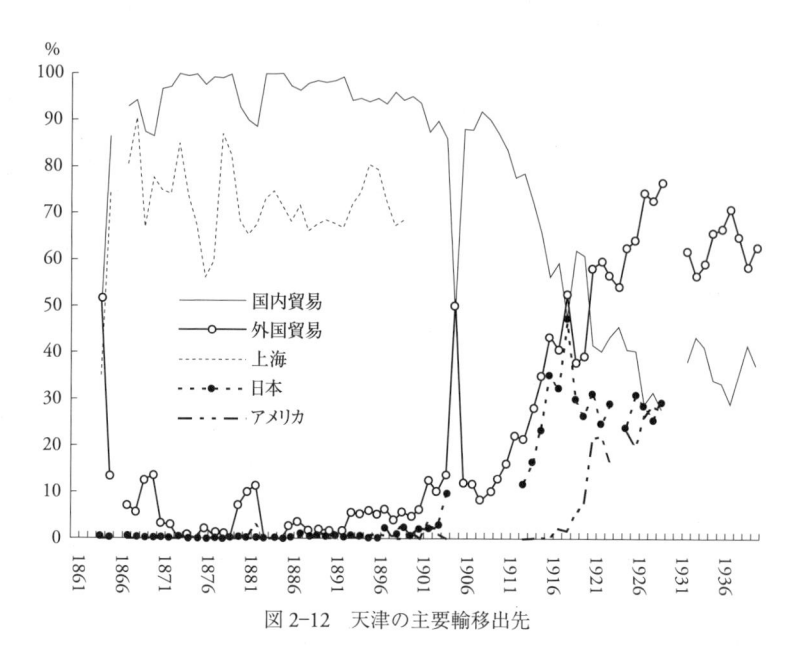

に形成された天津の開港場市場圏の基本的な構図は，輸入代替という契機がありながら，20世紀に入っても変化がなかったのである．

(4) 開港場市場圏の変容の契機

華北地域の市場圏を分析する限り，中国経済が国民経済と呼べるような市場圏の形成の方向に進んだという兆候を見出すことはできない．華北地域における輸入代替化は，そこに一定の工業部門を内包していたとは言え，それが他の開港場市場圏を巻き込んだ形で進行していたわけではなかった．むしろ，華北経済は，ますます日本を中心とする国際分業の中に取り込まれ，あたかも朝鮮，満洲に次ぐ原料供給地としての性格を強めたと結論づけられてしまう[23]．

しかし，それは華北地域だけをとりあげて，その交易構造を分析しているからであり，中国全土の交易構造の変化を踏まえて，華北経済の位置を再度みるならば，そこには，19世紀後半期の延長としてだけ見ることではすまされない変化がある．それは，華北経済の外側で進行していた．すなわち，第1次世界大戦を

---

23) 華北地域と日本経済との関係については，堀 [2006]．

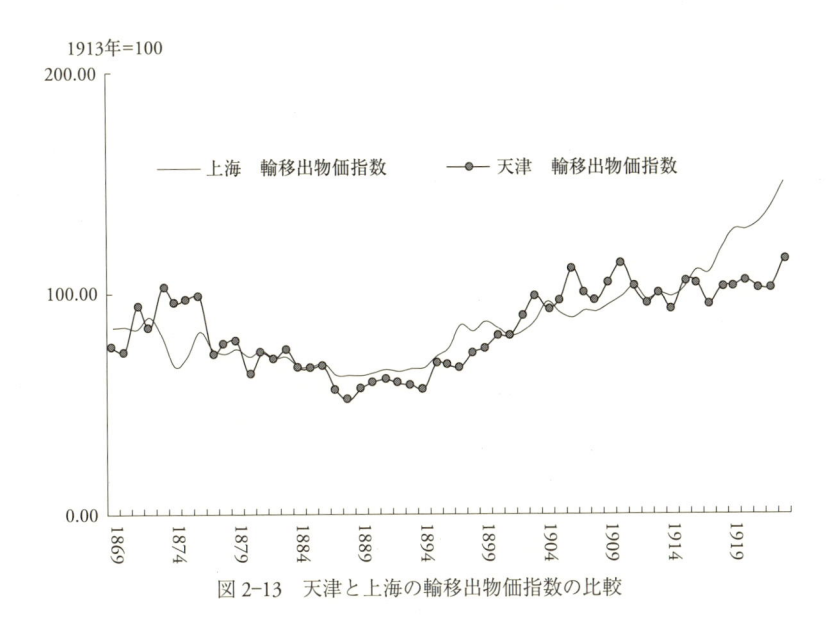

図 2-13 天津と上海の輸移出物価指数の比較

契機とする上海の工業化である．
　その兆候は，天津と上海の貿易財の物価を比較することだけでも確認される．図 2-13 は，天津，上海それぞれの輸移出物価の推移を比較したものである．それをみるならば，第 1 次世界大戦以前，両者の輸移出物価は，ほぼ同じような波動で推移していた．その理由は，天津と上海は，ともに一次産品を輸移出していたからである．もちろん，上海の輸移出の中には，中国全土の多様な一次産品が含まれている．しかし，その基本趨勢が一致するのは，ほぼ工業国の景気循環に一次産品全体が規定されていたからに他ならない．
　それが，第 1 次世界大戦の半ばに，両者の物価の趨勢は，大きく乖離していった．上海の輸移出物価は，天津よりも高い上昇カーブを描いていく．その理由は，上海の輸移出の商品構成が，一次産品から工業製品へ急速に高度化したためである．
　上海の工業化は，周辺の農業社会を取り込んだだけでなく，長江流域の開港場市場圏を巻き込み，より広域的な市場圏を形成していった．そして，その波は，1920 年代末から華北地域にも及んでいくのである．図 2-14 から，天津の綿布の輸移入量の推移をみるならば，国産綿布，すなわち上海製の綿布が華北地域に浸

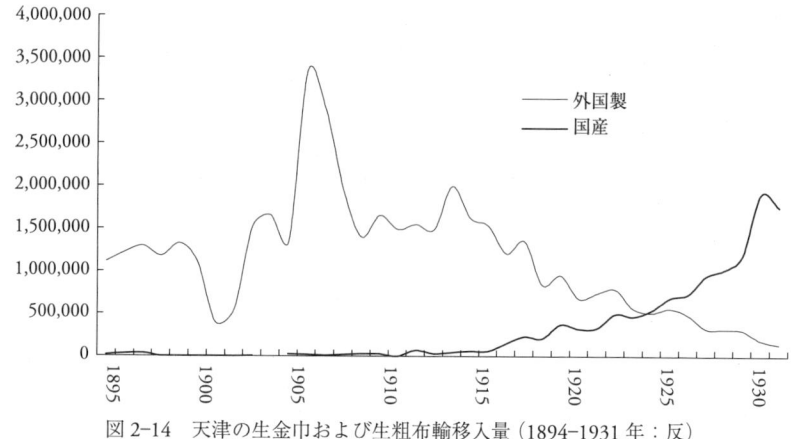

図 2-14　天津の生金巾および生粗布輸移入量（1894-1931 年：反）
出所）海関統計［1894-1931, No. 3 to 4, 天津］．

透していき，外国産綿布を急速に代替していった．綿布に限らず，紙巻煙草，小麦粉など，多様な上海の工業製品もまた華北地域に浸透していく．そして，1930年代には，華北地域は，上海の工業部門の販売市場としての位置を確立した．このようにして，華北地域は，1880年代から続く開港場市場圏の性格を乗り越えていくことになるのである．

IV　おわりに

本章は，天津を中心とする華北経済を事例に，開港場市場圏の特徴と変容を分析した．ここで，あらためて開港場市場圏の特徴を4点に分けて整理しよう．

①形成の契機：開港都市を中心として，その周辺の農業社会を包摂する市場圏が形成されてくるのは，1880年代半ばであることを確認した．それが安定した構造を持つ上で重要な要件は，一次産品の価格が安定していることである．開港から1870年代まで，一次産品価格は，短期的な騰落幅が大きく，かつ趨勢的に下落していた．そのため，世界市場向けの生産と輸出は，かなり低い水準に留まっていた．そのような状況が好転するのが1880年代半ばである．そして，それから約40年にわたり一次産品価格は安定し続け，農業部門の成長を支えることになった．

②**市場圏の内と外の関係**：開港場市場圏は，一次産品輸出を通じた農業部門と世界市場の分業関係が主である．輸出の成長に比べると，輸入と移入の成長速度は緩慢であった．すなわち，外との関係は，輸出のほうがはるかに重要であった．そして，統計上，移出の規模が大きいように見えても，その最終消費地は工業国であるため，移出を通じた国内分業の進展もまた緩慢であった．一次産品の輸出を通じて得た所得は，他の開港場市場圏まで波及する程度は弱く，ほぼ市場圏の中の再生産に充当されたと考えられる．

③**輸入代替化の影響**：19世紀末から，付加価値が高くかつ高度な技術を要求されない外国品を中心に，現地生産が始まる．華北地域の場合，それは輸移入代替として当初は進行した．代替化した物産が他の市場圏に移出される，あるいは代替化のために原材料が他の市場圏から移入される程度は限定的であった．そのため，華北地域における輸入代替化は，開港場市場圏の性格を強めることはあっても，他の市場圏を巻き込みながらより広域的な市場圏の形成を促す推進力にはならなかった．

④**成長の限界**：約40年続いた一次産品輸出の成長も，1920年代にはほぼ頭打ちになる．その理由は，農業部門の技術的改良を通じた生産性の上昇がないまま，賦存の土地と労働で生産できる限界水準に到達してしまったからである．19世紀末にみられる金融・商業組織の改善，鉄道建設に代表される交通インフラの整備は，開港場市場圏に包摂される農業社会の範囲の拡大に貢献したであろうが，農業部門の1人当たりの所得上昇への貢献は小さかったと考えられる．

以上が華北地域でみた開港場市場圏の特徴である．最後に，ここでの分析を踏まえて，開港場市場圏がより広域的な市場圏へと進むためには，何が必要であるのかについて言及し，第II部への橋渡しとしたい．

一次産品輸出を通じての成長それ自体は，工業化や貧困の解消と対立するものではない．繰り返しになるが，それが所得の上昇に結びつくのは，農業部門の技術的停滞が克服された場合のみであるという点にある．一次産品輸出が拡大しても，零細な農民に対して一律に僅かばかりの余剰利益が分配されるのであれば，その波及効果は小さい．1880年代に中国各地に形成された開港場市場圏が，局地的な範囲を乗り越えることができなかった理由は，まさに他地域に及ぼす波及効果の小ささに原因があった．そして，開港都市に工業部門が形成されても，それが開港場市場圏の内部の市場を満たすだけならば，工業部門がもたらす波及効果もまた限定されたものになる．19世紀後半，中国の多くの地域は，農業部門

の技術的停滞と国内市場の狭隘に起因する「貧困の罠」に絡め取られていた．

　しかし，中国が他の国々と違った点は，1国の規模に相当する市場圏が，全土にいくつもあったことである．確かに，1つの市場圏だけでは工業化を進めることは難しいかもしれない．もし，複数の市場圏に向けて，工業製品を供給するならばどうであろうか．そこには工業基盤が立脚できる市場スケールを確保できる可能性がある．その可能性を現実化したのが上海の工業化であった．その勃興から市場圏の再編に至るプロセスについて，第Ⅱ部でみることにしよう．

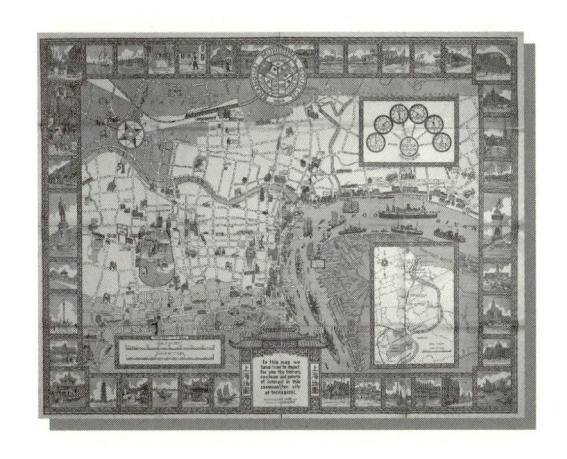

第2部
長江市場圏から全国市場圏へ

Illustrated historical map of Shanghai 1935 (by Crow, Carl, Shanghai Municipal Council)
解説：アメリカで20世紀ベスト上海マップに選ばれたこともある観光地図．工業化を背景に都市化が進むと同時に，いまだ軍艦が繋留して列強諸国の支配下にある上海の姿を示している．

第3章 | 長江市場圏と日本帝国圏
上海の工業化と日本の満洲支配

I　はじめに

(1) 上海の工業化と長江市場圏

　開港以来，外国貿易は常に中国の商品流通の拡大を牽引する役割を果たしてきた．ただし，一次産品輸出の拡大は，外国製品の輸入を誘発し，その結果，中国は国内分業よりも国際分業が優位であり続けた．そのことは，貿易規模が拡大しながら，貿易収支が久しく均衡状態にあったこと，そして国内貿易の60％以上が外国向けの商品移動で占められ続けていた点が証明している．それは，市場圏が中国の開港都市ごとに形成される要因でもあった．そして，20世紀に入り，一次産品輸出の規模はいっそう拡大し，第2章でみた天津のように，いっそう市場圏としての自立性を強めた地域もあった．
　しかし，一次産品の輸移出先は，徐々にある特定の地域に集中化する方向性にあった点も看過できない．上海は，20世紀に入り，他の地域に抜きんでて，中国の一次産品を旺盛に需要するようになった．その動きの中から，開港場市場圏を超えて，より広域的な分業関係が形成されてくる．その動きとは，上海の工業化である．上海は，国内の農業部門と切り離された，いわば飛び地にそそり立った工業都市であったのではない．上海の工業化は，国内の農業部門から提供される原材料と労働力に支えられていた．そして，農業部門は工業部門に対して拡大する国内市場を提供した．そのプロセスは，2つの部門の均斉的成長であった，と考えられる．
　ただし，その成長の始まりは，中国全土の農業部門に対して一律に波及したのではない．上海の工業部門は，はじめに長江流域の農業部門と結びついた．長江

91

流域に点在する開港都市とその背後に広がる農業部門は，徐々に開港場市場圏としての自立性を払拭し，上海を要とする地域的市場圏に再編されていった．工業の勃興期に形成された，この地域的市場圏を「長江市場圏」と呼ぶことにしよう．

(2) 日本帝国圏と中国市場

長江市場圏が形成されはじめた20世紀初頭，それは日本が中国大陸にいっそう進出した時代と重なっていた．1880年代からの日本の産業革命は，満洲，山東といった中国の北方地域の一次産品輸出を刺激し，東シナ海の沿海交易の再編を進めた要因の1つであった[1]．日露戦争後の産業革命確立期以降になると，その動きは，中国の市場圏の再編にとどまらず，中国市場そのものを日本の市場圏の一部として飲み込む様相をみせる．それは，中国市場が日本の工業部門と結びつきを強めた，という経済的な評価だけで片付けることはできない．むしろ，日本が国策として周辺大陸地域を植民地あるいは勢力圏として獲得していく動きによって推進されていた[2]．

日露戦争の勝利により，日本は遼東半島の付け根に，後に関東州と呼ばれる租借地を獲得し，さらに東清鉄道の大連―長春間，その付属地と鉱山の開発権益を獲得した．日露戦後の満洲経営を通じて，日本の対中国貿易は爆発的な拡大をみせていった．1910年代末までに，中国品の遠隔地間流通に占める日本帝国の比重は，約23％を占めるまでになり[3]，中国全土の商品流通を相当程度規定するまでになっていた．この日本内地を中心に植民地を組み込みつつ，政策的にその分業関係の結びつきを強めていった市場圏を「日本帝国圏」と呼ぶことにしよう[4]．

(3) 長江市場圏と日本帝国圏の相克

20世紀前半期の日中関係の激動の時代は，経済史的にみれば，中国大陸で形成が進みつつあった市場圏と，日本帝国圏の膨張の相克として，現在では理解されている．日本が軍事的に中国の領土を直接侵犯したのは，単に飽くなき領土的

---

1) 宮田 [2006].
2) 堀 [2009].
3) 海関統計 [1919, No. 3 to 4, 全国].
4) 日本帝国圏の領域は，事実上，大日本帝国の主権領域と同じである，と本書は考えている．

野心の発動ではなく，急速に台頭する中国に対する警戒と反発であった[5]．明治以来，日本人が多くの血と汗を流して，大陸に扶植した権益の数々が脅かされている，と感じたのである．

そして，中国経済史研究もまた，戦前中国の国民経済建設は，確かに完遂できなかったとはいえ，決して過少評価されるべきものでもない，と考えている．1980年代までの研究は，日本帝国の経済的，政治的，軍事的な働きかけが，中国をいかに規定し翻弄していたのか，それを具体的に明らかにすることが課題とされていた[6]．しかし，現在は，日本帝国の規定性を強調するよりも，その強力な規定性の中で，いかに国民経済の建設が進められたかを重視する[7]．その原動力が上海の工業化であり，さらに工業化は世界経済に対して自立性をもつ国内市場を形成していった．そして，国内の政財界で，この形成されつつある国内市場を保護しようとする機運が高まり，1920年代末に登場する国民政府によって，国内市場の統合を強める政策が展開されていった，と考えられている[8]．

(4) 課題と方法

20世紀前半期，中国の遠隔地間流通には，工業と国家に裏打ちされた市場統合の動きが，大きくみて2つ同時に進行していた，と考えられている．1つは上海の工業部門を中心に国内でまとまりを強める方向性．もう1つは，日本帝国圏の一部として中国市場を組み込もうとする方向性である[9]．

本章は，2つの市場統合の方向性によって，中国大陸の遠隔地間流通の構造がどのように変容したのかを，1910〜20年代を中心に分析する．そして，上海を中心とする国内の市場圏が，日本が膨張する中でも，それなりの体系性を保持し

---

[5] 戦争へ続く日中関係を，日中両国政府の現状認識を対照させて分析した研究として，鹿 [2001]．
[6] 日本帝国主義と中国経済を論じた代表的研究として，西川 [1987]．
[7] 戦間期中国が国民経済的様相をもちつつあった点については，関税政策，通貨金融政策で研究蓄積がある．近年の代表的な著作をあげる．久保 [1999]，Shiroyama [2008]．
[8] 久保 [1999]．
[9] 以下の叙述では，日本内地と日本植民地を併せた領域について「日本帝国」と呼び，政治・経済の行為主体として論じる場合は「日本」と呼ぶ．中国東北地方（以下，歴史地理概念として満洲を使う）は，日露戦争後以来，潜在的主権を中国が保持しながら，関東州および南満洲鉄道付属地が日本により統治され，さらに「満洲国」（以下括弧略記）の成立から日本敗戦までは，事実上日本の植民地であった．本章では，満洲が日本と中国それぞれの市場圏に占める位置に留意した議論を展開するため，本文叙述中，日本帝国と呼称する場合，満洲を領域に含めない．

図3-1　20世紀初頭中国の開港場

つつ，交易規模を拡大できた要因を，国内市場の地域構造に着目して考察する．
　このような課題設定は，中国経済史研究において見過ごされてきたわけではない．むしろ，その検証の重要性については，大部分の研究者が意識し，それについて言及した論稿も豊富である．しかし，その構造と展開を十分に統計資料で跡付けることができているわけではない．そこで，分析に入る前に，統計的把握の方法について言及する．
　19世紀後半期中国の市場圏の研究は，海関統計の利用方法の前進により，新たな展開がみられた．その代表的なものは，中国の開港都市を地域別に分け，地

域間の交易をマトリックス形態で把握する手法である[10]．しかし，20世紀前半期については，同じ手法が十分に活用されてはいない．その背景には，20世紀になると，海関統計の表格式が，地域マトリックスで追うことが難しい形式に変更された，という制約がある．そのため，国内の市場圏の広域的な構造が十分に確定されてはこなかった．

この問題を克服するために，外国貿易統計と国内貿易統計を連結し，さらにマトリックス表に近い形態で市場構造を追えるよう，統計表に工夫を凝らした．そして，中国海関の地域区分を利用して，各開港都市を5つの地域に分ける（図3-1）．5地域間および，5地域と諸外国との貿易を中国の遠隔地間流通の重要な部分と位置づける．以上の方法により，日本帝国圏との位置関係に留意しつつ，長江市場圏の形成と展開を定量的に把握する．

II 開港場市場圏の最終段階

(1) 20世紀初頭の開港場市場圏

1880年代に形成された開港場市場圏が，第1次世界大戦を契機として，その歴史的役割を終えたことは，数々の統計データから確認することができる．本節ではその最終的な段階における交易構造を確認し，その分析を踏まえた上で，第1次世界大戦後の変化を詳しくみることにしよう．

20世紀初頭の時点で，中国全土には，同じ輸移出規模をもつ複数の市場圏が並立していた，と考えられる．それぞれの地域の気候・風土に見合った一次産品が生産され，その大半が常に世界市場に向けて輸出されていた．そして，外国貿易の規模に比べれば，国内貿易の規模はかなり小さかった．この評価を図3-2から確認しよう．中国品の開港都市間の純交易規模は，外国品の輸入が40〜50％，中国品の輸出が30〜35％，2つ合わせて約80％前後が国際分業に基づく交易で占められていた．それに対し，国内貿易の純交易規模は20％，大きい時でも30％は超えることがなかった点が確認される．このように，国際分業が圧倒的優位に立つ跛行的な商品流通の成長は，1880年代から第1次世界大戦直前にかけて最も顕著にみられた．これが開港場市場圏全盛時代の集約的姿である．

---

10) 同手法を用いた代表的研究としては，小瀬[1989]，古田[2000]がある．

第2部
長江市場圏から全国市場圏へ

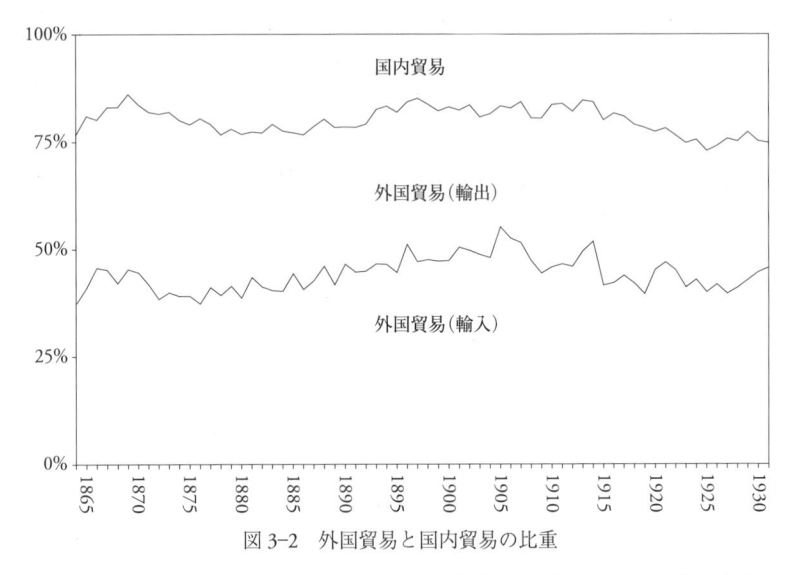

図3-2　外国貿易と国内貿易の比重

　では，中国各地で生産された産品は，どの地域で需要されたのであろうか．日本による満洲経営が始まるまで，中国品のほとんどはヨーロッパの需要を満たすために輸出された．ヨーロッパ市場が中心であった時代，中国の交易の重心は相対的に南方に置かれていた．表3-1から中国品の輸移入先をみるならば，19世紀末の時点で，華南地域，香港，ヨーロッパの3つの地域で全体の50％以上を占めていた．

　相対的に交易の重心が南方にあったとはいえ，この時代，中国経済の地域間格差は，われわれがみる21世紀の中国経済に比べれば，はるかに小さかった．5つの地域別に輸移出の規模をみるならば，ある1つの地域が隔絶して一次産品を輸出していたわけではなく，それぞれが拮抗していたことがわかる．図3-3から確認すると，日露戦後に日本が進出するまで，満洲と華北沿海の規模が小さいものの，その他の3地域は，1億海関両の規模で拮抗していた．日露戦後には満洲，華北沿海の規模が拡大して，5地域は8,000万海関両から1億5,000万海関両の間で並んでいた．その推移は，第1次世界大戦直前まで続いていたことが確認される．

　日清戦争，義和団事件，そして日露戦争と続く，中国が列強諸国によって分割されようとした「瓜分の危機」の時代，それを市場圏の視角からみても，確かに中国は分裂の様相をいっそう深めていた．中国の南方地方はヨーロッパとの国際

表 3-1　中国品の仕向地の地域分布　　　単位：%

	地域	1893	1898	1903	1908	1913	1918	1923	1928	1931
中国	満洲	1.42	1.69	1.95	1.88	3.50	4.63	3.77	3.46	3.32
	華北沿海	7.81	8.57	8.17	8.05	6.96	6.82	7.36	9.12	9.18
	長江流域	6.71	8.05	5.98	7.27	7.47	8.27	**10.98**	10.47	9.76
	華中沿海	6.56	5.66	5.87	8.31	6.09	9.41	10.15	**10.12**	**11.55**
	華南地域	**18.13**	**14.88**	**20.98**	**13.78**	9.57	7.29	8.38	7.81	**13.48**
	小計	40.63	38.84	42.94	39.29	33.58	36.43	40.63	40.99	47.29
外国	香港及マカオ	**25.54**	**25.77**	**24.98**	**21.18**	**20.11**	**15.90**	**14.17**	**11.13**	8.80
	日本帝国(含台湾・朝鮮)	4.94	6.56	8.44	8.71	**11.92**	**23.17**	**18.04**	**16.50**	**17.07**
	極東ロシア	3.22	4.89	2.30	5.34	6.58	1.91	2.69	5.34	3.17
	東南アジア	1.59	1.55	1.83	1.95	2.44	1.92	2.95	3.04	2.59
	インド	1.39	0.51	0.52	0.90	1.02	0.79	0.97	1.15	1.05
	西アジア及アフリカ	0.56	0.91	0.67	0.66	0.62	0.41	0.89	2.03	1.52
	イギリス	5.92	4.09	2.67	2.75	2.69	3.31	3.41	3.63	3.74
	大陸ヨーロッパ	**9.58**	**11.82**	**10.30**	**13.67**	**14.63**	5.33	5.96	8.43	7.25
	北アメリカ	6.10	4.72	5.32	5.48	6.31	**10.63**	10.16	7.65	7.18
	中南アメリカ	0.00	0.00	0.00	0.01	0.02	0.03	0.01	0.06	0.07
	オセアニア	0.53	0.35	0.03	0.04	0.09	0.18	0.12	0.04	0.10
	その他									0.17
	小計	59.37	61.16	57.06	60.71	66.42	63.57	59.37	59.01	52.71
総計		100.00	100.00	100.00	100.00	100.00	100.00	100.00	100.00	100.00

注1) 太字は上位3地域.
注2) 中国の地域比重は，各地域の中国産純移入額．外国の地域比重は各地域への中国産純輸出額から計算．
出所）海関統計 [1893-1931, No. 3 to 4, 全国].

分業，中国の北方地方は台頭する日本との国際分業に遠隔地間交易の重心が置かれていた．それは，列強諸国からみるならば，日露戦争によって日本とロシアの対立が一応の決着をみた段階において，中国の一次産品供給地域を分け合う，勢力均衡の状態にあった，といえる．日本の台頭と同じ時期に，中国市場へ進出したアメリカは，当初は満洲市場をめぐり日本と競合関係にあったが，日露戦後，アメリカが進出した地域は，イギリスが基盤を置く華中沿海，長江流域であった．

(2) 開港場市場圏最末期の交易構造

そのような国際分業の進捗によって，中国の遠隔地間流通は，第1次世界大戦の直前の段階で，どのような構造を形成するに至ったのか，それを表3-2から確認しよう．1913年の市場構造を商品別でみると，特定の一次産品が特定地域間で取引されているにすぎず，多種多様な商品が多くの地域に流通し，一つのま

第 2 部
長江市場圏から全国市場圏へ

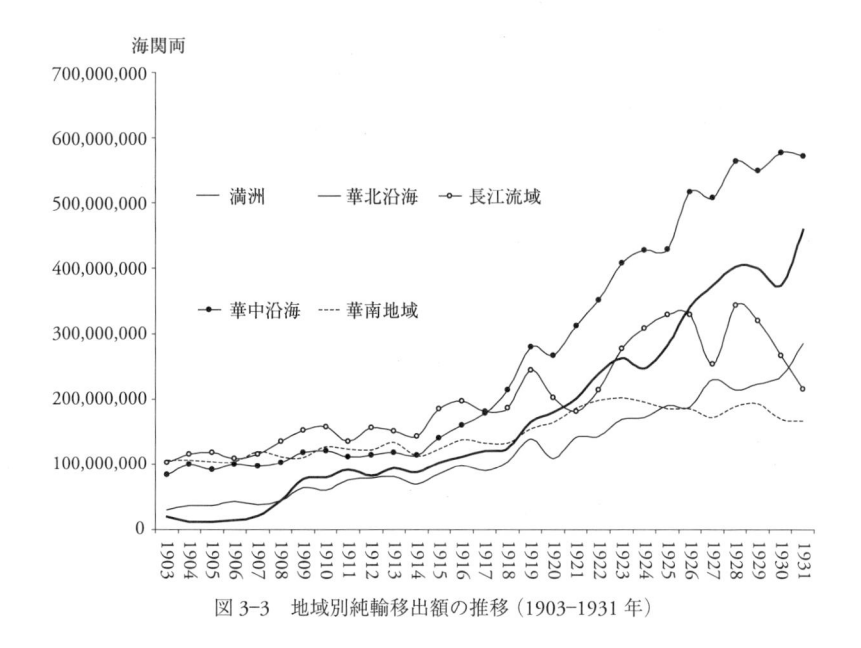

```
海関両
700,000,000
600,000,000
500,000,000  ── 満洲    ── 華北沿海   ─○─ 長江流域
400,000,000
              ●── 華中沿海  ---- 華南地域
300,000,000
200,000,000
100,000,000
          0
            1903 1904 1905 1906 1907 1908 1909 1910 1911 1912 1913 1914 1915 1916 1917 1918 1919 1920 1921 1922 1923 1924 1925 1926 1927 1928 1929 1930 1931
```

図 3-3　地域別純輸移出額の推移（1903-1931 年）

とまりある地域的市場圏を形成するまでに到達している，とは言いがたい．遠隔地間流通の主要部分は，茶，生糸，油粕，採油用種子の 4 品で構成され，その大部分が中国各地から外国市場へ流れていた．その結果，遠隔地間流通でみる中国品の国内需要の比重は，外国需要の約 2 分の 1 に留まっていた．

国内の交易構造をみると，華南地域が需要する油粕と採油用種子の流通が最も大きい．それらは満洲からの移入が大部分である．次いで，華中沿海の綿糸が 1,000 万海関両の規模で，国内全域に流通している．しかし，この沿海域内の交易は，満洲，華中沿海，華南地域それぞれにとって，最も重要な交易部分ではない．満洲は日本帝国，華中沿海・華南地域はヨーロッパと香港が重要な交易相手である[11]．

1913 年の時点で，華中沿海（上海）の産品は，中国品の遠隔地間流通の中心的

---

11) 香港自体は対ヨーロッパ，対アジア，対国内の中継港であった．対香港向け輸出の大宗を占める生糸・絹布は，対ヨーロッパに向けて再輸出されたものであると推定される．したがって，華南地域の遠隔地間交易の相当部分は，対ヨーロッパ貿易であったと評価することが可能である．中国の香港経由貿易の対ヨーロッパ，対アジアの比率については，杉原薫の推計が参考になる（杉原［1996, pp. 106-108］）．

第 3 章 長江市場圏と日本帝国圏

表 3−2 中国品の地域品別表（1913 年）

単位：千万海関両

		S0 食糧・飼料			S1	S2 原料				S3	S4	S5	S6 工業製品			S7	S8	S9	総計
		米	茶	油粕	煙草	原皮	種子	生糸	綿花	石炭	油脂	化学	綿糸	綿布	絹布	機械	雑貨	特殊	
仕出地（純輸出）	満洲	5				3							1						9
	華北沿海	1		3（↓日帝）		5							1	1					8
	長江流域	4	2			7	2	3（↓米）3（↓欧）							1				15
	華中沿海	2		1		5				3				1					12
	華南地域	3			2	4			2	3									13
総計		15	4	4	2	24	2	6	9	10	2		2	3	1		2		57
仕向地（純輸移入）	満洲	1										1							2
	華北沿海	1	4				1												4
	長江流域					1													4
	華中沿海	1		1		2		1											4
	華南地域	2			1				2										5
小計		6	1	1	1	5	1					1	5						20
外国	ソ領アジア	3	1		1	1			1										4
	日本帝国	3		3	3	3	2	3						1					7
	香港及マカオ	2			5	5							3						12
	東南アジア																		1
	南アジア																		
	西アジア及アフリカ	1					2	3											11
	ヨーロッパ				6	3	2	3							2				11
	北アメリカ				3			1											4
小計		10	3	3	20	2	4	8	2		2		6		2		1		40
総計		17	4	4	24	2	6	9	2		2		10	2	3		1		60

注 1）1,000 万海関両未満は四捨五入。1,000 万海関両に満たない商品は統計中に表記せず。
注 2）仕出地と仕向地の総計値は、1,000 万海関両の総計値は、輸入統計、輸移入統計。移入統計の 3 つを組み合わせているため、若干の差異がある。
注 3）S1（煙草）、S3（石炭）は、表掲載値は 3,000 万海関両以上の主要交易品であり、石炭であることを意味する。
注 4）網掛け数値は 3,000 万海関両以上の重要交易品であり、統計表中から主要仕向地を特定できるものは「↓○○」と表記している。
出所）海関統計［1913, No. 3 to 4, 全国］。

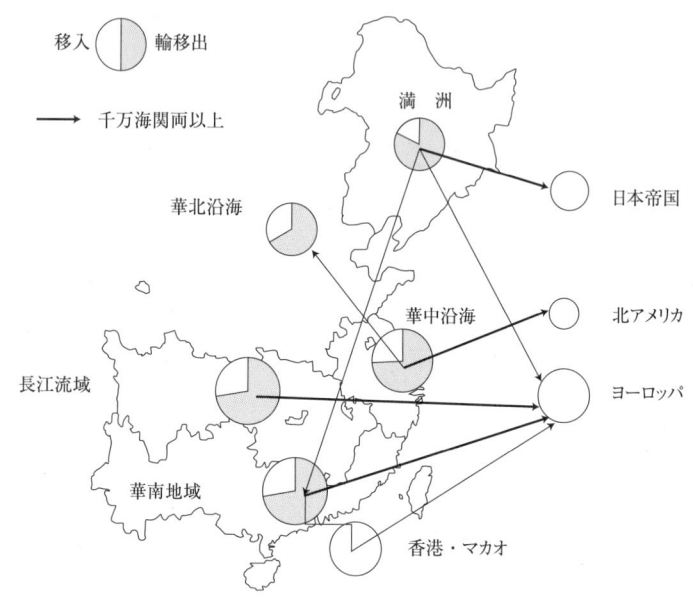

第 2 部
長江市場圏から全国市場圏へ

図 3-4　開港場市場圏の交易構図（1913 年）
出所）表 3-2 より作成．

位置を占めていなかった．開港以来，上海は，国内外の産品を，国内だけでなく東アジア全体に再分配する交易の拠点として発展した．しかし，上海の総貿易から中継貿易の部分を除いた純貿易でみると，第 1 次世界大戦前に，上海の産品が，突出して流通しているわけではなかった．むしろ，長江流域，華南地域の産品のほうが遠隔地間で多く流通していた．

　これまでの分析を総合するならば，開港場市場圏時代最末期の中国品の交易構造は，図 3-4 のように集約的に図示することができる．国内の 5 つの地域は，それぞれほぼ同じ規模の一次産品の供給力を備えていた．その供給先は，ヨーロッパが最大であり，次いで日本帝国，アメリカと続き，この 3 つの工業地域で中国の国際分業の 90％を占めていた．矢印で示したように，中国品はほぼ外国市場に流れ，国内貿易は，満洲→華南地域，華中沿海→華北沿海の 2 つを除けば，全体的にみてほとんどみるべき規模をもたなかった．そして，この 2 つの国内貿易の規模も，外国貿易に比べれば相当小さかったことが確認される．中国は，ヨーロッパ，日本帝国，アメリカの一次産品供給国として，国内の市場圏としては分裂していたのである．

III 開港場市場圏の終焉

(1) 上海工業の躍進

　第1次世界大戦の勃発は，それまで中国市場を席巻していたヨーロッパの工業製品の著しい後退をもたらした．中国の輸入の首位にあった綿製品は，大戦前の1913年に，綿布1,900万匹，綿糸250万担の輸入規模であったが，1918年には綿布1,400万匹，綿糸130万担にまで激減した[12]．そして，中国に在住していた多くのヨーロッパ人が本国に帰国し，ヨーロッパ系の企業・金融機関もまた資金を中国から引き揚げていった．その結果，それまでヨーロッパ諸国によって支配されていた市場に大きな空白が生まれていた．さらに，工業製品の海外供給の減少によって，その価格は軒並みに高騰した．この機会に，中国で工場を設立して，工業製品を国内市場に向けて販売できれば，巨万の利益を手中に収めることができる事実に，多くの中国人が気づいたのである．それまで，外国貿易を通じて富を築いていた中国人たちは，商業，不動産へ資金を振り向けていたが，その資金が一気に工業投資へ向かうことになった．

　そのブームは，大戦終結後も続く．1923年に綿花の高騰によって，綿工業の躍進が一時的に足踏みしたことはあったとはいえ[13]，以後，日中戦争が勃発するまで，中国の工業生産力は持続的に成長した．1913年を基準にしてみるならば，生産力は，1920年代初頭に2倍，1930年代初頭には3倍，さらに日中戦争の直前には5倍強と伸びていった[14]．

　全体的にみて，工業生産力の扶植は，上海に最も多く集中したことによって，中国の遠隔地間流通の成長率は，地域ごとに均一ではなくなった．その推移を基礎的なデータから確認しよう．図3-3に立ち返り，中国の5つの地域別の輸移出額の推移をみるならば，第1次世界大戦勃発の1914年から，華中沿海（上海）が急速に台頭し，1918年以降，一貫して中国全土の首位にあった．そして，このグラフの推移で注目すべき点は，華中沿海の伸びに牽引されるようにして，長江流域もまた1920年代に躍進したことである．上海の工業化は，ただ上海の交易規模を拡大したのではなく，国内市場，とりわけ長江流域の交易規模の拡大を

[12) 海関統計［1913; 1918, No. 3 to 4, 全国］．
[13) 1923年恐慌については森［2001，第4章］．
[14) 久保［2005（中国語）］．

表 3-3　機械制工場製品の交易規模

	貿易総額 （100万海関両）			機械制工場製品 （100万海関両）			機械制工場製品の比重 （％）		
	純輸移出	純輸出	純移入	純輸移出	純輸出	純移入	純輸移出	純輸出	純移入
1921	1,022	601	414	93	4	97	9.12	0.62	23.46
1922	1,147	655	448	136	5	128	11.89	0.78	28.51
1923	1,319	753	515	167	12	144	12.63	1.61	28.03
1924	1,351	772	541	187	19	157	13.84	2.44	28.92
1925	1,416	776	608	198	15	161	14.00	1.98	26.50
1926	1,561	864	652	258	27	219	16.52	3.08	33.64
1927	1,536	919	576	245	40	192	15.98	4.33	33.30
1928	1,715	991	689	270	40	212	15.74	3.99	30.84
1929	1,686	1,016	661	251	37	228	14.87	3.64	34.54
1930	1,623	895	687	300	32	255	18.46	3.55	37.12
1931	1,698	909	816	228	43	276	13.45	4.77	33.79

出所）海関統計［1921-1931, No. 3 to 4, 全国］．

もたらした．そして，商品構成も従来の一次産品に代わり，工業製品の比重が拡大した点を確認することができる．表3-3から，統計数値が得られる1921〜31年の動向をみると，機械制工場製品が輸出に占める比率は，0.6％から4.8％へ増加，そして国内貿易では23.5％から33.8％へと躍進した．

(2) 日本の対中国投資

　生産力と交易の伸長の中には，中国と同じく第1次世界大戦によって「天佑」を得た日本による投資と交易も含まれている．1920年代，日本の綿工業は，中国市場を確保するために，中国沿海の開港都市に工場を相次いで設立していった．世に言う「在華紡」である．1980年代までの研究は，在華紡は日本の中国支配の尖兵，中国の民族企業の成長を圧迫した存在として，中国経済における負の要素が強調されてきた[15]．しかし現在は，中国の工業化と市場経済の発展を促進した外資企業として高く評価されている[16]．在華紡は，中国の市場条件に基づいて生産活動を行い，中国の国内市場を開拓した．さらには，長らく工業製品の輸出市場が脆弱であった中国にあって，東南アジア市場を開拓したなど，中国経済の成長を推進した役割の方が大きかった．

　一方，満洲における日本の工業投資は，中国の国民経済建設に貢献したのか，

---

15) 例えば，西川［1987］．
16) 在華紡研究の近年の成果として，森［2006］，富澤・久保・萩原［2011］．

あるいは圧迫したのか，在華紡におけるほど評価は定まっていない．満洲における日本の工業投資は，1920年代までは，南満洲鉄道株式会社を主体に，運輸と鉱業を中心に展開した[17]．そこでは，大豆と石炭の生産力が著しく成長し，前者は世界市場に向けて，後者は東アジア市場に向けて交易規模を拡大した．大豆と石炭の成長は，山東省を中心に多くの移民をひきつけ，拡大する人口に応じて，その消費財を供給する商人のネットワークも広がっていた点が明らかにされている[18]．その意味で，日本の対満洲投資は，中国人の生存圏を広げ，そこに中国で生産された製品が浸透することで，国内の市場圏を拡大したことは，間違いがない．

しかし，日本の満洲支配が，中国本土で進む工業化にとって貢献できたのは，日本が満洲の市場と一次産品を開放した場合に限られていた点に留意する必要がある．第5章で詳しく検討するように，1931年の満洲事変とそれに続く満洲国の成立は，満洲を中国本土から切り離し，日本帝国圏に組み込む方向に進んだ．したがって，満洲の工業部門は，在華紡のように，中国本土の工業と市場経済の成長を一貫して推進した，と評価することは難しい．むしろ，戦前期上海で進んだ工業化は，日本の満洲経営・大陸支配の動きから影響を受けながらも，基本的には，中国本土の内部での分業関係の変化によって進展したものであった．そして，その基本的な成長モデルは，長江流域を軸にしていたのである．その内容について詳しくみることにしよう．

(3) 第1次世界大戦後の交易構造

第1次世界大戦後，それまでヨーロッパを中心とした交易構造が劇的に変化し，代わって華中沿海（上海）と長江流域が台頭し，さらに満洲もそれに匹敵する拡大をみせたことを確認した．それでは，このような変化によって，開港場市場圏がどう再編されたのかを分析することにしよう．

表3-4は，国民政府が南京に新政府を樹立する直前の1926年における中国品の交易構造である．仕出地別にみて，華中沿海，長江流域，満洲の重要交易品（商品別でみて3,000万海関両以上の取引）が増えている点が際立っている．この3地域がどの地域と交易関係を取り結んでいるのかを中心に分析する[19]．

---

17) 日本の満洲投資については，「満洲国」成立以前は，金子［1991］，成立後は山本［2003］．
18) 大豆を通じた満洲の経済循環を理論的に整理した先駆的業績として，石田［1964］．
19) 本書は，外国式船舶による交易を中心にみるため，陸上輸送中心の華北が全国市場圏に占

第 2 部
長江市場圏から全国市場圏へ

表 3-4　中国品の地域品別表（1926年）

単位：千万海関両

		S0 食糧・飼料					S1 (煙草)	S2 原料				S3 (石炭)	S4 油脂	S5 化学	S6 工業製品			S7 機械	S8 雑貨	S9 特殊	総計
		鶏卵	雑穀	小麦粉	米	油粕		生糸	毛皮	種子	棉花				棉糸	棉布	絹布	機械	雑貨	特殊	
仕出地 (純輸移出)	満洲	14				9				12	1	8	3	3								34
	華北沿海	3	4 ↓日常			↓日常	1			9	1	2	1	1			1					19
	長江流域	6	2		2					16		2	7 ↓華中	3			5					33
	華中沿海	8	2	3 ↓華北	1		9			9	6 ↓米	1	1			1	14 ↓国内	5 ↓国内		2		52
	華南地域	3				1				7	6 ↓欧		1 ↓華中						1	18		
総計		34	4	3	4	10	12			53	16	14	11	8	2	38	16	6		4	1	156
仕向地 (純輸移入)	国内 満洲	1								1						3	1					6
	華北沿海	4	2		2		2			2				1		4	1					13
	長江流域	2			1		1			1		1	1			8	7					17
	華中沿海	3			1	1	1			7			5			2						15
	華南地域	3		2						4		3	3			5	3					15
小計		14		4	1	2	6			16		4	8	2		23	13	5		2		64
仕向地 外国	ソ領アジア	2				1			1	3		3				2						6
	日本帝国	11	2			7				10	1	3		1		4		1				26
	香港及マカオ	2					1			2		1	2			2	1					10
	東南アジア				1		1			1						1						7
	南アジア									1						1						2
	西アジア及アフリカ															1						2
	ヨーロッパ	3	2		3					11	6	2		1	1		1			2		19
	北アメリカ	1								9	6			2		2						15
小計		21	4		3	8	2		1	39	16	10	5	6	1	12	1	1		2	1	86
総計		35	4	4	4	10	8		1	55	16	15	11	8	2	35	14	6		4	1	151

注：表 3-2 に同じ。
出所：海関統計 [1926, No. 3 to 4, 全国].

華中沿海（上海）と長江流域

　華中沿海（上海）の重要交易品は，小麦粉，煙草（紙巻煙草），生糸，綿糸，綿布の5品をあげることができる．そのうち生糸を除く4品は，第1次世界大戦後に軽工業化が進展した産品で，その仕向地の大部分が国内市場である．国内市場に向けられる分のおおよその内訳は，小麦粉70％，紙巻煙草60％，綿糸90％，綿布90％であり，その総額は約26,000万海関両に達し，華中沿海の純輸移出総額の約50％，中国全土の純国内貿易の約40％を占めている，と推定される．そして，これら4品の華中沿海から国内各地域へ移出の内訳は，満洲2,000万，華北沿海5〜6,000万，長江流域8〜9,000万，華南地域4〜5,000万である，と推定される．上海の工業部門の勃興期，長江流域が最も大きな製品販売市場であった．

　長江流域は，上海の工業部門にとって原材料供給の面からも最重要地域であった．華中沿海の移入地域をみると，長江流域の綿花が純移入額の約3分の1を占めた．さらに，長江流域からは，葉煙草の移入も約1,000万海関両あると推定される．その他の一次産品を合わせるならば，長江流域は華中沿海に対して7〜8,000万海関両の原材料を提供していた．これは実に華中沿海の純移入額の半分に相当した．

　以上の金額を合計すると，上海の工業化がもたらした国内交易拡大の成果は，33,000万海関両以上に達し，1913年から1926年にかけての純国内交易額の増加分44,000万海関両の約75％を占める．そして，この交易の地域構造は，華中沿海と長江流域の間の農工間分業を基軸とし，満洲向けが若干少ないものの，上海の軽工業品が，華北，華南に5,000万海関両前後の規模で広がっていた．

満　洲

　満洲の重要交易品は，雑穀，油粕，種子（大豆），石炭の4品をあげることができる．日本帝国との関係に着目すると，そのうち日本帝国に向けられた分は，雑穀50％，油粕80％，大豆30％，石炭60％に達した．その総額は，約14,000万

める位置について過少評価される傾向があることは否めない．特に本書が課題とする遠隔地間流通をみるうえで，北京・天津を起点として南北に貫く長距離路線である津浦鉄道（天津―浦口），平漢鉄道（北京（北平）―漢口）が果たした役割について検討が必要である．鉄道統計と海関統計を連結して，遠隔地間流通の全体像を定量的に把握することは，今後の大きな課題として残されている点を付記しておく．

海関両に及び，満洲の純輸移出額の約40％，日本帝国の中国輸入総計の約50％を占めた．

満洲の国内貿易は，移出でみると，主要なものは華南地域への大豆，華中沿海への石炭であり，その総額は4,000万海関両ほどである，と推定される．移入でみると，主要なものは華中沿海（上海）からの綿糸，綿布であり，その総額は移出の半分の2,000万海関両であった．特に綿布の場合，満洲は上海の綿工業にとって最大規模の消費市場であった．

1920年代の満洲市場は，上海の工業部門にとって，長江流域ほどではないにしても，無視できない規模であった．すでに述べたように，工業化に基づく国内市場の拡大は，それに対応した国民国家形成の気運を高めた．そのナショナリズムの先鋒をつとめた工業部門にとって，満洲市場が重要な位置にあったため，満洲をめぐる日中対立の温床の一つとなった，という指摘がある[20]．また，満洲は国内最大の外国貿易黒字地域であり，外債償還をしながら，工業基盤と軍事力の強化を進めなければならない中国にとって，重要な外貨獲得地域であった．

ただし，そのような満洲の国内経済上の意義を認めたうえでも，1920年代中国の市場圏の中心は長江流域にあって，満洲市場に依拠せずとも発展できる余地が相当あった点を強調したい．満洲国成立以後の展開をみると，第4章・第5章でみるように，上海の工業部門は，満洲市場の喪失後も衰微することなく，むしろより生産力を拡大してゆく．そして，交易規模も持続的な拡大がみられた．ただし，満洲国成立後の中国における輸入代替工業化の進展と市場圏の拡大は，1930年代前半期の特殊条件により規定された面がある．その具体的な展開については，第5章で検討する．

IV　おわりに

上海の工業化は，長江の河川ラインから勃興した．長江流域の農業部門は，上海の工業部門の半ば独占的な原料供給地・製品販売市場となった．この緊密な農工間分業に基づく経済的空間が，長江市場圏である．長江市場圏は，第1次世界大戦を契機に形成が進み，1920年代半ばには確立をみた，と考えられる．以後，

---

20) 久保［1981］．

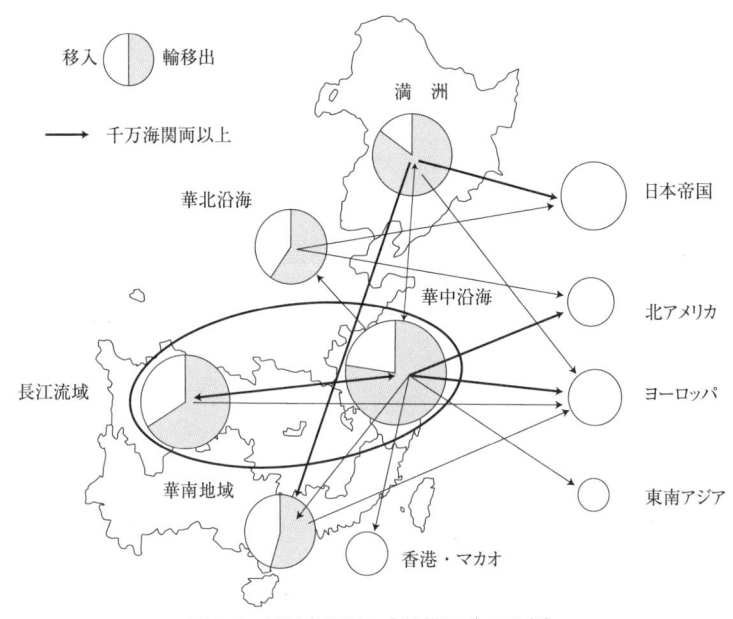

図3-5　長江市場圏の交易構図（1926年）
出所）表3-4より作成.

　中国は，国内貿易の成長率が国際貿易のそれを上回るようになり，1880年代から続いた開港場市場圏の性格を各開港都市が払拭してゆくことになった．
　図3-5は，長江市場圏が形成された1920年代の中国品の交易を集約的に図示したものである．華中沿海と長江流域の交易規模を示す円がとりわけ大きいこと，そして両者の間を結ぶ線がくっきりと太く出ていることが確認される．そして，華北沿海，華南地域も華中沿海と結びつきが強くなりつつあった点も確認されよう．
　ただし，華中沿海と長江流域の交易が太いパイプで結ばれていたとはいえ，それと同じ規模の太い線が日本帝国，アメリカ，ヨーロッパに向けられている．この時点では，まだ中国は，緊密な全国市場圏を基礎に，世界経済に対峙するまでに至っていなかった．そうなるためには，上海を要として，いわば扇が上下に広がるように，華北沿海，華南地域をいっそう取り込んでゆき，長江市場圏が全国市場圏へと拡大しなければならない．その展開は，1930年代に実現することになるのである．

第4章 上海の工業化と交易条件

I 工業化と貿易をめぐる理論

(1) 輸入代替工業化とリカードの罠

2つの世界大戦にはさまれた期間，これを両大戦間期と呼ぶ．中国の場合は，第1次世界大戦勃発の1914年から日中戦争が始まる1937年までの約24年間を指す．中国の両大戦間期は，輸入代替工業化の時代とも呼ばれる．その前半期は，恵まれた国際環境の下，工業の勃興と発展がみられた時代．後半期は，前半期の恵まれた条件が失われる中，国民政府が台頭し，保護貿易政策を通じて工業化を推進した時代である．この両期間を通じて，工業生産力は一貫して拡大をみせた[1]．そして，この工業化の中心的位置を占めていたのが上海である．第3章でみたように，上海の工業化は広域的な市場圏を形成する原動力であった．

国際貿易を通じた工業化には，2つの類型があることが知られている．1つは輸出志向工業化，もう1つは輸入代替工業化である[2]．どちらの類型も，工業投資が円滑に進むことが前提であるが，ただ資本不足を解消しても工業化は持続することが難しい，と知られている[3]．特に，輸入代替工業化が成功する条件は，第1に，農業部門から工業部門に対して安定的に原材料，食糧，労働力が提供されること[4]．第2に，貿易政策を通じて限られた国内市場を保護することであ

---

1) 久保 [2005（中国語）]．久保推計については，表5-2で示した．
2) Krugman and Obstfeld [2009]．
3) 戦後，公的援助を通じて海外から資本導入をはかっても，持続的な工業化に結びつかない途上国が多々みられたのは，その代表的な事例である (Todaro and Smith [2009])．
4) この問題は，W. アーサー・ルイス (William Arthur Lewis) が考案した二重構造モデルで特に強調されている点である．ルイスは，貧困のより本質的な問題は農業部門の生産性の低さ

る[5]．特に，第1の条件が満たされなければ，工業部門の投資が増加しても，一次産品（原材料・食糧）の価格が上昇しはじめ，工業部門の利潤が圧迫され産業化が停止してしまう危険性が増大してくる．この危険性は「リカードの罠」として広く知られている[6]．このように，理論的にみれば，上海は，リカードの罠を回避することができたからこそ，輸入代替工業化を進めることができた，と考えられる．

(2) シェーレ現象とリカードの罠

なぜ上海の工業部門がリカードの罠を回避できたのか．この問題に直接関連するのは，国内の農工間比価，すなわち工業製品価格と一次産品価格の相対価格の差が，前者に有利，後者に不利となる現象，すなわち「シェーレ現象」が両大戦間期中国でみられた点である[7]．シェーレ現象は，第1次世界大戦から1920年代初頭に最も顕著に現れた．そして，1923年を境に逆転して，1926年まで一次産品価格に有利な状況が生じた後，1930年まで一進一退で推移し，1931年から一次産品価格の暴落を受けて，再びシェーレ現象がみられた．このシェーレ現象の推移は，中国の工業部門の景気動向とほぼ一致していた，と言われる[8]．

ただし，シェーレ現象は，農業部門からみれば，一次産品価格の相対的下落による所得の縮小を引き起こす，という点にも留意する必要がある．それは，国内市場の縮小を意味する．したがって，シェーレ現象は，短期的にみれば工業部門の利潤を確保するが，長期的にみれば工業部門の成長の路をせばめ，結局，貧困

にある，とみた．国内の農業開発をより重視し，生産性を向上させ食糧自給を高めて，農業余剰を生み出すこと，これが国内工業の製品とサービスに対して拡大した市場を提供し，工業の発展を助長する，と主張した（Lewis [1978]）．

5) 保護貿易政策に関する最も一般的な理論は，幼稚産業論と呼ばれる．後発国で新たな産業が勃興するためには，その産業が国際競争力に耐えるほど強くなるまで，政府による一時的な保護が行われるべきである．したがって，関税や輸入割当などの措置は，産業育成のための暫定的な措置として許容される，というのが幼稚産業論である（Krugman and Obstfeld [2009]）．

6) 原 [1996].

7) シェーレとは，ドイツ語で「はさみ」という意味である．シェーレ現象は「鋏状価格差」とも呼ばれる．グラフに相対価格の推移を描くと，ちょうどはさみを開いた形になるため，シェーレと呼ばれている．この価格差が発生する要因は，工業部門では自然条件による制約をうけることが少なく，生産量と価格の調節が短期的に行いやすいのに対し，農業部門では生産量の調節が短期的には困難だからである（大阪市立大学経済研究所 [1994]）．

8) 森 [2001].

の罠からは脱却できない.

(3) 一次産品輸出の拡大

結局,輸入代替工業化が成功するためには,シェーレ現象が引き起こす国内市場の縮小を打開できる条件が同時に進行しなければならない.その条件としては,工業もしくは農業の生産性が上昇すること,特に農業の生産性上昇が必要であり,そのためには農業改革が実施されなければならない.農業改革は,おおむね土地所有権の再分配を必要とするため,多くの途上国では挫折を余儀なくされる[9].結果,ここでもリカードの罠が工業化の前に立ちふさがる.

その罠から抜け出すもう1つの路は,一次産品輸出が安定的に拡大し,持続的に海外から追加的な所得が農業部門にもたらされることである.中国では,まさに拡大する一次産品輸出が輸入代替工業化を支えたのである.第1次世界大戦が長期化すると,1916年頃から,軍事産業と軍隊が需要する鉱産物・農産物を中心に,中国の一次産品輸出が拡大した.タングステン,アンチモニーといった希少金属を筆頭に,兵士の軍服の生地料となる皮革・羊毛,そしてロシア軍が大量に消費した紅茶などの輸出が伸長した[10].なかには,大戦が終結すると急速に需要がなくなった一次産品もあるが,第5章でみるように,そのほとんどは1930年代に入って中国の輸出をリードした[11].

そして,注目されるべき点は,海外で需要が大きい一次産品のほとんどは,上海の工業部門が需要する一次産品と重複しなかったことである.これによって,工業部門の必要とする原材料価格は,工業製品価格よりも相対的に安価な状態が維持され,同時に農業部門全体の所得は長期的に減少しなかった.その結果,上海の工業部門は利潤を確保しつつ国内市場を開拓することができた,と考えられる.

(4) 交易条件をめぐる理論

両大戦間期,上海の工業化は,はたしてシェーレ現象と国内市場の拡大が同時並行した結果なのか.仮にそうだとして,その効果はいつまで続いたのか.その

---

9) 途上国の農業部門の生産性の低さは,土地所有制度に問題がある点が多々指摘されている(原 [1996]).
10) Bergere [1986].
11) 大戦終結後,輸出が著しく停滞した一次産品として紅茶がある(Bergere [1986]).

問題を確定するためには，上海の貿易財の価格水準と交易量の推移を確定し，さらには両者の間の関係をみる必要がある．このように，価格と数量の関係を総合的にみる指標として交易条件がある．交易条件には，3つの指標がある．①純交易条件，②総交易条件，③所得交易条件である[12]．

純交易条件とは，輸出物価と輸入物価の比率（輸出物価÷輸入物価）である．工業地域の場合，輸出物価が工業製品価格，輸入物価が一次産品価格となり，その比率が大きいほど交易が相対的に有利な状態に置かれていることを意味する．

総交易条件とは，輸出数量と輸入数量の比率（輸出数量÷輸入数量）である．その比率が大きいほど，相対的により多くの商品を外に向けて提供していることを意味する．

さて，純交易条件と総交易条件をみただけでは，価格と数量の推移が個別に有利か不利かを検討したにすぎない．そこで，両者を総合して，相対価格の水準が交易数量を拡大しているのかどうかをみる指標として考案されたのが，所得交易条件である．

所得交易条件は，純交易条件×輸出数量で求められる．純交易条件でみる価格競争力，そして輸出数量指数でみる供給力を総合化した指標である．その数値が大きいほど，交易がより多くの実質所得の拡大に貢献していることを示す[13]．

(5) 本章の課題と構成

本章は，交易条件の理論を国内貿易にも拡張することで，両大戦間期上海の国内市場を通じた工業化を検討する．ただ交易条件を一般的に検討するだけでは不十分であるため，交易条件を構成する貿易物価を商品の類別に分けて分析する．商品の分類は，中国海関のものをそのまま利用すると，第8章で詳述するように，経済学的な分析の用途に適したものとはならない．そこで，今日の貿易研究で利用度の高い，国際連合の標準国際貿易分類改訂第3版（SITC revision 3）を利用して再分類した[14]．貿易物価指数の推計方法については，第9章にまとめた．

---

12) 交易条件は，J. S. ミルによって解明され，その後，マーシャルやミードによって洗練された．
13) 所得交易条件は，その国・地域が輸出でまかないうる輸入の数量，すなわち輸入力の増減を示す指標でもある．また，所得交易条件に，貿易財の製造部門における生産性を加味したものを，要素所得交易条件と呼ぶ（Dorrance [1948]）．
14) 国際連合 [2000]．SITC のコード番号のうち，コード7「機械類」は，原資料に数量の記載がないため，物価指数を推計できなかった．なお，コード9「特殊取扱品」とは，郵便小包，雑貨の「その他」など種類別に分類することができないもの，そして非貨幣用の金から構成

以上の基礎的な推計作業の後，本章のⅡでは，交易条件の基礎となる外国貿易物価，国内貿易物価の一般的趨勢，さらには貿易数量の推移について事実を確定する．次いで，ⅢとⅣでは，世界恐慌の影響が中国に波及しはじめた1932年をさかいに2つの時期に分け，工業化による貿易構造の変容を分析する．Ⅲは前半期（1914～1931年），Ⅳは後半期（1932～1937年）である．Ⅴでは，Ⅱ～Ⅳの作業を総合し，本書の検証課題である交易条件を分析する．

Ⅱ　両大戦間期上海の貿易趨勢

(1) 貿易物価の全体的趨勢

上海の貿易物価の動向について，1913～1939年にかけて概観してみよう（図4-1参照）．上海の貿易物価の推移は，5つの時期に区分できる．第1期：第1次世界大戦勃発の1914～1920年代初頭の物価急騰期．1913年の水準の1.5倍から2.0倍の物価上昇を経験した．第2期：1920年代初頭～1931年までの物価安定期．緩やかに物価が上昇する局面にあった．第3期：世界恐慌，銀危機の影響を受けた1932～1934年にかけての物価急落期．短期間のうちに1910年代初頭の水準まで下落した．第4期：1935～1936年にかけての物価回復期．幣制改革の成功によって第3期の打撃から経済が回復していった．第5期：日中戦争が勃発した1937年以降の物価急騰期．1938年からインフレーションの様相を深めていった．以上のように，両大戦間期上海の貿易物価は，めまぐるしく変化する外的，内的条件によって，大きく上下を繰り返した，と言える．

さて，視点を全体的趨勢から輸出，輸入，移出，移入それぞれの差異に転じてみると，第1期に輸入と移出がすばやく上昇に転じたのに対して，輸出と移入の反応が比較的緩慢であった，という特徴を見出せるであろう．両大戦間期上海の貿易物価は，全体として同じ趨勢で騰落すると同時に，輸移出入間の相対価格も大きく変化していった．

移出物価は，上海およびその周辺地域で生産されて，国内市場に向けて販売された財の物価である．移出物価の相対的上昇は，国内市場を通じて，より少ない財貨でより多くの利益を上海にもたらす要因となる．図4-1をみると，移出物

される．同類についても数量の記載がない商品が大部分であるため，物価指数を推計することができなかった．

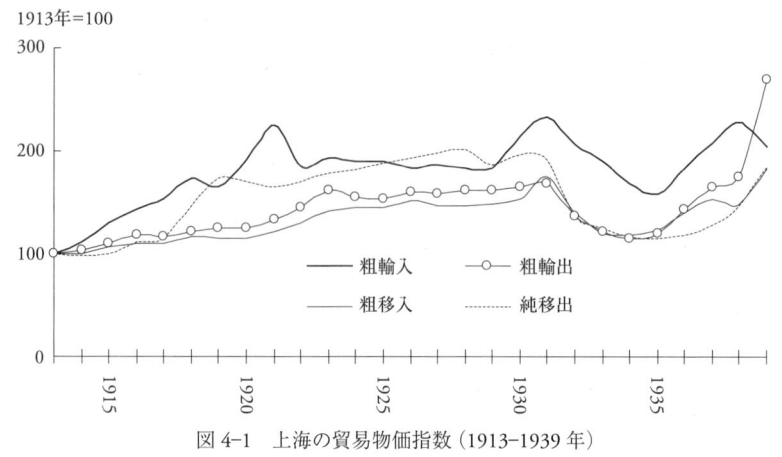

第 2 部
長江市場圏から全国市場圏へ

図 4-1　上海の貿易物価指数（1913-1939 年）
出所）付表 4，付表 6，付表 7．

価は，1918 年から急速に上昇し，1931 年まで常に輸出，移入より高い位置にあった．そして 1920 年代後半は，輸入よりも高くなる．このような相対価格の有利な局面において，移出数量も伸張しているならば，上海は国内市場を通じてより多くの利益を手中にできたことになる．

次に，輸入物価は，両大戦間期に最も騰落の幅が大きく，それが短期的に上下した，という特徴をもつ[15]．その要因は，言うまでもなく外国為替相場の変動である．1921 年，1930 年，1931 年の騰貴は，その顕著なものであった[16]．輸入物価の上昇とは，外国工業製品価格の上昇であり，理論的には輸入防遏の効果が大きい．輸入物価の高騰は，上海の工業部門にとって，国内市場の販路を拡大する 1 つの好機となりうる．

最後に，輸出物価と移入物価は，両大戦間期に非常に似た推移を示した．両者の推移の相似性は，特異な現象ではない．上海は内陸から移入した一次産品を海

---

[15] 本書が推計した輸入物価は，C.I.F. 価格であるため，輸入税は含まれていない．国民政府の関税政策による輸入物価の水準，そしてその輸入抑止効果については，久保 [1999]．
[16] 1 海関両の年平均対ポンドレートは，1920 年 6 シリング 9.1 / 2 ペンスから 1921 年 3 シリング 11.7 / 16 ペンス，1929 年から 1930 年にかけては 2 シリング 7.15 / 16 ペンスから 1 シリング 10.11 / 16 ペンスと大幅に下落した．1931 年における対ポンドレートの下落は小さかったが，米ドルに対しては 0.46 ドルから 0.34 ドルへ，日本円に対しては 0.92 円から 0.69 円まで下落している（Hsiao [1974]）．

外へ再輸出する中継港の機能を19世紀後半から発展させてきた[17]．つまり上海の輸出と移入は，そもそも表裏一体の関係にあった．むしろ問題とすべきは，両大戦間期に，輸出物価の上昇率が移入物価のそれを微妙に上回りはじめた，という点にある．この時期，上海の中継貿易港としての役割が変化していった点を読み取ることができる．

以上のように，1930年代初頭までの上海の貿易物価の動向は，工業部門にとって有利な条件が整っていたことを示している．むろん，貿易物価の動向は，上海経済の構造変化を促す要因という側面と，構造変化を事後的に示す結果という両側面をもつ．しかし，結果にすぎないと切り捨てるよりも，促進効果を検証するに値するだけの価格変化の方が際立っていた．

(2) 貿易規模の全体的趨勢

両大戦間期上海の貿易像は，名目貿易額でみると，1920年代の繁栄と1930年代の停滞という表現がまさにふさわしい（図4-2参照）．貿易総額でみると，第1次世界大戦を契機として貿易規模は急速に拡大し，1931年には最高の18億海関両に達した．1913～1931年にかけて上海の貿易は約2倍強に拡大したのである．この拡大を牽引したのは，輸入であるようにみえるが，それは当該期の変化の本質ではない．図4-3は，名目貿易額を1913年基準指数で示した．同図から明らかなように，最も貿易成長率が高かったのは移出である．輸入の2倍強に対して，移出は9倍強という驚異的な拡大をみせた．しかし，その拡大も1931年をピークとして1932年から急速に収縮し，1935～36年にかけて回復するものの，最大時の規模に復帰することなく日中戦争に直面した．以上が名目貿易額から描かれる両大戦間期上海の貿易像である．

さて，数量指数でみた場合，このような評価はどのように変わるのであろうか．図4-4は数量指数を1913年基準で示した．数量指数の動向は，名目貿易額とは異なる2つの特徴が見出せる．第1に，1932年以降，著しく貿易規模を縮小させたはずの移出は，1933年まで数量を伸ばしている．そして1936年までほぼピーク時の水準を維持している．第2に，移出に比べると，他の貿易動向は，1920年代においても，数量の増加は非常に限定されている．最大でも，輸入の1.46倍（1931年）であり，むしろ1913年の水準からほぼ横ばいである，という評価

[17) 19世紀後半から，上海が東アジアにおいて中継港として果たした役割については，古田［2000］．

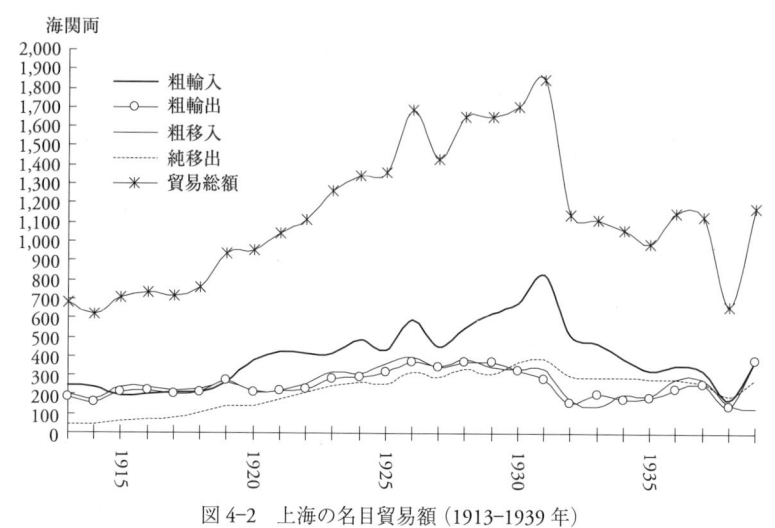

第 2 部
長江市場圏から全国市場圏へ

図 4-2　上海の名目貿易額（1913-1939 年）
出所）海関統計［1913-1931, No. 3 to 4, 上海；1932-1939, No. 1, 全国］.

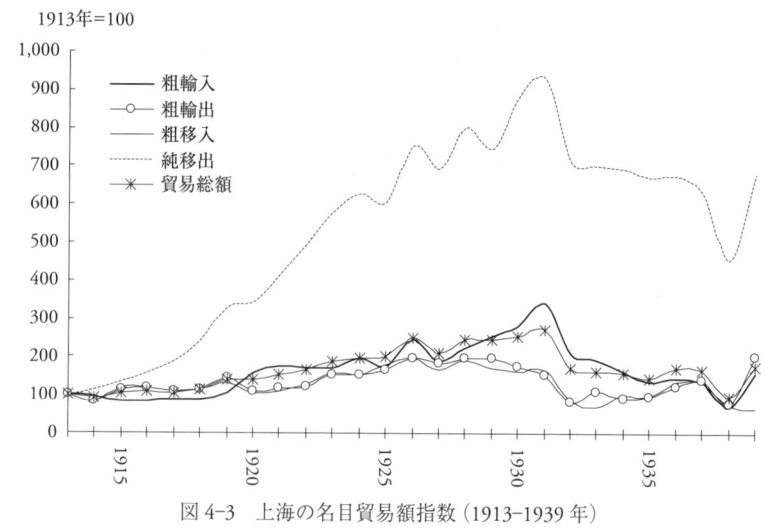

図 4-3　上海の名目貿易額指数（1913-1939 年）
出所）海関統計［1913-1931, No. 3 to 4, 上海；1932-1939, No. 1, 全国］.

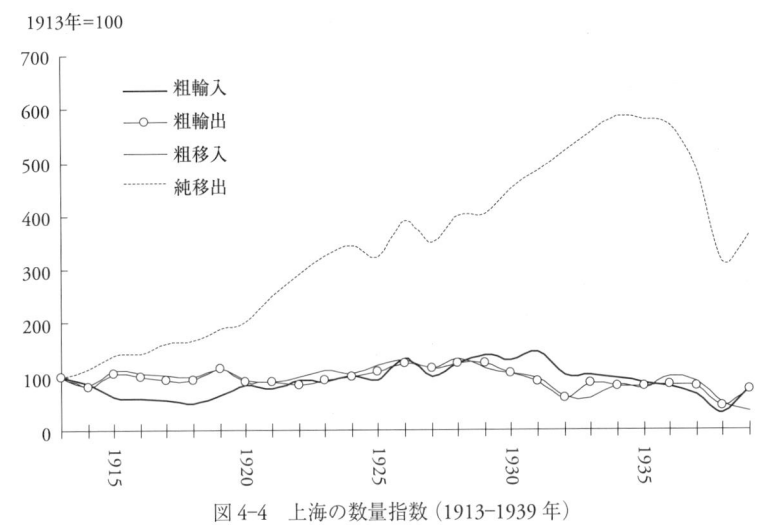

1913年=100

図 4-4　上海の数量指数（1913-1939 年）
出所）名目貿易額を付表 4，付表 6，付表 7 の物価指数で除した．

が妥当であろう．

このように両大戦間期上海の貿易は，移出だけが突出して成長した．つまり，上海の工業化は，国内市場に支えられていたのである．この国内市場向けの成長を，節をあらためて詳しく検討しよう．

III　前半期（1914～1931 年）の工業化と貿易

(1) 中継貿易港から工業都市へ

移出の増加は，上海にとっての貿易が，国際貿易の仲介機能よりも，工業部門の成長にとって重要になったことを示している．1910～1920 年代は，上海が中継貿易港から工業都市へ転換してゆく時代であった．その動向は，中継貿易の縮小に示されている．表 4-1 に示したように，1913 年時点で上海の中国品の純貿易（Net Trade）の比重は，外国貿易で 23％，国内貿易で 12％にすぎなかった．つまり外国貿易の 77％，国内貿易の 88％が中継貿易で占められていたのである．しかし，1910 年代末から 1920 年代にかけて純貿易の比重が急速に上昇し，1931

表 4-1 上海の内国品の純貿易比重 (1913-1931 年)

(単位:%)

	外国貿易	国内貿易
1913	23	12
1914	25	14
1915	23	16
1916	26	14
1917	31	21
1918	36	26
1919	38	20
1920	46	25
1921	49	27
1922	45	34
1923	43	33
1924	44	29
1925	42	31
1926	42	29
1927	51	34
1928	50	35
1929	51	42
1930	52	42
1931	53	50

出所) 海関統計 [1913-1931, No. 3 to 4, 上海].
注 1) 外国貿易の純貿易比重とは,上海が外国に輸出した内国品のうち,上海地域産が占める割合 (=純輸出額÷(純輸出額+再輸出額)×100).
注 2) 国内貿易の純貿易比重とは,上海が国内から輸入した内国品のうち,上海で消費された割合 (=純移入額÷粗移入額×100).

年には約 50％が上海地域の生産・消費に結びついた交易となった[18].

中継貿易の規模は,数量指数でみると絶対的にも低下していったことが確認できる.表 4-2 から確認すると,名目貿易額でみるよりもピークの時期が早まる.その傾向は外国品に顕著であり,上海は第 1 次世界大戦前後から外国品の中継港としての地位を衰退させる方向にあった.中国品の中継貿易は,1913 年以降もそれまでの規模を維持していたが,1930 年代には減少する傾向にあった.

(2) 外国貿易の動向

外国貿易の商品構成は,輸入では原材料,資本財の増加,輸出では工業製品の

---

18) 樊 [2005b] も上海の純貿易の比重増大を指摘している.

第 4 章

上海の工業化と交易条件

表 4-2 上海の再輸移出 (1913-1939 年)

	数量指数 (1913 年 = 100)				名目貿易額 (100 万海関両,以下四捨五入)			
	外国品		内国品		外国品		内国品	
	③ 再輸出	④ 再移出	⑧ 再輸出	⑦ 再移出	③ 再輸出	④ 再移出	⑧ 再輸出	⑦ 再移出
1913	100	100	100	100	11	137	135	43
1914	49	95	81	85	9	137	111	37
1915	58	76	106	100	15	126	155	45
1916	34	69	101	95	9	120	159	42
1917	28	62	89	98	8	117	135	44
1918	37	55	81	88	13	120	128	43
1919	31	63	103	107	11	135	160	52
1920	39	61	68	116	15	150	105	59
1921	29	68	67	104	14	200	108	54
1922	30	76	67	95	12	173	119	53
1923	23	75	79	94	10	169	158	56
1924	31	78	80	108	13	174	156	64
1925	21	76	94	107	9	168	179	70
1926	31	94	104	105	13	201	210	73
1927	31	71	83	91	13	156	162	63
1928	22	81	90	116	9	173	180	75
1929	25	94	88	68	10	202	179	46
1930	28	80	73	56	13	200	150	41
1931	16	65	57	50	9	192	130	39
1932	n.a.	n.a.	n.a.	40	n.a.	n.a.	n.a.	24
1933	n.a.	n.a.	n.a.	37	n.a.	n.a.	n.a.	19
1934	n.a.	n.a.	n.a.	29	n.a.	n.a.	n.a.	15
1935	n.a.	n.a.	n.a.	24	n.a.	n.a.	n.a.	12
1936	n.a.	n.a.	n.a.	27	n.a.	n.a.	n.a.	14
1937	n.a.	n.a.	n.a.	26	n.a.	n.a.	n.a.	15
1938	n.a.	n.a.	n.a.	23	n.a.	n.a.	n.a.	14
1939	n.a.	n.a.	n.a.	21	n.a.	n.a.	n.a.	16

注 1) 数量指数は,表中の当年価額を物価指数で除し,1913 年を 100 として指数化したもの.
 2) 列項目の③,④,⑦,⑧は,付表 2 に対応する.
 3) 当年価額の 1932 年から 1939 年における海関両への換算率は,表 9-6 を参照.
 4) 表中の「n.a.」は,データ入手不能.
 5) 外国向けには対香港貿易も含まれる.
 6) 1932 年以降の内国品国内向けに対東北貿易は含まれない.

表 4-3　純輸入の SITC 分類別数量指数 (1913-1931 年)

1913 年 = 100

	全体	0 食料動物	1 飲料煙草	2 原材料	3 燃料	4 油脂	5 化学製品	6 工業製品	65 繊維	67 鉄鋼	7 機械	8 雑貨
1913	100	100	100	100	100	100	100	100	100	100	n.a.	100
1914	87	94	105	113	143	147	61	94	93	133	n.a.	67
1915	57	90	65	174	121	100	29	57	58	67	n.a.	44
1916	57	90	133	196	164	151	12	64	41	109	n.a.	61
1917	54	104	115	139	121	112	11	75	82	64	n.a.	59
1918	51	142	164	137	80	124	5	65	56	105	n.a.	70
1919	73	108	140	147	104	135	12	126	102	213	n.a.	72
1920	116	93	207	316	141	163	28	206	164	375	n.a.	75
1921	104	165	199	544	134	138	13	94	63	125	n.a.	76
1922	125	258	257	603	167	217	11	143	110	153	n.a.	82
1923	116	276	238	530	108	149	16	162	121	193	n.a.	108
1924	142	353	382	460	164	245	26	238	177	369	n.a.	113
1925	125	258	244	601	226	272	15	192	159	195	n.a.	122
1926	192	630	379	899	285	401	19	257	203	286	n.a.	162
1927	146	466	283	753	236	210	15	166	115	202	n.a.	156
1928	182	287	583	641	277	506	32	305	238	370	n.a.	208
1929	204	499	357	842	250	217	30	308	231	394	n.a.	197
1930	200	567	327	1,067	227	412	26	213	120	428	n.a.	208
1931	253	860	394	1,501	256	816	35	233	125	583	n.a.	161

注) 網掛け部分はピーク値.

比率が上昇していき，上海の工業化の進捗を反映したものになっている．

輸　入

　表 4-3 は，中継貿易を除いた上海の輸入数量指数を示している．商品類別でみると，原材料の数量の伸びが最も大きく，次いで食料，動物性油脂と続く．そして，資本財の中心を占める鉄鋼の伸びもそれらに匹敵するほど大きかった．他方で，輸入代替の中心を占めるはずの繊維は，輸入数量の顕著な減少がみられない．しかし，より細目分類にまで遡ってみると，これも上海の近代綿業勃興による輸入代替化の特徴の一側面であることがわかる．

　繊維輸入の増加は，人絹と加工度が高い綿製品で占められていた．表 4-4 から人絹についてみると，1913 年には 4 担にすぎなかったが，1920 年代前半から

表 4-4　人絹の純輸入量（1913-1931 年）

単位＝担

年	数量
1913	4
1914	2
1915	14
1916	44
1917	93
1918	152
1919	228
1920	351
1921	591
1922	1,305
1923	6,329
1924	8,559
1925	19,844
1926	22,764
1927	48,288
1928	57,935
1929	46,409
1930	59,348
1931	77,135

出所）海関統計［1913-1931，No.3 to 4，上海］.

急速に輸入を伸ばし，1931 年には 7 万 7,000 担に達している．その 1 担当たりの価格の高さも反映して，1931 年には繊維部門第 1 位の価額構成比率（19％）を占めた．次に，表 4-5 から綿糸の輸入量についてみると，染色糸，漂白糸，ガス糸，光沢糸など加工度が高い製品は 1926 年，1928 年，1929 年に単発的に増加するが，粗糸の場合，輸入量の減少が著しく，1931 年の水準は 1920 年の 20 分の 1 にまで低下した．綿布の場合も加工度の高い製品の数量が増加しているのに対して，低い製品が減少している．表 4-6 に示したように，糸染布，捺染布の場合，輸入数量の大幅な増加がみられるのに対して，粗布は増減を繰り返しながら通年としては減少傾向にあった．

輸　出

表 4-7 から輸出についてみると，輸出数量の拡大は，工業製品，飲料・煙草，化学製品，雑貨が中心である．工業製品は 1913～1931 年にかけて 5 倍強増加した．それを牽引したのは綿糸である．1913 年の 38 担から 1931 年に 48 万担と，実に 1,280 倍の増加がみられた．綿布の数量増加は 4.4 倍である．当該期の絹織物

表 4-5　外国製綿糸の純輸入量（1920-1931 年）

単位：百担，指数：1920 年＝100

	年次	1920	1921	1922	1923	1924	1925	1926	1927	1928	1929	1930	1931
	染色・漂白・ガス・光沢糸	81	20	41	27	61	72	104	55	108	125	46	34
	指　　数	100	24	51	33	75	88	128	68	133	155	57	41
粗糸	Under 10s						6	2			1	4	
	10s To 12s						8	5					
	12s To 17s	871	6		1	2	48	0		0	0	2	0
	17s To 23s	178	37	137	80	65	206	0		3	1	14	0
	23s To 35s	83	63	117	111	107	24	33	0	16	16	10	6
	35s To 45s	386	340	524	207	231	0	0	19	5	2	1	0
	Above 45s	6	5	18	3	6	1	0	2	1	1	1	1
	20 / 2 To 20 / 4						11	6	1	0	3	0	2
	30 / 2 To 32 / 3						122	42	4	1	24	2	0
	40 / 2 To 42 / 3						405	323	51	7	15	5	45
	Over 40 / 2 To 42 / 3							3	2	2	3		15
	小　　計	1,523	450	796	402	411	831	416	80	35	66	39	69
	指　　数	100	30	52	26	27	55	27	5	2	4	3	5
合　　計		1,605	470	837	428	472	902	519	135	143	191	85	103
指　数		100	29	52	27	29	56	32	8	9	12	5	6

注）表中の空白は取引無し，「0」は四捨五入 100 担未満．

は 1.04 倍とほぼ横ばいであるので，工業製品の拡大は綿業に支えられた，と言える．飲料・煙草の増大は紙巻煙草，化学製品は石鹸，雑貨は衣服及同付属品（衣服，靴下，帽子等）に支えられていた．

(3) 国内貿易の動向

貿易数量

　表 4-8 から移出数量をみると，輸出と同じように，工業製品，飲料・煙草，化学製品，雑貨の拡大に支えられていたことがわかる．同表の網掛けでピーク値を示したように，それらは 1931 年まで継続して規模を拡大していた．

　表 4-9 から移入数量をみると，1913 年から 1931 年にかけて 3.8 倍増加している．移入数量の堅調な拡大を支えたのは，原材料と鉱物性燃料であり，そのうち綿花と石炭の拡大幅が大きい．綿花はピークの 1928 年には 14.5 倍増であった．石炭は 1931 年まで一貫して増大し，その移入量は 6 倍に増加している．

表 4-6　外国製綿布の純輸入数量指数（1914-1931 年）

1914 年 = 100

	全体	粗布	漂白布	染色布	糸染布	捺染布	その他
1914	100	100	100	100	100	100	100
1915	36	78	14	27	59	240	34
1916	35	23	53	30	107	31	34
1917	81	110	41	80	390	111	69
1918	54	47	45	68	241	250	52
1919	89	116	136	55	100	30	30
1920	152	193	161	139	594	411	65
1921	47	60	31	43	584	532	34
1922	89	91	95	58	300	139	119
1923	77	74	33	101	324	338	51
1924	131	105	162	121	303	336	65
1925	107	95	118	84	756	678	28
1926	124	76	117	128	667	806	27
1927	73	33	80	58	1,140	1,055	26
1928	152	51	187	133	1,220	680	45
1929	155	53	208	134	1,533	1,484	33
1930	91	92	135	23	1,556	1,347	23
1931	83	66	87	46	1,028	811	68

注）網掛け部分はピークの数値.

貿易物価

　国内貿易で取引される商品は，貿易数量を伸ばすと同時に貿易物価も上昇に転じるという特徴がある．貿易数量の順調な拡大が価格上昇に牽引された側面について，詳しく検討しよう[19]．

　表 4-10 から SITC 分類による移出の構成比率を確認すると，全年度の平均で原材料が 32％，工業製品が 29％，食料・動物が 18％，飲料・煙草が 11％とこれらで全体の約 9 割を占める．これらウェイトの大きい類を中心に貿易物価の推移をみよう（表 4-11 参照）．

①飲料・煙草

　飲料・煙草は，1913〜1920 年代にかけての移出物価全体の騰貴の中でも，特に高い上昇率を示した．1919〜1925 年にかけて 3 倍近く上昇している．その上昇をもたらしたのは，紙巻煙草の価格であった．1918 年に 1 担当たり 71 海関両

19）以下，商品別の単価は，海関統計［1913-1931, No. 3 to 4, 上海］．

表 4-7　純輸出の SITC 分類別数量指数（1913-1931 年）

1913 年 = 100

	全体	0 食料動物	1 飲料煙草	2 原材料	3 燃料	4 油脂	5 化学製品	6 工業製品	7 機械	8 雑貨
1913	100	100	100	100	100	100	100	100	n.a.	100
1914	91	77	101	91	341	128	91	79	n.a.	153
1915	117	84	93	124	170	144	123	106	n.a.	100
1916	122	96	140	122	6	199	172	105	n.a.	138
1917	138	132	263	148	79	128	128	93	n.a.	112
1918	156	244	620	149	37	90	264	102	n.a.	196
1919	193	387	747	155	170	226	417	131	n.a.	239
1920	173	475	897	95	18	215	610	141	n.a.	377
1921	181	318	1,055	126	34	122	554	170	n.a.	654
1922	160	207	817	132	19	74	360	154	n.a.	529
1923	174	200	1,025	125	25	89	438	239	n.a.	712
1924	186	238	1,060	125	248	100	381	288	n.a.	547
1925	196	281	1,089	149	2	103	285	241	n.a.	460
1926	233	304	1,210	155	236	131	373	366	n.a.	651
1927	252	258	1,482	169	229	99	377	451	n.a.	646
1928	272	290	1,638	195	n.a.	86	426	443	n.a.	670
1929	274	317	871	202	7	94	434	459	n.a.	859
1930	238	295	660	165	2	89	621	385	n.a.	1,088
1931	235	277	523	123	260	80	594	543	n.a.	930

注) 網掛け部分はピーク値.

であったのが，1919 年 115 海関両，1921 年 160 海関両，そして 1925 年には 197 海関両にまで達している．表 4-10 でみるように，その価格上昇を反映して飲料・煙草類の貿易額に占める比重も 1919 年の 7.9% から 1920 年代初頭までに 13% まで上昇した．

② 原材料

　原材料の物価上昇は，飲料・煙草に比べると緩慢である．そして，貿易物価の顕著な上昇は 1921～1923 年にかけて集中している，という特徴がみられる．原材料の内訳をみると，年平均で生糸が 38%，綿花が 24%，採油用種子が 14% と高い比率を占めている．生糸の価格は，1920 年 1 担当たり 873 海関両から 1923 年には 1,308 海関両まで騰貴している[20]．しかし，この 1923 年の価格がピーク

---

20) 生糸の価格は，最も交易量が多い，白廠糸（Silk White Raw Filature Steam）でみた．

第 4 章

上海の工業化と交易条件

表 4-8　純移出の SITC 分類別数量指数（1913-1931 年）

1913 年 = 100

	全体	0 食料動物	1 飲料煙草	2 原材料	3 燃料	4 油脂	5 化学製品	6 工業製品	7 機械	8 雑貨
1913	100	100	100	100	100	100	100	100	n.a.	100
1914	115	113	95	73	108	123	127	128	n.a.	85
1915	138	168	106	166	57	335	153	137	n.a.	89
1916	142	155	111	169	37	445	157	147	n.a.	82
1917	159	165	120	197	29	274	130	169	n.a.	95
1918	165	165	171	137	81	659	128	178	n.a.	83
1919	181	210	277	139	49	595	189	177	n.a.	98
1920	192	175	295	232	88	97	203	196	n.a.	114
1921	240	191	375	245	44	306	226	251	n.a.	144
1922	283	138	448	187	34	148	269	330	n.a.	161
1923	318	166	517	178	22	349	313	360	n.a.	210
1924	341	301	567	263	84	318	274	352	n.a.	203
1925	319	338	467	152	52	347	269	344	n.a.	204
1926	388	379	553	305	187	411	337	418	n.a.	258
1927	345	321	569	137	170	213	257	368	n.a.	228
1928	393	344	707	96	123	125	348	412	n.a.	283
1929	398	376	661	151	131	137	335	413	n.a.	337
1930	445	323	761	226	37	81	425	482	n.a.	333
1931	481	534	762	277	78	321	485	460	n.a.	476

注）網掛け部分はピーク値．

で，以後徐々に下落し遂に価格が回復することはなかった．生糸は 1920 年代末でも 30％強の原材料類におけるウェイトを有しており，その価格停滞は 1923 年以後における原材料全体の物価の横ばい基調を規定することになった．

次に綿花をみると，1921 年 1 担当たり 26 海関両から 1923 年には 34 海関両にまで騰貴している．そして 1925 年の 39 海関両をピークとして以後 1931 年まで 31〜33 海関両の間を推移した．

最後に採油用種子をみると，その代表的品目は大豆と落花生である．大豆のうち黄豆は 1920 年 1 担当たり 2.75 海関両から 1923 年には 3.25 海関両へ，そして落花生も 4.58 海関両から 6.46 海関両へ上昇している．両者はともに 1931 年まで物価上昇が継続し，黄豆は 4 海関両，落花生は 7.5 海関両にまで達している．

③工業製品

工業製品の場合，1918〜1919 年にかけて物価騰貴が集中している．工業製品

125

表 4-9　純移入の SITC 分類別数量指数（1913-1931 年）

1913 年 = 100

	全体	0 食料動物	1 飲料煙草	2 原材料	3 燃料	4 油脂	5 化学製品	6 工業製品	7 機械	8 雑貨
1913	100	100	100	100	100	100	100	100	n.a.	100
1914	99	115	60	107	124	93	83	94	n.a.	115
1915	156	155	85	234	98	99	87	175	n.a.	133
1916	143	153	73	226	131	105	91	100	n.a.	83
1917	173	188	131	289	143	70	112	109	n.a.	110
1918	190	215	119	339	102	84	88	120	n.a.	81
1919	191	175	202	311	186	82	126	148	n.a.	71
1920	185	212	209	222	207	98	116	198	n.a.	66
1921	200	156	171	293	289	155	91	208	n.a.	62
1922	260	325	158	435	207	109	90	175	n.a.	61
1923	300	243	234	552	343	100	81	230	n.a.	80
1924	231	251	194	390	259	71	81	147	n.a.	94
1925	291	258	201	552	281	100	55	179	n.a.	128
1926	307	247	183	584	304	106	106	213	n.a.	129
1927	319	297	218	542	409	131	94	208	n.a.	122
1928	386	258	254	796	452	251	91	137	n.a.	89
1929	334	219	218	614	491	199	69	219	n.a.	119
1930	362	225	281	677	555	185	67	218	n.a.	101
1931	377	252	287	566	600	472	98	301	n.a.	123

注) 網掛け部分はピーク値.

の内訳をみると，年平均で繊維製品が 87％と突出している．その 87％のうち綿糸が 47％，綿織物が 20％，絹織物が 11％とこの 3 種に集中していた．綿糸の粗糸は，1917 年 1 担 36.12 海関両から 1919 年 53.58 海関両へ，綿織物の土布は 1 担 50.62 海関両から 66.50 海関両へ，粗布は 1 匹 4.77 海関両から 6.64 海関両へ上昇している．一方，絹織物の価格は 1918 年から 1919 年にかけての上昇はみられず，生糸同様に 1921 年から 1923 年にかけてようやく上昇している．絹織物は，1920 年 1 担当たり 501 海関両から 1923 年には 709 海関両へ上昇したが，生糸同様それ以後価格が徐々に下落し回復しなかった[21]．

④食料・動物

食料・動物の場合，貿易物価の上昇は原材料よりも遅れて 1920 年代後半に顕

---

21) 絹織物の価格は，絹紬（Silk Pongee）でみた．

表4-10　純移出のSITC分類別貿易額比率（1913-1931年）

単位：%

	全体	0 食料動物	1 飲料煙草	2 原材料	3 燃料	4 油脂	5 化学製品	6 工業製品	7 機械	8 雑貨	9 特殊取扱
1913	100.0	20.8	3.5	45.7	0.8	4.7	2.1	18.9	0.1	2.9	0.4
1914	100.0	22.8	2.8	41.4	1.2	4.5	2.1	22.2	0.2	2.9	0.1
1915	100.0	24.4	2.5	42.4	0.7	3.9	1.7	21.6	0.1	2.7	0.0
1916	100.0	21.7	2.8	40.8	0.9	5.7	2.0	23.4	0.1	2.5	0.1
1917	100.0	20.0	3.5	42.9	1.0	3.9	2.0	23.7	0.2	2.4	0.2
1918	100.0	18.5	4.0	40.9	0.8	4.0	1.8	27.3	0.2	2.2	0.2
1919	100.0	25.4	7.9	33.5	0.9	4.5	1.5	24.1	0.2	1.7	0.3
1920	100.0	21.8	10.1	26.6	1.4	3.8	2.1	31.2	0.1	2.8	0.2
1921	100.0	16.5	13.6	29.6	1.6	3.1	2.0	29.9	0.2	3.2	0.3
1922	100.0	14.5	12.9	31.1	1.1	2.9	1.8	32.4	0.2	2.8	0.3
1923	100.0	13.7	13.2	33.3	1.5	3.5	1.6	29.6	0.2	2.8	0.5
1924	100.0	16.0	13.5	32.1	1.3	3.4	1.5	29.0	0.2	2.8	0.3
1925	100.0	15.4	12.0	35.1	1.2	3.2	1.4	28.7	0.1	2.6	0.3
1926	100.0	14.6	11.4	33.6	1.2	2.5	1.6	31.7	0.2	2.9	0.3
1927	100.0	16.6	13.0	28.1	1.6	3.9	1.8	32.2	0.2	2.5	0.2
1928	100.0	16.5	13.8	30.3	1.4	3.4	1.6	30.3	0.2	2.5	0.2
1929	100.0	16.5	12.2	30.6	1.9	3.4	1.6	30.2	0.3	3.2	0.1
1930	100.0	15.2	13.0	25.7	2.0	4.4	1.8	34.3	0.3	3.2	0.1
1931	100.0	18.3	13.5	21.0	3.7	4.3	2.0	33.1	0.3	3.8	0.1
平均	100.0	17.5	10.8	32.1	1.5	3.7	1.7	29.4	0.2	2.8	0.2

注）9特殊取扱とは種類別に分類できない品目（主として旅客携帯品，その他の雑品）と金銀である．

著になる，という特徴がある．その貿易額の構成比を年平均でみると，茶が24％，小麦粉が22％，鳥卵・卵黄が15％，そして米が7.6％を占めている．構成比の年度別推移をみると茶，米が低下し，逆に小麦粉と鳥卵・卵黄の比重が高まる．1913年と1931年の構成比を比較すると，茶が39％→16％，米が11％→8％と低下し，小麦粉が12％→37％，鳥卵・卵黄が5％→11％に高まっている．

価格についてみると，小麦粉は1926年1担当たり4.49海関両から1931年には6.51海関両まで上昇している．茶，米については比重を下げながらも1920年代後半以降になると価格の著しい上昇がみられる．紅茶は1926年1担あたり34.45海関両から急速に上昇して1931年には72.50海関両，そして米も7.46海関両から10.00海関両まで上昇している．このように食料・動物の品目はいずれも1920年代前半まで物価の上下が緩慢であったのが，1920年代後半になると高い上昇率を示している．

表 4-11　内国品の SITC 分類別貿易物価指数（1913-1931 年）

1913 年 = 100

	全体	0 食料動物	1 飲料煙草	2 原材料	3 燃料	4 油脂	5 化学製品	6 工業製品	7 機械	8 雑貨
1913	100	100	100	100	100	100	100	100	n.a.	100
1914	100	104	93	99	95	99	97	101	n.a.	88
1915	103	122	92	96	89	101	100	103	n.a.	114
1916	110	114	107	106	95	114	108	116	n.a.	124
1917	111	111	115	109	99	125	116	109	n.a.	118
1918	122	118	123	115	114	130	118	136	n.a.	118
1919	129	122	204	115	113	141	106	145	n.a.	108
1920	128	122	207	113	126	134	120	143	n.a.	122
1921	132	127	266	123	117	131	132	128	n.a.	117
1922	140	131	278	138	125	143	146	132	n.a.	118
1923	152	137	284	157	129	192	141	140	n.a.	102
1924	152	128	286	159	129	181	131	146	n.a.	111
1925	155	132	302	158	118	183	123	151	n.a.	106
1926	159	148	302	155	151	185	147	155	n.a.	107
1927	159	162	302	147	132	221	165	156	n.a.	97
1928	160	158	306	150	125	200	164	159	n.a.	98
1929	157	162	287	152	147	205	172	146	n.a.	100
1930	163	177	280	151	138	230	183	157	n.a.	100
1931	167	184	303	153	240	237	202	151	n.a.	102

注）付表 2 の⑤，⑨，⑩，⑪の総合指数．フィッシャー式．

　以上の分析をまとめると，上海の国内貿易は，1910 年代末から 1931 年にかけて 4 つの貿易物価の上昇波動を持ち，それらがいわば順次折り重なる形で全体として持続的な物価上昇を果たした，と言える．

　4 つの上昇波動を時系列に整理すると，①綿糸・綿布（1918～1919 年）→②紙巻煙草（1919～1921 年）→③生糸・絹織物・綿花・大豆・落花生（1921～1923 年）→④小麦粉・茶・米（1926～1931 年）となる．貿易物価の上昇波動は，上海で近代工業として立ち上がる綿業と紙巻煙草製造業から始まり，原材料から食料品へ転じていった．

　この価格波動の連鎖は，国内産業の変容を考えるうえで非常に示唆に富んでいる．これは，上海の近代工業の勃興が産業全体の核を形成し，それから順次，原材料，食料品の需要を喚起していった証左である．開港以来，中国は世界市場からの価格波動を受容する立場であったが，ようやく 1910 年代後半から工業化を

軸とする独自の国内価格体系を形成しつつあった点を伺わせる．

IV 後半期（1932〜1937年）の工業化と貿易

(1) 国内貿易

　1932年から上海の貿易物価は急落し，名目貿易額はそれまでの約半分に減少する．しかし，IIで確認したように，価格低落という困難な状況下でも，上海の移出数量は持続的に成長していった．この持続的成長が，どのような商品によって支えられていたのかを分析しよう．

　表4-12は，移出の主要品目の数量推移を示した．1931〜1932年の数量の増減をみると，貿易額構成比第2位の紙巻煙草が44万担から58万担へと31％増大している．そして同第1位の綿糸は212万担から202万担へ減少しているものの，その減少率はわずか4％にすぎない．また，同第3位の小麦粉も1,008万担から894万担に減少しているが，やはり減少率は11％と軽微であった．1931〜1932年にかけて名目貿易額にみられるような極端な減退は，数量ベースではみられなかったことを再確認できる．

　1932〜1936年にかけての数量の推移をみると，綿糸，紙巻煙草，小麦粉の移出数量は漸減している．しかし，その減少を補うようにして，同じ商品類の他の品目の数量が増加しているため，全体の数量は1934年まで増加し，1935年，1936年も同じ規模を維持した．具体的には，小麦粉の減少に対して米穀の増加，そして綿糸の減少に対して綿布の増加がみられる．さらにこの時期，雑貨類の移出数量の顕著な伸びがあった．1932〜1935年にかけて，靴，靴下，書籍の成長が著しかった．

　以上の分析をまとめると，1931〜1932年の貿易物価の急落に対して，それまで移出の拡大を牽引した品目の数量の下落は軽微であった．そして1932年以降，それらは貿易の比重を低めてゆく趨勢にあったが，それに代わって新たに移出量を拡大させる品目の登場があり，全体として日中戦争開始直前まで移出は堅調であった，と言える．

(2) 外国貿易

　移出の検討から，1930年代においても上海は，国内市場を中心とする貿易の

第 2 部
長江市場圏から全国市場圏へ

表 4-12　純移出の主要品目の数量（1931-1937 年）

SITC	品目	単位	価額構成比 31-37年平均(%)	1931	1932	1933	1934	1935	1936	1937
0	米穀	千担	2.83	119	116	2,737	2,436	2,613	2,931	4,131
	小麦粉	千担	12.02	10,075	8,939	10,733	9,308	8,677	5,832	4,128
	大豆油粕	千担	0.59	7	28	518	1,187	1,442	817	783
1	焼酎	千担	0.05	20	22	24	26	18	21	13
	紙巻煙草	千担	14.61	437	586	503	451	410	401	332
	葉煙草	千担	0.19	13	4	6	19	38	36	50
2	綿花	千担	0.30	36	9	13	37	78	41	31
	落花生（脱穀）	千担	1.12	1,264	523	656	633	594	279	292
3	石炭	英噸	0.16	542	11,541	9,904	1,813	4,661	252,569	238,972
4	落花生油	千担	0.10	63	24	11	18	13	11	15
	桐油	千担	0.07	8	2	2	9	9	23	12
5	石鹸	千担	0.27	113	106	36	34	21	28	49
	明礬 (White)	千担	0.04	27	33	27	53	48	56	35
	ソーダ	千担	0.01	1	1	1	5	7	14	18
6	紙上等品	千担	0.09	7	2	2	42	31	15	16
	紙中等品	千担	0.18	28	46	34	34	68	122	91
	紙下等品	千担	0.03	53	19	3	6	33	24	5
	綿糸	千担	26.92	2,126	2,023	1,766	1,971	1,886	1,587	1,298
	土布	千担	1.51	145	92	65	56	47	52	47
	綿布（金巾・粗布）	千担	11.47		488	546	614	607	738	652
		千件		5,707						
	綿布（綾織・ジンズ）	千担	5.46	0	150	231	263	334	387	360
		千件		2	0	0	0	0	0	0
	セメント	千反	0.10	176	176	200	138	143	340	858
8	ゴム靴	千足	0.65	2,815	6,530	8,344	6,600	7,492	4,523	2,571
	その他の靴	千足	0.31	3,405	3,487	4,117	5,121	3,681	2,707	1,753
	綿製靴下	千打	0.97	3,354	3,223	3,905	4,318	4,058	4,005	3,248
	書籍	千担	1.26	46	35	54	80	88	77	83

出所）海関統計［1931, No. 3 to 4, 上海；1932-37, No. 1, 全国］．
注1）1932年以降の単位は，1931年に統一した．換算率の出典は，表9-2を参照．
注2）SITC は大分類コード．

拡大がみられるという特徴を確認した．当該期上海の海外市場の動向は，代表的な工業製品である綿糸・綿布でみると，綿糸が1933年まで，綿布が1929年まで増加するものの，その後は急速に収縮していった[22]．この動向は，先の移出と合わせてみると，1930年代に上海がよりいっそう国内市場にシフトしていったことを示している．

1930年代に上海から輸出される製品は減少し，より国内市場を中心とした発展の方向性がみられた点を，再輸出の動向を踏まえながら検討しよう．表4-13は，1931～37年にかけての上海の輸出の主要品目の数量指数を示している．第9章で詳述するように，1932年以降，上海の再輸出の商品別構成についての情報は取得できない．そのため，再輸出の比率をうかがう1つの試みとして，1931年に貿易額の比率が高い品目をSITC3桁コードで拾い上げ，それらを1931年時点で上海地域産の比率が高い順に並べて，数量指数の推移を示した[23]．提示した商品類の貿易額の合計は89％であり，ほぼ輸出の全体を反映するものになっている．

上海地域産の比率が50％を超えるもので数量指数を求めると一貫して減少している．他方で比率が50％未満のもので数量指数を求めると，1932年の下落は大きいものの，1935年までに1931年の水準を超えるまで回復していることがわかる．これは上海地域産50％未満に含まれる商品類のほうが，1933年以降に数量を回復し，かつ貿易額の比率が高い品目が多いからである．特に植物性油脂に負うところが大きい．

以上のように，あくまでも1931年の産地比率が一定という仮定を置いた上での結果であるが，1932年以降，全体としてみると，上海地域産の輸出は衰退の趨勢にあった．貿易数量の検討の結果，1930年代上海は国内市場との連関をいっそう強める形で交易量を伸ばしていた点が確認される．

この時期，上海を通じて内陸部の一次産品の輸出が拡大していった．価格の有

---

22) 堀 [2007].
23) 上海地域産とは，上海港を積み出し起源地（Origin）としている品目．すなわち，海関統計上は純輸出である．上海地域経済の範囲を考える手がかりとして，佐々波（城山）[1992] が漢口を事例に通過貿易で示した手法が参考になろう．通過貿易でみると，1930年の上海都市部と内地非開港地の取引は，江蘇，浙江，安徽，河南，江西，山東など11省にまたがるが，取引額の43％が江蘇，35％が浙江，12％が安徽であり，同三省で90％を占める．上海港を積み出し起源地としている品目の大部分は，上海都市部周辺と同三省の産品であると考えられる（海関統計 [1931, No. 3 to 4, 上海]）．

表 4-13　粗輸出の主要品目別数量指数（1931-1937 年）

（1931 年 = 100）

SITC コード		上海産比率（1931 年）	貿易額比率（1931 年）	1931	1932	1933	1934	1935	1936	1937
651	綿糸	99%	8.9%	100	62	**107**	97	49	31	16
652	綿布	99%	4.1%	100	116	**151**	76	34	74	53
656	レース・トリミング	97%	3.4%	100	72	86	106	113	158	**169**
081	飼料	80%	3.8%	100	47	71	76	63	72	42
025	鳥卵・卵黄	71%	5.4%	100	81	77	78	90	106	**115**
122	製造煙草	70%	2.4%	100	81	65	45	59	70	72
848	衣類及同付属品	68%	1.9%	100	40	99	**139**	107	78	113
263	綿花	62%	1.6%	100	54	**239**	125	193	130	109
261	生糸	60%	18.4%	100	63	76	42	86	65	73
数量指数（上海 50％以上）				100	67	95	76	74	69	64
054	蔬菜	42%	1.4%	100	77	101	149	128	**174**	145
654	絹織物	39%	6.5%	100	60	72	60	50	50	45
222	採油用の種（ソフト凝固）	31%	6.1%	100	27	41	61	**131**	98	69
291	動物性の原材料	22%	3.3%	100	65	100	116	117	**130**	105
542	薬物	21%	1.1%	n.a.	n.a.	n.a.	n.a.	n.a.	n.a.	n.a.
212	毛皮	15%	3.4%	100	63	86	76	71	**89**	88
268	羊毛及獣毛	11%	1.6%	100	19	44	46	**57**	54	49
211	原皮	7%	1.0%	100	51	116	100	79	**187**	183
422	植物性油脂	5%	3.9%	100	76	254	211	254	316	**339**
074	茶	1%	9.5%	100	92	108	115	96	**94**	90
265	その他紡織用繊維	1%	1.1%	100	138	154	239	207	**247**	152
数量指数（上海 50％未満）				100	63	95	98	103	**114**	106

注 1）太字はピーク値．
注 2）数量指数は，フィッシャー式．表掲載品目のみで推計．
注 3）表中の「n.a.」は，データ入手不能．
注 4）「上海地域産」の概念については，本文の注 23 参照．
出所）表 4-12 と同じ．

利な条件が失われる中で，上海が持続的に工業生産力を伸ばすことができたのは，一次産品輸出の拡大によって，国内市場が拡大する余地が残されていたからである．この具体的な様相は，第 5 章で検討される．

V 所得交易条件

　貿易数量の成長，工業生産力の伸長，これらはあくまでも供給力の増大であり，一国・一地域の所得の増加に結びついている，とは必ずしも言えない．供給力が増大したとしても，価格が下落しているならば，所得は相殺されてしまう．1930 年代前半期の上海は，この価格の下落が著しいため，力点を物価に置くか数量に置くかによって，その成果についての評価が分かれてしまう．ここでは，価格の変化と数量の変化を総合することによって，上海の工業部門が，シェーレ現象と国内市場の拡大の 2 つを同時に享受できたのは，いつからいつまでなのか，という問題の確定作業をする．

(1) 交易条件と貿易収支

　1913～1931 年にかけて上海の純国内貿易収支は黒字を大きく拡大したのに対し，逆に純外国貿易収支は赤字幅を広げ，あたかも移出の拡大は，よりいっそうの輸入を誘発しているかのようであった．全体としての純収支は，1929 年から外国貿易赤字がいっそう拡大し，一方的な赤字に転落しているが，1928 年までは，外国貿易赤字の規模は国内貿易黒字とほぼ均衡状態にあった，といえる（図 4-5 参照）．

　綿業に代表される工業部門の勃興が上海の国内収支黒字に寄与しているのはもちろんであるが，生産活動の活発化は他方で輸入を拡大させ，収支の悪化をもたらす要因にもなる．そのため，収支黒字の持続的拡大は，相対的に価格が高い商品を相対的により多く輸出しなければ達成されない．

　このような輸出入の相対的な価格と数量の変化をはかる指標である交易条件を検討しよう．表 4-14 は，中継貿易を除いた，上海の純交易条件，総交易条件の推移である．100 より大きい場合，輸出有利，100 より小さい場合，輸出不利を示す．

① 外国貿易：総交易条件をみると輸出が輸入よりも概して有利である．つまり，輸出数量の成長率の方が，輸入数量よりも高かったことを示している．他方で，純交易条件をみると輸出は輸入よりも不利である．つまり，輸入価格の上昇率の方が輸出価格よりも高かったことを示している．そして，総交易条件と純交易条件を総合すると，総交易条件の有利性よりも，

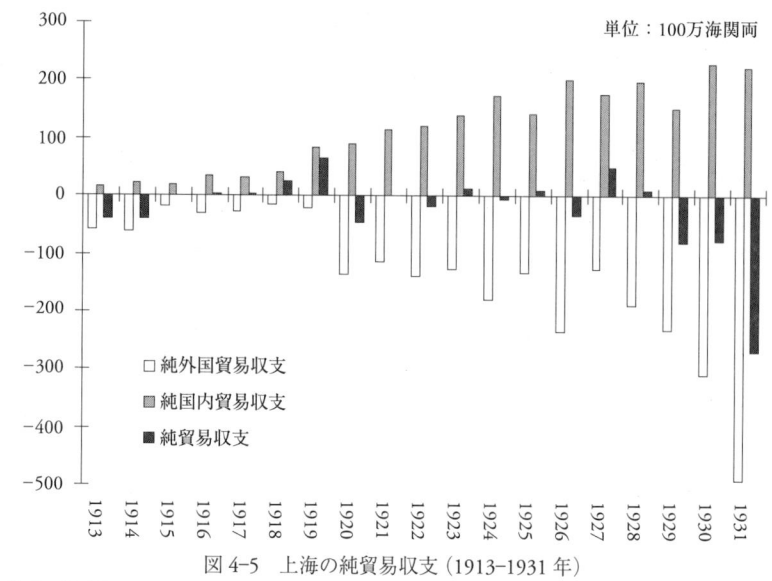

第 2 部
長江市場圏から全国市場圏へ

図 4-5 上海の純貿易収支（1913-1931 年）
出所）海関統計［1913-1931, No. 3 to 4，上海］.

　　　純交易条件の不利の方が際立って大きく，結果として上海の外国貿易収支の赤字幅は広がる結果となった．
② 　国内貿易：総交易条件をみると移出と移入はほぼ拮抗している．つまり，移出数量の成長率と移入数量の成長率は一致していたことを示している．他方で，純交易条件をみると移出は移入よりも有利である．つまり，移出価格の上昇率の方が移入価格よりも高かったことを示している．そして，総交易条件と純交易条件を総合すると，総交易条件は拮抗しながら，純交易条件は常に有利であったため，結果として上海の国内貿易収支の黒字幅は拡大する結果となった．
　　このように，上海が外国貿易赤字，国内貿易黒字という収支構造をもつ理由は，価格面の影響が大きく作用している，と指摘できる．つまり，上海は，外国貿易ではより多くの量を出して，より少ない金額を受け取り，国内貿易では同じ量を出して，より多くの金額を受け取るという交易条件下にあった．

(2) 所得交易条件
　　工業部門の成長にとって有利な交易条件がいつまで続いていたのか，その確定

表 4-14　上海の純貿易における交易条件（1913-1931 年）

(1913 年 = 100)

	純交易条件			総交易条件			所得交易条件		
	外国貿易	国内貿易	総貿易	外国貿易	国内貿易	総貿易	外国貿易	国内貿易	総貿易
1913	100	100	100	100	100	100	100	100	100
1914	83	102	87	108	113	117	77	117	91
1915	66	99	74	258	89	202	79	137	95
1916	64	111	75	249	106	207	79	158	100
1917	60	111	72	279	90	214	84	180	109
1918	57	124	76	349	80	231	92	206	124
1919	70	149	93	289	104	220	140	282	179
1920	61	147	84	157	106	148	108	297	161
1921	58	135	76	196	130	196	110	337	171
1922	74	134	88	135	106	160	122	391	207
1923	75	130	86	156	107	180	135	421	225
1924	71	122	84	138	141	176	137	421	232
1925	72	128	87	165	105	177	145	412	233
1926	75	133	91	126	124	153	182	519	296
1927	76	141	94	181	106	178	198	493	290
1928	78	146	96	153	100	159	218	580	331
1929	77	134	90	139	86	142	218	538	316
1930	67	131	83	125	119	158	164	589	295
1931	60	110	74	94	127	135	142	532	276

注）計算方法は，本文参照．
出所）付表4から付表7より計算．

に入ろう．先に見た貿易収支は，貿易全体の規模を見る指標ではないため，その黒字幅をもってピークを確定することはできない．さらに貿易収支が赤字であっても，それは同地域における経済活動の活発化の裏返しである可能性があるため，赤字が貿易の負の側面を示すものでもない．

　一般的に貿易活動の評価の基準になるのは所得交易条件である．最初に，上海地域経済との関連を示す純貿易の所得交易条件について 1913～1931 年にかけてみる．表 4-14 に示したように上海の所得交易条件は，全体でみると 1928 年がピークである．次に第 4-15 から，粗貿易の所得交易条件について 1913 年から 1939 年にかけてみると，純貿易と同様に 1928 年がピークとなる．以上のように，再輸出を含む，含まないにかかわらず，上海の貿易全体に最も活力があったのは 1928 年であった，という評価になる．

　ただし，国内貿易と外国貿易に分けてみるならば，評価は異なってくる．中継

表 4-15　上海の粗貿易における交易条件

(1913 年 = 100)

	純交易条件			総交易条件			所得交易条件		
	外国貿易	国内貿易	総貿易	外国貿易	国内貿易	総貿易	外国貿易	国内貿易	総貿易
1913	100	100	100	100	100	100	100	100	100
1914	93	98	97	91	137	100	75	114	83
1915	84	94	90	169	125	135	88	130	100
1916	83	101	93	168	135	137	83	145	100
1917	76	106	90	166	160	141	71	172	95
1918	70	126	91	185	170	152	66	209	97
1919	76	151	100	178	166	150	88	286	129
1920	65	147	92	109	218	123	58	297	103
1921	60	136	85	115	280	141	53	340	104
1922	78	131	98	91	298	128	66	382	125
1923	84	126	100	106	294	140	79	408	142
1924	81	126	98	96	325	138	81	436	147
1925	81	129	99	117	263	140	88	416	151
1926	87	127	103	93	302	131	109	499	184
1927	85	135	104	115	305	149	98	471	169
1928	88	138	107	100	300	137	108	549	191
1929	88	125	102	88	353	135	108	503	184
1930	77	128	95	81	422	141	81	573	167
1931	72	110	86	62	510	131	65	533	147
1932	66	97	75	59	846	171	40	503	118
1933	64	104	76	86	958	207	56	579	142
1934	68	99	77	83	701	197	54	578	144
1935	76	94	79	94	753	218	61	542	148
1936	78	84	75	106	581	209	66	477	142
1937	80	84	76	127	538	220	65	411	130
1938	77	99	82	136	612	243	33	308	81
1939	131	101	113	97	1038	224	96	368	160

注）計算方法は，本文参照．
出所）付表4から付表7より計算．

　貿易を含めた粗貿易でみた場合，国内貿易のピークは1933年であり，1934年，1935年もほぼピーク時の水準を維持している．他方で，外国貿易のピークは1926年であり，同年に匹敵する1929年を含めたとしても明らかに世界恐慌前に衰退が始まっていた．1935年の幣制改革以降にこそ回復はみられるが，それでもその水準は全盛期の60％程度である．所得交易条件という指標でも，1930年代に上海は海外市場から後退し，国内市場に比重を大きく移していく方向性にあった，という評価になる．

以上の分析をまとめると次のようになろう．上海の工業部門にとって交易条件が有利な局面は，国内貿易の場合，両大戦間期を通じて一貫して維持されていた．一方，外国貿易の場合，1926年がピークであり，世界恐慌の不況の波が中国に押し寄せる前から，交易条件は悪化していた．総合すると，1914～1926年にかけて，上海の工業部門は，国内市場でも海外市場でも成長を促進することができたが，1927～1937年にかけては，海外市場を通じての成長は厳しく，その分，よりいっそう国内市場に基盤を置く成長へ進んでいった．

第5章 関内市場圏の形成
1930年代中国の遠隔地間流通

I はじめに

　開港前から中国の商品経済は相当な水準に達していた，といわれるが，各地の多種多様な産品が全国規模で流通するようになるのは開港以降，特に1880年代半ばからである，と考えられている[1]．その当初は，外国貿易と連動した移動が全国流通の大半を占めていたが，第1次世界大戦後，上海を中心とする沿海部で近代工業が本格的に勃興するようになると，国内の農工間分業に基づく交易が伸張するようになる[2]．そして，1920年代後半に成立する国民政府は，全国的な市場のまとまりを強める政策を推し進めた[3]．しかし，その道のりは容易なものではなく，1931年には日本の侵略によって満洲が切り離され，さらに1937年からの日中戦争では日本軍占領地域と国民政府支配地域に市場が分断された．

---

1) 開港後中国の最初の構造転換は1880年代に進展したことが各研究者によって明らかにされている．宮田道昭は，開港前からみられたジャンクによる沿海市場圏が解体し，アジア規模の広域的交易圏に包摂されたと評価している（宮田 [2006]）．小瀬一は上海を結節点とする開港場間流通の拡大を指摘している（小瀬 [1989]）．古田和子は上海が中国だけでなく東アジアの交易の中心となった点を明らかにした（古田 [2000]）．このような構造転換が進展した背景には，第1に，日本・インドにおける工業化，第2に，銀価低落の進展（金高銀安・銀安銭高），第3に，近代的運輸通信手段・金融制度の普及があげられている．これらの研究史上の意義については，本書の序章，第1章を参照．
2) 国内交易が対外輸出向けの移動から国内の産業連関を強める方向に進展した点は，上海の中継貿易の比重が縮小していったことに顕著に示される．1913年に上海の中継貿易の比重は，内国品でみた場合，外国貿易77%，国内貿易88%であったが，1931年には外国貿易53%，国内貿易50%まで低下した．つまり，1931年までに，上海で取引される内国品の約50%が上海地域の生産・消費に結びついていた（木越 [2007]）．
3) 久保 [1999]．

「満洲国」(以下括弧省略)の成立は，国民政府の実効支配が及ぶ地域の縮小を意味したが，それによって関内(満洲を除く中国本土)の経済活動の活力が失われたわけではない．1930年代の国民政府の政策と経済構造の変容を詳細に分析した久保亨は，保護関税政策の進展，幣制改革の成功によって，関内の生産力が継続して成長していった点を明らかにした[4]．他方で，関内の外国貿易の推移をみると，外国貿易全体が縮小する中で，日本帝国と関わりが深い地域・産品は貿易の拡大がみられた[5]．つまり，日中戦争直前まで，関内では国民政府と日本帝国それぞれの政治影響力が及ぶ範囲内で市場の凝縮力を高めようとする力が同時に働いていた，と言える．1930年代の関内の市場形成をみる場合，国民政府による政策効果と日本帝国による社会的分業の再編成を分けてみると同時に，それらによって総体としてどのような市場構造が形成されていったのかを検討する必要がある．

日中戦争直前における関内の市場構造をみる上で手がかりになる研究は，呉承明による1936年の「埠際貿易」分析である[6]．埠際貿易とは，厳密には「Domestic Trade: Movement of Chinese Produce Carried by Steamers between Open Ports」と呼ばれる．すなわち蒸気船による中国品の開港場間移動を指す[7]．同貿易には，鉄道，ジャンク，陸路輸送は含まれていない，という問題はあるが，呉承明はいくつか興味深い事実と問題を提起している．西村成雄の整理に依拠すれば，呉の主張は3点にまとめられる[8]．第1に，埠際貿易の相当部分が依然として対外輸出向けの移動で占められている．第2に，埠際貿易の交易規模12億元は，国民総生産額の4.1%にすぎない．第3に，関内40開港場のうち天津・青島・上海・漢口・広州の5港で埠際貿易の80%を占めている．以上の事実から，呉は，開港以来，埠際貿易の拡大は44倍と相当なものであったが，それでも全国市場は「狭隘」であった，と結論づけた．

呉の主張の背景には，彼独自の全国市場形成観がある．すなわち，地域的・商品的に交易が集中・限定していることは，特定商品が特定地域間で取引されてい

---

[4] 久保 [1999]，久保 [2005]．
[5] 堀 [2006]．
[6] 呉 [1985]．
[7] 海関統計 [1936, No. 1, Vol. IV] の表紙に，鉄道，ジャンク，陸路輸送は含まれていない，と明記されている．また「Steamers」と明記されている点から，西洋式帆船による交易も含まれていない，と考えられる．なお，1930年代中国の汽船業については，泉谷 [1997] を参照．
[8] 西村 [2006]．

るにすぎず，それは全国市場として未成熟である，という考えである．それは裏返すと，多種多様な商品が多くの地域に流通し，開港都市間でのマトリックス的な相互依存関係の深まりが，全国市場として成熟している，という指標になる．

筆者は，関内における全国市場形成をみる上で呉の指標は有用である，と考える．しかし，呉が導き出した結論については検討の余地がある．第1に，呉の狭隘という結論は，現代中国経済の発展水準からみれば市場の成熟度は低かった，という意味であるが，経済史においては1930年代に全国市場が成熟する方向性がみられたかどうかをみる必要がある．第2に，呉が言うように埠際貿易の相当部分が対外輸出向けの移動であるならば，埠際貿易の検討だけでは不十分であり，対外輸出と関連づけてみる必要がある．第3に，呉の分析は貿易統計から確認される表面的特徴に留まっている．統計学的手法により，基底に存在しているパターンを計量的に検出する作業をすれば，特定地域間での取引集中とは逆の方向性が導き出される可能性がある．

本章は，呉承明と同様に，海関統計の限界に留意した上で[9]，埠際貿易を関内の遠隔地間交易の重要な一部と位置づけ，1930年代関内の全国市場形成の到達点を計量的に検証する．そのために，次のようなデータ処理を行った．まず，1932年から1942年の11年間を対象として，対外輸出と埠際貿易の統計を，満洲を除く全開港場（40港）についてデータベース化する[10]．次に，1930年代の特徴として物価変動の起伏が激しいため，貿易物価指数を作成し[11]，開港場別の物価変動および実質貿易額の推移を確定し，それらを相互に比較することによって，開港場ごとの特徴を検出する．最後に，タイルのエントロピー尺度（以下「タイル尺度」）を用いて，地域的・商品的に交易が集中・分散しているかを指標化する．タイル尺度とは，ジニ係数，変動係数と同様に，不平等の程度を統計学的に計測する手法である[12]．本章の目的からいえば，不平等が交易集中，平

---

9) 本章が対象とする1932年から1942年までの海関統計特有の留意点としては，第1に，対東北貿易が1932年7月以降，埠際貿易から外国貿易（対関東州貿易）に変更されている点，第2に，1942年以降，税関行政が汪兆銘政権と重慶政府に二分され，貿易統計も別々に刊行された点である．第1の問題は，29)でしめしたように可能な限り補正した．第2の問題は，未解決のままである．したがって1942年の本推計には重慶政府の数値は含まれていない．

10) 利用した海関統計は，海関統計［1932-1942, No. 1］．

11) 貿易物価指数は以下のように推計した．①標本：単価が得られる品目すべて．②公式：ラスパイレス指数とパーシェ指数を求め，両者を幾何平均したフィッシャー理想指数を最終結果として採用．

12) 青木［1979］．

等が交易分散を意味する．以下，IIで対外輸出，IIIで埠際貿易について検討し，「おわりに」で蒸気船による遠隔地間交易からみた1930年代関内の市場形成にみられる特徴についてまとめる．

II　1930年代中国対外輸出の開港場別動向

　関内の埠際貿易の分析に入る前に，1930年代中国の対外輸出の動向について開港場別の相違に留意しながら検討する必要がある．なぜなら，第1に，冒頭で述べたように，関内の中国産品の移動は，内部で完結していたのではなく，対外輸出向けの移動も含められ，その拡大・収縮は一定程度対外輸出の動向に規定されていた．第2に，1930年代は中国の対外経済関係を劇的に変化させる出来事の連続であり，その影響は全中国に一律に波及したのではなく，地域的差異をともないながら進行したのであり，その結果，埠際貿易の構造も大きく変容した，と考えられるからである．

(1) 輸出物価・輸出数量

　表5-1は，筆者が海関統計から推計した1932～1942年までの開港場別輸出物価指数である．全国輸出物価の趨勢は4つの時期に分けることができる．第1期1932-1934年，銀危機・世界的不況によるデフレ期．第2期1935-1936年，幣制改革の成功による物価回復期．第3期1937-1939年，日中戦争勃発の影響を受けてインフレが進行しつつあった時期．第4期1940-1942年，戦火の拡大によるハイパーインフレ期である．

　地域別にわけてみると，このような全国輸出物価の激しい騰落は，外国貿易額の全国比重が高い上海（1936年51.26％）[13]で進行したものであることがわかる．第1期についてみると，長江上流，華南辺境はデフレを経験していない．第2期についてみると，長江上流，華南沿海，華南辺境では，幣制改革による物価回復は大きくない．第3期，第4期についてみると，日中戦争によるインフレは上海を除く他地域では比較的小さい．

　このような地域間の輸出物価の趨勢の違いは，各地域の主要輸出品目が異なる

---

13) 海関統計［1936, No. 1, Vol. IV］より計算．

表 5-1　関内 40 開港場・輸出物価指数（1932-1942 年）

1932 年 = 100

	1932	1933	1934	1935	1936	1937	1938	1939	1940	1941	1942
全　国	100	90	83	85	98	116	118	169	344	559	997
華北沿海	100	86	78	77	87	109	110	145	239	351	393
秦皇島	100	96	80	81	83	82	83	93	121	236	276
天津	100	88	83	76	86	113	116	153	258	403	412
龍口	100	89	64	64	69	87	94	100	229	317	368
烟台	100	88	82	82	85	93	104	122	233	266	322
威海衛	100	84	56	67	89	87	72	92	268	265	427
青島	100	81	70	80	92	109	108	155	259	314	369
長江上流	100	106	114	112	110	109	92	96	322	692	
重慶											
万県											
宜昌											
沙市	100	106									
長沙											
岳州											
長江下流	100	81	71	74	87	94	53	55			
漢口	100	82	71	75	92	103	49	50			
九江											
蕪湖	100	76	67	67	66	69					
南京											
鎮江											
華中沿海	100	88	84	87	105	121	127	198	422	661	1,488
上海	100	88	84	87	105	121	128	198	431	675	1,519
蘇州											
杭州											
寧波	100	84	77	79	85	77	57	145	179		
温州											
華南沿海	100	98	89	85	89	104	106	135	282	424	668
三都澳	100	96	87								
福州	100	92	90	79	83	88	79	91	144		
厦門	100	105	104	101	101	107	107	114	199	387	635
汕頭	100	97	94	95	92	99	106	134	112		
広州	100	98	84	80	87	99	102	126	399	606	1,062
九龍	100	88	89	83	90	130	114	159	297	399	102
拱北	100	102	95	81	80	84	89	112	194		
江門	100	92	84	76	71	88	86	85	151		
三水	100	105	102	108	105	104	106				
梧州	100	97	100	95	102	129	140	145			
南寧											
雷州											
瓊州	100	109	92	82	79	95	123	143	239	388	
北海	100	103	102	96	92	105	110	182	349		
華南辺境	100	106	104	101	109	139	147	157	230	397	492
龍州	100	100	88	90	88	100	129	180	196	286	
蒙自	100	103	103	103	113	150	160	165	269	473	586
思芽	100	82	135	155	157	128	111	94	393	451	856
騰越	100	117	100	81	80	81	72	71	213	301	

注 1）1932 年度に同年 1 月-6 月までの対東北貿易を含まず.
注 2）表中の空白は単価情報が取得できないため推計値無しをしめす.
注 3）長江上流の開港場別内訳は，連年で単価情報が取得できないため推計値無し.
注 4）地域分類は中国海関によるもの.

点に由来している．商品類別輸出物価を地域別に比較してみると，同じ商品類であればどの地域から輸出されていようと，その輸出物価の波動は非常に相似した動きを示している．表5-2は，商品類別輸出物価の地域間相関係数の計測結果である．相関係数1であれば完全な正の相関を意味する．31類，6地域間比較すべてにわたって，0.9以上の強い正の相関がみられる．太字で示した0.9未満の結果についても，第17類の竹，第13類の茶（華北沿海―華南辺境）を例外として，0.7以上の正の相関にある．この計測結果は，1930年代中国関内が世界市場から受ける物価波動はほぼ全国一律に波及した点を示している．そして，世界市場で需要が拡大した商品を主要輸出品とする地域は不況期のデフレを逃れ，逆に需要が減少した商品を主要輸出品とする地域はデフレの直撃を受けざるを得なかった．

　商品類別の輸出物価の差異について表5-3から検討する．第1期についてみると，貿易額の比重が高い茶，繊維原料，織糸・縫糸，織物の物価下落が著しいが，他方で比較的高い貿易額比重を持つ皮革及毛皮，鉱産物はデフレ期にも価格が上昇している．第2期についてみると，油脂蝋，種子の物価上昇が全体の回復幅よりも大きく，それを受けて貿易額構成比も伸張している[14]．他方で綿製品の輸出物価も回復がみられたが，絹製品の物価下落は継続したため，織物の価格はいっそう下落している．上海は，茶，綿製品，絹製品の輸出額の比重が高いため，輸出物価の激しい騰落の影響を最も受けた．

　輸出物価の商品類別の波動の違いは，輸出数量に対しても影響を及ぼした．表5-4からその地域別差異について検証する．最初に，全国輸出数量の趨勢を確認すると，戦前の中国の対外輸出のピークは1928年である．ただし，上海を除いた輸出数量は，1938年がピークとなる．1930年代関内の対外輸出の後退は，全国一律に及んだわけではなく，輸出物価と同様に上海で進行した．

　輸出数量を伸ばした開港場としては，華北沿海では秦皇島，長江下流では蕪湖，華南沿海では九龍・梧州，華南辺境では龍州・蒙自があげられる．これらの開港場で伸びた代表的品目は石炭と鉱石であり，そこには列強の中国権益に基づく帝

---

14) 植物性油脂の中でも桐油は工業用原料として用途が多様であり，1930年代には電気絶縁の塗料として電気器具の製作に用いられた他，飛行機ならびに自動車車体の塗料に利用されるなど，機械工業の重要原料としてアメリカ向けを中心に著しく輸出が増加した（日本工業新聞［1941.10.28］）．中国の桐油輸出の総括的研究については，Allen and Donnithorne［1954, pp. 74-76］．

表 5-2　輸出物価の商品類別の地域相関係数（1932-1941 年）

		華北―華中	華北―華南	華北―辺境	華中―華南	華中―辺境	華南―辺境
1	動物及同産品	0.997	0.982	0.976	0.972	0.978	0.944
2	皮革及毛皮	0.980	0.988	0.950	0.988	0.958	0.976
3	海水産物	0.970	0.993		0.970		
4	豆	0.985					
5	穀物及同産品	0.992	0.988		0.995		
6	植物性染料				0.999	0.924	0.923
7	果実	0.989	0.991	0.994	0.987	0.984	0.985
8	生薬及香辛料	0.979	0.968	0.996	0.981	0.983	0.968
9	油脂蝋	0.992	0.990	0.940	0.992	0.922	0.924
10	種子	0.989	0.918	0.991	0.892	0.974	0.946
11	酒	0.996	0.984		0.981		
12	砂糖						0.918
13	茶	**0.862**	**0.865**	**0.656**	0.973	**0.830**	**0.735**
14	煙草	0.931	0.900	0.945	0.994	0.994	0.988
15	蔬菜	0.932	0.961	0.960	0.995	0.949	0.970
16	蔬菜産品	0.984	0.978	0.946	0.960	0.949	0.985
17	竹	**0.353**	**0.483**		0.941		
18	燃料	0.933	0.958		0.986		
19	藤						
20	木材						
21	紙	0.975	0.951	0.936	0.994	0.966	0.968
22	繊維原料	0.974	0.988	0.913	0.972	0.911	0.953
23	織糸, 縫糸	0.988	0.961	0.933	0.974	0.968	0.967
24	織物	0.904	0.933	0.940	0.978	0.985	0.976
25	織物製品	0.984	0.980	0.963	0.991	0.992	0.984
26	鉱産物	0.973	0.925	0.977	0.983	0.992	0.977
27	ガラス						
28	石, 土, 砂	0.963	**0.711**	**0.792**	**0.807**	**0.877**	**0.706**
29	化学品	0.958	0.900		0.936		
30	印刷物						
31	雑品	0.948	**0.877**	0.937	0.962	0.984	0.972

注 1）表中の空白は単価情報が取得できないため推計値無しをしめす．
注 2）太字数値は相関係数 0.9 未満をしめす．
注 3）長江上流，長江下流は計測から除外．
注 4）1942 年は計測から除外．

第 2 部
長江市場圏から全国市場圏へ

表 5-3　商品類別・輸出物価指数（1932-1942 年）

1932 年 = 100

		1932	1933	1934	1935	1936	1937	1938	1939	1940	1941	1942
0	全体	100	90	83	85	98	116	118	169	344	559	997
1	動物及同産品	100	82	78	74	85	111	133	202	387	581	859
2	皮革及毛皮	100	134	132	102	116	164	136	191	391	660	1,134
3	海水産物	100	105	97	97	97	93	92	76	125	208	616
4	豆	100	117	95	103	106	122	173	185	520	817	1,811
5	穀物及同産品	100	87	74	76	86	95	95	112	310	770	1,719
6	植物性染料	100	97	94	82	77	77	85	183	413	664	2,360
7	果実	100	97	85	81	87	95	95	120	216	414	789
8	生薬及香辛料	100	91	91	86	82	84	91	125	295	507	763
9	油脂蝋	100	78	80	109	156	168	119	190	426	751	2,010
10	種子	100	83	61	73	86	100	103	127	284	379	733
11	酒	100	98	100	106	109	110	108	144	309	644	1,521
12	砂糖	100	86	84	101	84	146	137	113	417	713	
13	茶	100	87	84	81	83	83	73	128	268	470	973
14	煙草	100	95	91	96	95	99	113	157	399	859	2,703
15	蔬菜	100	99	94	92	92	97	97	114	259	624	1,584
16	蔬菜産品	100	100	76	75	78	93	115	145	292	400	1,090
17	竹	100	135	149	116	126	105	81	109	226	697	983
18	燃料	100	91	84	81	85	79	76	106	156	235	232
19	藤	100	95	105	122	107	118	109	203	351	697	588
20	木材											
21	紙	100	104	102	102	103	105	112	114	214	438	701
22	繊維原料	100	89	77	75	92	111	108	200	453	541	841
23	織糸，縫糸	100	86	80	87	90	87	105	160	314	531	689
24	織物	100	85	78	69	71	75	77	107	236	416	1,209
25	織物製品	100	98	91	89	92	122	127	161	293	536	1,534
26	鉱産物	100	100	116	118	140	196	253	265	429	1,034	1,483
27	ガラス	100	95	69	61	72	273	83	81	180	418	204
28	石，土，砂	100	105	100	107	108	110	83	74	217	607	616
29	化学品	100	95	88	91	81	76	68	100	159	306	481
30	印刷物	100	103	102	100	97	86	78	84			
31	雑品	100	84	78	79	78	83	97	103	177	314	265

注 1) 1932 年度に同年 1 月-6 月までの対東北貿易を含まず．
注 2) 表中の空白は単価情報が取得できないため推計値無しをしめす．
注 3) 商品分類は中国海関によるもの．

第 5 章
関内市場圏の形成

表 5-4　関内 40 開港場・輸出数量指数（1932-1942 年）

1932 年 = 100

	1928	1929	1930	1931	1932	1933	1934	1935	1936	1937	1938	1939	1940	1941	1942
全　国	155	148	130	135	100	115	109	116	123	123	110	103	97	88	26
非上海	93	81	77	121	100	102	99	110	120	123	150	95	79	75	41
華北沿海					100	108	107	126	134	121	141	85	84	68	65
秦皇島					100	111	161	151	179	290	726	820	838	681	1,019
天津					100	103	100	123	140	117	156	64	62	45	40
龍口					100	143	175	180	133	107	66	17	15	4	6
烟台					100	89	73	73	86	100	111	67	48	33	5
威海衛					100	86	95	101	61	66	44	40	45	18	7
青島					100	127	126	150	139	132	72	90	98	94	79
長江上流					100	1	2	2	2	5	7	10	4	13	
重慶															
万県															
宜昌															
沙市					100	1									
長沙															
岳州															
長江下流					100	30	45	58	56	33	2	0			
漢口					100	29	44	53	46	28	2	0			
九江															
蕪湖					100	135	211	316	319	148					
南京															
鎮江															
華中沿海					100	144	131	134	140	135	74	125	138	125	25
上海	205	204	175	151	100	145	132	134	140	136	71	122	129	123	24
蘇州															
杭州															
寧波					100	6	7	3	2	10	2,403	1,961	7,444		
温州															
華南沿海					100	104	103	98	110	147	197	79	41	50	23
三都澳					100	724	136								
福州					100	108	102	92	111	151	140	106	2		
廈門					100	94	99	106	116	126	88	89	166	160	44
汕頭					100	87	80	87	121	161	170	122	1		
広州					100	112	106	94	92	122	197	8	7	26	25
九龍					100	133	186	204	208	385	805	121	166	213	7
拱北					100	164	217	483	587	700	1,250	2,842	896		
江門					100	101	106	76	73	87	82	26	0		
三水					100	88	134	111	30	21	22				
梧州					100	109	123	115	167	253	192	1			
南寧															
雷州															
瓊州					100	40	39	54	70	67	66	17	11	5	
北海					100	213	172	156	80	75	114	467	0		
華南辺境					100	320	213	286	367	394	437	869	482	869	26
龍州					100	169	173	90	281	417	462	44,967	8,585	159	
蒙自					100	409	255	338	430	470	525	437	461	1,022	31
思茅					100	333	187	262	377	520	283	574	356	343	2
騰越					100	128	123	182	239	216	255	228	110	114	

注 1）1932 年以降の表中の空白は単価情報が取得できないため推計値無しをしめす．
注 2）数量指数＝名目貿易額÷輸出物価指数（表 5-1）× 100 で計算．
注 3）「非上海」とは上海を除いた関内開港場の数量指数．

国主義的な論理が大きく介在していた．関内最大の炭鉱である開灤炭鉱の積出港である秦皇島は，関東州（満洲国）向けの石炭輸出が伸びている．蕪湖の伸びは，安徽省裕繁公司が経営する桃沖鉱山の鉄鉱石に依拠していた．この鉄鉱石は，対日債務償還のために99％日本に輸出された[15]．九龍はアンチモニー，タングステン，梧州はタングステン，龍州は銅鉱，蒙自は錫の輸出増加が著しく，その多くは香港，仏印，そしてイギリス本国に向けて輸出された．特にタングステンは，イギリスの国民政府に対する信用借款に基づくバーター品目であった[16]．

　上記のような帝国主義的な物流とは別に，華南沿海において消費財の輸出数量が伸びている．華南沿海は水産物，果実，酒，蔬菜，竹，紙の輸出比重が高い[17]．これらの民間向け消費財の多くは，香港，シンガポールへ向けて輸出されている[18]．ただし，その大半を占める香港向け輸出品の多くは，再度，華南沿海に輸入されたと予想され，1930年代に華南地域では華南経済圏内部での交易が増加していた，と考えられる．また1930年代には，長江流域と華南地域を結ぶ粤漢鉄道が全通したことにより，四川，湖北，湖南の産品が鉄道を通じて華南諸港に運び込まれ，そこから輸出される傾向が強まっている．そのうち代表的なものは桐油と鉱産物であった[19]．

(2) 1930年代関内対外輸出の基本構造

　このような輸出港の分散化について，タイル尺度によって計測しよう[20]．6地域間のタイル尺度は，1932年0.27，1933年0.34，1934年0.33，1935年0.32，1936年0.33，1937年0.32，1938年0.29，1939年0.39，1940年0.54，1941年0.48，1942年0.48という計測結果が得られた．1932年が最も分散化，1940年が最も

---

15) 萩原 [2000, p. 41]．
16) 萩原 [2000, p. 152]．
17) 1936年における華南沿海の対外輸出総額に占める比重は，水産物66％，果実51％，酒40％，蔬菜70％，竹85％，紙81％である．海関統計 [1936, No. 1] より計算．
18) 1936年における各商品類の主要仕向け地とその輸出額の比重を示すと，水産物：香港51％，果実：香港37％，シンガポール12％，酒：シンガポール34％，香港19％，蔬菜：香港59％，シンガポール12％，竹：香港41％，紙：シンガポール31％，香港29％．海関統計 [1936, No. 1] より計算．
19) 同時期，上海経由で輸出される桐油・アンチモニー・タングステンの数量も伸びている．粤漢鉄道の開通は漢口からの直輸出量の低下をもたらした（萩原 [2000, pp. 152-153]）．
20) 6地域の輸出額からタイル尺度値を計算．地域分類は表5-1を参照．数値は各年の理論的最大値で割ることによって標準化した．最大1（集中），最小0（分散）である．

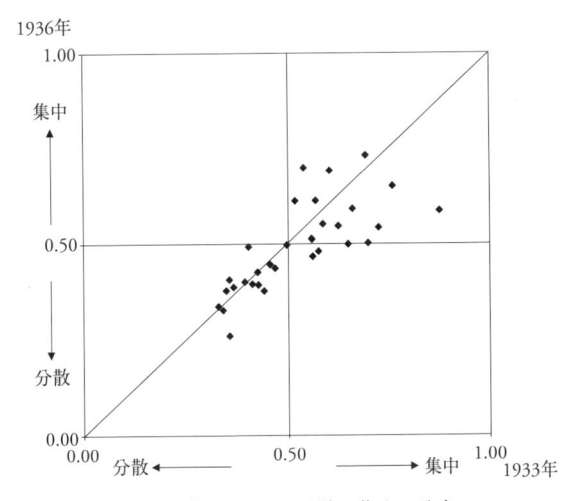

図 5-1　商品類別の分散・集中の分布

注) 数値はタイル尺度．各年の理論的最大値で割ることによって標準化．最大 1 (集中)，最小 0 (分散)．タイル尺度は，地域単位で計算．地域分類は表 5-1 参照．

集中化していた．しかし，この結果をもって，1930 年代は分散よりも集中の傾向があった，と結論づけるのは早急である．なぜなら，1933 年以降は，粤漢鉄道の全通の影響により長江上下流域からの輸出がほぼ皆無となるため，どうしても 1930 年代前半期は 1932 年の分散傾向が強いという計測結果が出てしまうからである．このような商業ルートの変更を割り引く場合，1933 年を起点にして傾向をみるのが適当であろう．1933 年を起点にしてみると，日中戦争の影響によって輸出数量の減退傾向が強まる 1939 年までの間は分散化傾向にあったことが確認できる．

この分散化が商品類別にみてどのような傾向にあったかを図 5-1 から確認する．X 軸に基準年として 1933 年，Y 軸に比較年として 1936 年をとり，31 商品類のタイル尺度の結果をプロットした．座標軸 (0, 0) を起点とする 45 度線より下にある場合，当該商品類は分散化を強めたことを示している．図 5-1 をみると，45 度線より下に位置する商品類のほうがより多い．これは分散化が進行していた商品類のほうが多かった点を示している．

(3) 1930 年代関内対外輸出の基本構造

以上の輸出物価，輸出数量，タイル尺度の分析結果をまとめると，1930 年代

中国関内の対外輸出の特徴は，全般的に衰退していったのではなく，むしろ輸出港の分散化が進展した，というのが本書の主張である．より具体的に言えば，関内の各沿海地域がいっそう上海を介さずに直接に世界市場に向けて輸出する度合いが強まった．その傾向は，20世紀初頭からみられた現象であったが，世界恐慌を主要因として，上海を主要積出港する絹，茶，綿製品の輸出が著しく後退したため顕著に現れたのである．他方で，各地域の貿易相手地域をみると，逆に集中化の度合いを強めていった．華北沿海地域は日本帝国へ，華南沿海地域は東南アジアへの輸出が伸張した．

同時期に上海は対外輸出から後退しながらも，国内市場に向けて移出を増大させている．図5-2は，上海の移出数量と中国の鉱工業生産指数の推移を比較したグラフである．上海の純移出数量は，世界恐慌・銀危機による1930年代初頭の不況期にも持続的に拡大し，日中戦争勃発前の1936年まで，ほぼピーク時の水準を維持していた．そして，その推移は，鉱工業生産指数と相似性がみられる．1938年に両指数の乖離幅が大きいが，それは鉱工業生産指数に満洲も含まれているためであり，満洲国の生産力拡充分を控除すれば，両者の差はより縮まるであろう[21]．上海の工業製品は，1920年代に国内市場だけでなく東南アジアを中心とする海外市場にも展開するが[22]，1930年代になると日本製品の競争圧力，世界恐慌による需要の縮小を受けて海外市場から後退していった[23]．

このような動向をみるならば，中国は地域毎に異なる方向へ結合を強め，むしろ上海を頂点とする凝縮力を弱めていったように感じられるかもしれない．しかし，それはあくまでも外国貿易にみられる特徴であり，より重要なのは，このような対外輸出の変化が関内の埠際貿易に及ぼした影響である．

III　1930年代関内遠隔地間交易の構造

(1) 国内流通に占める埠際貿易の位置

冒頭で述べたように，埠際貿易統計は，あくまでも蒸気船による中国産品の開

---

21)　満洲国の製造工業生産指数は，1936年の61.34から1938年の117.98へ，鉱業生産指数は1936年の91.60から1938年の106.83へ増加している（山本[2003, pp. 80-81]）．
22)　樊[2005a, pp. 29-30]．
23)　堀[2007]．

第 5 章
関内市場圏の形成

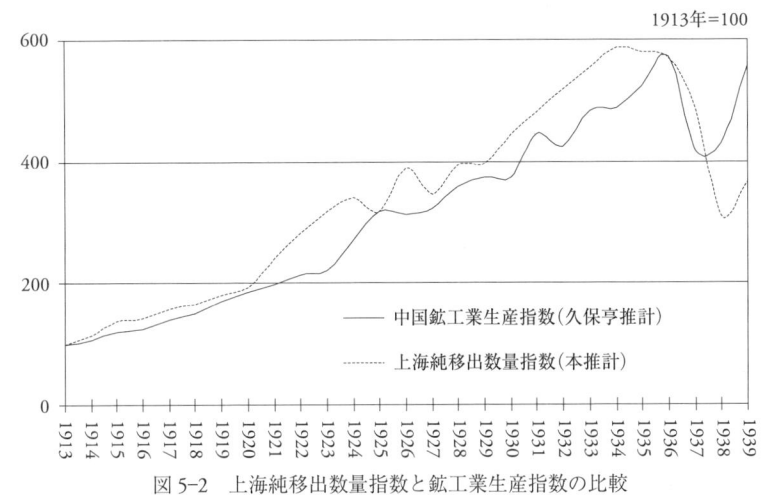

図 5-2　上海純移出数量指数と鉱工業生産指数の比較
凡例: 中国鉱工業生産指数(久保亨推計) / 上海純移出数量指数(本推計)
1913年=100

出所) 本推計, 付表 7. 久保推計, 久保 [2005 (中国語)].

港場間移動を補足しているにすぎない．そこで，統計の分析に入る前に，蒸気船による物流が国内の貨物輸送量に占める比率について，大まかにでも明らかにするべきであろう．当該期における輸送手段別の貨物輸送量については，Rawski の推計がある[24]．同推計によると，1936 年における蒸気船による貨物輸送量は 266 億トンキロ，全体の 26.7% を占める．輸送手段で首位を占めるのは，ジャンクの 54.6% であるが，ジャンクによる輸送は陸路と同様に，その大部分が近海流通であると予想されるため，本書が対象とする遠隔地間交易においてはむしろ鉄道との関係が重要である．鉄道輸送は，1895 年には全体の 0.6% に過ぎなかったが，その後の路線距離の伸張により急速に比重を高め，1919 年までに 1 割強を占めるまでに成長した．そして 1930 年代にもその比重を増加させ，1933 年から 1936 年にかけての 1.1% の伸張は，同期間における蒸気船の 0.9% の減少分にほぼ相当する．このように 1930 年代の関内遠隔地間交易をみる場合，蒸気船と鉄道の対抗関係に留意する必要がある．

　この対抗関係について，鉄道で輸送された産品をみることでより詳しく検討しよう．鉄道輸送品の大まかな内訳は，萩原充が整理した数値が参考になる[25]．

---

24) Rawski [1989, p. 220].
25) 萩原 [2000, p. 118]. 原資料は，厳 [1955, p. 212], 南満洲鉄道株式会社調査部 [1939, pp. 220-227].

萩原が指摘したように、鉄道輸送にかかる産品の4割強は鉱産品であり、1930年代にはいっそうその比重が高まった。鉱産品の大半は石炭であった。開灤炭・撫順炭の多くが日本帝国に向けられ、関内での流通量が減少したのを受けて、河北、山東、安徽の炭鉱の生産量が増加し、その長距離輸送が鉄道によって担われたのである[26]。当時の鉄道経営は、石炭によって支えられていた、とも言われる[27]。したがって、石炭を主とする鉱産物の遠隔地間交易をみる場合、埠際貿易の統計では実勢が把握できない、と考えてよい。次に鉄道輸送の比重が高いのは、農林畜産品である。その内訳はつまびらかでないが、穀物と葉煙草の割合が比較的高いことが知られている。特に穀物の場合、鉄道路線が伸張するにしたがって、蒸気船での輸送量が著しく減少する事例がある。その1つの事例として蕪湖米の華南地域での消費量の減少が挙げられる。広東で消費される蕪湖米は、蒸気船で運ばれていたが、粤漢鉄道の開通により、湖南米、江西米が鉄道によって運び込まれるようになると、ほぼ広東へは輸送されなくなった[28]。以上のように、これまで挙げた品目の取引量が埠際貿易で減少している場合は、そのまま実取引の減少とはみなせない。ただし、1930年代半ばにおいて蒸気船の輸送量は、鉄道輸送量の2倍弱を占め、その動向は遠隔地間交易の60％以上を示すものとみなしてよいであろう。

(2) 埠際貿易の規模の推移

1930年代の埠際貿易の規模の検討に入ろう。対満洲貿易の補正の後[29]、貿易

---

26) 手塚 [1944]．
27) 萩原 [2000, pp. 115-120]．
28) 沈 [2002, pp. 165-166]．
29) 日本軍の満洲侵略により1932年7月以降、満洲の埠際貿易は海関統計に記載されなくなった。そのため1932年統計は、1933年以降と整合性を保つために数値に補正を加える必要がある。具体的には、1932年統計には1月から6月までの満洲の埠際貿易が含まれているため、それを差し引く作業である。作業にあたり、埠際貿易の移出は純値（Net）であるのに対して、移入は粗値（Gross）であり、再移出が含まれている点に留意する必要がある。手順は以下の通りである。
　第1に、1932年の満洲の7開港場（愛琿、哈爾濱、琿春、龍井村、安東、大連、牛荘）の純移出、粗移入、再移出のデータを取り除く。第2に、第1の処理の後でも、関内の40開港場の純移出、粗移入のデータには、満洲の7開港場との取引が含まれている。したがって、純移出については、「関内40開港場の純移出の合計」－「満洲7開港場の粗移入の合計」という計算処理をして、関内40開港場の対満洲移出分を除去する。粗移入については、「関内40開港場の粗移入の合計」－「満洲7開港場の純移出の合計」－「満洲7開港場の再移出の合計」という処理をして、関内40開港場の対満洲移入分を除去する。

物価指数を推計し，それをデフレーターとして実質貿易額（数量指数）を求めた．その結果が表 5-5 である（貿易物価指数については付表 11 を参照）．純交易量を示す表 5-5 の純移出から埠際貿易の規模の推移について確認する．全国の数量指数の推移が示すように，満洲喪失後も関内の埠際貿易は順調に規模を拡大し，1936 年に最盛期をむかえた．この埠際貿易の拡大を支えた要因は，何よりも関税自主権を回復した国民政府による関税政策の展開を挙げなければならない．国民政府の関税政策を詳細に検討した久保亨は，国民政府の関税政策によって著しく外国品の輸入が減少した品目として 12 品目をあげている[30]．そのうち埠際貿易統計で確認できる品目の関内純交易量の推移をしめしたのが表 5-6 である．1936 年までに急速に埠際貿易の規模を拡大した品目は，砂糖と綿布であり，両品目は関税政策による国内市場保護の恩恵を受けて関内交易量を増大させた．他方で，その他の品目は，関税による輸入抑制効果を収めながらも，1930 年代前半期は国産品の交易量が減少する傾向にあった．その要因は，久保が指摘しているように，1932～34 年にかけて国内が深刻な不況下にあったことや，密輸入品や脱税品の横行，原料不足，業界の体質など，市場保護政策が十分な効果を発揮しない場合もまた多くあったからである[31]．

　それでは砂糖，綿布を除いて，日中戦争直前までに，関内埠際貿易の拡大を支えた品目は何であったのだろうか．埠際貿易の拡大は，単に同じ構造が量的に拡大したのではなく，交易される品目構成が大きく変化していったことが予想される．この構造変化をより包括的に示すために，今日の貿易分析で一般的に用いら

　このような処理を通じて，1932 年統計を関内の埠際貿易の姿に近づけることはできるが，それでも以下のような問題点，限界点がある．第 1 に，満洲の 7 開港場同士の間の取引を余分に差し引いてしまっているという問題．第 2 に，同処理は，あくまでも関内 40 開港場の品目別合計に対して可能であって，関内の個々の開港場の品目別数値に対しては適用できないという限界がある．なぜなら，個々の開港場が他の全開港場に対してどれくらい取引をしたかを示す品目別の合計値は埠際貿易統計に示されているが，その取引港別の内訳は示されていないからである．したがって，本章で示す 1932 年の数値は，満洲の 7 開港場間同士の取引が埠際貿易の全体に比べて小さいという仮定を置いた推計であり，そして全関内を除く，地域別，開港場別の内訳には依然として 1 月から 6 月までの対満洲取引が含まれている．

　補正の結果，1932 年の埠際貿易の純移出額の合計は，672,488,549 海関両から 609,783,556 海関両へ，粗移入額は，742,603,630 海関両から 727,356,536 海関両へ修正された．純移出額の補正率が 9.3％減少に対して，粗移入額のそれが 2％減少に留まっている理由は，そもそも満洲が大豆三品を大宗とする埠際貿易黒字地域であったからであり，純移出額の補正率が高くでるのは当然である．

30) 久保 [1999, pp. 162-170].
31) 久保 [1999, pp. 162-170].

第 2 部
長江市場圏から全国市場圏へ

表 5-5　関内 40 開港場・純移出数量指数（1932-1942 年）

1932 年 = 100

	1932	1933	1934	1935	1936	1937	1938	1939	1940	1941	1942	価額比重（％） 1932	1936
全国	100	104	109	105	117	105	59	53	40	27	11	100.0%	100.0%
華北沿海	100	111	110	111	127	101	88	90	94	69	23	17.4%	16.4%
秦皇島	100	84	86	86	70	63	50	51	62	57	14	2.6%	1.1%
天津	100	123	107	88	104	79	144	93	70	83	19	6.3%	5.1%
龍口	100	118	130	142	148	109	50	103	103	83	38	0.3%	0.3%
烟台	100	158	157	153	173	149	215	297	187	141	53	1.0%	1.3%
威海衛	100	436	559	613	747	787	665	678	151	236	258	0.0%	0.2%
青島	100	103	112	134	159	126	37	69	108	50	24	7.2%	8.4%
長江上流	100	116	118	106	132	132	55	32	23	22	256	8.5%	10.6%
重慶	100	113	102	101	130	131	48	30	26	27		3.1%	3.4%
万県	100	144	110	132	143	107	109	77	62	169		0.9%	1.6%
宜昌	100	86	94	74	92	153	30	96	58			0.8%	0.6%
沙市	100	116	172	98	154	157	93	62	48			1.4%	1.5%
長沙	100	117	158	158	186	171	42	9	5			1.1%	2.4%
岳州	100	109	81	70	83	91	17	1				1.2%	1.2%
長江下流	100	147	157	154	201	206	38	2				13.5%	22.0%
漢口	100	142	166	160	199	184	51	3				8.8%	15.6%
九江	100	123	109	154	245	350	13					1.7%	2.8%
蕪湖	100	205	147	107	195	200						1.5%	2.0%
南京	100	149	138	141	146	112						1.3%	1.2%
鎮江	100	157	240	198	226	613						0.2%	0.5%
華中沿海	100	106	110	107	106	90	61	68	50	33	12	53.0%	41.9%
上海	100	107	113	111	110	94	60	70	51	35	13	47.7%	39.0%
蘇州	100	60	7	5	6	4						0.5%	0.5%
杭州	100	99	87	72	81	14						1.7%	1.1%
寧波	100	109	95	74	72	88	113	79	98			2.5%	1.4%
温州	100	109	103	106	96	86	203	113	94	11		0.6%	0.4%
華南沿海	100	119	131	130	171	144	113	36	7	15	42	6.4%	8.8%
三都澳	100	98	124	65	122	107	94	6	9	6		0.5%	0.4%
福州	100	118	110	90	125	112	96	84				1.9%	1.7%
廈門	100	89	119	101	125	62	41	7	12	22	37	0.3%	0.3%
汕頭	100	118	156	204	232	195	230	74	0			1.0%	2.2%
広州	100	118	119	136	196	131	61	2	4	22	69	2.1%	3.3%
九龍												0.0%	
拱北													
江門	100	199	268	257	365	312	727	764				0.0%	0.0%
三水	100	83	112	125	18	88	61					0.0%	0.0%
梧州	100	100	87	72	67	83	52	32	1	18		0.1%	0.1%
南寧	100	244	233	153	164	190	180	15				0.1%	0.1%
雷州												0.0%	0.1%
瓊州	100	138	144	146	175	380	250	16	43	17	11	0.2%	0.3%
北海	100	363	641	400	281	278	85	24				0.1%	0.1%
華南辺境	100	33	26	28	26	11	5	0				1.3%	0.3%
龍州												0.0%	0.0%
蒙自	100	33	26	27	25	11	5	0				1.3%	0.3%
思芽												0.0%	0.0%
騰越												0.0%	0.0%

注 1) 全国は対東北貿易補正済み．補正方法は本文注 29 参照．
注 2) 地域，開港場の推計値は，1932 年度に同年 1 月-6 月までの対東北移出を含む．
注 3) 表中の空白は単価情報が取得できないため推計値無しをしめす．
注 4) 表中の 0 は，0 未満をしめす．

表 5-6　輸入防遏品の埠際貿易数量（純移出数量）

1932 年 = 100

品目名	1932	1933	1934	1935	1936	1937	1938	1939	1940	1941	1942
砂糖	100	183	228	339	418	380	234	69	12	1	1
綿布（雲斎布・綾織布）	100	156	197	243	286	286	113	147	92	49	4
綿布（金巾・粗布）	100	111	124	138	168	156	84	107	110	45	11
セメント	100	143	121	108	98	133	12	12	3	4	4
小麦粉	100	129	114	112	82	55	33	53	31	31	30
綿糸	100	88	91	95	81	71	66	55	40	20	3
紙巻煙草	100	87	78	73	78	77	45	37			
人絹糸	100	72	12	4	67	36	191	87	128	88	77
マッチ	100	89	52	62	49	50	48	52	21	2	0

注1）表中の0は0未満をしめす．
注2）表中の空白は取引無しをしめす．
出所）海関統計 [1932-1942, No. 1]．

れる BEC 分類を用いて分析することにしよう．BEC 分類とは，貿易品目を産業用途別，生産過程別に分類し，その市場が持つ階層構造を明らかにしようとする手法である[32]．同方法によって，関内埠際貿易の市場階層の推移を示したのが表 5-7 である．埠際貿易の市場階層を生産過程別に分けてみると，1936 年の価額構成比率で，素材・原料 28.6％，中間財 48.6％，最終財 22.2％となり，中間財がほぼ全体の半分を占めている[33]．つまり 1930 年代の関内の遠隔地間で取引

---

32) BEC 分類の方法については，経済産業省 [2005, pp. 337-339]．
33) 生産過程別の品目内容を海関統計の統計号列（Returns No）で示すと以下の通り．食料一次品（産業用）：1 から 5，7，10，72，75，76，83，84，86 から 89，133 から 135，137，139，142，143，171．産業用原料（一次品）：6，15 から 21，26 から 29，34，35，37 から 51，63，64，85，97，115 から 120，136，138，140，141，144，178，182 から 184，190，192 から 194，197，204 から 214，224 から 230，265，271 から 276，282，286，287，298，307，308．燃料（一次品）：187，189，334．食料加工品（産業用）：8，9，11，80 から 82，95，122 から 125．産業用原材料（加工品）：30 から 32，36，52 から 60，62，65，90 から 94，98，126 から 132，195，196，199 から 203，215 から 223，231，233 から 253，255，256，264，267 から 269，277 から 281，283 から 285，288 から 293，297，299，300，302 から 305a，309，312 から 314a，324，325，333，337，339，345，352，353．燃料（加工品）：186，188，335，336．資本財（部分品）：340，348．食料一次品（家庭用）：12 から 14，66 から 68，71，73，74，77 から 79，99 から 108，110 から 114，121，149 から 158，163，164，168 から 170，173，176．食料加工品（家庭用）：22 から 25，33，69，96，109，145 から 148，165 から 167，172，174，175，177，179 から 181，320．消費財（耐久）：198，257，322，341 から 344．消費財（半耐久）：61，185，191，254，258，259，263，266，270，294 から 296，310，316 から 319，323，327，328，330 から 332，346，347．消費財（非耐久）：159 から 162，232，260 から 262，301，305，306，311，

表 5-7　BEC 生産過程別の埠際貿易数量指数

1932 年 = 100

	価額比重	1932	1933	1934	1935	1936	1937	1938	1939	1940	1941	1942
素材・原料	28.6%	100	152	164	149	189	179	67	39	35	31	11
食料一次品（産業用）	12.1%	100	214	222	204	282	272	61	36	27	34	14
産業用原料（一次品）	12.9%	100	135	145	125	153	146	76	37	35	25	7
燃料（一次品）	3.6%	100	102	118	127	139	119	46	49	49	52	17
中間財	48.6%	100	107	112	116	120	108	67	71	54	33	14
食料加工品（産業用）	5.4%	100	127	113	107	85	59	38	62	39	37	33
産業用原料（加工品）	42.7%	100	104	113	118	127	117	73	73	57	32	9
燃料（加工品）	0.2%	100	123	178	211	258	47	35	29	45	16	7
資本財（部分品）	0.3%											
最終財	22.2%	100	103	103	94	104	86	60	48	38	29	10
食料一次品（家庭用）	6.4%	100	104	116	88	105	68	45	30	31	29	15
食料加工品（家庭用）	4.4%	100	134	144	168	194	171	113	71	47	37	25
消費財（耐久）	0.2%	100	121	79	67	104	102	77	106	168	144	30
消費財（半耐久）	1.2%	100	105	98	71	72	65	78	103	61	49	25
消費財（非耐久）	10.1%	100	95	88	87	92	83	55	45	30	21	5
その他	0.6%											

注1）表中の空白は単価情報が取得できないため推計値無しをしめす．
注2）分類方法は本文注33を参照．

される品目の半数は，単なる一次産品でもなく，最終消費需要をみたす産品でもなく，各地で一定程度加工され，その後移入された地域において最終財に再加工される産品で占められていたことになる．これは一次産品と最終財の交換という単純な垂直的分業ではなく，産業間，産業内の社会的分業が一定程度深化していった到達点を示すものである，と考えられる．

　1932〜1936年までの生産過程別の数量指数の推移は，3者ともに規模を拡大させたが，その成長速度はまったく異なっていた．素材・原料の増大が一番大きく，次に中間財，そして最後が最終財であった．つまり，中間財も規模を拡大させたが，1930年代前半期の埠際貿易の拡大の動因は，何よりも素材・原料に担われていたことを示している．なぜこのような成長率の差異が発生したのであろうか．その要因について，移出数量成長の地域的差異に着目して検討することにしよう．

315，321，326，329，338，349 から 351．その他：354 から 356．

(3) 満洲の喪失と長江流域交易の拡大

表5-5の地域別の移出数量をみると，その最大の特徴は，埠際貿易の中心である上海よりも，他地域のほうがよりいっそう規模を拡大したことである．上海が関内埠際貿易移出に占める価額比重は，1932年に48％であったが，1936年には39％まで下落している．

移出数量を最も伸ばした地域は，長江下流域である．同地域は，価額比重でも1932年の14％から1936年の22％へと一気に8％も高め，華北沿海を抜いて全国第2位の埠際移出額を占めるに至った．特に漢口の飛躍は，この短期間の間に約2倍弱に及び，同港だけで全国の16％を占めるまでに達した．この漢口を中心とする長江下流域の移出量拡大について詳しく分析してみよう．表5-8は，長江下流域の大分類別価額構成比率の推移を示している．その比率は1932～1936年にかけて大分類の間で大きく移動しており，同地域の移出数量は貿易品目構成を大きく変化させながら拡大した．比率を拡大させたのは，豆類，穀物及同製品類，油脂類，種子類，燃料類，繊維原料類，鉱及金属類の7類である．そのうち油脂類は桐油，種子類は胡麻種を主とする採油用種子，そして鉱及金属類はタングステンの増大に依拠しており，これらは前節でみたように海外向け輸出の増大に応じて，同地域から沿海部への移動が増えた品目であった．長江流域は，同時期に海外需要が飛躍的に伸びた産品の生産地域に位置しており，これらの移動が埠際貿易量を拡大させたのである．これと同じ動向は，重慶を中心とする長江上流地域においてもみられる．

しかし，この事実をもって，埠際貿易の拡大は対外輸出と連動したからである，と結論づけることはできない．なぜなら，長江下流域では，穀物及同製品類，豆類，燃料類といった国内市場向けの産品の移出量も増大しているからである．1932～1936年にかけて，豆類では黄豆が14万担から159万担と10倍強，穀物及同製品類では米穀が145万担から649万担と5倍弱，大豆油粕が3万担から168万担と50倍強，燃料類では石炭が407万担から2,286万担と5倍強と，それぞれ驚異的な増大をみせている[34]．この黄豆，米穀，大豆油粕，石炭といった産品は満洲の主要産品でもある．したがって，長江下流域におけるこれらの産品の増大は，満洲と関内間での交易になんらかの関連があることが容易に想像されうるのである．

---

34) 海関統計［1932; 1936, No. 1］から計算．1公担＝1.6534688担で計算．

表 5-8　長江下流域における移出額の商品類別比重

		1932年	1936年			1932年	1936年
1	動物及同産品	7%	5%	17	竹	0%	0%
2	皮革及毛皮	4%	3%	18	燃料	3%	5%
3	海水産物	0%	0%	19	藤	0%	0%
4	豆	1%	4%	20	木材	0%	0%
5	穀物及同産品	10%	26%	21	紙	3%	0%
6	植物性染料	0%	0%	22	繊維原料	13%	19%
7	果実	0%	0%	23	織糸，縫糸	14%	4%
8	生薬及香辛料	3%	1%	24	織物	8%	2%
9	油脂蝋	4%	10%	25	織物製品	0%	0%
10	種子	3%	4%	26	鉱産物	1%	2%
11	酒	0%	0%	27	ガラス	0%	0%
12	砂糖	0%	0%	28	石，土，砂	2%	1%
13	茶	9%	2%	29	化学品	1%	1%
14	煙草	10%	9%	30	印刷物	0%	0%
15	蔬菜	1%	1%	31	雑品	1%	0%
16	蔬菜産品	0%	0%		合計	100%	100%

出所）海関統計［1932; 1936, No. 1］．

　満洲国の成立は，満洲と関内の間の貿易量を激減させた．表5-9は，満洲国成立以降の満洲の対外輸出の推移を示している．名目貿易額をみると，中華民国向け，すなわち対関内輸出額は，1932年の170百万円から1933年の55百万円へ3分の1まで縮小した．そして，物価変動を除去した数量指数でみても2分の1にまで縮小している．中華民国を除いた輸出は，名目貿易額でみて減少は軽微であり，数量指数でみると減少はみられず，むしろ微増している．したがって，満洲国成立以降，対関内輸出が突出して減少したことが明らかである．

　その減少は，大豆三品，穀物，石炭，塩において顕著であった．それに対して，中国関内においては，これらの品目の交易量が増大している．この動向について示したのが表5-10である．大豆油粕を例にあげると，1932年時点において満洲から関内に向けて791万担輸出されていたが，1933年には386万担と半減している．それに対して，関内における大豆油粕交易量は，1932年において5.6万担に過ぎなかったが，1933年から急増し，1934年には339万担に達した．そのうち半分が漢口からの移出で占められていた．これら長江流域から移出された満洲代替品の1936年の移出額は，76百万国幣元に及び，同額は満洲国成立以降，

表 5-9 「満洲国」の対外輸出の推移

	1932	1933	1934	1935	1936	1937
名目貿易額（満洲国幣100万円）						
総計	600	424	420	392	529	563
中華民国	170	55	45	44	64	45
中華民国以外	430	369	375	347	465	517
輸出物価指数（1932年＝100）						
総計	100	78	70	77	98	106
中華民国	100	71	57	66	83	93
中華民国以外	100	82	74	81	103	111
輸出数量指数（1932年＝100）						
総計	100	90	100	85	90	88
中華民国	100	45	46	39	45	29
中華民国以外	100	105	119	100	105	109

注1）輸出物価指数はフィッシャー式．
注2）輸出数量指数＝名目貿易額÷輸出物価指数×100．
出所）海関統計［1932-1937，満洲国財政部，年報］．

表 5-10 「満洲国」対関内輸出量と関内交易量の比較

(単位：1,000担)

品目名		1932	1933	1934	1935	1936	1937
黒豆	「満洲国」対関内輸出量	530	220	275	295	400	146
	関内交易量	24	135	153	66	113	69
青豆	「満洲国」対関内輸出量	236	138	332	297	361	170
	関内交易量	0	60	36	68	184	245
黄豆	「満洲国」対関内輸出量	6,465	1,353	1,973	2,057	2,341	604
	関内交易量	598	1,460	1,477	1,469	2,030	878
とうもろこし	「満洲国」対関内輸出量	603	533	767	388	1,650	930
	関内交易量	0	0	66	81	81	141
米穀	「満洲国」対関内輸出量	107	33	15	18	16	35
	関内交易量	1,738	8,031	7,281	6,310	11,959	13,797
大豆油粕	「満洲国」対関内輸出量	7,913	3,860	3,011	3,175	1,821	1,652
	関内交易量	56	1,120	3,394	3,432	2,496	2,191
石炭	「満洲国」対関内輸出量	12,411	12,025	6,985	4,792	4,249	3,266
	関内交易量	55,272	56,353	65,152	70,480	77,075	65,762
精塩	「満洲国」対関内輸出量	481	25	0	0	0	3
	関内交易量	707	1,122	977	1,401	1,241	955

注）関内交易量には東北地域からの純移出数量を含まず．
出所）「満洲国」対関内輸出量：海関統計［1932-1937，満洲国財政部，年報］．
　　　関内交易量：海関統計［1932-1937, No.1］の純移出数量から作成．

満洲からの移入減少分105百万国幣元の約72％に相当する[35]．このように，満洲からの流入部分の減少を補うようにして，長江流域で移出量が増加するという事態が進行したのである．

(4) 埠際貿易からみる関内遠隔地間交易の分業関係

埠際貿易の拡大は，外国品の防遏，満洲産品の流入減少，海外需要といった，対外関係の影響を主因としている点が際立っている．しかし，中には国内市場の拡大に依拠した産品も存在する．それは食料品である[36]．埠際貿易統計に掲載されている359品目中，数量が減少したのは116品目であり，増加した品目のほうが多い．無論，個々の品目の増減について，その要因を詳細に明らかにすることは重要であるが，本章の課題は，そのような個々の品目の動向が総体としてどのような構造を形成したかを明らかにすることにある．冒頭で紹介したように，埠際貿易を先駆的に分析した呉承明は，その基本構造を集中であるとみた．そこで，呉が言うように特定品目が特定地域間でのみ集中的に取引されているという構造が，趨勢的傾向としてもそうであったのかを検証しよう．

最初に，埠際貿易の上位品目の価額構成比率の推移を確認すると，1932～1936年にかけて上位品目の価額構成比重は大きく変化していない．上位10位で貿易総額の約60％，20位で約70％を占める[37]．満洲の喪失から日中戦争までの埠際貿易は，上位品目内での順位の移動はあっても，全体としての上位価額構成比率は大きく変化しなかった．

しかし，タイル尺度を用いて，開港場別の分散・集中を計測すると，異なった事実認識が得られる．表5-11は，タイル尺度によって1936年の移出，移入の分散・集中度を求め，それを0.25毎にマトリックスにして，その基本傾向を示した．特定の開港場の間だけで取引されている，と認定できる移出・移入ともに「0.75以上」を示す品目は，340品目中88品目と，全体の中で最も多い品目数を誇るが，その価額構成比率は6％に留まっている．最も価額構成比率が高いのは，移出「0.50以上〜0.75未満」・移入「0.00以上〜0.25未満」の24％である．こ

---

35) 満洲からの移入額は，満洲国側の統計でみたもの．
36) 1932〜1936年の間で，数量増大が確定できるものとしては，食肉の489倍，蕎麦の163倍，小麦の6.8倍，豚の4.9倍，鮮魚介の3.9倍，鮮蔬菜の3.3倍，塩蔵・乾燥魚介の2.3倍，鮮果実の2.0倍などがある．海関統計[1932; 1936, No.1]から計算．
37) 海関統計[1932-1942, No.1]から計算．

表 5-11 埠際貿易の分散・集中度（1936年）

		移入	←集中		分散→	合計
		1.00 以下 ~ 0.75 以上	0.75 未満 ~ 0.50 以上	0.50 未満 ~ 0.25 以上	0.25 未満 ~ 0.00 以上	
移出	1.00 以下 ~ 0.75 以上	88 品目 6% 茶 アンチモニー	29 品目 2% 大豆油粕	35 品目 12% 小麦粉 砂糖	11 品目 11% 紙巻煙草	165 品目 31%
↑ 集中	0.75 未満 ~ 0.50 以上	32 品目 10% 綿花 落花生	57 品目 16% 桐油 葉煙草	34 品目 4% 精塩 麻袋	13 品目 24% 綿糸 綿布 雑貨	136 品目 54%
	0.50 未満 ~ 0.25 以上	5 品目 1% 豚毛	12 品目 4% 石炭	22 品目 9% 米穀	2 品目 0% 生薬類	39 品目 15%
分散 ↓	0.25 未満 ~ 0.00 以上	無し	無し	無し	無し	無し
	合計	125 品目 17%	98 品目 23%	91 品目 24%	26 品目 36%	340 品目 100%

注1) 数値はタイル尺度．各年の理論的最大値で割ることによって標準化．最大 1（集中），最小 0（分散）．
注2) 表中の％は，単価が得られる品目の総額に占める比重．0％は 0 未満．

の事実は，特定の開港場間で取引されているにすぎない，という認識は，埠際貿易の基本構造の理解としては正しくないことを示している．より正確には，移出港が比較的集中しているのに対して，移入港はかなり分散していた．市場という観点からみれば，移出地は商品の供給地，移入地は商品の需要地とみなすことができよう．つまり日中戦争勃発直前までに，中国関内は，産業立地上は依然として極めて集中の傾向が強かったのであるが，消費市場としてはかなり全国的な広がりを持つようになっていたのである．

　具体的にどのような品目が分散・集中しているのかを表 5-11 からみると，消費市場（移入）として分散している品目は，紙巻煙草，綿糸，綿布，小麦粉であり，これらの品目は 1920～1930 年代にかけて沿海地域において軽工業化が進展して

いた産業に属する．他方で，消費市場が集中している品目は，茶，アンチモニー，桐油，豚毛など，主として対外輸出向けの産品に属している．石炭，葉煙草，米穀は，前述したように当該期において鉄道による輸送量が伸びているため，埠際貿易でみる以上に消費市場の分散化が進展していたことが予想される．以上のように，埠際貿易は，1930年代半ばまでに，主として軽工業品を軸に消費市場の分散化がかなりの程度進展していた．

その代表格である綿布の埠際貿易について検討することにしよう．表5-12は1933～1942年にかけての綿布の数量推移を省別にしめした．移出地が圧倒的に上海に集中している．青島から移出される綿布の約半分は河北（天津）へ，残りの多くは上海に移入された[38]．表中移入の江蘇以下の数量推移はほぼ上海からの移入である．その上海からの移入部分がどこに吸収されたのかについて注目しよう．1933～1936年にかけて，綿布の移入量を最も急速に伸ばしたのは，湖北，湖南，四川である．特に湖北の移入量の増大は劇的であり，1933年の時点では河北の後背を仰いでいたのが，1936年には関内最大の移入地に躍り出た．上海製の綿布の大半は，湖北を中心として長江中上流域に流れたのである．このように消費市場の分散化は，地理的空間からみると，長江流域の消費市場が拡大したことによってもたらされた．

1930年代の地域間の交易密度を集約的に示したのが，表5-13である．1936年に，満洲を除く中国品の遠隔地間流通は，外国市場を含めてみても，華中沿海と長江流域の環節が最も結びつきが強い．その交易額は438百万国幣元に達し，全交易額の23％に及ぶ．同時に，華北沿海，華南地域も国内との交易をより密接化する方向に進展する．その結果，国内貿易の比重が外国貿易よりも全体として高まっていた．中国は，1930年代前半期になって，ようやく緊密な国内分業を基礎にして，世界経済と対峙することができるようになったのである．

IV おわりに

1930年代関内における埠際貿易の特徴は，呉承明が述べたように「狭隘」であった，というよりは，いっそう開港都市間の相互依存関係を強める方向性に

---

38) 韓［1951, pp. 518-593］．

第 5 章

関内市場圏の形成

表 5-12　綿布の埠際貿易数量（1933-1942 年：千担）

	1933	1934	1935	1936	1937	1938	1939	1940	1941	1942
移出	1,286	1,552	1,737	2,147	1,960	1,043	1,302	1,141	559	96
うち										
上海	1,032	1,245	1,335	1,651	1,391	857	1,090	891	524	58
青島	135	182	286	374	349	7	64	191	24	25
その他	119	125	116	121	220	178	149	58	12	13
移入	1,249	1,513	1,738	2,176	1,938	1,057	1,081	808	150	99
うち										
河北	291	384	418	410	280	254	217	111	37	45
山東	107	134	128	145	125	164	171	131	59	44
上海	63	93	100	194	275	84	100	165	5	0
江蘇	0	0	0	1	1					
浙江	81	82	78	101	85	116	253	229	15	
安徽	45	33	36	40	42					
江西	64	95	93	72	99	5				
湖北	225	300	279	420	356	23	3	1	0	
湖南	29	39	84	124	136	61	4			
四川	34	27	101	234	171	22	38	30	4	
福建	70	74	84	74	69	50	53	41	15	2
広東	115	141	176	217	171	183	175	71	14	8
広西	85	77	117	88	75	46	12			
雲南	25	24	29	35	38	28	50	24	0	
海南	15	12	15	19	16	21	4	5	0	0

注 1）1 公担 = 1.6534688 担で計算．
注 2）0 は千担未満，空白は取引無し．
注 3）表中の綿布とは，Drills & Jeans, Sheetings & Shirtings, Nankeen, Cotton Piece Goods n.o.r. の四品目の合計．
　　　1932 年は Cotton Piece Goods n.o.r. の数量が統計未記載のため除外した．
注 4）移入の各省には以下の開港場を含む．
　　　河北（秦皇島，天津），山東（烟台，龍口，威海衛，青島），江蘇（蘇州，南京，鎮江），浙江（寧波，杭州，温州），安徽（蕪湖），江西（九江），湖北（漢口，沙市，宜昌），湖南（長沙，岳州），四川（重慶，万県），福建（福州，三都澳，厦門），広東（汕頭，広州，九龍，拱北，江門，三水，雷州），広西（梧州，南寧，龍州，北海），雲南（蒙自，思茅，騰越），海南（瓊州）．
出所）海関統計［1932-1942, No.1］．

表 5-13　中国品の貿易マトリックス (1936 年)

単位：百万国幣元

仕出地＼仕向地	華北沿海	長江流域	華中沿海	華南地域	関内小計	ソ領アジア	日本帝国	満洲国	香港・澳門	東南アジア	南アジア	アフリカ	西アジア	ヨーロッパ	北アメリカ	南アメリカ	オセアニア	その他	外国小計	総計
華北沿海	35	8	99	44	186		58	11	14	1	1			2	44	58		4	192	378
長江流域	14	94	259	25	392	1	6							10	1				18	410
華中沿海	102	179	62	149	492	3	51	12	18	17	11	1	23	104	123		2		366	858
華南地域	20	7	43	40	110		2	1	78	22	8			11	12				135	245
総計	171	288	463	257	1,179	4	117	24	110	40	20	1	25	170	194	1	7		712	1,891

注 1) 数値は純移出, 純輸出額を利用している.
注 2) 対満洲国の数値は, 関東州 (大連), 牛荘, 安東を含む.
出所 1) 国内貿易及び対安東・牛荘：海関統計 [1951, 韓啓桐編].
出所 2) 外国貿易及び対関東州 (大連)：海関統計 [1936, No. 1].

あった．関内における中国品の国内交易は，1920 年代には上海の工業化を軸にしてその規模を拡大させたが，1930 年代にはその成果を基礎にしながらも，対外経済関係の劇的な変化を受けて，地域空間的には，上海よりも他地域の交易量の増大という展開をみせた．

その動因となったのは，満洲から流入しなくなった産品を関内内部で補おうとする力であった．その力の中心となったのが長江流域である．四川，湖北，湖南，江西，安徽といった地区の産品は，上海を中心とする華中沿海のみならず，華北沿海，華南沿海へ空間的広がりをもって流通した．例えば長江下流の大豆油粕は，1936 年までに 169 万担が汕頭へ移出され甘蔗の生産拡充を支えた[39]．そして，同時期に交易量を伸ばした代表的工業製品である綿布の 40％以上が，砂糖の 30％が長江流域の開港場へ移出された[40]．関税政策によって保護された産品である砂糖，綿布の移出増大は，長江流域の生産と消費によって担われていた．満洲喪失のマイナス要因は，長江流域によって相殺されるだけでなく，関内における社会的分業を深める結果をもたらした．すなわち，1930 年代における中国の市場形成は，長江流域を要として，全国市場圏を形成する方向に進展したのである．

この 1930 年代半ばに形成が進んだ全国規模の市場圏を「関内市場圏」と呼ぼう．その構造を図示したのが図 5-3 である．上海を扇の要として，満洲を除く

---

[39] 海関統計 [1951, 韓啓桐編, pp. 206-207]．1 公担＝ 1.6534688 担で計算．
[40] 海関統計 [1936, No.1]．

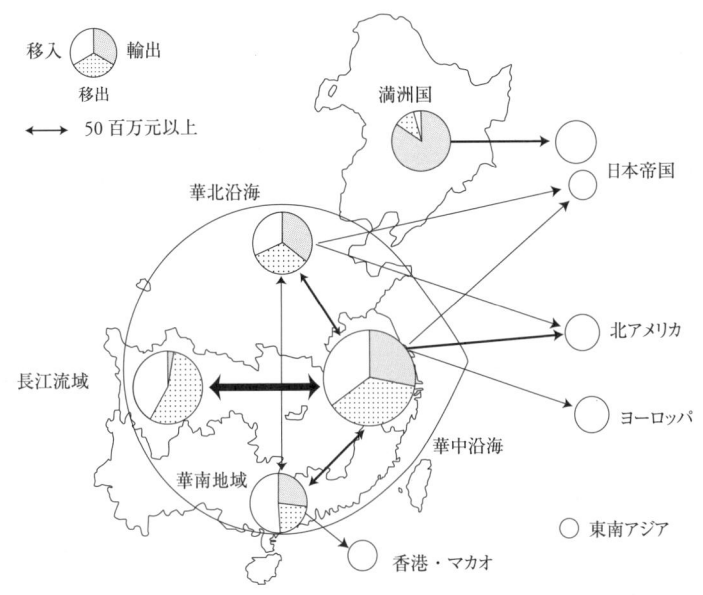

図 5-3　関内市場圏の交易構図（1936 年）
出所）表 5-13 より作成．満洲国は海関統計［1936, 満洲国財政部］．

中国全土を包み込むように広域的な市場圏が形成されていた点をみることができる．国内の地域間の交易規模は，実線で示したように，上海を媒介して，外国貿易の実線よりも太いことも確認されよう．1920 年代に形成された長江市場圏は，1930 年代には関内を中心とする全国規模の市場圏にまで発展していたのである．1937 年にはじまる日本軍の中国本土侵攻は，この関内市場圏に対していかなる影響を及ぼしたのか．その経済史的意義については，第 6 章において検討する．

第 3 部

全国市場圏の分断と再建

上海南京路（1948 年）
解説：蒋介石の特大ポスターと賑やかな上海市内の風景．内戦の緊張と都市文化の繁栄が対照的に写し出されている．

第6章 戦時期の市場圏の分断

I　はじめに

(1) 戦争による経済的損失

　1937年にはじまる日中戦争とそれに続く太平洋戦争の約8年間，中国本土は，日本軍占領地域と国民政府支配地域に分割統治された．戦局の推移により，2つの統治地域を分けるラインは変動を見せたが，図6-1にみるように，1944年の時点で，日本は沿海地域・長江中流域の主要都市とそれを結ぶ交通ルートの周辺を支配し，国民政府は重慶を拠点にして西南諸省の内陸部を統治していた．そして，両者の支配が及ばない農村部で，中国共産党の勢力が拡大していったことは，広く知られている[1]．

　戦争は，中国の一般大衆に経済的な困窮と多大な人命の損失をもたらした．中国側の試算に基づけば，人命被害は2,000万人以上，破壊された工場数は1,465，損失額は2億3,740万国幣元に達した[2]．

　ただし，日本軍は，占領した地域を統治するにあたり，ただ破壊に終始した，という理解は歴史事実に反する．目的は中国一般大衆の福祉向上ではなかったが，戦争で破壊された生産設備の復旧が実施された産業部門もあった．特に，兵站の要である鉄道の復旧と拡充は，華北地域を中心に日本軍によって積極的に行

---

[1] 共産党の抗日根拠地については，十分なマクロ経済統計を備えることができないため，検討することができなかった．このような刊行統計では「見えない」経済について，抗日根拠地の事例を通じて分析した研究として，内田［2005］がある．
[2] 中国抗日戦争史学会・中国人民抗日戦争紀念館［1997］．

第 3 部
全国市場圏の分断と再建

図 6-1 太平洋戦争期中国の開港場（1944 年）

われた[3]．また，中国の輸入代替工業化の中心部分である綿工業でも生産設備の約 90％が維持されていた[4]．さらに，国民政府支配地区でも，連合国からの援助と統制貿易による豊富な政府資金に基づいて，工業投資が積極的に行われ，生産力は戦前の約 13 倍に拡大していた[5]．これに，満洲国における工業投資を含

---

3) 林采成 [2006]．
4) 長岡・西川 [1995]．日本軍による綿工業の接収と在華紡については，高村 [1982]，民族紡については，久保 [2005]．
5) 長岡・西川 [1995]．国民政府支配地区の工業については，黄 [1998]．

めるならば，工業部門の生産力は，戦時中にかなり維持されていた[6]．西ヨーロッパ諸国が大戦中に受けた被害のほとんどが，生産設備と交通・エネルギーのインフラに集中していたのと比較するならば[7]，戦争で中国の工業が破壊された，という理解は学術的レベルではかなり相対化されている．

(2) 工業生産力と交易

太平洋戦争の局面が日本に不利になるにしたがって，日本が占領した地域の交易規模は，著しく縮小していった．交易規模の縮小要因は，船舶不足に代表される配給力の低下である．太平洋戦争勃発後，「大東亜共栄圏」の東南アジア方面では，配給力の低下が著しく，占領地への消費財の供給どころか，獲得した資源の日本本土還送さえままならなかった[8]．一方，中国大陸の場合，前述のように鉄道輸送力の拡充がはかられたことで，日本軍の占領地域と日本内地・満洲国・朝鮮を結ぶライン，すなわち「日・満・支」ブロック内での流通規模は，それなりに維持されていた[9]．

中国大陸では，工業生産力の損失が軽微であり，かつ配給力も維持されていたため，日本は，中国大陸を通じて「大東亜共栄圏」の交易全体を維持することに期待をかけていた．その一端を示す資料として，昭和16年度から国家総動員計画の一環としてはじまった「貿易計画」がある[10]．その昭和18年度計画をみるならば，北支（華北）の鉱産物，中支（華中）の消費財を両軸として，中国本土（満洲国・蒙疆を除く）の生産物で「大東亜共栄圏」の交易の44％を担うことを目標としていた．

しかし，その実績は目標に程遠いものであった．中国本土を取り巻く交易規模も，かなりの縮小がみられた．1936年を基準にして，その実質規模を推計するならば，太平洋戦争勃発後の1942年には外国貿易は4分の1以下，国内貿易は10分の1前後まで落ち込んでいる．1943年の外国貿易の実績は，輸出は戦前の18％，輸入は9％と，いっそう縮小した[11]．

---

6) 満洲国時代の工業については，松本［2000］，山本［2003］．
7) Todaro and Smith［2009］．
8) 山本［2011］．
9) 林采成［2006］．戦時華北の日本支配の全体像については，中村［1983］．
10) 中村［1983, p. 290］及び山本［2011, pp. 242-243］．原資料は企画院「昭和18年度交易計画参考表」(1943年5月14日)．
11) 本書，第7章表7-1参照．

(3) 市場圏の視角からみる戦時期

　生産力と配給力のいずれも維持されながら，なぜ中国本土の交易規模は，戦時中に縮小したのであろうか．その理由は，戦前期中国の成長モデルが，日本軍の中国支配によって条件を失い，それに代わるモデルと条件を日本が提示できなかったからである，と考える．

　両大戦間期中国の成長モデルは，農業部門の一次産品輸出が成長することで，工業部門に拡大する国内市場を提供した．この拡大する国内市場を，国民政府が政策的に保護することで，工業化が推進されたのである．つまり，工業部門だけでなく農業部門も発展したこと，両者の均斉的成長が工業化の基盤であり，また中国が急速に国民経済と呼べる実体を備えていった背景であった．

　ところが，日本は，中国を軍事的に支配した結果，農業部門とアメリカ，ヨーロッパ市場の結びつきを分断してしまった．日本の占領期間を通じて，生産力と交易量が伸びた一次産品もあった．ただし，それは，石炭・鉄鉱石など，中国の北方地域に賦存する鉱物資源が中心であった．中国の南方地域の一次産品は，戦時中にほとんど日本に需要されないまま，生産の停滞を余儀なくされたのである．さらに，国民政府が依拠した西南諸省の一次産品は，日本軍が沿海部の主要港湾を占領したことで，世界市場向けの流通ルートを遮断された形となり，同じく生産の停滞に苦しめられることになった．そして，日本の軍事支配で輸出市場を奪われてしまった地域こそが，上海の工業部門にとって重要な国内市場であった．その結果，工業部門もまた需要不足による生産の停滞に陥った，と考えられる．

　以下，本章では，日本によって中国の均斉的成長のモデルが破綻していくプロセスを実証的に明らかにする．Ⅱでは，日中戦争勃発から太平洋戦争前夜までの中国本土の市場圏について，Ⅲでは，太平洋戦争勃発後の市場圏について分析する．そして，Ⅳにおいて，日本の中国支配の限界とは何であったのか，市場圏の視角から見えてくる含意について整理する．

Ⅱ　日中戦争と市場圏の分裂

(1) 日中戦争期の貿易政策

　日本軍は，1937年7月の秦皇島を皮切りに，1941年4月までに，華北から華

南にかけて，22 の開港都市を占領した（図 6-1 参照）．しかし，対英米開戦まで，日本軍の開港都市の支配は，列強諸国が租借権をもつ区域まで及ばなかった[12]．また，当時の中国の税関行政は，外国人税務司制度と呼ばれる外国籍税関吏が行政を執行する制度下にあったため，日本軍は占領都市における関税権を掌握することができなかった[13]．

日本は，この時点では，列強の中国権益を侵害してまで，中国の貿易をすべて掌握しようとは考えていなかった．ただし，租界を通じた内陸部との自由な通信と交易は，軍事行動の機密漏洩の危険性と国民政府の抗戦能力を高める要因となりうるため，租界を孤立させる政策を実施した．北支那方面軍は，天津において，租界と内陸部の反日勢力との交信を途絶する政策を展開した．中支那方面軍は，1937 年 12 月の南京陥落以降，国民政府軍と上海租界地区との交通・通信を制限した．特に，長江流域の船舶の寄港・出港に対して統制が実施された[14]．

このような日本軍の国際条約に抵触する行為は，当時，中国の税関行政のトップの地位（中国総税務司）にあったイギリス人フレデリック・メーズ（Frederick Maze：中国名「梅楽和」）の政策によって容認されることになった[15]．メーズは，日中戦争によって，中国の税関行政が分裂してしまうことを一番回避しなければならない，と考えた．なぜなら，中国の関税収入は，外債償還の担保資金であ

[12) 中国の税関行政は，日中戦争下でも，外国人税務司制度により統一が保持された．具体的には，①統計が両支配地域を一括したかたちで刊行．②欧米海関職員の地位保全．③徴税通貨単位の維持．③については，1938 年に連銀，1941 年に儲備銀が設立され，それぞれ，1939 年，1942 年から汪兆銘政権下で連銀券，儲備銀券が流通するが，関税徴収単位は，1941 年 12 月 7 日まで蒋介石政権の海関金単位と国幣元とされた．他方で，欧米海関職員の地位が保全されたとはいえ，貿易行政は日本軍の強い影響下におかれた（IGC [1948]）．

13) 関税自主権の回復により，貿易行政・関税政策の実権は，国民政府財政部にすでに移譲されていた．その後の，外国人税務司の実務は，関税収入が円滑に外債償還に回されるよう監督することであった（張耀華 [2005]）．ただし，日本軍への対応にみられるように，総税務司は，中国における西洋列強の権益の代理人として，中国の外交に強い影響力を持っていた点も看過できない．

14) 当時の内河航行規則は，Semi-normal-manner と呼ばれ，特に長江流域の中国籍船舶の航行に対して規制が加えられた（IGC [1948]）．

15) メーズ（1871-1959）は，第 2 代総税務司ロバート・ハート（Robert Hart）の甥で，1891 年 20 歳のとき中国海関に勤務した．1929 年 1 月，第 4 代総税務司に就任．以後，満州事変から太平洋戦争に至る難局の中，中国における「西洋列強の利益を保護する代理人」として，税関行政の分裂を回避しようと努めた．メーズの対日政策は，関税が外債償還担保であることを日本側が認める限り，日本の要求はすべて容認する立場で一貫していた．その立場を彼は「委曲求全」と表現している（張耀華 [2005]）．

り，税関行政の分裂は，外債償還の円滑な執行に大きな支障を来すことが予想されたからである．メーズの立場は，外債償還に利害を持つロンドン・シティからの支持も得た[16]．これによって，中国の貿易は，日本軍の強い統制下に置かれながら，税関行政の分裂を回避したのである．

(2) 日中戦争期の交易構造

一方で，日本軍の貿易統制が実施されながら，他方で，外国籍船舶は引き続き中国の沿岸部を航行することができたため，欧米諸国と中国大陸の間での通商は維持された．太平洋戦争開始までの約3年半の間，中国の市場圏は，1つのまとまりある全国市場圏としての性格を弱めながらも，それなりの体系と規模を維持した．日中戦争の前後を1936年（表5-13）と1938年（表6-1）のマトリックス表で比較してみると，最も大きな変化は，1936年まで国内の遠隔地間流通の大動脈の位置にあった長江流域と華中沿海の貿易環節が，1938年でみるとほぼ途絶したことである．その結果，実質額でみて，国内貿易は1936年から1938年にかけて約2分の1に縮小した．そして，関内は，湖北省漢口を境にして，2つの市場圏に分裂した．1つは日本軍が支配する沿海地域の市場圏，もう1つは国民政府が拠る長江上流の市場圏である．

2つの市場圏に分裂したが，それぞれの市場圏内部の交易規模は一気に壊滅に進んだわけではなかった．日本軍占領地域についてみると，華中沿海は華北沿海，華南沿海との間では戦前と同じ水準の交易規模を維持していた．華北沿海は，日本帝国との交易規模を拡大しているが，それでもその比重は25％に留まり，依然，国内交易のほうが大きく，沿海市場圏の中に位置していた．第5章の表5-5から純移出数量の推移をみると，この状況は1940年まで続いた，と考えられる．また，表5-12より綿布の動向をみると，日中戦争の戦火が長江流域まで拡大した1938年に，長江流域に向けられる綿布が激減するが，1939年，1940年にかけて，その他地域の綿布交易量は一定程度維持されていることが確認される．

この時期の上海は，周辺各地から避難する人々が流れ込み，さらに行き場を失った多額の資金も流入することで「孤島の繁栄」を生んでいた[17]．物価高騰

---

16) この時期，メーズはロンドン・シティの各銀行と頻繁に通信を交わしている．その通信文は，China. The Second Historical Archives [2004] 所収．

17) 上海の「孤島の繁栄」については，多くの実証研究がある．工業生産については，久保 [2005（中国語）]．貿易については，張賽群 [2007]．市民の生計状態については，山村 [2007]．

表 6-1　中国品の貿易マトリックス（1938 年）

単位：百万国幣元（1936 年不変価格）

仕出地＼仕向地	華北沿海	長江流域	華中沿海	華南地域	関内小計	ソ領アジア	日本帝国	満洲国	香港・澳門	東南アジア	南アジア	西アジア	アフリカ	ヨーロッパ	北アメリカ	南アメリカ	オセアニア	その他	外国小計	総計
華北沿海	26		95	30	151		90	31	11		1		1	44	31		2		211	362
長江流域		112		1	113															113
華中沿海	89	16	94	134	333		13	3	42	1	20	14	12	56	31		2		194	527
華南地域	18	1	27	37	83				159		23	6		24	15		1		228	311
総計	133	129	216	202	679		103	34	212	1	44	21	13	124	77		4	1	634	1,313

注1）数値は純移出，純輸出額を利用している．
注2）対満洲国の数値は，関東州（大連），牛荘，安東を含む．
注3）価額は，1936年を基準とした実質額．物価指数は，1936年を100とすると，1938年移出 114，輸出 120．
出所1）国内貿易および対安東・牛荘：海関統計［1951, 韓啓桐編］．
出所2）外国貿易および対関東州（大連）：海関統計［1938, No. 1］．

により，中国人労働者・一般市民の生計状態は悪化の一途をたどっていたが，逆に工業生産は活況を呈し，先にみた沿海地域への工業製品移出が拡大すると同時に，東南アジア向け輸出も伸長した．1939年には，綿工業を中心に工業生産額は，戦前の最高水準に匹敵する規模を維持していた[18]．

　国民政府支配地域についてみると，長江流域と華中沿海間の航行が制限されたことにより，ヨーロッパ・北アメリカ市場向け一次産品の流通ルートが大きく変化した．表 6-1 でみるように，長江流域内部の交易規模が拡大している．長江上流では，四川省の一次産品が中流域の漢口に集積し，従来の船舶による輸送に代わり，漢口から広州に向けて鉄道輸送の比重が高まった[19]．鉄道により広州に輸送された長江上流の一次産品は，香港経由でヨーロッパ・北アメリカ市場に輸出された．表 6-1 中，華南地域から香港・マカオ向け輸出額が急増しているのは，この輸送ルートの変化によるものである．鉄道輸送ルートが保持されたことで，中国の一次産品輸出も維持されていたのである．

　日中戦争期の市場圏の構造を図示するならば，図 6-2 のようになる．上海を中心とする市場圏は，長江流域との交易が日本軍によって分断されたため，扇の半ばを欠く形となった．それでも沿海交易は，戦争前の水準が維持されたこと

---

18) 久保［2005（中国語）］．
19) 1930年代に全通する粤漢鉄道（広州―漢口）を利用した長江流域産品の輸出は，日中戦争前から拡大する傾向にある（萩原［2000, pp. 152-153］）．

第 3 部
全国市場圏の分断と再建

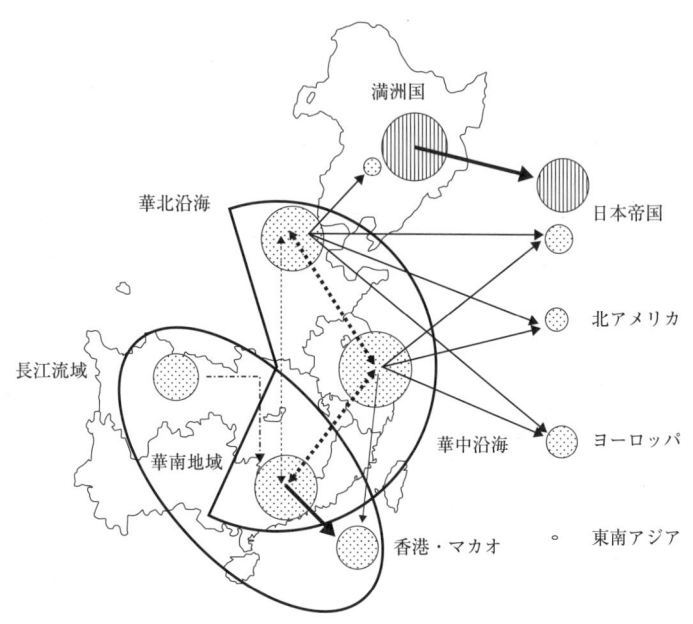

図 6-2　日中戦争期中国の交易構図（1938 年）
出所）表 6-1 より作成．満洲国は海関統計 [1938, 満洲国経済部]．

で，華北沿海・華中沿海・華南地域の 3 つを結ぶ交易の線は，外国貿易よりも太い線で結ばれていたことを確認できる．そして，長江流域は華中沿海市場を失ったとは言え，世界市場との通商が維持されたことで，それなりの規模があったことも確認できる．

このように，日本軍の中国侵攻は，長江の河川ラインの交易を激減させたのであるが，それでも中国は，世界経済との通商が維持される限り，農業部門と工業部門の均斉的な成長を続ける余地が残されていたのである．

III　太平洋戦争と市場圏の衰退

(1) 沿海開港都市の「繁栄」と衰退

1941 年 12 月 8 日，日本陸軍は対英米開戦と同時に租界を占領し，12 日には

香港も完全に支配下に置いた．総税務司メーズは解任され[20]，日本軍が占領した 22 の開港場及び九龍は，汪兆銘政権が任命した日本人総税務司岸本広吉の管轄下に委ねられた[21]．他方で，蒋介石政権は，12 月 26 日までに，岸本総税務司の税関行政からの独立を宣言した[22]．以後，日本が支配する海関の総税務司は上海総税務司，蒋介石政権側は重慶総税務司と呼ばれ，中国の税関行政は 1945 年 10 月まで 2 分された[23]．

日本海軍は，沿岸部の開港都市を封鎖し，連合国との交易と通信を完全に遮断した．そして，長江でも外国籍船舶の航行は禁止され，日本軍の軍事輸送のみが許されることになった．日本軍によって中国沿海部は，ヨーロッパ・アメリカ市場を失うことになり，わずかにナチス・ドイツと「大東亜共栄圏」傘下の地域との交易に限定されていった[24]．厳しい貿易統制は，それまでの市場を通じた資源分配を歪め，各地で物資の欠乏を発生させた．

1941 年 1 月，汪兆銘政権の下で中央儲備銀行が設立され，日本軍が長江流域で戦費調達のために使用した軍票の回収が試みられた．1942 年 6 月からは，中央儲備銀行が発行する銀行券（儲備銀券）の強制通用がはじまり，同時に国民政府が発行していた法幣の通用は禁止された．儲備銀券が準備の裏付けがないまま

---

20) メーズ以下，英米の海関職員幹部は，上海北四川路の中支那方面軍司令部に拘禁され，即日，汪兆銘の名で解任を通達された．

21) 岸本広吉（きしもと　ひろきち）：1883 年 7 月 10 日東京に生まれる．東京高等商業学校を卒業後，1905 年に中国海関に就職した．芝罘，上海での勤務後，第 1 次世界大戦で日本が青島を占領すると，1915 年に青島海関副税務司に抜擢された．その後，大連税務司（税関長）を経て，1930 年代初頭に中国海関本部の事務方のトップにあたる総税務司署総税務科税務司（Chief Secretary）に就任した．1934 年 12 月，国民政府財政部の人事により天津海関税務司に左遷されるも，日本の抗議により復職し，太平洋戦争直前には，中国海関のナンバー 2 の副総税務司の要職にあった．日本敗戦後，国民政府により中国海関から追放された（IGC [1939], Bickers [2008]）．

22) 総税務司メーズ以下の高級職員が上海で軟禁されたため，雲南省騰越海関の税務司ジョリイ（C. H. B. Joly）が代理総税務司に就任した．1943 年，メーズは軟禁を解かれたのち，重慶に向かい現職に復したが，まもなく辞職し，1943 年 8 月からアメリカ人リット（Lestor Knox Little: 1892-1975）が総税務司に就任した．リットは，1950 年に台北で辞職宣言した（IGC [1948], 張耀華 [2005]）．

23) 戦後から現在に至るまで，中国海関は，上海総税務司により刊行された統計を正式な刊行物として認めていない．1945 年 8 月号は，国民政府の中国海関により出版されたが，その背表紙には「This volume was printed by the bogus Customs authorities and is not recognized by the Government of China」とある（海関統計 [1945. 8, No. 8]）．

24) IGC [1948], 海関統計 [1943. 12; 1944. 12, No. 8]．

乱発された結果，物価のハイパーインフレーションが進んだ[25]。

　市場メカニズムが事実上機能不全に陥る中，日本軍占領地域では数多くの密輸が横行することになった．紙幣に代わり，アヘンや紙巻煙草といった，価値の保蔵性と分割可能性が高い商品が，いわば通貨の代替物となり，密輸を支えることになった．したがって，この時期に作成・刊行された統計は，交易の実勢を見る上で，さまざまな数値の遺漏がある[26]．そのような数々の問題がある点を認めた上で，現在残されている統計から，太平洋戦争期中国の交易の実勢と構造をみることにしよう[27]。

　日本軍が太平洋において戦局を有利に進めていた間，中国の沿海開港都市では，一時的とは言え，経済の活況がみられた．それが尽く衰退して行くのは，1943年以降のことである．日本軍が支配した4つの重要な開港都市，天津，上海，漢口，広州の動向から，地域別の交易実態をみることにしよう．

華北沿海（天津）

　華北地域の中心的な開港都市である天津は，太平洋戦争中，「比較的平和な状態な続き，交易の諸条件も一般的に言って満足の行く状態にあった」と，国民政府自らが戦後評価している[28]．太平洋戦争勃発直後は，国内からは綿製品，砂糖の移入が堅調であり，海外からは米穀，小麦，小麦粉の輸入が全体の42％を占めていた．輸移入は，消費財を中心に比較的安定した交易規模を維持していた．一方，輸出は，欧米市場の封鎖を受けて，豚毛，鶏卵製品，毛皮，羊毛カーペットなどが激減したのに対し，移出では塩，綿花が伸長した[29]．1943年になると，海上交易の規模が激減し，代わりに鉄道輸送の拡大がみられた．これは，「大東亜共栄圏」全体の船舶不足を受けて，日本軍によって鉄道輸送に重点が置かれたからである．以後，天津の交易は，円ブロック向けの輸出が中心となり，日本敗戦まで鉱産物の交易が支配的位置にあった[30]．

---

25) 日本軍占領地域における通貨金融政策については，柴田［1999］．
26) 太平洋戦争期の貿易統計の刊行・残存状況については，本書第8章を参照．
27) 太平洋戦争期の外国貿易を分析した研究として，Cheng［1956］，久保［2006］がある．いずれも市場が日本軍占領地域と国民政府支配地域に分断され，交易規模も縮小した，と指摘している．本章は，外国貿易だけでなく，国内貿易を包括した形で，市場の分断の実勢を分析する．
28) IGC［1948］．
29) 海関統計［1942, No. 1］．
30) 海関統計［1943; 1944, 華北海関, 年報］．

華中沿海（上海）

　日本軍による租界占領は，その当初，上海経済にとって大きな痛手となった．1942年初頭は，多くの工場，商社の活動が停止に追い込まれ，数千人に及ぶ失業者が路上に投げ出された．しかし，1942年半ばから，徐々に経済は安定の方向に進み，欧米の工業製品の輸入が途絶したことを受けて，その代替製品を製造する工場の新設がみられた．そして，戦時中でも原材料を確保できた工場では，生産活動の再開がはじめられた[31]．1942年における外国貿易は，日本帝国との貿易で占められ，主要な輸入品は，穀物を中心とする食糧であった．そして，綿製品は，主要な輸移出品としての戦前以来の地位を保持していた[32]．

　しかし，1943年になると，経済状況は悪化の一途をたどった．その原因は，原材料の不足である．日本軍の戦局の悪化につれ，上海への原材料供給は途絶えがちとなり，それまでストックしていた部分を食いつぶしながら生産を続ける状態になった．そして，そのストックも尽きると，多くの工場が生産の停止に追い込まれていった[33]．

長江中流域（漢口）

　1937年8月から日本軍は長江封鎖を実施し，1938年10月に武漢が陥落して以降，長江中流域の船舶による外国貿易は途絶し，代わりに漢口—広州間の鉄道輸送が活況した点については，すでに言及した．以来，前線にあたる長江流域では，日本軍によって一般船舶の航行は禁止されていた．1941年12月，長江の自由航行が日本籍船舶に限り認められ，上海との通商の道が開けた．しかし，今度は，漢口—広州間の鉄道運行が停止してしまう．鉄道路線上の各都市に国民政府軍が進駐し，日本軍は漢口から岳州までの路線を確保することしかできなかった[34]．

　1944年になると，連合国軍による爆撃がたびたび漢口を襲来するようになり，漢口の経済活動と交易はほぼ停止状態になった．1944年4月から12月にかけて，日本軍は，連合国軍の空軍基地の殲滅と，華北—華南を結ぶ鉄道ルートの確保を目的として，大陸打通作戦（正式名称：一号作戦）と呼ばれる，大規模な攻勢に及

---

31) IGC [1948].
32) 海関統計 [1942, No. 1].
33) IGC [1948].
34) IGC [1948].

んだ．投入兵力50万人，作戦距離2,400kmに及ぶ大規模な攻勢作戦により，日本軍は計画通りの地域の占領に成功し，一応，鉄道ルートの確保を果たすことができた．しかし，断続的に続く戦闘，ゲリラ的妨害活動の前に，安定期な鉄道運行を実現することができなかった[35]．長江流域の船舶航行，そして鉄道運行が正常に復するのは，日本敗戦後の1945年10月に入ってからである[36]．

華南沿海（広州）

日中戦争勃発当初，日本軍は広州を空爆し，多くの広州市民が戦火を逃れるため香港に向かった．このような混乱状態は，日本軍が広州を完全に占領すると落ち着きを取り戻し，しばらく安定した状態が続いた[37]．1941年には，広州の貨物の出入も，かなりの回復がみられた．輸移入は，米穀，砂糖，灯油，石炭など，生活必需品の交易が通常に戻り，輸移出でも，絹，紙，羽毛，果実，蔬菜などそれまでの広州の主要品目の交易が回復した[38]．

太平洋戦争が勃発すると，広州の経済活動は一時的に混乱をみせたが，華南沿海地域における日本軍の作戦行動が順調に展開し，周辺地域での戦闘活動が収束してゆくと，再び広州の経済活動は活況を呈するようになった．「大東亜共栄圏」の拡大によって，広州には日本籍船舶の寄港が増加し，商業機会を求めて多くの商人が訪れるようになった．香港との通商も回復し，高まる交易拡大の期待は，工業生産も刺激した．このような好況状態は，1943年まで続いた[39]．

しかし，1944年になると，広東省，広西省での日本軍の支配が緩み始め，前年までみられた好況局面は一転した．連合国は，広州の港湾と船舶の航行ラインに集中的に空爆を加えるようになり，船舶による輸送は，若干のジャンクによるものを除いて，皆無状態となった．この空爆は，日本敗戦後も尾を引き，1945年中，広州港の貿易は停止状態にあった[40]．

以上，4つの開港都市の状況をまとめると，1941～1942年にかけて，最前線に位置していた漢口を除いて，沿海の開港都市では，経済の活況がみられた点を

---

35) 大陸打通作戦については，防衛庁防衛研修所戦史室 [1967, 1968, 1969]．
36) IGC [1948]．
37) IGC [1948]．
38) 海関統計 [1941, No. 1]．
39) IGC [1948]．
40) 海関統計 [1945, 重慶総税務司]，IGC [1948]．

第6章 戦時期の市場圏の分断

表 6-2　中国品の貿易マトリックス（上海総税務司管轄：1943年）

単位：百万国幣元（1936年不変価格）

仕出地＼仕向地	華北沿海	長江流域	華中沿海	華南地域	関内小計	ソ領アジア	日本帝国	満洲国	香港・澳門	東南アジア	南アジア	西アジア	アフリカ	ヨーロッパ	北アメリカ	南アメリカ	オセアニア	その他	外国小計	総計
華北沿海		21	8	1	30		52	17	1										69	99
長江流域																				
華中沿海	16			7	23		15	12	1	3									30	53
華南地域	1		7	1	9		1		3	1									5	14
総計	38		15	9	62		68	28	4	4									104	166

注1) 数値は，純移出，純輸出額を利用している．
注2) 対満洲国の数値は，関東州（大連），牛荘，安東を含む．
注3) 価額は，1936年を基準とした実質額．物価指数は，1936年を100とすると，1943年輸出896．移出物価指数未推計により輸出で代替．
注4) 原資料は，連銀券と儲備銀券の2通貨建で表記されているが，連銀券1元＝儲備銀券5.56元で換算．
出所）海関統計 [1943, No. 1; 1943. 12, No. 8]．

確認することができる．ただし，それが維持されていたのは，日本による原材料の供給と開港都市周辺地区の「治安」が保たれている場合であり，1943～1944年にかけて，戦局が日本に不利になると，その活況も急速に失われていった．

表6-2から1943年における日本軍占領地域の貿易マトリックスをみると，表6-1の1938年と比較してわかるように，中国は，ヨーロッパ・北アメリカ市場のみならず，南アジアからオセアニア，アフリカに至る外国市場のほぼすべてを喪失した．国内貿易は，華北沿海域内，そして華中沿海から華北沿海の流通で過半を占めた．そして，この流通も日本帝国・満洲国への流通の一部を構成するものである．1942年まで各開港都市の商況や工業生産が活況した面があったとはいえ，1943年には日本軍が支配した沿海地域内部ですら，市場圏と呼べるような分業関係は皆無であった．中国の市場圏は，自立性を失い，従前より縮小した規模で日本帝国圏に組み込まれたのである．

(2) 国民政府支配地区の孤立

国民政府支配地区の交易は，日中戦争期に鉄道輸送ルートの存在と欧米市場との通商が維持されたことで，劇的な縮小を逃れていた．しかし，1941年になると，国民政府支配地区の交易を支えていた条件が，急速に失われていき，以後，回復がないまま戦争終結を迎えた．

国民政府支配地区にとって最初の痛手は，1941年6月にドイツがソ連に侵攻

したことで，ソ連からの陸路貿易と支援物資が途絶したことである．そして，日本軍は，仏領インドシナに進駐すると，国民政府支配地区との物資のやり取りを厳しく封鎖した．国民政府支配地区と連合国との通商ルートは，ビルマと北東インドに限られ，前者は1942年には日本軍により事実上封鎖された．以後，日本軍は，国民政府の抗戦力を弱体化させるために，中国全土の主要な港湾を封鎖していった[41]．

1937年7月の盧溝橋事件以来，国民政府は精油施設を含むあらゆる工場設備を沿海部から内陸部に移転させていった．その大部分は，上海から長江流域に沿って，漢口，宜昌を経て，四川省に設置された．1941年までに多くの工場設備が内陸部で生産の準備を整えていた．しかし，日本軍占領地域と海外からの原材料の供給が，日本軍に封鎖されていたため，思うような生産はできなかった．そして，1942年半ばになると，占領地域からの避難民の流入により人口は増加し，物資の欠乏による商品価格の高騰が激しさを増した[42]．

国民政府は，戦争遂行のために必要な物資の生産を実現させるために，工業の国営化を推し進めた．そして，物資を獲得するために西南諸省の主要産品の交易を統制し，その独占化も進めた．統制に置かれた主要な産品は，桐油，豚毛，羊毛，鉱産物である．これらの物資は，時に，日本軍占領地域に向けて移出され，その見返りとして西南諸省で欠乏する物資の交換に充当された（日本軍からみれば，これは密貿易となる）．占領地域との統制貿易を実施するために，国民政府は，占領地域との境界にあたる場所に，7つの税関を新設した．さらに，臨時戦時消費税を導入し，商品流通に対して一律5％，奢侈品に限り20％の流通税を課した．7つの税関の下に，流通拠点に支部税関を設け，その総数は460に上った．また，アンチモニー，タングステン，水銀など，連合国の軍事産業で需要が大きい戦略物資は，空輸でインドを経由して輸出された[43]．

果たして，国民政府による統制貿易は，どれくらいの規模を保っていたのであろうか．その大まかな様相を，国民政府側の貿易統計から分析しよう．表6-3は，1942年から1945年にかけての重慶時代の国民政府の貿易統計である．表中，下線を付した数値は，原資料で日本軍占領地域との貿易を含むと注記があるものである．その内訳の数値を厳密に確定することはできないが，下線を付した数値

---

41) IGC [1948].
42) 黄 [1998].
43) IGC [1948].

第6章
戦時期の市場圏の分断

表 6-3 重慶総税務司管轄下の海関別貿易額 (1942-1945年)

単位：百万国幣元

	1942 輸移入 対外国	1942 輸移入 対占地	1942 輸移出 対外国	1942 輸移出 対占地	1943 輸移入 対外国	1943 輸移入 対占地	1943 輸移出 対外国	1943 輸移出 対占地	1944 輸移入 対外国	1944 輸移入 対占地	1944 輸移出 対外国	1944 輸移出 対占地	1945 輸移入 対外国	1945 輸移入 対占地	1945 輸移出 対外国	1945 輸移出 対占地
華北内陸																
(新設) 新疆	13	n.a.	n.a.	n.a.					190	n.a.	166	n.a.	156	n.a.	104	n.a.
(新設) 蘭州									27	n.a.	21	n.a.	37	n.a.	410	n.a.
(新設) 綏遠	2	123	n.a.	n.a.					29	n.a.			92	60	20	n.a.
(新設) 西安					29	n.a.			268	n.a.			430	430		
(新設) 洛陽									296	n.a.			1,247	1,247	7	n.a.
長江流域																
重慶	16	n.a.	8	n.a.	59	n.a.	218	n.a.	288	n.a.			2,955	1,648	232	n.a.
(新設) 成都					2	n.a.	0	n.a.	82	n.a.			72	23	0	n.a.
万県	2	2			7	n.a.			13	n.a.			142	142		
宜昌																
沙市	3	3			10	n.a.			495	n.a.			102	102	5	n.a.
長沙	60	60			66	n.a.			35	n.a.			508	508		
(新設) 上饒	58	58			56	n.a.			20	n.a.			58	58	2	n.a.
華南沿海																
温州	13	13	0	0	308	308			209	209			713	713	855	n.a.
三都澳																
(新設) 福州	38	n.a.			65	n.a.	0	n.a.	65	n.a.	64	n.a.	255	224	220	n.a.
曲江	70	n.a.			288	n.a.			247	n.a.			31	31	0	n.a.
拱北													45	45	6	n.a.
梧州	142	n.a.	3	n.a.	538	n.a.			690	n.a.	50	n.a.	360	315		
南寧	36	n.a.	22	n.a.	287	n.a.			354	n.a.			447	447	4	n.a.
雷州	1	n.a.	34	n.a.									563	563	108	n.a.
北海	4	n.a.			282	n.a.	80	n.a.	296	n.a.			3,074	3,062	109	1
151																
華南辺境																
龍州	0	13	1	n.a.	45	n.a.	2	n.a.	58	n.a.	2	n.a.	2	2	286	n.a.
蒙自 (昆明)	34	218	67	n.a.	434	n.a.	396	n.a.	748	n.a.	396	n.a.	4,174	4,174		
思茅																
騰越 (騰衝)													390	390	31	n.a.
合計	191		165		3,373		997		4,410				15,775	10,295	2,293	1,117

合計: 1,437 / 3,373 / 4,410 / 15,775 ; 1,176 / 5,470

注1) 下線を付した数値は，日本軍占領地域との貿易を一部含む．
注2) 1945 年の数値は 1945 年度の数値には，上海総税務司管轄海関回収後の 1945 年 10 月から 12 月の上海，広州，厦門の貿易額も含む．
出所1) 1942-1945 年の数値：IGC [1948]．
出所2) 1945 年の輸移出入額：海関統計 [1945，重慶総税務司]．

183

の規模が大きいこと,そして連合国との貿易は,華南辺境地区に集中していた,という事実を総合すると,少なく見積もっても全体の約3分の1,多くて2分の1は対日本軍占領地との貿易で占められていた,と推定される.残念ながら,商品別の数量のデータを現在では入手できないため,その規模が1941年以前と比べてどれくらいであるかを知ることはできない[44].ただし,国民政府支配地区の貿易は,規模を縮小させながらも,日本軍占領地域に依存していたことは間違いないであろう.

輸移出と輸移入の規模を比較すると,圧倒的に輸移入の規模が大きい.その地域別内訳は,1943年でみると,華北内陸28%,長江流域6%,華南沿海52%,華南辺境14%であった.華南沿海の日本軍占領地域からの物資移入が最も大きかった,と考えられる.前述のように,広州は1943年まで経済活動が活況であった.その背景には,日本軍からみた密輸が国民政府支配地区で活発にやりとりされていた点をうかがわせる.一方,輸移出の規模は,輸移入に比べてかなり小さい.その小ささが示すように,日中戦争期に維持されていた鉄道輸送を利用した一次産品輸出は,ほぼ壊滅状態にあった,と予想される.

IV おわりに

戦前期中国市場は,政治的分裂や帝国主義支配の影響にさらされながらも,中国という領域内で社会的分業を強める方向に進みはじめていた.太平洋戦争により,市場経済を支える条件を失うまで,広域的な市場圏の体系を維持しようとする動きがみられる.その基盤には,戦前期,沿海地域に軽工業を中心に工業部門が形成されていたこと,そして,中国の地域的多様性を反映して,世界的に需要される一次産品の種類が豊富で,その商品流通がひとたび拡大すると,軽工業品に対する潜在的な国内需要も飛躍的に顕在化することがあげられる.

長江流域は,1930年代にヨーロッパ・北アメリカで需要が飛躍的に高まる一次産品の産地であった.関税政策の展開とあいまって,長江流域の拡大する市場は,上海の軽工業部門の独占的な市場となっていた.満洲事変後に続く日本における軍部の影響力の高まり,そして日中両政府の外交関係の溝の深まりは避け難

---

44) 重慶時代の国民政府の詳細な貿易統計は,中国国家図書館により最近復刻された.重慶海関総税務司署統計科[2011].それを利用した本格的な分析は今後の課題である.

いものとなり，日中全面戦争へと事態は進んでしまった．戦火は華北から華中沿海，そして長江流域に拡大し，1938年10月に漢口が陥落すると，それまで国内の遠隔地間流通の主要な位置にあった華中沿海と長江流域の商品流通は，壊滅的打撃を受けてしまう．しかし，中国の遠隔地間流通は，戦争の中でも，残された交易ルートを最大限に活かすことで，商品流通の壊滅を回避できた．その背景には，太平洋戦争が勃発するまで，中国は，日本帝国を除く世界市場との関係をまだ維持する条件が存在したことがあげられる．

　太平洋戦争の勃発と，日本による租界と香港の占領は，中国を完全に世界市場から孤立させた．以後，日本敗戦まで，日本軍占領地域の遠隔地間流通は，日本帝国との交易に限定されていった．他方で，国民政府支配地域も援蒋ルートにみられる軍事物資の限られた輸送ルートを除けば，ほぼ世界市場から隔離され，その広域的な交易の大部分は日本軍占領地域からの移入に限定された．

　かくして，日本による中国大陸の軍事支配は，中国経済の大々的な縮小という結末に至ったのである．その要因は，船舶不足に代表される配給力の低さにすべて還元されるわけではない．縮小の真の要因は，1930年代半ばまでに形成されていた中国の市場圏の構造的な特徴にあった．すなわち，工業化を内包する戦前期中国の経済的躍動は，長江流域における農業部門と工業部門の均斉的成長によるものであった．農業部門の成長は，欧米市場への一次産品輸出の拡大に支えられていた．それによって，国内市場が持続的に拡大し，工業部門の成長も牽引されるという連関があった．しかし，日本の軍事支配は，農業部門の輸出市場を奪い，その結果，工業部門の国内市場を縮小させた．もちろん，満洲国を含む日本帝国内で需要される一次産品は，太平洋戦争のさなかでも交易は維持されたのであるが，それは決して中国本土の工業部門の成長を牽引するものではなかったのである．

　日本が，中国市場を活力あるまま帝国圏に取り込むためには，世界市場との連関を維持しながら，長江上流域まで占領地を拡大しなければならなかった．それは，国際的条件，軍事的条件ともに不可能であり，結局，日本は，自らの国際的孤立と並行して，中国市場の体系も破壊してしまった．つまり，戦前期中国の全国規模の市場形成は，日本が関内の領土を侵食する中で進展する条件はなかった．戦前期中国の全国市場の形成は，近隣で展開した日本の帝国圏の膨張と一定程度距離を置きながら，世界市場の枠組みの中で，自立性を高める中で進展が可能であった．その意味で，戦前期中国市場は，近代東アジア経済史の中で，日本

を中心とする経済圏とは異なる，独自性ある歴史実体として存在していたといえる．

第7章 戦後初期中国の広域市場圏の再建

I はじめに

(1) 戦後初期という時代

　1949年の中華人民共和国の成立が中国の政治経済体制にどのような連続と断絶をもたらしたのかを実証的に明らかにしようとする研究が進んでいる．その中でも大陸を追われた国民政府が残した遺産に着目し，民国期と人民共和国期との連続性を検証する作業が積極的に行われている[1]．人民共和国建国を中国現代史の分岐点とする見方を相対化すると同時に，他方で，わずか4年という短い期間であるが，戦後国民政府が取り組んだ国民経済の再統合と復興について，失敗あるいは挫折という文脈ではなく，その中途の成果と到達を客観的に把握する視点も切り開かれつつある．

　本章は，戦後初期中国の市場圏の復興の実態と，それを進めた国民政府の政策について分析する．戦後初期中国経済については，西川博史による詳細な研究がある[2]．終戦から1948年にかけての海外の市況，そして政策担当者と国内の輸出入業者の動向と認識について，非常に多くの事実を整理している．しかし，統計を利用した定量分析の面では，まだ多くの検討の余地が残されている．西川が研究成果を公表した1990年代当時は，中国海関が作成した統計資料を日本国内で十分に利用することがかなわなかった[3]．現在は，中国海関の外国貿易統計の

---

1) 代表的な研究書として，久保[2006]，加島・木越・洪・湊[2012]．
2) 西川[1992]，長岡・西川[1995]．
3) 西川自身，中国海関の月報，もしくは二次資料に掲載されている数値から戦後初期の貿易趨勢を再構成するのに相当の苦労があった，と述べている．そして，二次資料の数値に多く

年報,さらに国内貿易統計の年報が中国第二歴史档案館により復刻されたことで,より精緻な分析ができるようになっている.

戦後の国民政府の最大の政策課題は,国家の再統一であり,それは経済政策面では分断した市場の再統合であった.日中戦争勃発後,中国の国内市場は,日本軍占領地域と国民党支配地域に分断され,さらに太平洋戦争勃発後は外国貿易も途絶状態となり,広域的な商品流通は,日本向けの物資輸送か援蔣ルートによる軍需品の輸入に限られ,戦争前にもっていた広域的な体系が破壊されていた[4].

市場再統合という文脈において,戦後国民政府の経済政策を検討した研究によれば,その政策のほとんどが失敗に終わった,と評価がされている[5].第1に,旧通貨の回収政策の失敗である.汪兆銘政権が発行した通貨を国民政府の法幣に再統一するにあたり,汪政権の通貨を大幅に安く設定した結果,一方で旧日本軍占領地域のインフレを増長させ,他方で非占領地域のデフレを誘発し,結果,経済の再統合に混乱をきたした.第2に,財政金融政策の失敗である.内戦の戦費調達のために通貨を乱発した結果,ハイパーインフレを引き起こした.第3に,貿易政策の失敗である.性急な貿易自由化政策と高い為替相場の設定により,輸入を膨張させ,結果,貿易赤字の拡大のみならず,国内産業の回復を妨げた.以上の政策的失敗により,1947年6月に至っても生産力の水準は,戦前の最高水準(1936年)の35.1%にとどまっていたとされる.

市場秩序の要である通貨の不安定性は,地域間の商品流通の回復にとって,大きな障害となったであろうことは想像に難くない.しかし,太平洋戦争期に制限されていた貿易が再開し,さらに長江を通じた内陸部と沿海部の間での商品流通が可能になったことで,そこに新たな市場機会が出現していた点も見逃すことができない.回収した台湾に向けて軽工業品が移出され,台湾から砂糖の移入が伸長するなど,新たに統合した地域との間で交易が活性化した点も指摘されている[6].以上のように,戦後国民政府の経済政策そのものは,必ずしも系統的かつ合理的なものとは言えなかったが,それでも市場の復興は着実に進行しつつあった.

の不整合がある点も指摘している(西川[1992]).
4) 日中戦争・太平洋戦争期における日本軍占領地域,国民党支配地域の貿易の実態については,本書第6章および,久保[2006],木越[2010]を参照.
5) 長岡・西川[1995],久保[2006],久保・土田・高田・井上[2008].
6) 加島・木越・洪・湊[2012].

(2) 戦後初期をどう分析するか

　まず，戦後初期中国の経済を分析するにあたり，直面する大きな制約の一つは，この時期に進行したハイパーインフレである[7]．これによって，統計で示される価額をみるだけでは，交易の実勢について前後の年度を比較することが極めて困難な状態にある．そこで，本章は，デフレーターを推計することで，ハイパーインフレ下の統計では表面に見えにくい，商品流通の物量の多寡を確定する作業を行う．その上で，中国国内で生産された物品（以下，中国品と呼ぶ）が，どのような地域的分布を伴いながら太平洋戦争後に国内外で流通していたのか，その基本的な構造を検討したい．

　国民政府の経済政策については，開発経済理論で検討されてきた復興政策をめぐる議論を見据えながら検討したい．開発経済理論によれば，戦後，世界各国が取り組んだ復興政策は，マーシャル・プランに代表されるように，戦争被害が集中していた工場設備，交通・エネルギーなどのインフラの復旧に重点を置いていた．それは，西ヨーロッパの工業国ではかなりの成功を収めたが，農業を中心とする社会では，逆に持続的な成長にとって悪影響のほうが大きかった，という議論がされている[8]．

　この他にも，戦後西側陣営に属した諸国は，ブレトンウッズ体制の自由主義的な思潮のもと，貿易自由化政策を推進してきた．もちろん，国際貿易に限らず，広義の貿易，すなわち商品流通と分業の拡大は，経済成長の必要条件であることは広く認められている．しかし，貧しい国・地域が貿易を通じて得られる利益は，必ずしもより豊かな国・地域と同じであるとは限らない．なぜなら，通商上の条件は，概してより豊かな国・地域のほうが有利である場合が多いからである．したがって，途上国にとっての貿易は，貿易の利益の一般論で検討することができない．開発経済理論は，途上国にとっての貿易は，持続的な成長を推進する要因になりうるかに絞って検討される必要がある，と主張している[9]．戦後初期に国民政府が実施した復興政策は，このような開発経済理論の枠組みにおいて，どのような位置を占めるのか，そして成果と照らしあわせて政策はどう評価

---

7) インフレの趨勢について，中国の通貨の対外的価値を示す対米ドルとの為替相場（市場レート）から概観するならば，1946年1月に1ドル1,460元であった国幣元は，1947年1月には3,370元，1948年1月には106,830元，そして同年8月には7,142,860元とわずか約2年半の間に，約5,000分の1の価値に下落した（Hsiao [1974]）．

8) Todaro and Smith [2009]．

9) Krugman and Obstfeld [2009]．

されるかについて検討する.

本章の構成は以下の通りである. IIでは, 国民政府がいかなる見通しをもって戦後復興に臨もうとしていたのかを整理する. そして, III, IV, Vにおいて, 本章が推計したデフレーターを手がかりに戦後初期中国の交易構造を定量的に分析する. IIIは輸出市場, IVは中国を地域別にみた国際分業の構造, そしてVでは国内分業の構造をみる. VIで分析を総合し, 戦後初期中国の広域市場圏の復興の到達について, 筆者の見解を提示する. なお, デフレーターの推計方法, そして利用した統計の技術的な留意点については, 第8章, 第9章および付表にまとめた.

II 戦後初期国民政府のマクロ経済政策

(1) 国民政府の復興計画

終戦後, 国民政府は旧日本軍占領地域を接収することで, 国民経済の復興に直面することになった. 戦争中に中国の工業生産は確かに低下していたが, 設備そのものは戦前水準の90％近くを維持し, 東北地域を除けば, 資産接収における設備の破壊も軽微であった[10]. つまり, 復興の鍵は, 第6章でみたように, 国内の農業部門と工業部門の交易を回復することであり, さらにその前提には, 農業部門の輸出市場の確保が必要であったはずである.

しかし, 復興計画を検討した諸研究によれば, 国民政府は工業部門の生産回復を重視し, その生産力のはけ口として海外市場の開拓を強く志向していた. さらに, UNRRA (アンラ：国際連合救済復興機構) による援助物資によって, 工業部門の原材料が確保されていたため, 農業部門の停滞がすぐに工業生産の制約になる, とは考えられていなかった[11].

当時, 国民政府の財政顧問を務めていたアーサー・ヤングは, 政府首脳の見通しの甘さを憂慮していた. ヤングによると, 国民政府は, 日本敗戦が濃厚になるつれ, 戦後経済について構想を抱くようになったが, その見通しは, 戦争が終結

---

10) 長岡・西川 [1995]. 東北地域におけるソ連による資産接収の実態については, 松本 [2000].
11) 国民政府の復興計画については, 西川 [1992], 長岡・西川 [1995], 久保・土田・高田・井上 [2008], 大石 [2008].

すれば，分断されていた国内と海外の輸送ルートが正常に復し交易は回復する．問題は，回復した輸送ルートに対応した生産力の増強である，というものであった[12]．特に，海外市場は，日本の撤退により，東南アジアを中心に大きく開ける，とみられていた．

　この見通しは，戦争中に外国からなされた資金援助や統制貿易からの収入などによって，政府と政府系銀行が抱える外貨準備が潤沢であったことにも支えられていた[13]．すなわち，豊富な外貨準備を利用して，一気に資本財の輸入を促進し，戦争で破壊・損耗した機械設備，インフラを復旧することで復興を果たせる，と考えていたのである[14]．

　このような楽観的な見通しを背景に，国民政府は，1946年2月25日，資本財の輸入を促進するために，実勢よりやや高めの公定為替相場（1米ドル＝法幣2,020元）によって，貿易自由化を実施した．その結果は惨憺たるものであった．輸出力の回復がままならない内に，輸入が短期的に膨れ上がり，国民政府の外貨準備は急速に減少していった．そして，1947年2月16日，ついに国民政府は，自由化政策を断念し，外国為替市場の閉鎖，日常必需品の配給制度の復活など，市場統制政策への転換を余儀なくされた[15]．

　一方，UNRRAの援助物資には，多くの一次産品が含まれていた．綿花が援助総額の14.8％，小麦および米が23.5％を占めた[16]．戦後初期，上海の綿工業は，原料綿の90％を外国産に依存していた[17]．これら援助物資は，沿海都市部の生活困窮を和らげ，綿工業に代表される軽工業品の生産回復に貢献した反面，沿海部に原材料・食糧を供給していた国内の農業部門にしてみれば，国内市場を奪われることを意味した[18]．

---

12) 西川 [1992]．
13) 久保・土田・高田・井上 [2008]．
14) このような復興政策は，マーシャル・プランに代表されるように，当時は経済学の理論面からも西側諸国の間で広く支持を得ていた．西ヨーロッパの場合，戦争で受けた経済被害がエネルギーと交通に関連したインフラに集中していた．そして，そもそも新規の投資を効果的により高い生産水準に導く条件を持っていた（熟練労働力，統合された商品市場・金融市場など）．中国の場合，前者の物的被害よりも後者の問題，すなわち国内市場の条件が整っていなかったことに問題があったように思われる．戦後の開発経済理論のパラダイムについては，木越・河﨑 [2011]．
15) この部分の叙述は，久保・土田・高田・井上 [2008] に依拠した．
16) 西川 [1992]．
17) 長岡・西川 [1995]．
18) 西川 [1992] は，UNRRAの援助物資が国内産業の復興にとって脅威となる，と受け止め

このように，国民政府の復興計画は，沿海部の工業部門の生産力回復に重点を置くものであって，国内の農業部門とのバランスをとることは重視されていなかった．そして，外貨準備の不足が日々深刻化していくと，工業部門には外貨獲得という期待がかけられ，いっそう海外市場を志向するようになった．

(2) 通貨再統合政策による混乱

国内市場の再統合にあたり，国民政府が最初に取り組んだ施策は，通貨の再統一である．戦時中，国民政府が実効支配する地域では法幣が流通し，日本軍占領地域の華北では連銀券が，華中・華南では儲備銀券が流通していた．終戦間もない1945年11月，国民政府は，旧日本軍占領地域で流通していた連銀券と儲備銀券の流通を禁止し，それらを法幣に回収する政策を実施した[19]．

しかし，国民政府は，華中・華南で流通していた儲備銀券の価値を大幅に低く見積もった結果，市場の再統合に大きな混乱をもたらしてしまった．実勢レートでは，国民政府の法幣1元は，儲備銀券35〜50の間で交換されていた．ところが，国民政府は，法幣1元に対し儲備銀券200元というレートで通貨の回収を実施したのである[20]．その結果，華中・華南地域の通貨が内陸部に対して大幅に切り下げられた形となった．一方，連銀券については，法幣1元＝連銀券5元のレートで回収を実施した[21]．これは，連銀券1元＝儲備券40元のレートを

た社会層がいたことを指摘している．

19) 1945年10月28日，国民政府財政部は「偽中央儲備銀行紗票収換辨法」を公布し，儲備銀券200元＝法幣1元で交換すると定めた．交換期限は，1945年11月1日から1946年3月31日までと定められたが，期限は延長されている（中国国民党中央文化工作会［1984, p. 117］）．1947年10月31日に事実上交換業務が終了し，その回収比率は儲備銀券の総発行額の92％に達した（中国第二歴史档案館　資料番号三九六14510）．一方，1945年11月22日，国民政府財政部は「偽連銀券収換辨法」を公布し，連銀券5元＝法幣1元で交換すると定めた．交換期限は，1946年1月1日から4月30日までと定められた．最終的に流通が完全に禁止されたのは同年5月15日であり，交換業務は6月末で完了した（天津市地方志編修委員会［1995］）．

20) 1対200という法幣と儲備銀券の交換レートがいかに不適当なものであったかは，上海と重慶の物価を比較しても確認される．日中戦争直前の1937年1月〜6月の平均を基準にすると，1945年8月までに，上海の物価上昇率は8万6,400倍，重慶の物価上昇率は1,795倍であった．すわなち，重慶1に対し上海48の比率となる．

21) 法幣1元＝連銀券5元という交換レートも法幣の価値をかなり過大評価したものであった．1937年を基準としてみれば，1945年8月までに法幣の発行額は394倍，総発行額は4,000億元，物価は1,585倍に上昇していた．一方，連銀券は，1945年10月17日まで発行され，その総額は1,423億元，物価は966倍の上昇であった．物価をベースにみれば，連銀券のほ

設定したことを意味する．戦時中は，1連銀券＝5.56儲備銀券で交換されていたので，これまた華中・華南地域の通貨が華北に対して大幅に切り下げられた形となった．これにより国内の資金は，上海を中心とする華中・華南地域に流入した反面，華北，そして長江上流域では資金が流出して深刻な金融難に悩まされることになった[22]．

不適切な通貨政策は，地域間の商品流通の回復にも大きな弊害をもたらした．その最大の難点は，通貨の切り上げの状態に置かれた地域は，輸出も移出も困難になったことである．その結果，輸送ルートが復旧しながらも，戦時中の旧通貨圏を超えた交易の回復は進まなかった．とりわけ，戦前期中国の輸出を牽引していた一次産品の停滞は深刻であった．四川・湖南の一次産品は，戦前はほとんどが海外に輸出されていたのに，「輸出力の低下による生産の不振」に悩まされ続けた[23]．以上のように，戦後初期国民政府が実施した政策は，結果として沿海部，とりわけ上海の工業部門を利する方向に作用した．皮肉にも，戦時中に国民政府を支えた内陸部の地域は，戦後初期によりいっそうの経済的苦難を押し付けられた形となったのである．

III　戦後初期中国の外国貿易

(1) 外国貿易の再開

太平洋戦争勃発の1941年12月から終戦の1945年8月まで，日本軍の支配下にあった中国沿岸部の税関行政は，9月にほぼ国民政府の手に接収され，10月には国民政府の管轄下で沿岸部と連合国の間での貿易が再開した[24]．ただし，図7-1でみるように，山東省北部および東北の港湾は中国共産党によって占拠

うが法幣よりも市場価値があったことは明らかである．
22) 久保・土田・高田・井上［2008］．
23) 中国貿易年鑑社［1948, pp. 115-116］．
24) 国民政府の管轄下で外国貿易が再開した日時は，海関別にみると下記の通りである．秦皇島（11月10日），天津（10月7日），青島（10月29日），漢口（9月26日），上海（9月12日），寧波（9月25日），厦門（10月4日），汕頭（9月25日），広州（9月20日），九龍（9月20日），台北（12月1日），台南（12月1日）．なお，太平洋戦争中，以下の税関は日本軍により閉鎖されていた．岳州，九江，蕪湖，南京，鎮江，蘇州，杭州，三水，江門，北海，瓊州である．これらは国民政府の手により1945年末までに海関が再設置された．以上の記述は，IGC［1948］による．

第 3 部
全国市場圏の分断と再建

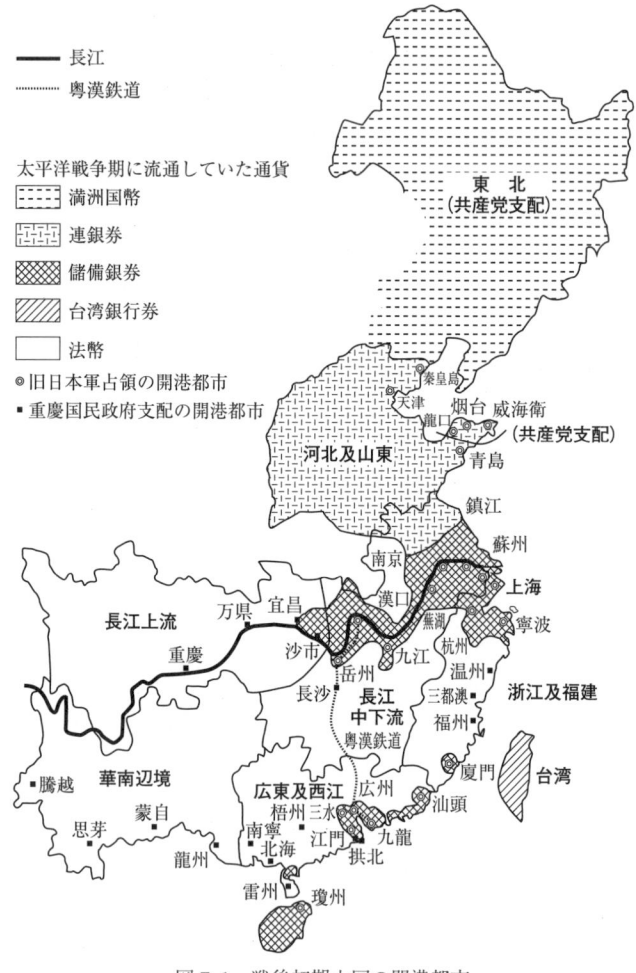

図 7-1　戦後初期中国の開港都市

注1) 旧通貨の流通範囲は，1943 年における日本軍の占領範囲で示した（武主編 [1995] 参照）．
注2) 開港都市は，戦局により統治主体の移動があったが，IGC [1948] の占領都市と非占領都市の分類に基づいた．
注3) 地域分類は，海関統計 [1946-48, No.1] の方法に依拠したが，「上海及長江」は本章の議論に合わせて，上海，長江中下流，長江上流の 3 つに分割した．

された[25]．戦後初期の共産党支配地区の貿易統計は，今日に至るまで公開されていないため，その実態を分析することはかなわない[26]．そこで，国民政府管轄下の港湾の動向から，外国貿易の再開の動きを統計から定量的にみることにしよう．

1945年8月の時点で，沿岸部の各港湾を通じての貿易は，日本内地および満洲国，朝鮮，台湾，そしてドイツとの間で展開されていたにすぎなかった．その内訳をみるならば，輸入総額1,176百万連銀元のうち67％が日本および日本植民地，残りがドイツであった．輸出は361百万連銀元にすぎず，日本および日本植民地との間に限定され，その主な品目は華北諸港から輸出された鉱産物であった[27]．

上海がアメリカを中心とする世界市場との貿易の窓口となるのは，1945年12月からである．輸入でみると，11月まで上海の比重は23％に留まっていたが，12月には71％と中国本土の首位に復した．貿易相手地域は，アメリカ（32％），香港（25％），英領インド（23％）の3つの国・地域で全体の80％を占めていたが，貿易相手国の数は，30以上の国・地域に広がり，徐々にではあるが，中国と世界市場との通商が常態に戻りつつあったことをうかがい知れる[28]．

このように再開した外国貿易が，1946年以降どのように進展したのかについて，本章が推計したデフレーターから実質貿易額を求め，その趨勢を戦前，戦中と比較することで確認していこう．

(2) 戦後初期の外国貿易の水準

図7-2は，太平洋戦争期における中国の交易構図を図示したものである．華北域内，そして日本帝国（内地，朝鮮，台湾），満洲国との間での交易が比較的維

---

25) 戦後初期，中国共産党が山東省北部で支配した港湾は，龍口，烟台，威海衛である．東北南部の安東，営口（牛荘），瀋陽の3海関は，一時的に国民政府の手に帰した期間があったが，ほぼ東北全域は中国共産党の支配下にあった（IGC [1948]）．
26) 戦後初期，中国共産党による海関の接収過程，港湾・税関行政については，張耀華 [2005] の整理が参考になる．この時期の中国共産党支配地区の貿易は，ソ連からの支援物資の輸入，もしくはソ連軍関連の物資の出入であった．国民政府は，中国共産党支配地区との貿易を全面封鎖していた．そして，中国共産党も食糧の欠乏を理由に，輸移出を全面的に禁止していた．したがって，戦後初期の山東省北部および東北の貿易は，相当少なかったであろうことは想像に難くない．
27) 海関統計 [1945. 12, No. 8]．
28) 海関統計 [1945, 重慶総税務司]．

第 3 部
全国市場圏の分断と再建

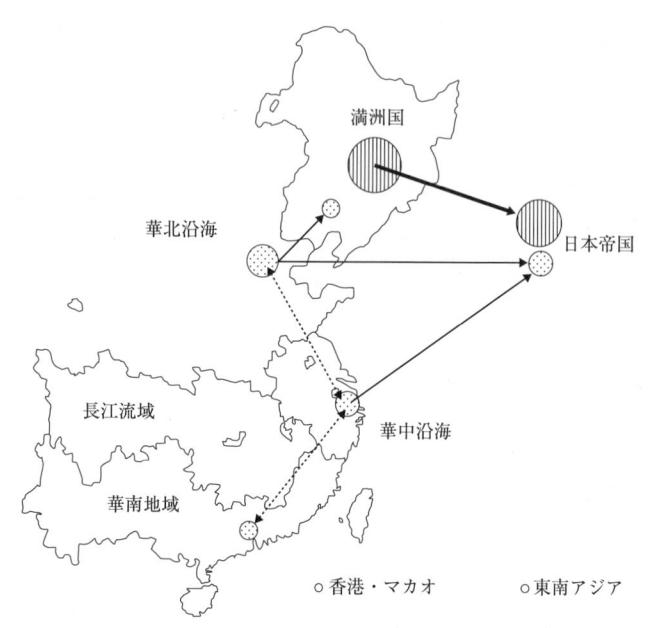

図 7-2　太平洋戦争期中国の交易構図（1943 年）
出所）表 6-2 より作成．満洲国は海関統計［1943.12, 月報, 満洲国経済部］．

持されていた点が見出されるが，それらを除くと市場の縮小あるいは喪失の状態にあったことが確認される．そして，その実質交易規模の推移について，表 7-1 から確認する．戦前期中国の生産力水準が最も高いとみなされている 1936 年を基準として，実質貿易額を指数化した．太平洋戦争期，国内貿易は 1936 年の 10 分の 1 以下，外国貿易は 8 分の 1 以下まで激減していた．

それからの復興の特徴は，実質貿易額でみると，輸入が停滞基調であったのに対し，輸出が比較的堅調な回復をみせたという点にある．輸入は，戦前の 30％の水準を超えるまで回復することはなかった．一方，輸出は，1948 年までに 66％の水準まで回復しており，これはほぼ太平洋戦争勃発前の水準に匹敵していたことがわかる．

貿易の実質水準でみた場合，輸出の堅調な回復と輸入の停滞という事実は，これまでに戦後初期の外国貿易の全体像を論じた諸研究が示すイメージとは隔たりがある．「はじめに」で整理したように，戦後初期は，輸入の膨張による貿易赤字の拡大が問題であった，と指摘されてきたからである．名目貿易額でみた場合

表 7-1　中国の外国貿易・国内貿易の実質水準

1936 = 100

	外国貿易		国内貿易	
	輸出	輸入	移出	移入
1934	90	99	93	92
1935	94	92	90	91
1936	100	100	100	100
1937	100	90	90	94
1938	88	74	50	66
1939	82	114	45	47
1940	86	119	34	31
1941	77	109	23	19
1942	21	23	9	11
1943	18	9		
1944	13	6		
1945				
1946	19	30	30	27
1947	39	26	67	64
1948	66	22	84	70

出所) 1934〜1942：木越［2008］.
　　　1943〜1944：海関統計［1943. 12; 1944. 12, No. 8］より筆者が計算.
　　　1946〜1948：本書付表 14 の物価指数より計算.

と，実質貿易額でみた場合の評価をどのように整合的に理解するかについて，基本的な問題を以下に整理したい．

　戦前中国の貿易収支は，若干の赤字がみられる年度があるものの，全体としてはおおむね均衡していた．それが膨大な赤字を計上するのは，1946 年以降のことである[29]．戦前中国の貿易収支がほぼ均衡していた理由は，基本的に海外からの資本輸入が限られた中で，民間部門で主に一次産品輸出で購える規模で輸入の水準が保たれていたからである．一方，1946 年，とりわけ 1947 年の莫大な貿易収支赤字は，明らかに国民政府によるマクロ経済の調整政策の失敗がもたらした結果であった．国民政府は，豊富な外貨準備だけでなく，アメリカの公的援助を得たことで，民間経済の規模よりも大きな輸入を支える金銭的基礎を得ていた．そこに，高くレートを設定した為替政策と性急な貿易自由化政策を実施した結果，膨大な赤字が発生してしまったのである．

　輸出の実質規模は，1946 年こそ戦前の 19% の水準に留まっていたが，1947 年

---

29) 戦前期中国の貿易収支の研究は，Hou［1965］を参照．

には39％と，1年の間に約2倍の回復をみせた．それにもかかわらず，1947年に過去最大規模の貿易赤字となった理由は，中国国内で進行したインフレとそれに呼応して連動した為替相場の問題であった．為替相場の水準は，1947年の下半期に入ると，元安ドル高が加速度的に進行した．それは，一方において民間部門が海外輸出を積極的に行う誘因となるのであるが，他方において元安の進行があまりにも早く，輸入額の名目上の膨張となってしまった．

さらに，為替相場水準の影響の下，輸入物価の上昇速度のほうが輸出物価のそれをはるかに上回ってしまった．すなわち，為替相場の元安ドル高のほうが，国内のインフレよりもはるかに高い水準で進行してしまい，交易条件（輸出物価/輸入物価）が著しく悪化したのである．交易条件の水準は，1946～1948年にかけて過去最悪の状態に置かれていた．1936年の輸出物価と輸入物価を1：1としてみた場合，1946～1948年にかけて輸入物価は輸出物価の約2倍高い水準にあった．つまり，1936年に比べると，輸出が輸入の2倍以上伸びなければ，貿易収支が均衡できなかったのである．以上のように，統計の名目額で示される1946～1948年の外国貿易の趨勢は，あくまでも通貨価値の変動を反映しているにすぎない．したがって，戦後初期の外国貿易が実質貿易額でみると輸出の堅調な回復と輸入の停滞という特徴がみられたという評価は，同時期の通貨価値の変動を考慮すれば，それほど驚くべき事実ではない．

(3) 商品類別でみる輸出の特徴

それでは，戦後初期中国の輸出がいかに拡大していったのか，商品の類別から基本的な特徴を検討していこう．表7-2は，1936年を基準として，1946～1948年の実質貿易額を中国海関の商品分類に手を加えて整理したものである[30]．戦後初期，中国の輸出は，すべての商品が一律に回復していったのではなく，そこでは戦前との連続性を持ちながらも構造上の変化もみられる点に着目する必要がある．

まず，戦前とほぼ変わらない特徴について整理すると，貿易額比重でみて明らかなように，一次産品の輸出構成はほとんど変化がみられない．第1類の動物製

---

[30] 中国海関は，中国品を31の大分類に分けているが，戦後初期の商品構造を分析しようとすると，そのままの分類では一方で重要な品目の詳細を見られないという問題があり，他方であまり重要でない類が羅列されてしまうという問題がある．そのため，本章の分析視角に合わせて，31の大分類を改変した．最初に，31の大分類を10の大分類に集約化した．その詳

品，第4類の油脂蝋，第8類の鉱産物に代表されるように，戦前以来，主に欧米市場で需要されていた工業原材料の輸出が一定程度回復していた点が確認される．これらは，太平洋戦争期には，日本によって欧米市場のルートが絶たれていたのであるが，戦後になり販路を回復した類型に属する．次に，戦前に比べると大きく衰退してしまった商品としては，第5類の燃料（主に石炭），第6類の繊維原料（生糸，綿花，羊毛）を挙げることができる．戦後になって飛躍的に拡大した商品としては，第7類の繊維製品（綿糸・綿布）が挙げられる．繊維製品は輸出総額の40％以上を占めており，戦後の輸出の復興を最も牽引していた．この他に貿易額の比重は大きくないけれども，輸出数量を伸ばしたものとして，砂糖が挙げられる．砂糖については，戦前の2,880倍の規模と極端に大きな数値となっているが，これは戦後に台湾が統計に含まれているからである．

以上のように，商品類別でみた場合，大きく3つの類型，①回復，②衰退，③発展に分けることができる．そのうち①は世界市場との通商の回復，そして②は日本市場との分断が大きな影響を及ぼしていた点が推測される．③については，輸出相手地域をみることで，より詳しく検討する．

細は以下のようになる．

改変分類	中国海関分類
01 動物製品	1 動物及同製品，2 皮革及毛皮
02 食料品	3 海水産物，5 穀物及同産品，7 果実，8 生薬及香辛料
	11 酒，12 砂糖，13 茶，14 煙草，15 蔬菜，16 蔬菜産品
03 採油用種子	4 豆，10 種子
04 油脂蝋	9 油脂蝋
05 燃料	18 燃料
06 繊維原料	22 繊維原料
07 繊維製品	23 織糸・縫糸，24 織物，25 織物製品
08 鉱産物	26 鉱産物
09 化学品	29 化学品
10 雑品	6 植物性染料，17 竹，19 藤，20 木材，21 紙
	27 ガラス，28 石・土・砂，30 印刷物，31 雑品

次に，改変分類の中から，貿易額の比重が大きい10品目を抽出し，それぞれを特記した（付表14参照）．最後に，10の大分類，さらに10の個別品目について，デフレーターを推計した．本章の類別・品別の数量指数は，上述のような分類に基づいて計算されたものである．

表7-2 類別輸出数量指数

		数量指数（1936=100）				貿易額比重（%）			
		1936	1946	1947	1948	1936	1946	1947	1948
1 動物製品		100	28	40	52	20	27	21	18
	うち 豚毛	100	90	84	87	4	16	9	7
	皮革	100	29	21	27	6	6	2	2
	卵	100	1	12	43	6	0	2	3
2 食料品		100	17	34	63	15	15	11	11
	うち 穀物	100	2	2	8	2	0	0	0
	砂糖	100	1,729	31,844	288,093	0	0	1	4
	茶	100	21	51	49	4	4	4	2
3 採油用種子		100	3	23	17	7	2	5	2
4 油脂蝋		100	33	89	86	13	17	19	13
	うち 桐油	100	41	93	88	10	16	15	9
5 燃料		100	9	12	9	2	1	0	0
	うち 石炭	100	4	1	1	2	0	0	0
6 繊維原料		100	11	10	9	16	10	5	2
	うち 生糸	100	21	14	10	6	8	3	1
	綿花	100	0	0	0	4	0	0	0
	羊毛	100	2	17	25	3	0	1	1
7 繊維製品		100	13	58	182	11	11	27	42
	うち 刺繍品	100	14	11	27	4	3	1	1
	綿糸	100	2	39	212	2	0	7	9
	綿布	100	6	214	699	1	1	15	30
8 鉱産物		100	17	21	30	8	6	5	7
9 化学品		100	52	43	13	1	3	2	1
10 雑品		100	32	46	70	6	9	5	4
総計		100	19	39	66	100	100	100	100

(4) 輸出相手地域からみる特徴

　輸出相手地域の分布は，商品類別でみる以上に，戦前と戦後にかけて大きな変容をみせた（表7-3）．1948年の水準でみるならば，輸出が伸長した地域と大きく後退した地域の2つに分けられる．前者は，東南アジア，南アジア，西アジアである．後者は，日本，ヨーロッパ，アメリカである．特に，日本とヨーロッパ向けの輸出は，戦前の30％以下にとどまっていた．

　それでは，輸出地域と商品類別をクロスさせることによって，これまで確認し

表 7-3　国別輸出数量指数

地域		国名	数量指数（1936＝100）				貿易額比重（%）			
			1936	1946	1947	1948	1936	1946	1947	1948
アジア	東アジア	香港	100	37	89	139	15	28	34	31
		日本	100	4	5	25	14	3	2	6
		ソ連（アジア）	100	163	98	360	1	5	1	3
		小計	100	21	42	77	35	38	38	41
	東南アジア	仏領インドシナ	100	4	5	6	1	0	0	0
		タイ	100	22	209	583	1	1	3	5
		シンガポール	100	21	47	74	2	2	3	2
		インドネシア	100	1	54	680	1	0	1	7
		フィリピン	100	30	152	291	1	1	3	4
		小計	100	16	70	212	6	5	10	18
	南アジア		100	38	48	145	3	5	3	6
	西アジア		100	56	1,359	816	0	0	5	2
	合計		100	21	51	102	44	48	57	68
アフリカ		エジプト	100	46	19	187	1	1	0	1
	合計		100	10	41	58	4	2	4	3
ヨーロッパ		イギリス	100	9	28	28	9	4	7	4
		ドイツ	100	0	0	3	6	0	0	0
		オランダ	100	3	28	9	2	0	2	0
		ベルギー	100	26	72	41	1	1	2	1
		フランス	100	8	16	13	4	2	2	1
	合計		100	8	23	20	24	10	14	7
アメリカ		カナダ	100	16	19	60	1	1	0	1
		合衆国	100	29	34	50	26	39	23	20
	合計		100	28	34	50	28	40	24	21
オセアニア			100	6	27	55	1	0	1	1
総計			100	19	39	66	100	100	100	100

た事実を総合的にみることにしよう．表7-4は，1936年と1948年の実質輸出額の増減を地域と商品でクロスさせた．1948年の実質輸出額は，1936年と比べて240百万元少ない．その減少分は，日本，ヨーロッパ，アメリカの3地域に集中していた．日本の場合，綿花を主とする繊維原料の減少が最も大きく，次いで動物製品，穀物，石炭，鉱産物，採油用種子と，戦前期日本が中国から輸入していた一次産品全般が減少していたことが確認される．

表 7-4　国別・類別実質輸出額の増減（1936 年と 1948 年の差分）

単位：百万国幣元（1936 年不変価格）

	アジア	東アジア	香港	日本	亜ソ連	東南アジア	南アジア	西アジア	アフリカ	ヨーロッパ	アメリカ	オセアニア	総計
01 動物製品	-5	-6	7	-15	3	1	0	0	0	-50	-14	0	-70
うち 豚毛	0	0	1	-3	2	0	0	0	0	-6	3	0	-3
皮革	-8	-7	-2	-5	0	0	0	0	0	-7	-15	0	-30
卵	4	3	3	-1	0	2	0	0	0	-23	-5	0	-24
02 食料品	-23	-19	-5	3	0	-3	-1	0	-11	-3	-3	-1	-40
うち 穀物	-16	-16	0	-9	0	0	0	0	0	0	0	0	-16
砂糖	11	10	2	8	0	1	0	0	0	0	0	0	12
茶	0	1	0	0	1	0	-1	0	-11	-5	0	0	-16
03 採油用種子	-14	-12	-1	-10	0	-1	0	0	-1	-15	-8	-2	-41
04 油脂蝋	34	35	26	2	7	0	0	0	0	-8	-38	-1	-13
うち 桐油	31	31	20	3	8	0	0	0	0	-13	-26	-1	-9
05 燃料	-11	-11	-2	-8	0	0	0	0	0	0	0	0	-12
うち 石炭	-11	-10	-1	-8	0	0	0	0	0	0	0	0	-11
06 繊維原料	-41	-31	0	-31	2	-6	-4	0	-1	-32	-28	-1	-103
うち 生糸	-10	0	0	-2	2	-6	-4	0	-1	-15	-13	0	-40
綿花	-21	-21	0	-20	0	0	0	0	0	-2	-6	0	-29
羊毛	-1	-1	0	-1	0	0	0	0	0	-7	-7	0	-15
07 繊維製品	88	29	36	-2	-1	44	9	6	2	-5	-19	0	66
うち 刺繍品	-4	-2	-2	0	0	-1	-1	0	0	-2	-15	-1	-23
綿糸	14	7	8	-1	0	4	4	0	0	0	0	0	14
綿布	53	18	19	0	0	25	5	4	0	0	0	1	54
08 鉱産物	-31	-29	-24	-7	1	-2	0	0	0	-12	4	0	-40
09 化学品	-5	-5	-1	-3	0	-1	0	0	0	0	0	0	-5
10 雑品	-13	-10	-3	-2	0	-3	0	0	0	-8	8	0	-13
総計	5	-57	40	-77	11	45	9	8	-10	-135	-96	-3	-240

　ヨーロッパとアメリカの場合，動物製品の減少が最も大きく，次いで生糸を主とする繊維原料，そして 1930 年代に輸出を牽引していた油脂蝋，採油用種子もかなりの減少がみられた．このように，戦後初期の輸出が戦前の 66％の水準に留まらざるをえなかった理由は，工業国向けの一次産品輸出が停滞していたからである．

　一方，香港，東南アジア，南アジア，西アジアの場合，綿布と綿糸に代表され

第 7 章
戦後初期中国の広域市場圏の再建

る軽工業品の輸出が飛躍的に拡大していた．香港を筆頭として，インドネシア，タイ，フィリピン向けの輸出が著しく拡大していたことが確認される．

　これらの地域は，太平洋戦争期に日本が軍事的に支配した地域に該当する．日本の東南アジア地域への軍事進出の目的は，石油を筆頭とする資源の獲得にあったが，支配した地域への生活物資の供給は，資源の日本還送以上に低水準にとどまっていた．生活物資を代表する綿織物から，日本からの供給の実績を戦前（1939～41 年の合計）と戦時（1942～45 年の合計）で比較すると，戦時の供給量は戦前の 23％の水準にまで低下していた．そして，日本が 1951 年 9 月のサンフランシスコ平和条約調印によって，東南アジア地域との経済交流を復活させるまで，日本製品の東南アジアへの進出は限定されたものであった[31]．つまり，戦後初期，中国の綿製品は，日本からの供給が途絶えたことによる市場の空白を埋め合わせる形で輸出を拡大していたことが観察される．

IV　中国地域別でみる国際分業

(1) 港湾別の輸出の趨勢
　これまでの観察によって，戦後初期中国の輸出は，一次産品輸出が停滞する中で，戦前日本製品によって埋め尽くされていた東南アジア市場に向けて，軽工業品の輸出が顕著に拡大していったことが確認された．このような動向は，国内における各地域の国際分業・国内分業にどのような影響を及ぼしたのであろうか．
　表 7-5 は，中国の輸出の動向を港湾別に戦前と戦後で比較したものである．貿易額比重からみると，戦前と戦後の違いは，もちろん台湾が新たに加わったことであるが，それだけではない．上海，そして広州・九龍の地位が戦前に比べ著しく大きくなった．特に上海は，戦後中国の輸出の 70％以上を担っていた．それに対して，河北・山東の比重は 5％まで縮小した．さらに，戦時期に国民政府が支配していた長江上流域や華南辺境地域も，戦前よりも地位を低めた．
　このことは，表 7-5 の輸出数量指数をみることでも確認される．上海は，1948 年までに戦前の 92％まで輸出を回復させた．広州は 3％増大，九龍に至っては 434％も拡大している．それに対して，河北・山東の港湾は，天津で約 5 分

---
31) 「大東亜共栄圏」の交易推移の分析は，山本［2011］を参照．

表7-5 港別輸出数量指数

地域	旧通貨	地域分類	港湾名	数量指数（1936＝100）				貿易額比重（%）			
				1936	1946	1947	1948	1936	1946	1947	1948
旧日本軍占領地域	連銀券	河北及山東	秦皇島	100	8	67	3	1	0	2	0
		河北及山東	天津	100	13	19	18	17	11	8	4
		河北及山東	青島	100	8	4	6	7	3	1	1
		河北及山東	威海衛	100	0	0	0	0	0	0	0
		河北及山東	龍口	100	0	0	0	0	0	0	0
		河北及山東	烟台	100	0	0	0	1	0	0	0
			小計	100	10	15	13	27	14	10	5
	儲備銀券	上海	上海	100	24	46	92	51	62	60	71
		長江中下流	蘇州	100	0	0	0	0	0	0	0
		長江中下流	鎮江	100	0	0	0	0	0	0	0
		長江中下流	南京	100	0	0	0	0	0	0	0
		長江中下流	蕪湖	100	0	0	0	0	0	0	0
		長江中下流	岳州	n.a.	n.a.	n.a.	n.a.	0	0	0	0
		長江中下流	漢口	100	0	0	0	2	0	0	0
		長江中下流	九江	100	0	0	0	0	0	0	0
		浙江及福建	杭州	n.a.	n.a.	n.a.	n.a.	0	0	0	0
		浙江及福建	寧波	100	0	0	0	0	0	0	0
		浙江及福建	廈門	100	23	20	11	1	1	0	0
		広東及西江	広州	100	28	52	103	6	9	8	9
		広東及西江	江門	100	51	16	6	0	1	0	0
		広東及西江	三水	100	0	0	0	0	0	0	0
		広東及西江	瓊州	100	0	0	7	0	0	0	0
		広東及西江	九龍	100	45	625	434	1	2	14	6
			小計	100	23	52	92	62	75	83	87
国民政府支配地域	法幣	長江上流	重慶	100	128	12	0	0	0	0	0
		長江上流	万県	n.a.	n.a.	n.a.	n.a.	0	0	0	0
		長江上流	沙市	100	0	0	0	0	0	0	0
		長江上流	宜昌	n.a.	n.a.	n.a.	n.a.	0	0	0	0
		長江上流	長沙	100	0	0	0	0	0	0	0
		浙江及福建	温州	100	0	0	0	0	0	0	0
		浙江及福建	三都澳	100	0	0	0	0	0	0	0
		浙江及福建	福州	100	25	13	14	1	1	0	0
		広東及西江	梧州	100	37	14	0	2	4	1	0
		広東及西江	南寧	100	26,992	11,299	0	0	0	0	0
		広東及西江	北海	100	0	58	35	0	0	0	0
		広東及西江	雷州	100	50	66	15	0	1	0	0
		広東及西江	拱北	100	43	34	56	0	1	0	0
		広東及西江	汕頭	100	17	20	33	3	3	2	2
		華南辺境	騰越（騰衝）	100	5	10	8	1	0	0	0
		華南辺境	蒙自（昆明）	100	1	2	4	3	0	0	0
		華南辺境	龍州	100	0	0	0	0	0	0	0
		華南辺境	思芽	100	0	0	0	0	0	0	0
		新疆	新疆	n.a.	n.a.	n.a.	n.a.	0	0	0	0
			小計	100	17	15	16	11	9	4	3
台湾	台銀券	台湾	台湾	n.a.	n.a.	n.a.	n.a.	0	1	3	5
総計				100	19	39	66	100	100	100	100

の 1，青島で約 10 の 1 以下と軒並み大きく減少させた．そして，その他の港湾についても，拱北のように戦前の約半分まで回復した港湾もあったとはいえ，そのほとんどが輸出を回復できない状態に置かれていたことが確認される．

(2) 各港湾の輸出市場

それでは，戦後初期に，上海，広州，九龍は，輸出市場としてどの地域を開拓していったのか．そして，その他の港湾は，輸出市場としてどの地域を失ったのか．そのおおまかな様相について，表 7-6 から確認しよう．

前節で分析したように，全体としてみれば，東南アジア市場が開けたのに対し，日本・アメリカ・ヨーロッパ市場が後退したのであるが，そのことは中国を地域別に分けてみると，より具体的に見出すことができる．1948 年の実質輸出額は，1936 年と比べて 240 百万元少ない．その減少分は，河北・山東における減少分 167 百万元でほとんど占められていたことが確認される．すなわち，河北・山東は，工業国向けの一次産品輸出の停滞の最も大きな打撃を受けた．一方，上海は，アメリカ・ヨーロッパ市場での後退の規模が河北・山東よりも大きなものであったが，アジア向けの輸出の拡大が，その減少を補って余るものであった．

さらに分析を一歩進め，表 7-7 によって，商品の類別から中国各地の実質輸出額の増減にみられる特徴を確認しよう．河北・山東の減少額は，繊維原料を筆頭として一次産品全般に広がっていることが確認される．その他の地域においても，同じ傾向が確認されるが，その中でも例外的に特定の地域から輸出が伸びた一次産品があった点が着目される．それは油脂蝋である．油脂蝋は，第 5 章で整理したように，1930 年代に入り工業国で需要が高まった一次産品である．

油脂蝋は，総計でこそ 13 百万元減少しているが，それは河北・山東からの輸出が減少したにすぎず，その部分を除けば，1930 年代の規模を 1948 年までに回復していた，という事実を見出すことができる．そして，上海・長江の減少分 29 百万元が，ほぼ広東・西江の増加分に相当していた．これは，第 6 章で言及したのと同じように，流通ルートの変更を反映した数値の動きである．つまり，長江を通じたルートが，粤漢鉄道によるルートに変わったのである．太平洋戦争中に分断されていた粤漢鉄道が，戦後になり再開通し，長江流域を代表する一次産品である油脂蝋が再び広州，香港を通じて輸出されるようになっていた．先に確認した戦後における広州，九龍の比重増加は，まさに油脂蝋によって支えられ

表 7-6　港別・国別実質輸出額の増減（1936 年と 1948 年の差分）

単位：百万国幣元（1936 年不変価格）

			アジア	東アジア	香港	日本	亜ソ連	東南アジア	南アジア	西アジア	アフリカ	ヨーロッパ	アメリカ	オセアニア	その他	総計
増減																
旧日本軍占領地域	連銀券	河北及山東	-80	-79	-12	-51	0	-1	-1	0	0	-42	-41	-4	0	-167
	儲備銀券	上海	99	12	50	-34	12	63	17	8	-10	-73	-47	1	0	-29
		長江下中流	-8	-8	0	-6	-1	0	0	0	0	-10	-1	0	0	-18
		浙江及福建	-4	-1	0	0	0	-3	0	0	0	0	0	0	0	-4
		広東及西江	26	38	37	0	0	-8	-4	0	0	-6	-3	0	0	16
		小計	114	41	86	-41	11	52	13	8	-10	-89	-51	1	0	-35
	合計		34	-38	73	-91	11	52	12	8	-10	-131	-92	-3	0	-202
国民政府支配地域	法幣	長江上流	0	0	0	0	0	0	0	0	0	0	0	0	0	0
		浙江及福建	-2	-2	-1	0	0	0	0	0	0	-2	0	0	0	-4
		広東及西江	-27	-20	-19	0	0	-7	0	0	0	0	-6	0	0	-33
		華南辺境	-23	-18	-18	0	0	-2	-3	0	0	-3	-1	0	0	-27
		新疆	0	0	0	0	0	0	0	0	0	0	0	0	0	0
	合計		-52	-40	-38	0	0	-9	-3	0	0	-5	-7	0	0	-64
台湾	台銀券	台湾	22	20	5	15	0	2	0	0	0	1	2	0	0	26
総計			5	-57	40	-77	11	45	9	8	-10	-135	-96	-3	0	-240

表 7-7　港・類別実質輸出額の増減（1936 年と 1948 年の差分）

単位：百万国幣元（1936 年不変価格）

増減	河北及山東	上海及長江	浙江及福建	広東及西江	華南辺境	新疆	台湾	総計
01 動物製品	－42	－37	0	11	－2	0	0	－70
02 食料品	－24	－34	－4	－7	－1	0	30	－40
03 採油用種子	－19	－22	0	0	0	0	0	－41
04 油脂蝋	－11	－29	0	27	0	0	0	－13
05 燃料	－9	－2	0	－1	0	0	0	－12
06 繊維原料	－48	－41	0	－11	－3	0	0	－103
07 繊維製品	－8	88	0	－13	0	0	0	66
08 鉱産物	－1	－11	0	－6	－21	0	0	－40
09 化学品	－3	－2	0	－1	0	0	0	－5
10 雑品	－4	0	－2	－9	0	0	2	－13
総計	－167	－48	－8	－17	－27	0	26	－240

たものであった．

ただし，その回復は，長江上流や内陸奥地までは，浸透してはいなかった．表 7-6 に立ち戻り，国民政府支配地域の増減をみるならば，対香港輸出が著しく減少している．同地域は，四川，雲南，貴州，広西省に該当する．したがって，油脂蝋に代表される一次産品の回復は，おおよそ粤漢鉄道沿線の地域に限定されていたと予想される．この点については，国内貿易を分析する際に，再度取り上げることにする．

最後に，戦後初期の輸出の回復を牽引した綿紡織品は，ほぼ上海から輸出されたものであった．綿布の輸出数量をより正確に示せば，1936 年 11.3 万担に対し，戦後は 1946 年こそ 0.5 万担と微々たる量にすぎなかったが，1947 年には 15.2 万担と戦前の水準を超え，1948 年には 43.0 万担にまで達した．綿糸の場合も綿布と同様である．1936 年 14 万担に対し，1946 年は 0.2 万担にすぎなかったが，1947 年 5.7 万担，1948 年には 31.7 万担と，これまた戦前の水準をはるかに超えていた[32]．

(3) 戦後初期中国の国際分業の特徴

戦後初期中国の輸出，すなわち中国品の世界市場での消費地域の分布，そして輸出元の中国の各地域の比重をみると，戦後初期中国の国民経済の復興のプロセ

---

[32] 戦後上海の綿工業の分析については，川井 [1987, 1992, 2001]，富澤 [2005]，王 [2009]，加島・木越・洪・湊 [2012]．

スについて，一つの特徴的な側面を見出すことができる．それは，工業部門の堅調な回復に比して，農業部門の停滞という特徴である．それを地域的にみれば，上海の急速な回復と他地域の停滞という図式となって表面化する．そこから，戦前，戦中，戦後の3期にわたる中国経済を捉え直すと，次のような含意が導きだされるであろう．

第1に，戦後かくも急速に軽工業品輸出が回復したという事実は，日中戦争・太平洋戦争における中国大陸の経済的損失とはいかなるものであったのかについて検討を必要とする．時期と地域で違いはあるであろうが，少なくとも上海における資本設備の破壊と損耗は，壊滅的打撃と呼べるものではなかった．戦中における工業部門の停滞は，生産力ではなく配給力の弱体化と軍事的理由による輸送ルートの分断に原因があった．ひとたび戦争が終結し，輸送手段と輸送ルートが確保されると，需要に応じて生産を回復するだけの力を工業部門は戦時中から保持していた，と言える．その意味で，工業部門に限って言えば，国民政府の見通しは，あながち的外れではなかった，と言えよう．

第2に，かたや農業部門の停滞の原因については，ここで断定できるほどの検討素材を残念ながら持ち合わせていない．これまでの分析で確認できたのは，戦後初期，中国の一次産品のほとんどが，戦前にもっていた海外市場を失った，という点である．河北・山東は，日本の大陸からの撤退によって，戦前の約90％の海外市場を失うことになった．そして，中国の南方地域においても，ヨーロッパが戦争の被害からまだ立ち直らない段階において，輸出は低い水準に留まらざるをえなかった．唯一の例外は，アメリカで需要される一次産品である油脂蝋であった．それは広州，九龍の輸出増として統計上現れるのであるが，それも粤漢鉄道沿線に限られたものであって，総じて内陸部の農業部門は停滞していた，と言わざるを得ない．

以上のように，戦後初期中国の国際分業は，上海の工業部門—東南アジアの間で戦前以上の広がりがみられた．それでは，国内分業をみた場合も，工業部門の復興と農業部門の停滞という不均斉的な状態が見出されるのかどうか，分析を進めることにしよう．

V 戦後初期中国の国内分業

(1) 戦後初期の国内貿易の基本構造

　国民政府の通貨統合政策は，法幣の価値を過大評価した結果，国内貿易の回復の妨げになったことはすでに述べた．通貨統合政策に端を発する国内の地域間分業の再編は，具体的にどのような交易構造を形成するに至ったのか，それを定量的に把握することにしよう．

　戦後初期の国内貿易の水準は，移出で84％，移入で70％と，いずれも輸出より回復の幅が大きかった．本来であれば，移出＝移入とならなければならないが，移出には再移出と最終的に海外に輸出された部分も含まれるため，その分だけ移入よりも数値が大きくなっている．したがって，移入でみた数値が純交易量であるため，戦後初期の国内貿易は戦前の70％の水準であったと判断される[33]．

　国内貿易の供給面を示す移出の動向を表7-8からみる．中国全土の港湾を，終戦時点において流通していた法定通貨によって分けた．数量指数でみるならば，1948年までに，旧連銀券の流通地域は戦前の42％の水準，旧儲備銀券の地域は102％，そして法幣の地域は15％であった．すなわち，移出の回復は，通貨の価値が相対的に切り下げられた旧儲備銀券の地域で進んでいたことが確認される．特に，上海は，戦前よりも1.5倍の移出拡大をみせ，貿易額比重でみると中国全土の70％を占める突出した地位にあった．それに対し，戦時中，国民政府の根拠地であった重慶は，移出の回復が立ち遅れ，数量指数でみると戦前のわずか12％，貿易額比重では中国全土の1％を占めるにすぎなかったのである．

　次に需要面を示す移入の動向を表7-9からみる．上海は，一転して移入の回復はそれほど進んでおらず，戦前の64％の水準にとどまっていた．一方，連銀券の地域では，天津，青島といった主要港湾の移入は比較的好調な回復をみせた．1947年の時点で戦前の水準を超えるまでになっていた．1948年の天津の減

---

[33] 海関統計の輸出には，総輸出（Gross Exports）と純輸出（Net Exports）の2つがある．総輸出は中国品の輸出を意味し，純輸出は総輸出から再輸入（Re-imports）を引いたものを意味する．本推計の輸出物価指数とは，後者の純輸出の数値から求めた．移出にも，総移出と純移出の2つがある．しかし，1946～1948年度では，再移出の値が未掲載であるため純移出を求めることがかなわない．したがって，本推計の移出とは，再移出を含む総移出である．一方，移入は，純移入を指す．以上のように，国内貿易の総交易額（Gross Trade Value）は移出の合計，純交易額（Net Trade Value）は移入の合計ではかられる．

表7-8 港別移出数量指数

地域	旧通貨	地域分類	港湾名	数量指数 (1936=100)				貿易額比重 (%)			
				1936	1946	1947	1948	1936	1946	1947	1948
旧日本軍占領地域	連銀券	河北及山東	秦皇島	100	67	143	83	1	2	2	1
		河北及山東	天津	100	20	110	58	5	3	8	3
		河北及山東	青島	100	22	51	35	8	6	6	3
		河北及山東	威海衛	100	0	0	0	0	0	0	0
		河北及山東	龍口	100	0	0	0	0	0	0	0
		河北及山東	烟台	100	0	0	4	1	0	0	0
			小計	100	22	70	42	16	11	16	8
	儲備銀券	上海	上海	100	52	96	152	39	68	56	70
		長江中下流	蘇州	100	0	0	0	0	0	0	0
		長江中下流	鎮江	100	0	0	0	0	0	0	0
		長江中下流	南京	100	0	78	61	1	0	1	1
		長江中下流	蕪湖	100	0	0	0	2	0	0	0
		長江中下流	岳州	100	0	0	0	1	0	0	0
		長江中下流	漢口	100	15	44	49	17	8	11	10
		長江中下流	九江	100	0	0	0	3	0	0	0
		浙江及福建	杭州	100	0	0	0	1	0	0	0
		浙江及福建	寧波	100	17	61	34	1	1	1	1
		浙江及福建	厦門	100	43	52	37	0	0	0	0
		広東及西江	広州	100	25	43	64	3	3	2	2
		広東及西江	江門	100	38	106	179	0	0	0	0
		広東及西江	三水	100	0	0	0	0	0	0	0
		広東及西江	瓊州	100	0	0	22	0	0	0	0
		広東及西江	九龍	n.a.	n.a.	n.a.	n.a.	0	0	0	0
			小計	100	35	69	102	69	80	72	84
国民政府支配地域	法幣	長江上流	重慶	100	0	0	18	3	0	0	1
		長江上流	万県	100	0	0	0	1	0	0	0
		長江上流	沙市	100	0	0	0	1	0	0	0
		長江上流	宜昌	100	0	0	0	1	0	0	0
		長江上流	長沙	100	0	0	0	2	0	0	0
		浙江及福建	温州	100	101	278	124	0	1	2	1
		浙江及福建	三都澳	100	0	0	0	0	0	0	0
		浙江及福建	福州	100	25	53	21	2	1	1	0
		広東及西江	梧州	100	0	0	0	0	0	0	0
		広東及西江	南寧	100	7	0	0	0	0	0	0
		広東及西江	北海	100	0	0	33	0	0	0	0
		広東及西江	雷州	100	313	792	560	0	1	1	1
		広東及西江	拱北	n.a.	n.a.	n.a.	n.a.	0	0	0	0
		広東及西江	汕頭	100	11	31	14	2	1	1	0
		華南辺境	騰越（騰衝）	100	420	0	0	0	0	0	0
		華南辺境	蒙自（昆明）	100	0	0	0	0	0	0	0
		華南辺境	龍州	100	0	328	0	0	0	0	0
		華南辺境	思芽	100	0	0	0	0	0	0	0
		新疆	新疆	n.a.	n.a.	n.a.	n.a.	0	0	0	0
			小計	100	9	22	15	15	4	5	3
台湾	台銀券	台湾		n.a.	n.a.	n.a.	n.a.	0	4	6	5
総計				100	30	67	84	100	100	100	100

第 7 章
戦後初期中国の広域市場圏の再建

表 7-9 港別移入数量指数

地域	旧通貨	地域分類	港湾名	数量指数 (1936=100)				貿易額比重 (%)			
				1936	1946	1947	1948	1936	1946	1947	1948
旧日本軍占領地域	連銀券	河北及山東	秦皇島	100	88	128	119	0	1	1	1
		河北及山東	天津	100	46	106	68	10	17	16	9
		河北及山東	青島	100	32	115	127	3	3	5	5
		河北及山東	威海衛	100	0	0	0	0	0	0	0
		河北及山東	龍口	100	0	0	0	0	0	0	0
		河北及山東	烟台	100	0	0	9	2	0	0	0
			小計	100	37	90	69	16	21	22	15
	儲備銀券	上海	上海	100	23	72	64	37	31	42	34
		長江中下流	蘇州	100	0	0	0	0	0	0	0
		長江中下流	鎮江	100	0	0	0	1	0	0	0
		長江中下流	南京	100	0	164	56	1	0	2	1
		長江中下流	蕪湖	100	0	0	0	1	0	0	0
		長江中下流	岳州	100	0	0	0	1	0	0	0
		長江中下流	漢口	100	52	47	134	9	18	7	17
		長江中下流	九江	100	0	0	0	2	0	0	0
		浙江及福建	杭州	n.a.	n.a.	n.a.	n.a.	0	0	0	0
		浙江及福建	寧波	100	50	88	48	1	3	2	1
		浙江及福建	廈門	100	31	37	37	2	2	1	1
		広東及西江	広州	100	36	59	88	9	12	8	11
		広東及西江	江門	100	0	0	0	0	0	0	0
		広東及西江	三水	100	0	0	0	0	0	0	0
		広東及西江	瓊州	100	0	0	36	1	0	0	0
		広東及西江	九龍	n.a.	n.a.	n.a.	n.a.	0	0	0	0
			小計	100	27	61	71	65	65	62	65
国民政府支配地域	法幣	長江上流	重慶	100	19	28	15	4	3	2	1
		長江上流	万県	100	0	0	0	1	0	0	0
		長江上流	沙市	100	0	0	0	0	0	0	0
		長江上流	宜昌	100	0	0	0	1	0	0	0
		長江上流	長沙	100	0	0	0	2	0	0	0
		浙江及福建	温州	100	85	183	122	1	2	2	1
		浙江及福建	三都澳	100	0	0	0	0	0	0	0
		浙江及福建	福州	100	35	50	20	2	2	1	1
		広東及西江	梧州	100	0	0	0	1	0	0	0
		広東及西江	南寧	100	2	0	0	0	0	0	0
		広東及西江	北海	100	0	0	45	0	0	0	0
		広東及西江	雷州	100	7,445	14,653	12,449	0	1	1	1
		広東及西江	拱北	100	0	0	0	0	0	0	0
		広東及西江	汕頭	100	15	44	87	6	3	4	7
		華南辺境	騰越(騰衝)	100	0	0	0	0	0	0	0
		華南辺境	蒙自(昆明)	100	0	0	0	2	0	0	0
		華南辺境	龍州	n.a.	n.a.	n.a.	n.a.	0	0	0	0
		華南辺境	思芽	n.a.	n.a.	n.a.	n.a.	0	0	0	0
		新疆	新疆	n.a.	n.a.	n.a.	n.a.	0	0	0	0
			小計	100	16	31	36	20	11	10	10
台湾	台銀券	台湾		n.a.	n.a.	n.a.	n.a.	0	2	5	9
総計				100	27	64	70	100	100	100	100

表 7-10　類別移出数量指数

		数量指数（1936 = 100）				貿易額比重（％）			
		1936	1946	1947	1948	1936	1946	1947	1948
1	動物製品	100	23	49	102	4	1	1	3
	うち 豚毛	100	25	45	124	1	0	0	2
2	食料品	100	28	63	80	32	26	27	21
	うち 穀物	100	7	23	36	7	2	2	2
	小麦粉	100	18	36	70	4	2	3	3
	砂糖	100	47	118	156	3	6	6	3
	茶	100	24	28	32	3	2	0	0
	葉煙草	100	46	78	81	3	2	2	1
	紙巻煙草	100	37	86	99	6	7	8	7
3	採油用種子	100	13	51	57	5	2	3	3
4	油脂蝋	100	29	57	56	8	3	2	2
	うち 桐油	100	24	32	36	7	1	1	1
5	燃料	100	33	54	49	4	2	2	2
	うち 石炭	100	32	50	46	4	2	2	2
6	繊維原料	100	10	77	99	7	1	6	6
	うち 綿花	100	9	93	117	6	1	5	5
7	繊維製品	100	33	61	75	30	51	39	46
	うち 衣類	100	76	282	367	0	3	3	3
	綿糸	100	34	45	45	11	17	10	11
	綿布	100	28	59	75	16	26	22	27
8	鉱産物	100	29	143	162	3	1	2	2
9	化学品	100	66	242	295	2	3	7	4
10	雑品	100	72	173	253	6	9	9	10
	総計	100	30	67	84	100	100	100	100

少は，国共内戦の戦役によるものである．そして，法幣の地域では，戦前の36％の水準と依然として移入量の回復は進んでいなかったが，それでも移出よりは回復の規模は大きかったのである．

(2) 上海の中継貿易の繁栄

　上海の拡大と内陸部の停滞という国内貿易の不均衡状態は，具体的にどのような商品流通を反映しているのか，表 7-10，表 7-11 から分析を進めることにしよう．

　国内貿易の場合，輸出でみたような綿工業の拡大は確認されない．綿糸・綿布の移出量は，戦前の水準を超えることはなかった．移入でみると，綿糸・綿布の

表7-11　類別移入数量指数

		数量指数 (1936=100)				貿易額比重 (%)			
		1936	1946	1947	1948	1936	1946	1947	1948
1	動物製品	100	48	73	75	4	2	2	3
	うち　豚毛	100	122	115	91	1	1	1	1
2	食料品	100	29	61	70	31	32	29	26
	うち　穀物	100	12	34	28	7	3	3	3
	小麦粉	100	14	43	64	4	2	4	4
	砂糖	100	65	102	149	3	11	5	5
	茶	100	30	31	29	3	2	1	0
	葉煙草	100	48	87	75	3	2	4	3
	紙巻煙草	100	29	70	93	6	6	6	7
3	採油用種子	100	11	40	40	6	2	4	3
4	油脂蝋	100	38	66	53	8	4	4	3
	うち　桐油	100	35	36	31	7	3	1	1
5	燃料	100	29	42	39	3	2	2	2
	うち　石炭	100	29	40	38	3	2	2	2
6	繊維原料	100	9	87	80	7	1	10	10
	うち　綿花	100	8	107	98	5	1	9	9
7	繊維製品	100	23	50	59	29	42	31	35
	うち　衣類	100	49	232	288	0	2	2	3
	綿糸	100	24	40	41	11	14	9	9
	綿布	100	20	46	57	16	22	17	20
8	鉱産物	100	39	180	181	2	1	2	3
9	化学品	100	51	152	192	3	4	6	6
10	雑品	100	57	145	163	6	8	10	9
	総計	100	27	64	70	100	100	100	100

　停滞ぶりはより鮮明に確認される．綿糸は戦前の41％，綿布は57％の交易量に留まっていた．すなわち，戦後初期上海の移出の拡大は，綿工業に牽引されたものではなかったのである．

　それでは，上海の移出拡大は，何によってもたらされたのであろうか．それを表7-12から分析しよう．上海の移出は，1948年までに戦前よりも実質240百万元の拡大をみせていた．その増加分を商品類別に分けるならば，まさに綿糸・綿布以外のほぼすべての商品類にまたがっていたのである．紙巻煙草，衣類のように上海の軽工業品で移出が拡大した産品もみられるが，その多様性から判断するに，明らかに上海で生産されていない物品が相当多く含まれている．戦前の傾向から物品を大まかに推定するならば，豚毛，茶，採油用種子，桐油，綿花，鉱産

表7-12 港別・類別実質移出額の増減（1936年と1948年の差分）

単位：百万国幣元

	日本軍占領地域						国民政府支配地域					台湾	総計
	連銀券 河北 山東	儲備銀券				合計	法幣				合計		
		上海	長江	浙江 福建	広東 西江	小計		長江	浙江 福建	広東 西江	華南 辺境			
01 動物製品	-4	28	-15	0	0	14	10	-10	1	0	0	-9	0	1
うち 豚毛	-2	14	-3	0	0	11	9	-6	0	0	0	-6	0	3
02 食料品	-16	59	-74	-18	-14	-48	-64	-16	-13	-17	0	-47	34	-77
うち 穀物	1	-2	-41	0	-2	-46	-45	-9	0	0	0	-10	1	-53
砂糖	0	10	0	0	-9	2	2	-2	0	-14	0	-15	35	22
紙巻煙草	-3	4	-2	0	1	3	0	0	0	0	0	0	0	-1
小麦粉	0	-8	-7	1	0	-14	-14	0	0	0	0	0	0	-14
茶	0	3	-6	-18	0	-21	-21	0	-11	0	0	-11	4	-28
葉煙草	-3	-1	-4	0	1	-4	-6	0	0	0	0	0	1	-6
03 採油用種子	-26	12	-9	0	0	3	-24	-3	0	0	0	-4	0	-27
04 油脂蝋	-5	6	-26	0	2	-18	-22	-30	1	9	0	-21	1	-43
うち 桐油	0	2	-24	0	0	-22	-22	-30	0	0	0	-30	0	-52
05 燃料	-16	-2	-8	0	0	-10	-26	-1	0	0	0	0	5	-22
うち 石炭	-17	-2	-8	0	0	-10	-27	-1	0	0	0	-1	5	-22
06 繊維原料	-16	17	7	1	0	26	10	-11	0	0	0	-11	0	-1
うち 綿花	-15	11	21	1	0	34	19	-8	0	0	0	-8	0	11
07 繊維製品	-34	-33	-8	-6	0	-46	-80	-2	0	-6	0	-9	0	-88
うち 衣類	0	14	0	0	0	14	14	0	0	0	0	0	0	14
綿糸	-8	-51	-7	-2	2	-58	-66	-2	0	-3	0	-5	0	-71
綿布	-22	-19	-1	-3	-1	-25	-47	0	0	-1	0	-1	0	-48
08 鉱産物	4	33	-3	0	1	31	35	-15	0	0	-3	-18	2	19
09 化学品	12	27	0	1	-1	26	38	-2	0	0	0	-2	8	44
10 雑品	7	82	-3	0	-2	76	84	-4	-2	-3	0	-8	34	109
総計	-109	240	-181	-25	-17	18	-92	-100	-20	-26	-3	-149	54	-186

物といった一次産品は，長江中下流域の産品，化学品（主に食塩）は，河北・山東の産品，そして，砂糖は，戦後新たに編入された台湾の産品である，と推定される．さらに，上海の移出額の増加分のうち，雑品の82百万元が最大であるが，その内訳をみるならば，帽子，蓆など，日本植民地時代に台湾で成長した中小雑工業の産品が相当多く含まれていた[34]．

すなわち，上海の移出は，旧日本軍占領地域と台湾の産品を中継することで大きな拡大をみせた．一見すると，上海を拠点に一次産品の国内貿易が拡大したと見えるかもしれない．しかし，旧日本軍占領地域の各地の農畜産物の移出規模は，

---

[34] 植民地期台湾の中小工業については，堀内[2008a, 2008b]を参照．

第 7 章
戦後初期中国の広域市場圏の再建

表 7-13　港別・類別実質移入額の増減（1936 年と 1948 年の差分）

単位：百万国幣元

	日本軍占領地域							国民政府支配地域						台湾	総計
	連銀券	儲備銀券					合計	法幣					合計		
	河北山東	上海	長江	浙江福建	広東西江	小計		長江	浙江福建	広東西江	華南辺境				
01 動物製品	1	-13	-1	0	1	-14	-13	0	0	1	0	1	2	-11
うち 豚毛	0	-2	0	0	1	-2	-2	0	0	0	0	0	0	-1
02 食料品	-5	-37	-7	-21	-13	-77	-81	-17	-11	-16	-2	-46	12	-115
うち 穀物	-13	-23	-4	-2	-9	-38	-51	-1	0	-10	0	-10	0	-61
砂糖	5	22	-6	-2	1	16	21	-3	0	0	0	-3	0	18
紙巻煙草	11	0	6	-11	0	-6	5	-7	-1	0	-1	-10	0	-5
小麦粉	-5	0	0	-3	-3	-6	-11	-2	-2	-2	0	-7	1	-17
茶	-1	-23	0	0	0	-23	-24	0	-6	1	0	-5	0	-29
葉煙草	-1	-2	-2	0	0	-4	-5	-2	0	0	0	-2	0	-8
03 採油用種子	0	-20	-1	-1	-20	-42	-41	0	-1	-4	0	-5	1	-45
04 油脂蝋	0	-38	-10	-1	6	-43	-43	0	-1	-1	0	-2	1	-45
うち 桐油	-1	-43	-12	0	0	-54	-55	0	0	0	0	0	0	-55
05 燃料	2	-18	-3	-1	-2	-23	-21	0	0	0	-1	-1	1	-21
うち 石炭	2	-18	-3	-1	-2	-23	-21	0	0	0	-1	-1	1	-22
06 繊維原料	4	-20	-1	0	-2	-22	-18	0	0	-1	0	-1	1	-18
うち 綿花	5	-9	3	0	2	-5	-2	1	0	0	0	1	0	-1
07 繊維製品	-55	-5	-10	-7	-4	-25	-80	-63	-4	-13	-15	-95	31	-144
うち 衣類	4	0	2	0	1	3	6	-1	0	1	0	0	4	10
綿糸	-23	4	-3	-1	-5	-5	-28	-32	0	-10	-10	-52	4	-76
綿布	-35	-5	-2	-5	-1	-23	-58	-28	-4	-6	-4	-42	18	-83
08 鉱産物	5	4	0	0	2	7	12	-1	0	1	0	0	12	24
09 化学品	2	13	-4	1	9	19	21	-3	1	10	0	7	4	32
10 雑品	2	32	-1	0	6	37	40	-7	0	-2	-1	-10	15	44
総計	-58	-150	-28	-30	-18	-226	-283	-91	-16	-26	-18	-152	78	-357

いずれも縮小している．つまり，上海の移出拡大とは，より多くの農畜産物が上海に集中し，そこから再分配される比重が高まったことを意味しているにすぎない．表 7-13 から上海の純移入の規模をみるならば，農畜産物の移入はいずれも減少していた．上海は，移入した農畜産物のほとんどを再移出に回したのである．

一方，この上海を中継拠点とする交易の中に，戦時中に国民政府が支配した地域は，ほとんど組み込まれていなかった．表 7-12 から再確認すると，国民政府支配地域では，動物製品，油脂蝋といったアメリカ市場で需要される産品の拡大が確認されるが，それらを除くと，ほぼすべての商品にわたり移出の著しい停滞状況に置かれつづけていた．

以上のように，戦後初期の国内貿易は，1930年代半ばのような沿海部と内陸部の緊密な分業関係に支えられていたものではなかった．むしろ，戦時中に分断された市場構造をそのまま引き継ぎながら，上海の中継貿易が膨張するという展開がみられたのである．

(3) 農業部門の停滞と綿工業

　上海の中継貿易を軸とする戦後初期の国内貿易は，沿海部で進行したにすぎず，依然として長江流域の回復は進んでいなかった，と言わざるを得ない．日本軍が支配した長江中下流域の移出は，戦前に比べると181百万元の減少に見まわれ，中国全土の中でも最も減少規模が大きかった（表7-12）．その内訳を分析するならば，食料品，とりわけ穀物の移出が激減していた．その最大の要因は，UNRRAによって大量の穀物が沿海都市部に供給されたからである．一方，UNRRAには相当多くの綿花も含まれていたが，こちらは上海の綿工業の輸出拡大により，綿花に対する需要は大きく，長江流域からの移出量が伸長していた．しかし，その増加をもってしても，長江中下流域の移出全体を回復することはできなかった．

　国民政府が支配していた長江上流域も中下流域と同様の傾向を読み取ることができる．穀物と一次産品の交易の停滞により，同地域の所得水準はかなり低下していたことは間違いない．表7-13から移入量の実績をみるならば，長江上流域の繊維製品の移入は，戦前よりも63百万元減と，表で示したすべての地域・商品の中で最も大きな後退がみられた．戦後初期，綿工業が国内貿易の回復を牽引できなかった理由の一つは，長江流域の農業部門が停滞していたからである．

(4) 台湾編入の意義

　戦後になり国民政府により編入された台湾は，上海の綿工業にとって，東南アジア市場に匹敵する重要な販売市場となっていた[35]．そして，上海の中継貿易の中に，多くの台湾の産品が含まれていたことが示すように，内陸部の交易が停滞する中で，沿海部内の交易を下支えする役割を果たしていた．したがって，戦後の国内貿易は，上海－台湾の交易が軸となっていた，と言える．

　しかし，台湾の編入により，中国の南方地域の生産が停滞に追い込まれた事例

---

35) この分析については，加島・木越・洪・湊 [2012].

があった点にも留意する必要がある．1930年代に広東省を中心に生産の拡大をみせていた砂糖は，台湾産の流入により，生産の停滞を余儀なくされていた．表7-12でみるように，広東・西江地域で移出の著しい減少をみせたのは砂糖であり，もしこの減少がなければ，同地域の国内貿易の回復はより大きなものとなったはずであった．さらに，台湾からの茶の流入は，浙江・福建の茶移出の減少をまねき，そして石炭の流入は，長江中下流域における石炭生産の停滞の一因になった．いわば，台湾は，南方地域が持っていた上海市場を取り合う関係にもあった．

これらの事実は，台湾の編入が単に国内貿易の規模を拡大した，あるいは縮小させたというような，量の面ばかりで評価することができない点を示している．つまり，台湾の編入は，国内の地域間分業の構造を変化させたのである．1930年代の国内貿易の拡大は，国民政府の関税政策・通貨金融政策の下，上海と長江流域の分業関係を緊密化させる方向に進んだ．そこでは日本帝国との対抗の下，台湾と上海の交易を結びつける程度は低かった．一方，戦後上海は，戦時と戦後の経済的混乱を引きずる長江流域よりも，日本によって社会経済の産業化がより進んでいた台湾との経済関係を強める方向に進んだ．

VI おわりに

戦後初期中国の広域市場圏は，どのような構造を形成するに至り，その到達はどう評価されるのか，これまでの分析を総合することにしよう．

図7-3は，中国品の戦後の交易規模と構造を総合的に示した図である．戦後初期中国の広域的な商品流通は，上海だけが戦前と同じ規模を持っていた．その上海の交易の中身は，①東南アジア・台湾向けの綿製品の輸移出，②台湾産品を主とする国内の中継貿易の2つが大きな比重を占め，その他国内外地域との交易は戦前の約半分以下の水準であった．つまり，戦後初期中国の広域市場圏が持つ一つの特徴は，上海の工業部門と台湾を含む旧「大東亜共栄圏」の南方圏と呼ばれた地域の間で広がりをみせた．これを上海からみた「南方市場圏」と呼ぶことにしよう．

それに対し，戦前期中国の広域市場圏は，長江流域市場が上海にとって最も重要な販売・原料市場であり，それを軸としていわば扇が上下に広がるようにし

第 3 部
全国市場圏の分断と再建

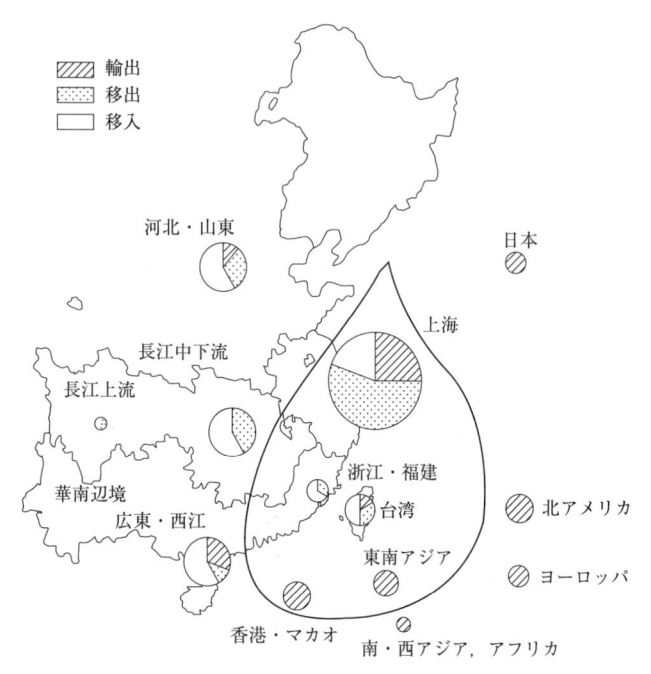

図 7-3　戦後初期中国の交易構図（1948 年）
注）貿易額は，1936 年不変価格（実質額）．
出所）海関統計［1948, No.1］より作成．

て，中国本土の華北と華南を包み込む構造をもっていた（図 5-3）．第 5 章で，これを上海からみた「関内市場圏」と定義した．

南方市場圏，関内市場圏はそれぞれ，その時代に中国経済が置かれた条件の下で形成された歴史性をもつと同時に，戦前期と戦後初期を規定した共通する条件を示している，と考えられる．その条件を論じる前に，途上国が経済成長を推進する上で，これまでの開発経済理論が提示してきた方向性とパターンから，南方市場圏，関内市場圏がどのように評価されるか検討しよう．

開発経済理論は，途上国の成長の展望として 3 つのパターンを提示してきた．①一次産品輸出を通じての成長．②海外市場向け工業品輸出を通じての成長．③国内市場向け工業品移出を通じての成長である．第 1 のパターンの成功は，先進

36）開発経済理論における貿易と工業化をめぐる理論の整理は，木越・内藤［2011］を参照．

国の総需要の拡大と通商政策の寛容さに大きく依存する．第2のパターンの成功は，より難しく，第1のパターンの制約に加えて，工業部門の資本不足と技術的停滞の2つを克服しなければならない．そして，第3のパターンは，国内の農業部門の所得上昇に結びついた意識的な改革が必要となる[36]．

戦前期中国の工業化は，①と③のパターンが結びつくことによって達成されたものであった．中国の国土の広さと気候風土の多様性は，他の途上国に比して一次産品の種類が多様である，という恵まれた条件を与えている．そのため，先進国の総需要が減少する中でも，すべての一次産品輸出が低迷することは稀であった．そのため，農業部門の抜本的な改革がなくとも，一次産品輸出の拡大によって，工業品の国内市場の拡大もまた実現された．つまり，先に関内市場圏と呼んだ交易構造は，①と③のパターンが同時的に進行した結果であった．

一方，戦後初期中国は，①と③の条件を欠いていた．戦後初期の一次産品輸出の全般的不振は，農業部門の所得水準の低下をもたらし，その結果，工業製品の国内市場は狭隘となった．そのような環境の下で，工業部門の活路は，かつて日本製品で埋め尽くされていた台湾と東南アジア市場で生まれていた空白に進出することであった．つまり，先に南方市場圏と呼んだ交易構造は，②のパターンであった，と言える．

しかし，海外市場向け工業製品の輸出が，果たして国内経済の成長を牽引していたか，と言えば，それは非常に限定されていたものであった．なぜなら，工業部門が必要とする原材料と食料品の多くは，海外からの公的援助に依存していたし，それによって国内の農業部門の交易量はより低水準に留まっていたからである．

戦後初期の中国経済の問題は，戦後の途上国の多くが直面した問題と共通する点が多い．すなわち，公的援助を通じて国際的制約を緩和したり，一部の工業部門の輸出市場が開けたりしたとしても，それは持続的な成長に結びつくことがない．むしろ後の競争と抵抗，そして挫折の要因となってしまうことになる．工業生産力の増加が国民の所得水準の上昇に結びつかない理由は，工業部門やインフラ施設よりも農業部門への投資が長らく軽視されていたことに問題がある．戦後初期に国民政府が取り組むべき課題は，国内の農業開発をより重視し，生産性を向上させ食料自給率を高めて，農業余剰を生み出すことであった．それが，戦前のように工業部門に拡大する国内市場を提供するはずであった．

総合的にみると，国民経済の復興を促進すると考えられた国民政府の経済政策

は，これまでの研究で評価されてきたように失敗であった，と結論づけられる．なぜなら，輸出促進の成果よりも，その政策で受けた被害のほうが大きすぎたからである．

　戦後初期の国民経済の再統合は未完に終わった．しかし，国民政府は台湾に逃れた後，大陸で失敗した②の成長パターンを継続した．それは後に輸出工業化政策と呼ばれ，東アジアの発展モデルの成功事例として賞賛されることになった．ただし，その成功の背景には，日本植民地時代に台湾の農業部門の生産性の向上が達成されていたことを考慮する必要がある[37]．国民政府の大陸での失敗は，産業社会化が進んだ国の復興モデルを採用したことにある．そのような方法では，就業人口と生産額の90％を占めた農業部門の復興は達成できなかった．国民政府が大陸を追われたのは，単に軍事的に敗北しただけでなく，農業を軽視した結果，より多くの民衆の支持を失ったからであった．その是正と国内市場の再統合という課題は，人民共和国の下で引き継がれることになる．

---

[37] 台湾経済の戦前と戦後の関連性については，堀［2009］を参照．

第4部

統計と推計

上海海関（1930年代）
解説：1927年に落成した中国海関の本部が置かれたビル．ここで海関統計の作成が行われた．

第8章 中国海関統計論

I はじめに

(1) 海関統計研究の現状

　海関統計は，1859～1949年にかけて，中国海関（China. Maritime Customs）によって作成された貿易報告および貿易統計の総称である[1]．統計数字を連続的かつ系統的に追うことができるため，近代中国の商品移動に関する最も基礎的な資料となっている．

　海関統計の編制方法については，早くは1870年代から中国海関による解説書があり[2]，統計の種別についても出版リストで見渡すことができる[3]．しかし，それらは刊行時点における統計の解説であって，約90年間にわたる海関統計の

---

1) 海関統計は，1882年から貿易統計と貿易報告が合冊された．そのため，海関統計報告（Returns of Trade and Trade Report）と呼ぶのが正確であるが，慣例にならい海関統計と呼ぶ．本書は貿易統計について論じ，貿易報告については分析しない．日本の場合，明治2年に作成が始まって以来，統計は「外国貿易年表（月表）」，報告は「外国貿易概覧」として別々に刊行され続けた．1冊にまとめるか，別々に刊行するかは，その国の統計制度あるいは税関制度によって異なり，どちらかが標準的であるというわけではない．
2) IGC [1879]．20世紀初頭まで，中国海関は，条約が改訂されて統計編制の様式に変更があると，統計解説書を刊行した．IGC [1879] の他に，IGC [1883a, 1907] がある．また，統計事務の沿革についても解説書がある．IGC [1881, 1883b]．しかし，1910年代になると，統計解説書は刊行されず，統計編制の詳細については，中国海関の統計科（Statistical Department）の通達文（Statistical Secretary's Printed Note）に記された．1932年から統計書巻頭部分に，編制方法の概要がまとめて記されるようになるが，それは統計の基本原則を確認した程度の短いものにすぎなかった．
3) 出版リストは1887年から作成された（IGC [1887]）．その後，1930年代までに5回作成された．中国海関が最後に作成した出版リストは，IGC [1940] に所収されたものである．

全体を分析したものではない．

　海関統計について最初に体系的に論じたのは，鄭友揆である．統計表の種別，その様式と調査方法，そして利用上の注意事項について，時期別に分けた分析がなされており，今日でも標準的な解説として，多くの研究者に便覧されている[4]．

　欧米での研究書としては，1920年代に国際連盟が作成した世界各国の貿易統計凡例集のなかに，海関統計の解説があり，国際的に比較した場合の特徴について参考になる記述がある[5]．その他に，蕭（Hsiao Liang-lin）は，海関統計の基本的な統計表の連年対照表を作成し，その数値の利用について多くの注記事項を掲示している[6]．また，ライオンズ（Thomas P. Lyons）は，統計表の編制方法だけでなく税関制度の変遷についても解説している[7]．鄭からHsiao，Lyonsに至る海関統計研究は，海関統計が長らく国民経済の貿易統計として作成されていなかった点を補い，現代貿易統計として利用するための工夫を探求してきた，という特徴がみられる．

　一方，日本での海関統計研究は，国民経済の貿易統計としてみるのではなく，その時代の商品流通を記録した歴史的統計資料として，積極的に活用しようとする志向がみられる．海関統計が国境ではなく開港都市を起点として国内外の商品移動を記録していた方法は，むしろ広域的な商品移動の網の目を見るうえで有用である，と考える．このような海関統計の歴史的統計としてもつ特殊性と利点を明らかにした研究として，濱下［1989］，濱下・小瀬［1993］，小瀬［1989，1998］，古田［2000］がある．

　中国でも海関統計について解説した研究書は，数多く刊行されている．その中でも独自の利用価値があるものとしては，中国各地の海関史，地方志のなかで海関統計について専述した部分である．各開港都市別の海関統計の刊行状況や統計事務について，より細かな知識を得ることができる．地方別の海関史の文献リストは，張［2005］が参考になる．

　海関統計の背後にある税関制度，関税制度についても研究が深められている．

---

4) 鄭［1934］（鄭［1984］に再録）．
5) League of Nations (LN) [1925].
6) Hsiao [1974].
7) Lyons [2003].

中国海関の通史としては,中国海関自身が1940年に作成したものの他に[8],研究書としては陳[1993, 1999],岡本[1999]がある.関税自主権回復前後の関税制度については,久保[1999]に詳しい.

さらに,近年は海関統計の復刻集の刊行が進捗し,それまで一部の海外図書館,資料館でしか閲覧できなかったものが,手軽に利用できるようになった.そして,現在,中国第二歴史档案館とブリストル大学が共同で海関史料のデジタル化作業を進めているほか,中国の公共図書館,各市省档案館の所蔵史料の公開も進み,これまで知られることが少なかった統計の存在も明らかになってきている.

(2) 海関統計研究の課題

海関統計は,長きにわたり世界的に研究がされてきたことで,その編制方法について豊富な事実が既に明らかにされている.この豊富な先行研究を前に,本書が敢えて海関統計を再度論じようとするのは,これまでの研究では,国際比較の視点からの分析が十分にされてこなかった,と考えているからである.

例えば,海関統計の歴史性・特殊性(時に後進性)として挙げられてきた特徴は,1928年に方法が確立し,1950年代から1960年代にかけて世界的に普及した現代貿易統計の編制方法と比較した場合のものであった.しかし,世界の貿易統計史を通覧するならば,海関統計研究が挙げた特殊性とは,1つ海関統計のものではなく,同時代の世界各国の貿易統計が抱えていた特徴であったことを知ることができる.このように,海関統計は,近代中国に特徴的にみられた税関制度・関税制度に規定されていたと同時に,同時代のヨーロッパの貿易統計制度の変遷に深く関係していた.本章は,「貿易統計の世界史」のなかに,海関統計を位置づける作業をする.

海関統計の史的展開の論理を明らかにするだけでなく,本章は事実発掘の面でも貢献をしたい,と考えている.海関統計研究で十分に明らかにされていない事実として,主に2点を挙げることができる.

第1に,関税自主権回復後の1930年代以降の統計編制方法である.これまでの研究は,19世紀後半から20世紀初頭にかけての海関統計の編制方法に多くの分析を払ってきた[9].一方,1932年以降の編制方法については,統計書の巻頭

---

8) IGC [1940].
9) 日本での研究が強調してきた海関統計の特殊性とは,1859〜1931年の海関統計について

に編制方法の概説があることもあり，あまり多くの言及がみられない．海関統計は，1932年に国民経済の貿易統計に改良されたとはいえ，依然として現代貿易統計とは異なる編制方法が数多くみられた[10]．この点について，事実を整理したい．

第2に，太平洋戦争期の海関統計についてである．太平洋戦争期の刊行状況については，これまでほとんど明らかにされてこなかったが，現在ではその刊行・残存状況についてほぼ確定した事実を知ることができる．近年出版された復刻集に未所収の統計も数多くあるため，それらを含めた形で1859～1949年の刊行状況の全体像を提示したい[11]．

以上の課題を念頭に置き，ここでは，鄭以後の研究の成果を盛り込みながら，海関統計の制度的基礎，編制方法にみられる特徴を再整理するとともに，現時点において判明している統計の刊行状況について紹介する．

II 海関統計の制度的基礎

貿易統計は，税関が条約と関税法規に基づいて作成する．つまり，私たちが貿易統計の特徴とみるものは，税関制度と関税制度により形成されたものである．海関統計は，不平等条約が定める関税制度の下，西洋人支配の税関が作成を始めた．その後，国民政府によって関税自主権を回復し，ようやく国民経済の貿易統計としての要件を備えるようになった．海関統計は，1859～1931年にかけて主権制限下の貿易統計，1932～1949年にかけて国民経済の貿易統計として作成されている．

(1) 税関制度と海関統計

貿易統計は，税関の業務統計であるため，税関の徴税権の範囲を超えて集計さ

であり，1932～1949年については該当しない．また，1859～1931年の特殊性と呼ばれる点についても，その多くは，19世紀後半，イギリスで作成されていた貿易統計と共通する点が多々あるため，むしろ19世紀の貿易統計としては一般的であった，と考えられる．

10) 鄭 [1934] は，1932年からの海関統計の改良・変更点について言及しているが，同時代人としての分析であるため，1950年代から1960年代に普及した現代貿易統計の編制方法との違いについては言及がされていない．

11) 海関統計のリストは，巻末にまとめた．

れることはない．通常の税関運営は，独立国であれ植民地であれ，国家権力によって統一的に行われる．中国の場合，1854年に始まる外国人税務司制度により，長らく税関が二分される体制に置かれていた．外国式船舶の徴税は外国人の徴税人（税務司）によって，中国式船舶の徴税は清朝政府が管理する税関によって執行された[12]．海関統計は，外国人税務司が徴税権をもつ範囲で作成した貿易統計である[13]．清朝政府は，税収報告を作成することはあっても，貿易統計を一貫して作成しなかった[14]．

西洋人支配の税関は，当初は，「洋関」と呼ばれ，中国の税関を意味する海関は，17世紀末から海上交易を管理していた清朝の税関を指していた．外国式船舶よる海上貿易が発展し，洋関の組織が強大になると，洋関は海関と呼ばれ，それと区別するために清朝の海関は「常関」と呼ばれるようになった．ここでは，特に断りのない限り，中国海関とは外国人税務司制度の洋関を指す[15]．

海関統計が歴史統計としてもつ最大の特徴は，この税関制度に由来している．西洋人側も中国全体の貿易活動を把握する権限をもっていなかった．そして，外国人税務司が海関統計を作成した目的も，西洋諸国の対中国貿易の実情を記録し，戦争賠償金の担保となっていた海関税の収入を把握することであった．

中国海関が海関統計を作成した当初は，上海，広州のわずか2港で，外国式船舶による貨物を把握していたにすぎなかった．その後，清朝の軍事的敗北あるいは外交的譲歩によって，新たに条約が締結されるたびごとに，外国人税務司の統括する商業貿易の範囲が拡大していった．それは中国の主権がより制限されることを意味したが，外国人税務司が作成する統計がより充実してゆく契機ともなった．

また，中国海関の組織が強大になるにつれ，外国人税務司たちは，海関統計の集計領域が不完全である点を意識しはじめた．より中国全土の貿易を記録するために，第2代総税務司のロバート・ハート（Robert Hart）は，常関に属する権限の一部を海関に移譲させ[16]，さらに清朝政府と条約の運用と解釈をめぐり粘り強

---

12) 岡本 [1999]．
13) IGC [1907]．
14) 莫 [2006]．
15) 岡本 [1999] は，清朝の海関と外国人税務司の海関を区別するために後者を洋関と呼ぶべきだ，と主張している．また，彼は，もし後者を海関と呼ぶのであれば，英語名の China. Maritime Customs から「中国海関」と表記するべきだ，とも主張している．
16) 具体的には，1887年4月2日から，香港内に九龍海関，マカオ対岸に拱北海関を設置し，

く交渉した．その積み重ねの結果，外国人税務司の徴税権は，外国貿易の範囲を超えて国内貿易まで拡大していった[17]．

一方，清朝の要人たちも外国人税務司の税関運営の合理性を認めるようになり，例えば自開商埠と呼ばれる清朝自ら開港した港湾の税関運営も中国海関に委ねるようになった[18]．依然として中国式船舶に対する徴税に制約はあったが，海関統計は中国の事実上の公式的な外国貿易統計である，とみなされるようになってゆく．海関統計の初期の表装は，イギリスの政府統計の Blue Books にならい青色であったのが，中華皇帝の象徴である黄色に統一されるようになった．

中華民国期に入ると，関税自主権の回復の機運を背景に，1922年のワシントン会議，1925年の北京特別関税会議，そして1928年のジュネーブ会議を経て，国民経済統計としての整備が始まる．そして，1930年の中日関税協定により中国が関税自主権の回復を達成すると，ようやく海関と常関の統合が1931年に実現した．課税の自由の回復により国内通行税が撤廃されることになり，その一環として常関税も廃止された[19]．常関の国境輸出入税は，海関により国定関税に基づいて徴収されることになった[20]．1932年度から海関統計は，一律に，国定関税が適用される範囲が外国，適用されない範囲が国内とされ，国民経済の貿易統計として再編されたのである．

(2) 関税制度と海関統計

貿易額の評価方法と商品分類の体系は，貿易統計の中心部分である．これらは，関税制度が定める課税方法に基づいている．西洋諸国の貿易統計の歴史研究を紐解くと，海関統計は，19世紀西洋の貿易統計の問題を引き継いでいることがわかる[21]．その後，西洋では関税制度の改革と並行して，貿易統計の改良が進め

両地と中国の間を往来する中国式船舶の貨物を中国海関が掌握するようになった．
17) 陳 [1993]．通常，石炭・水・食料の補給のために，内国航行権を認めることはあっても，内国貿易権に制限を課すのが主権国家の本来のありようである．しかし，外国式船舶による貨物の国内移動が頻繁に行われ，清朝と列強の紛糾の種になっていた．そこで，中国海関と清朝政府との間で交渉が重ねられ，1861年から外国式船舶に積載される貨物はすべて外国貿易を構成するものとされた．
18) 唐 [2002]，楊天宏 [2002]．
19) 久保 [1999]．
20) 米谷 [1939]．
21) 西ヨーロッパを中心とする貿易統計の制度史は，Williams [1921]，Imlah [1948]，Allen and Edward [1953]，Platt [1971]．

られたが，中国の場合，不平等条約が足かせとなり，関税自主権を回復するまで，古い原理が採用されている．

　貿易統計の基本原理は，大陸ヨーロッパ型とアングロ・サクソン型の2つに分けることができる．大陸ヨーロッパ型は，近代貿易統計の初期のタイプであるのに対し，アングロ・サクソン型は大陸ヨーロッパ型の問題点を改良し，現代貿易統計のモデルとなった．海関統計は，1859～1931年にかけて大陸ヨーロッパ型，1932～1949年にかけてアングロ・サクソン型のタイプに属する．

貿易額の評価方法

　大陸ヨーロッパ型は，税関が調査した市場価格に基づいて評価する．一方，アングロ・サクソン型は，価格の申告を義務づけることにより，実績によって貿易額を評価する．

　アヘン戦争以前に，イギリスは，すでに市場価格の問題点を意識し，申告価格による評価へ改良を始めていた[22]．しかし，イギリスが中国に開港を迫った際，自国の商人，企業家にとって有利な関税制度を求めた結果，申告価格に基づく貿易統計の作成が困難になった．イギリスは従価一律5％の従価税の基準となる価格を条約締結時の市場価格に据え置き，実質的に従量税と同等の制度を強要した[23]．その結果，通関の際の課税基準は貨物の数量となり，厳密な価格申告は要請されなくなった．これにより，海関統計は，市場価格で貿易額を算定する方法を用いなければならなかった[24]．

　関税自主権の回復により，中国は条約が定める課税方法から解放される．1932年度から外国貿易統計は輸出入申告書に基づいて申告価格で評価された[25]．

商品分類の体系

　大陸ヨーロッパ型は，関税表と一致するように商品をアルファベット順に並列し，なるべく商業慣行上馴染みやすい名称を採用する．その背景には，一致しているほうが商人側にとって利用しやすいという要請があった．一方，アングロ・サクソン型は，関税表と切り離した分類を採用する．その目的は，貿易統計にも

---

22) Imlah [1948].
23) 岩井 [2006].
24) LN [1925].
25) 海関統計 [1936, No.2].

経済学の概念を導入することで，経済政策をより合理的に遂行することにある．商品を素材別あるいは産業別に類型化し，貿易の商品構造を科学的に把握する方法が追求されている[26]．

海関統計は1859～1931年まで関税表一致型の商品分類，1932～1949年から関税表から分離した商品分類が採用されている．1859～1931年までに輸出入品目表は，大小様々な変更を含めるならば，輸出が7回，輸入は13回改定され，関税表にはない大分類（アヘン，生糸，茶，綿布など）を設けるようになるが，それ以外の配列は原則として関税表と一致している．商品細目は，通関した貨物をアルファベット順に雑多なまま羅列する形式が続いた[27]．細目が体系的に整備されなかった理由は，欧米諸国が，実質従量税の課税基準を利用して，高級品でも低級品と同じ課税額になるように，細目を単純化した関税表を課したからである．細目が体系的に整備されなかったため，港ごとに分類の基準にばらつきがみられた．前年の上海の年報を基準として整理するという規定があったとはいえ，ある貨物をどの細目に振り分けるかは，各港の鑑定官の判断に委ねられていた[28]．

このような問題の数々は，関税自主権の回復により，条約が課す関税表から解放されることで，ようやく解消をみる．1932年から関税表とは別に輸出入品目表が設けられ，中国の貿易実情に合わせた分類と細目が作成された．また，機械集計が導入され，それまで単なる順列を示すにすぎなかった品目番号，税則番号は，体系的なコード番号となった．さらに，それまでは各海関で別々に行われていた集計事務が，上海の統計科で一括製表された[29]．集計作業の機械化と中央化は，集計ミスと分類のばらつきを解消し，統計数字の誤植あるいは不整合がほぼ皆無となった．

(3) 海関統計の歴史的位置

1859～1931年にかけて，海関統計は，統計の制度的基礎からみると，植民地にされた地域の貿易統計と不平等条約を課せられた国の貿易統計のちょうど中間に位置している．税関制度でみた特徴は，イギリスが植民地で作成した貿易統計

---

26) Allen and Edward [1953].
27) 楊瑞六・侯 [1931].
28) IGC [1907].
29) 鄭 [1934].

と共通する点が多い.例えば英領インドにおける徴税対象は,原則として,外国式船舶によって積載される貨物の移動であり,税関の徴税権は外国貿易と国内貿易の両方を含んでいた[30].一方,関税制度でみた特徴は,明治期の日本の貿易統計と同じである.日本も不平等条約に基づいて,大陸ヨーロッパ型の原理を関税自主権の回復の時点まで採用していた[31].

中国が国民経済統計を備えるのは,後進地域の中でも,かなり遅れたほうである.しかし,遅れたことにより,当時の先進的な統計制度が一度に導入され,貿易統計としては完成度が高いものとなっている.海関統計にとって幸いだったのは,関税自主権の回復を前後として,国際連盟を中心に,貿易統計の世界的統一を目指した動きが進展していたことである.1928年のジュネーブ会議で採択された「経済統計に関する国際条約」が定める貿易統計の原則が導入された.この条約は,現在でも世界の貿易統計の基本原則となっている[32].同条約の原則と,先にみた機械集計に合わせたコード番号の導入は,1930年代初頭の日本でも実施されていなかった[33].

1932年度からの海関統計は,様式からみて,近代貿易統計として完成されたものであった.このことは,外国人税務司制度が終焉した1949年以後も継続して利用されていたことが証明している.台湾に逃れた中華民国政府の下では,1961年まで利用され,人民共和国においても少なくとも1950年まで利用されていた[34].

---

30) 柴田[1938],杉原[2002].
31) 大蔵省[1938],山口・大内[1968].戦前期日本の貿易統計は,関税自主権回復後も,(輸入)関税表に基づいた輸出入品目表が採用され続けた.明治初年から関税自主権の回復が長らく国家の大きな課題であった経緯もあって,貿易統計は税率表との対照を意識して作成され続けた.日本が関税表と品目表を分離するのは,1949年,GHQ内外通産課長シェルドンの指導のもとに,商品部類の改正作業がGHQ当局と大蔵省との共同作業で行われてからである(諏訪園[1964]).
32)「経済統計に関する国際条約」とは,1928年ジュネーブで開催された国際連盟主催の国際経済統計会議で採択された議定書および附属書である.国際経済統計会議は,経済統計の世界的統一の実現を目的として,アメリカ,ソ連などの連盟非加盟国も含む42カ国の全権委任代表が集い,3週間の長きにわたり討議が行われた.
33) 柴田[1938].日本が機械集計に合わせた品目コードを作成するのは1949年である.また,経済統計に関する国際条約に加盟するのは,サンフランシスコ平和条約締結後の1952年である(諏訪園[1964]).
34) 台湾は1962年に国際連合の国際貿易商品分類(SITC revision 1)を採用した.ここに,戦前来の海関統計の系譜は途絶える.

III 海関統計の編制方法

統計数値を実際に利用する場合，制度的な基礎の理解だけでは不十分である．ここでは統計編制のより具体的な知識について解説する．

(1) 集計領域

海上貿易：当初の集計対象は，外国式船舶およびロルシャ（Lorchas）と呼ばれる外国式船体に中国式の艤装を施した船舶によって運ばれる貨物に限定され，ジャンクに代表される中国式船舶による貨物は計上されていない[35]．1887年4月2日から，密貿易取締りのため，香港内に九龍海関，マカオ対岸に拱北海関を設置し，両地と中国の間を往来する中国式船舶の貨物を統計表に計上するようになる[36]．1902年，海関から50里以内（約25 km以内）の常関が外国人税務司の管轄となり，1902年度から常関貿易統計が海関により作成される[37]．ただし，常関貿易と海関貿易は区別され，両者を統合した品目表は作成されなかった．1931年6月1日，常関が撤廃され，以後，開港場と外国を往来する中国式船舶は，海関貿易表に包含される[38]．つまり，海関統計は，1887年4月2日からの対香港・マカオを例外として，1931年5月31日まで中国式船舶による貨物を貿易額に含まない．

陸上貿易：陸上貿易の場合，原則として，仏領インドシナ，ビルマ，シベリア，朝鮮の国境に沿って設置された海関によって掌握された貨物，そして広九鉄路によって輸送された貨物に限定される[39]．仏領インドシナ，ビルマとの陸上貿易は，清仏戦争後の1889年に龍州海関，蒙自海関が設置されてから[40]，シベリア，朝鮮との陸上貿易は，日露戦争後の1907年に東北地方の国境線に沿って海関が設置されてから計上される[41]．広九鉄路は，1910年に広州と九龍を結ぶ直通鉄道として開通し，1911年に九龍海関の支関が設置されてから計上されてい

---

35) LN [1925].
36) 鄭 [1934].
37) 鄭 [1934].
38) 海関統計 [1931, No. 3 to 4, 全国].
39) LN [1925].
40) 海関統計 [1889, No. 3 to 4, 全国].
41) 海関統計 [1907, No. 3 to 4, 全国].

る[42]．モンゴル，チベット，東トルキスタンの陸上貿易は，無税とされていたため，ほぼ計上されていない[43]．例外として，漢口から樊城・天津，そしてモンゴルを経由してロシアに輸出された一部の茶については，統計表が作成され，漢口海関の輸出として計上されている[44]．チベットについては，1900年代初頭に限り，西蔵海関の統計表が作成されたが，貿易総額の中に包含されなかった[45]．東トルキスタンについては，太平洋戦争中の1944年2月に新疆海関が設置されるまで計上されなかった[46]．

　租借地貿易：租借地は，一般的な貿易統計の原則では，関税の適用地域であるため，国内に含めない．しかし，一部の租借地については，税関行政が外国人税務司の管理下に置かれたため，国内として処理されている．それは，1899年7月からの膠州（青島），1907年7月からの関東州（大連）である．膠州は1922年に中国に返還され，同年12月10日から名実ともに国内となった[47]．この他に，威海衛は1898年にイギリスが租借したが，海軍の管轄下（1900年からイギリス植民地省）に置かれたため，統計に計上されなかった[48]．1930年10月1日に中国に返還され，同月9日から中国の開港場として統計に計上されるようになった[49]．広州湾は1899年にフランスが租借し，仏領インドシナの一部として編入された．太平洋戦争中に日本軍に占領され，日本が無条件降伏すると，ただちにフランスから中国に返還された．それまでは，香港，マカオ同様に外国として扱われている[50]．

　1932年1月から租借地は，国定関税に基づき，すべて外国として扱われることになる．その結果，関東州（大連）は統計上，国内ではなく国外の港湾として処理される．一般には，満洲国の成立によって関東州が外国として処理されはじめた，と考えられがちであるが，実際は，世界的な外国貿易統計の原則に従ったものである．関東州を除く東北地方は，1932年1月から1941年12月7日まで，

---

42) 海関統計 [1911, No. 3 to 4, 全国].
43) 高柳 [1926].
44) LN [1925].
45) 貿易額は，ルピーで計上されている．
46) IGC [1948].
47) 本庄 [2006].
48) 威海市政協科教文史委員会 [1998]
49) 海関統計 [1930, No. 3 to 4, 全国].
50) IGC [1948].

国内として位置づけられ続けた[51]。太平洋戦争の勃発後，国民政府が任命した外国人税務司が日本軍により追放されるに及び，東北地方は満洲国が支配する外国として処理される[52]。

国内貿易：国内貿易とは外国式船舶による開港場間の貨物の移動である。1861年に沿岸貿易税を支払う限り，外国式船舶による国内貿易が認められ[53]，1864年から計上されはじめた[54]。国内貿易といっても，鉄道による貨物，開港場に定められていない港湾を出入する船舶による貨物は，課税の対象外であるため計上されなかった。1931年の国内通行税の撤廃により，本来は統計の作成が中止されるはずであったが，1931年6月に国民政府が転口税(転口とは中継貿易ではなく inter port，すなわち国内貿易の意)を設けたため[55]，1932年から国内品に限定して統計が作成され続けた。

太平洋戦争が勃発すると，国民政府は，沿岸部の主要な開港都市を喪失したため，転口税を廃止し，代わりに，日本軍占領地域との境界に沿って新たに内地海関を設け，境界を出入する物品に臨時戦時消費税を課した[56]。一方，日本軍占領地域では，1943年から外国品にも転口税が拡張された[57]。そのため，太平洋戦争期の国内貿易統計は，国民政府側が内地陸路貿易，汪兆銘政権側が外国品を含む船舶貿易となっている[58]。

内地貿易：開港場と内地の間の交易は，その一部の取引について統計表が作成されている。1858年の天津条約により，輸入税のほかにその半分の税を納めれば，アヘンを例外として，内地において再度流通税を課せられないと定められた(子口半税)。この子口半税の通関記録を基に，通過貿易統計表が作成された。子口半税は，関税自主権回復後の1931年1月1日に廃止され，通過貿易統計表も

---

51) 韓 [1951]．中国本土から東北の安東，牛荘への輸出は，移出として国内貿易統計に計上された。
52) 海関統計 [1942, No. 1]．
53) 陳 [1993]．
54) 海関統計 [1864, No. 3]．港別の品別表では，対香港貿易が1869〜1892年の間，国内貿易として計上された。第9章参照。対朝鮮貿易は，1890〜1894年の間，国内貿易として計上された(堀・木越 [2008])。
55) 久保 [1999]．
56) IGC [1948]．
57) 海関統計 [1943. 12, No. 8]．
58) 汪政権の国内貿易統計をみると，ほぼ天津，青島，上海，漢口，広州の主要5港の交易しか登場しない。これは実際に交易がなかったのではなく，日本軍が前線に位置する海関をほぼすべて閉鎖してしまったからである。第6章参照。

1930年を最後に作成が終了している[59]。

(2) 集計貨物の範囲

中継貿易と積換貿易：貨物の計上は，一貫して，現地消費主義に基づくため，中継貿易と積換貿易は，貿易総額に含まれていない[60]。

保税倉庫：保税倉庫貨物は貿易総額に含まれない[61]。ただし，日本軍の海関掌握後の1943年からは，保税倉庫貨物を総額に含める方法が採用されている[62]。

政府用品：中国政府用品（兵器を含む），各国公使館用品，博覧会用品など政府貿易全般は，課税対象外であるため含まれていない[63]。

船用品：船舶が消費する食料，燃料は，輸入統計には現地消費を目的として陸揚げされない限り計上されていない。輸出統計には計上されている[64]。

郵便小包：貿易総額に含まれる。1932年からは，なるべく内容物を把握し，各商品細目の中に含めるようにされている[65]。

旅客携帯品：個人で使用する限りのものは貿易総額に含まれていないが，例外的に課税されたものは含む[66]。

洋上水産物：外国式船舶により洋上で捕獲された生きたままの水産物は，輸入統計に含まれている。輸入国は船舶の国籍に基づいて分類されている[67]。

貴金属：1866年以前は，中国海関は一切掌握していない[68]。1888年から金，銀，銅貨は，金銀輸出入表として商品貿易統計から区別されて掌握されている[69]。

禁制品：禁制品が中国海関により捕獲された場合でも商品貿易統計には計上されていない[70]。ただし，日本軍の海関掌握後の1942年から，捕獲した禁制品を

---

59) 海関統計［1930, No. 3 to 4，全国］．
60) IGC［1907］，LN［1925］．
61) LN［1925］．
62) 海関統計［1943. 12, No. 8］．
63) LN［1925］，海関統計［1936, No. 2］．戦後，UNRRAによる援助物資の輸入も海関統計には計上されていない．
64) LN［1925］，海関統計［1936, No. 2］．
65) LN［1925］，海関統計［1936, No. 2］．
66) 海関統計［1936, No. 2］．
67) LN［1925］．
68) 班思徳（T. R. Banister）［1931］．
69) 海関統計［1888, No. 3 to 4，全国］．
70) LN［1925］．

商品貿易統計に含めている[71].

(3) 輸移出入港の調査

初期の統計表は，船舶の出港を輸出，入港を輸入とし，輸出先，輸入元も船舶の国籍に基づいて分けられていたにすぎない[72]．1861年に沿岸貿易税が設けられると，外国貿易と国内貿易が区別され，船舶の出航地と寄航地が調査されるようになり，1864年から統計表に反映されるようになった[73]．1932年からは，経済統計に関する国際条約が定める原則に従って，原産地・原消費地に基づいて分けるようになった[74]．これにより中継貿易が大半を占める香港との貿易額は，それ以前に比べて小さくなった[75]．逆に，貿易相手国がより詳細に記入されるようになった[76].

(4) 輸移出入の区分

1864～1931年は，国内品と外国品を最上位の区分とし，その下で輸出，輸入，再輸出，移出，移入，再移出に分けて表記している．再輸入の概念はなく，国内品の外国からの積戻しは，輸入外国品として処理されている[77]．1932～1949年は，外国貿易統計と国内貿易統計が区別され，輸出入の区分を最上位に置く標準的なスタイルになる．また，再輸入が設けられた．

海関統計の純貿易額とは，純輸入の場合，外国品の輸入から外国品の再輸出を控除したもの，純輸出の場合，国内品の輸出から国内品の再輸入を控除したものである．すなわち，現地消費主義に基づいて，産地別に純貿易額を求める方法が採られているので，産地別勘定とも呼ばれる[78]．この方法は，英領インド，オーストラリアなどイギリス植民地で広く採用されていた[79]．今日の一般的な貿易統計の純貿易額は，外国品の輸入，国内品の輸出であり，再輸出入で控除しない

---

71) 海関統計 [1942, 上海総税務司].
72) 海関統計 [1859, No. 3, 上海].
73) 海関統計 [1864, No. 3, 上海].
74) 海関統計 [1936, No. 1].
75) 鄭 [1934].
76) 1931年の62の国・地域から，1932年は97の国・地域と1.5倍増えている（海関統計 [1931, No. 3 to 4, 全国]，海関統計 [1932, No. 1]）.
77) IGC [1907].
78) 堀・木越 [2008].
79) 柴田 [1938].

点に注意が必要である．

(5) 価格の調査方法

海関統計は，当初は香港の市場価格を利用して貿易額を求めている[80]．1866 年から上海の日々の市場価格が調査され，1869 年からは他の主要港湾について 4 季に分けて調査が実施されていた[81]．外国品については，香港，上海，広州 の市場価格を標準とし，それでも情報が不足する商品については現地の海関が個 別に調査を行っている．国内品については，現地の海関の調査に委ねられた[82]． 上海を除けば，それほど厳格に調査されていなかったようである[83]．

1904 年から調査方法がより体系的に整備され，中国海関総税務司署統計科（上 海）が整理した市場価格表（Valuation List）が評価の基準とされるようになっ た[84]．同時に，貿易額は F.O.B. / C.I.F. で記載されるようになる．F.O.B. / C.I.F. は，貿易額の国際比較ができるように，イギリスで始まった方法である[85]．し かし，海関統計の場合は，申告価格からではなく，市場価格を一定の公式によっ て F.O.B. / C.I.F. に変換するという変則的なものであった点に注意が必要であ る[86]．

1932 年から外国貿易統計は輸出入申告書に基づいて申告価格で評価されるよ うになる．F.O.B. / C.I.F. による評価はもちろん継続されているが，1904〜1931 年の輸出 F.O.B. 価額は輸出税を含むのに対して，1932 年からの輸出 F.O.B. 価額 には輸出税が含まれていない点に注意が必要である[87]．国内貿易統計は，従来 通りの市場価格で評価されている．

---

80) 姚 [1962].
81) 日報，季報の作成と刊行は，貿易財の市場価格調査が開港場で実施されたことを背景にお いている．
82) IGC [1907].
83) 鄭 [1934].
84) IGC [1932a, 1932b], 鄭 [1934].
85) Imlah [1948].
86) IGC [1907] によれば，中国海関は市場価格を次のように F.O.B. / C.I.F. に変換していた． C.I.F. = 市場価格 − 輸入税 − 7％分（Charge：輸入業者の利益など．（市場価格 − 輸入税）× 0.07）．F.O.B. = 市場価格 + 輸出税 + 8％分（輸出業者の利益など．市場価格 × 0.08）．
87) 海関統計 [1936, No. 1]．Hsiao [1974] は，1932 年以降の輸出額を F.O.B. 価額修正するに あたり，輸出額に輸出税と輸出付加税を加える作業をしている．

(6) 価格単位

　価格単位は，中国の貨幣制度が長らく統一されていなかったため，1859～1874年にかけて港ごとに統一性が保たれていない．統計上，両（Tael）と表記されていても，上海は規元（上海両），天津は行化元，漢口は洋例銀といった現地の銀の計量単位であり，それぞれ銀の純分は異なる[88]．しかし，全国貿易報告の場合は，各港の貿易額を上海両に換算して表記するという方法がとられており，各計量単位，通貨との換算率の原則は早期的に確立している．1875年から海関両と呼ばれる純銀583.2gと等価の計量上の単位が設けられ，海関統計の貿易額はすべて海関両で統一されることになった．

　1929年に銀価が暴落すると，銀建による徴税が著しく不利になり，国民政府は1930年1月に金建で輸入税を徴収すると定めた．この時に採用された計量単位が純金60.1866gと等価の海関金単位である．1932年から輸入統計は，海関金単位で表記される．一方，輸出統計は廃両改元令により1933年から国幣元で表記される[89]．

　太平洋戦争が勃発すると，国民政府支配地域では，従来通り国幣元・海関金単位が採用されたが，日本軍占領地域では，傀儡政権が発行した通貨で表記されるようになった．華北諸港は連銀券，華中・華南諸港は儲備銀券で表記された．1942年は両通貨1対1で評価されていたが[90]，1943年からは儲備銀券の価値下落により，両通貨を分けて記すようになった[91]．戦後は国民政府の国幣で，また1948年からは金元で統一されている[92]．統計上の計量単位と外国通貨の換算率は，各地の一覧払い手形の年平均相場から求められた．例えば，英ポンドはロンドン，米ドルはニューヨーク，日本円は横浜，メキシコドルは香港などである[93]．

---

88) Lyons [2003]．福建，台湾などの華南沿海諸港の統計では，Dollar（メキシコドル）がたびたび計量単位として利用されていた．銀純分量に基づく換算率を示せば，1海関両＝1.114上海両，1.05行化元，1.54 Dollar．
89) 海関金単位，国幣元の換算率は第9章参照．
90) 海関統計 [1942, 上海総税務司]．
91) 1943年以降，連銀券と儲備銀券の換算率は第9章参照．
92) 1948年にハイパーインフレーションが進み，国民政府は，1948年8月20日に1金元＝3,000,000国幣元の換算率で金元を発行した．金元発行とはデノミの実施である．
93) 陳・孫 [2002]．為替相場の連年対照表は，Hsiao [1974] が整理したものが便利である．

(7) 度量衡単位

海関統計の度量衡単位は，1933年までは，重量については旧制 (old system) と呼ばれる担，斤，両といった中国の伝統的な度量衡単位，面積，長さ，容積については英制 (English system) と呼ばれるイギリスのポンド，ヤード，ガロンが併用されていた．これはアヘン戦争後の中英南京条約が定めた関税表に基づいていた．国民政府は，1928年7月18日，標準制 (standard system) と呼ばれるメートル法に基づく制度に国内の度量衡を統一する法令を発布し，1934年から海関統計の度量衡も標準制に統一された[94]．

(8) 数字の精確性

海関統計の数字がどれだけ貿易実態を反映しているのかについては，長い論争の歴史がある．19世紀の海上貿易については，中国式船舶による交易が支配的であるため，宮田 [2006] のように海関統計による実態把握に否定的な見解も根強い．ただし，鄭友揆と Lyons は，1887年に九龍海関，拱北海関が設置された後，華南地域の中国式船舶の交易はかなり海関統計に反映されている，とみている[95]．

1930年代には，海関を通関しない，いわゆる密貿易が横行した．堀 [2006] は，満洲国の貿易統計と海関統計を照合し，冀東特殊貿易が行われた1934～1936年に，関東州を経由して華北地域へ入った日本製品の多くが，海関統計に補足されていない点を指摘している．久保 [1999] は，密貿易の主な商品が人絹糸，砂糖，紙巻煙草に使われるライスペーパーなど，単価が高くかつ輸入関税率が高いものに集中している点を示すとともに，輸入額に占める密輸額の規模を国定関税施行直後は輸入額の約10%，冀東特殊貿易の時期は最高で約23%と算定している．

1930年代の国内貿易統計については，筆者は Rawski [1989] の輸送手段別の推計値からみて，遠隔地間流通の約60%を反映している，と推定した[96]．国共内戦期も統計数字の脱漏率は高い．IMFの推計によれば，貿易額の過小評価も

---

94) 陳・孫 [2002]．旧制・英制と標準制の換算率は，第9章参照．
95) 鄭 [1934], Lyons [2003]．鄭友揆は，中国海関総税務司署統計科主任 E. Mckean が「(九龍海関，拱北海関が設置されたことで) われわれは中国全体の外国貿易統計を公表することができた」という発言を引用し，1888年に海関統計は外国貿易統計としての要件を備えた，とみている．
96) 推定の詳細は，第5章参照．

含めた1948年の脱漏率は，輸出40％，輸入15％に達する，とみられている[97]．

貿易収支についてみると，市場価格で評価されていた1859〜1903年の期間は，輸出額が過少に，輸入額が過大に評価されている点が明らかにされている．市場価格をF.O.B. / C.I.F.に修正すると，中国の貿易収支は赤字ではなく黒字であるというのがほぼ定説化している[98]．

原産地・原消費地の原則が確立する1932年より前は，香港経由貿易について注意が必要である．杉原［1996］は中国の香港経由貿易について，1928年でみて，対欧米：対アジアの比率を，輸出57：41，輸入12：87と推定している．

IV 海関統計の類別・刊行状況

(1) 統計の類別

海関の手になる出版リストをみると，海関統計は年報，月報，季報，日報，十年報告の5種類に大別され，十年報告を除いて，それぞれ港別の統計も作成されていたことを知ることができる[99]．しかし，今日，すべての統計が復刻されているわけではない．現物の所在すら確認できないものも多数ある．逆に，出版リストに所収されていない統計が確認されている場合もあり，海関統計の全体像については未だ研究途上の段階にあると言ってよい．

ここでは，最初に，海関統計の中心部分を占める年報の復刻集を紹介する．次に，復刻集に未所収の統計や，海関統計では利用できない数値を補うことができる統計書について解説したいと思う．特に，1932年以降は，日本の中国侵略によって税関行政が分裂したことにより，刊行状況は非常に複雑である．よって，1932年以降の解説に多くの紙幅を割いた．

(2) 所蔵機関と復刻集

海関統計を所収する機関によって，複数の復刻集が作成，販売されている．そのうち最も代表的なものは，中国第二歴史档案館［2001］全170巻である．中国第二歴史档案館は，中国海関総税務司署と上海海関の史料を引き継いだことによ

---

97) Allen and Edward［1953］．
98) Remer［1926］，鄭［1934］，Hou［1965］．
99) IGC［1940］．統計リストは，巻末の海関統計一覧を参照．

り，5万5,000点に及ぶ膨大な海関史料を所蔵している．復刻集は，同館所蔵の刊行統計のうち，1859〜1943年・1946〜1948年の年報，そして十年報告，さらに1932〜1940年までの満洲国の年報（一部月報）を所収している．ただし同復刻集には1865〜1881年の報告が含まれていない．また，1919年以降の港別の統計が未所収である点や，1941年以後の満洲国の年報，太平洋戦争期の統計の大部分が未所収である点にも注意が必要である．

次に代表的な復刻集は，国史館史料処 [1982] 全83巻である．所収年限については，中国第二歴史档案館 [2001] におよばないが，同集に未所収の1919〜1931年の港別の季報（一部年報）がすべて所収されているため，独自の利用価値がある．

この2つの他にも，ハーバード大学図書館が所蔵している統計は，Harvard University [1970] 全100巻としてマイクロが作成されている．また，国家図書館，天津図書館，南京図書館，中山図書館，遼寧図書館など中国の主要公共図書館が所蔵している統計は，全国図書館文献縮微中心によってマイクロが作成されている．

その他に重要な所蔵機関を紹介すると，旧中国海関図書館の蔵書は，北京の対外経済貿易大学図書館に，旧上海海関図書館の蔵書は，上海図書館静安区分館に所蔵されている．各港海関が所持していた統計は，各市省の档案館が所蔵しており，一定の手続きを経れば閲覧することができる．この他に，前述の国家図書館は，旧興亜院所蔵の海関統計を引き継いでおり，マイクロ未所収の統計も数多く所蔵している．さらに，中国科学院図書館，中国社会科学院経済研究所，中国社会科学院近代史研究所，北京大学も相当多くの海関刊行物を所持している．

(3) 1932年以降の全国統計

1932〜1945年の中国全土の貿易の趨勢を把握するためには，満洲国，日本軍占領地域，国民政府支配地域の3種類の統計を見る必要がある．

満洲国の貿易統計は，中国第二歴史档案館 [2001] では1940年までの所収に留まっているが，1941年，1942年の年報の刊行が継続している．また月報が1943年12月号まで刊行された．

関内の統計は，太平洋戦争勃発後，日本軍占領地域と国民政府支配地域，それぞれ別に統計が作成された．日本軍占領地域の年報は，中国第二歴史档案館 [2001] に1942年と1943年の年報が所収されているが，1943年は国内貿易統計

のみである．ただし1943年・1944年の全年分の数値は，12月号の月報でみることができる．1945年については8月号まで作成された．国民政府支配地域の統計は，中国第二歴史档案館［2001］に全く所収されていないが，1942～1945年の年報は，中国第二歴史档案館に所蔵されている．冊子の形態は，薄紙にタイプライターで印字したもので，出版はされなかったと推測される．その復刻資料集は，国家図書館の手によって復刻出版された[100]．そのうち1945年の年報は，日本軍占領地域の1～8月分を除く統計であり，先述した日本側の月報と合わせることで全年分の数値を得ることができる．

1946～1948年は，中国第二歴史档案館［2001］に所収されているが，同年の統計には共産党支配地区が含まれていない点に注意が必要である．東北と山東省北部のほぼ全域を欠いている．

海関統計は，1949年3月号の月報を最後に刊行が停止される．その後継誌は，人民政府が作成した『中国外国貿易統計年報』である．1949～1950年まで現物が確認されている．その後の貿易統計については，久保［2006］，深尾・岳・清田［2004］が指摘しているように十分な数値を取得できない時代が長く続く．中国大陸において現代貿易統計が登場するのは，1980年代まで待たなければならない．

(4) 1932年以降の港別統計

1932年以降の港別の統計は，天津，青島（後に華北6港合冊），上海，広州の4港が刊行されたことが知られている．上海の統計は，中国海関総税務司署統計科によって作成された．その他の3港の統計は，地方政府の命によって作成されたので，中国海関の出版リストに含まれておらず，その存在と所在についてはこれまであまりよく知られてはいなかった．

華北については，1939～1944年の年報として『華北海関進出口貿易統計年報』（1943年より『華北六港外国貿易統計年報』に改称）がある．月報は，天津のものが1932年3月号から，青島が1932年1月号から刊行されたと言われるが[101]，現物を確認できるのは1938年10月号の華北六港の月報からである．少なくとも1945年5月号まで刊行された．

上海については，1936～1942年の年報として *Shanghai Annual Returns of Foreign*

100）重慶海関総税務司署統計科［2011］．
101）鄭［1934］．

Trade(中文名『上海対外貿易統計年刊』)がある.月報は,1931年10月号から刊行されたと言われるが[102],現物を確認できるのは,1934年8月号からである.1946年12月号まで所在が明らかになっている.

広州については,1932年4月号から月報が刊行されたと言われるが[103],現物が確認できるのは1936年1月号から12月号までである.鄭友揆,そして海関出版リストはともに年報の存在について言及していないが,1933〜1935年にかけて刊行されたことが確認されている.

(5) 準一次統計

中国海関が作成した統計ではないが,海関内部の資料に基づいて,海関統計では利用できない数字を掲載している統計を,広く準一次統計と呼ぶ.

海関統計は,1904年度から港別に仕向地と来源地の国・港の内訳を掲載しなくなったため,商品移動の地域構造を把握することが難しくなる.この数値を補完する準一次統計として以下のようなものがある.全港のものは,1919年,1927〜1931年について『中国各通商口岸対各国進出口貿易統計』,1938年について『支那外国貿易統計年報』がある.華北諸港は,1917〜1941年にかけて『北支那貿易年報』(1930年から『北支外国貿易統計年報』)がある.華中・華南は,1936〜1937年にかけて『中南支那外国貿易統計年報』,1939年について『中支那外国貿易統計年報』,『南支那外国貿易統計年報』がある.

港間の商品移動の詳細なマトリックスを示す資料としては,『中国埠際貿易統計1936〜1940』がある.1941年については上海に限り『上海転口貿易統計半年報』(上・下),1942年については南寧・雷州の数値を欠くが『中国国内貿易統計半年報』(上・下)がある.この1941年・1942年の2つの統計は,汪政権下の中国海関総税務司署で作成されたため,戦後中国政府は公式統計として認めていない.

(6) 二次統計

海関統計から数字を抽出した二次統計は,大小あわせるならば戦前以来無数に存在する.その多くは,海関統計を簡略化したものであり,独自の利用価値は低く,なるべく海関統計そのものを利用したほうが正確である.そのため,利便性

---

102) 鄭[1934].
103) 鄭[1934].

が高いと思われるものだけの紹介にとどめる．外国貿易統計の連年対照表としては，楊瑞六・侯 [1931] がある．同書の数字に，1929 年以降を付け加えたものとして，Hsiao [1974] がある．太平洋戦争期の概算統計としては，Cheng [1956] が整理した数値のほかに，中国海関が戦後に自ら整理したものがある[104]．

海関統計刊行以前の中国外国貿易額とされている数値は，主に東インド会社などの積荷記録に基づいた推計値であり，通関記録に基づくものではない．推計の典拠となる統計資料は，厳 [1955]，姚 [1962] に紹介されている．

V おわりに

世界最初の貿易統計は，14 世紀フランスで作成された，と言われる．その後，重商主義思想の登場により，貿易統計はヨーロッパで発展し，19 世紀半ばに，イギリスで近代貿易統計の原理が確立した．海関統計は，イギリスで近代貿易統計が登場しはじめた時代に，イギリス人の手によって作成が始まった．作成当初は，極めて不完全な統計表であったのが，1860 年代に急速に体系的な統計書に変貌したのは，同時代の貿易統計の発展が基礎にあったからである．海関統計は，当時の先進的な編制方法を多く取り入れていたのであって，現代貿易統計の高みからみて，海関統計は特殊である，という評価は正当ではない．むしろ，海関統計は 19 世紀において一般的であったのである．

一方，近代中国の税関制度は極めて特殊であった．税関行政の執行主体が中国政府と外国人支配の税関に 2 分されていたため，統計編制の方法は優れていたのに，海関統計は長らく国民経済の貿易統計を構成する要件を欠いていた．この 2 分体制が解消されるためには，中国が関税自主権を回復し，国民国家としての形を整えなければならなかった．それは，近代中国の歩みがそうであったように，長い時間を要したのである．

日本の外務省に，明治初期，日本政府の官僚たちが中国海関を視察した，という記録が残されている．そこで，彼らが何をみて，何を感じたのか，という詳細は残されていないが，おそらくは，西洋人の手によって優れた統計事務が実施されている点と，国家の主権が税務行政まで侵害されている点の両方を感じたので

---

[104] IGC [1948].

はなかろうか．日本は，1869年に，自前で西洋諸国と同等の貿易統計の作成に着手した．その時に明治政府が作成した貿易統計は，お世辞にも優れたものとは言えない．そこから日本が海関統計に匹敵する貿易統計を備えるまでに，12年の歳月を必要とした[105]．

　日本は，中国よりもいち早く関税自主権を回復したことで，1912年から不平等条約が課す関税制度に由来する貿易統計の様々な問題点を克服することができた．一方，海関統計は，作成当事者が統計のもつ不備について熟知し，改良する手腕をもっていながら，不平等条約を前にして，19世紀の様式をそのまま引きずらなければならなかった．

　1930年に中国が関税自主権を回復すると，海関統計は，一気に最先端の貿易統計に脱皮する．本文で詳述したように，現代貿易統計としてみても遜色のない水準にまで短期的に改良が施され，日本の貿易統計が戦後GHQの指導の下に達成できた大部分の成果を既に備えていた．しかし，ここでも統計編制の方法は優れていたのに，日本の中国侵攻によって，海関統計は中国全土の貿易を集計する条件を失ってしまったのである．

　このように，海関統計の限界あるいは問題点は，統計制度の後進性を示すものではない．海関統計は，税関制度と関税制度が許容できる範囲で，常に最先端の統計編制を導入してきたのである．

---

105) 大蔵省編著になる『大日本外国貿易年表』(1882年度)の刊行が，その契機である．

第9章 貿易物価指数の推計

I はじめに

　本書は，中国の遠隔地間流通の規模と範囲を，貿易物価指数の利用・応用を通じて分析する方法をとってきた．本章では，貿易物価指数の推計の手順と方法を明らかにし，閲読者に対して本書が依拠した数字の確かさを検証できる材料を提供する．利用した資料である海関統計そのものの問題点，留意事項は，第8章で既に明らかにした．本章では，海関統計が歴史統計としてもつ性格の問題については，必要最低限の記述にとどめ，本推計の最終結果に至るプロセスを，中途の計算結果を示しながら，段階的に追うことにする．
　本書が推計した主要な貿易物価指数は4種類である．それぞれの対象期間を含めて示すと以下の通りである．
　① 中国輸出入物価指数（1867～1948年）
　② 上海貿易物価指数（1869～1942年）
　③ 天津貿易物価指数（1861～1940年）
　④ 関内40開港場の輸出および国内貿易物価指数（1932～1942, 1946～1948年）
　現存している海関統計の状況から言えば，より長期的かつ細かな貿易物価指数を推計できるが，それは今後のデータの入力と整理の完了を待たねばならない．
以下，IIでは，すべての指数推計に共通する点についてまとめて解説する．IIIでは，①中国輸出入物価指数の推計方法について解説する．IVでは，②上海貿易物価指数の推計方法を解説する．つまり，IIIは全国貿易統計，IVは開港場別貿易統計の推計方法の提示になる．③の推計方法は②と同じであり，木越［2005］に詳しく手順を記したので，そちらを参照されたい．また，④の推計も②とほぼ

同様であり，④の推計にあたり特に留意すべき事項は，第5章・第6章・第7章の注でも言及したため，ここでは割愛した．

II 指数推計の共通事項

(1) 貿易統計における指数公式

　指数 (Index Number) は，経済学で最も発展している理論の1つである．経済学では，指数は価格指数と数量指数の2つが対になって登場する．時に，一方だけが利用されることもあるが，その背後には必ず対となるもう一方の指数が存在している[1]．

　貿易統計も同様である．貿易統計は，あらゆる経済統計の中でも，特に指数を計算できる条件を備えている．例えば，商品の価格は，新聞や広告を通じて，われわれは容易に集めることができるが，その商品が1年間に1国でどれだけ購入されたかを確定することは難しい．しかし，貿易統計ならば，価格と数量の2つが同時に記録され，その1年のフローも価額 (Value) として示されている．各商品が貿易総額に占める比重も簡単な算式で求められるし，それが前年に比べてどれだけ増減したかも計算ができる．このように，貿易統計は，指数を計算するすべての条件を本来的に備えている理想的な経済統計である．そのため，貿易統計の指数の算式は，アーヴィング・フィッシャー (Irving Fisher) が追求した理想的な統計学的接近方法を採用することができる．貿易統計の指数は，すべからくフィッシャー理想公式と呼ばれる算式が利用される．フィッシャー理想公式とは何か．そして，なぜフィッシャー理想公式を利用するのが「理想的」であるのか．それを理解するためには，指数論をめぐる経済学の話に立ち入る必要がある．

　指数論を発展させたラグナー・フリッシュによれば，指数計算の目的は，1つの商品ではなく様々な商品の価格と数量が全体としてどう前後に変化したのかを知ることにある．1つの商品の変化をある時点を基準として計算したものも漠然と指数と呼ばれることはあるが，それは単純な比率にすぎない．指数とは，共通の物理単位がない様々な商品の相対的な変化を結合し，その変化をみる一般的な尺度を提供することである[2]．

---

1) アレン [1977].
2) アレン [1977].

例えば，バターはグラムで，ワインはリットルで，織物は平方メートルでなど，商品によってその量を示す単位はばらばらである．しかし，バター100グラムは100円，ワイン1リットルは500円というように，価格は1つの単位で示すことができる．そして，価格と数量を掛けあわせれば，価額（Value）が求められ，その総額も求めることができる．このように，物理単位がばらばらであっても，個々の商品の交易額とそれが総交易額に占める比率は求めることができる．

経済学は，交易額を基準にすることで，様々な商品の価格の相対的な変化を結合できる，と考えた．例えば，ミルクの交易額は1,000万円，ワインの交易額は500万円だとするならば，ミルクの価格の変化は，ワインのそれより一般物価の水準に大きな影響を及ぼす，と見る．このように個々の商品が経済全体の物価水準に及ぼす影響力をウェイト（Weight）と呼ぶ．

では，基準年（0）と比較年（t）の間で，どれくらい経済全体の物価（p）と数量（q）が変化したのかを知りたいとする．すると，基準年と比較年，どちらの交易額もウェイト（Weight）に選ぶことができる．基準年の交易額をウェイトにする方法は，それを考案した研究者の名前にちなんで，ラスパイレス指数（Laspeyres）と呼ばれる．一方，比較年の交易額をウェイトにする方法は，同じく考案者の名前にちなんで，パーシェ指数（Passche）と呼ばれる．

基準時数量加重総和指数（ラスパイレス指数）

$$= \frac{\sum p^t q^0}{\sum p^0 q^0} \quad \cdots\cdots\cdots\cdots\cdots\cdots\cdots\cdots\cdots\cdots\cdots\cdots\cdots\cdots\cdots\cdots \text{（L式）}$$

比較時数量加重総和指数（パーシェ指数）

$$= \frac{\sum p^t q^t}{\sum p^0 q^t} \quad \cdots\cdots\cdots\cdots\cdots\cdots\cdots\cdots\cdots\cdots\cdots\cdots\cdots\cdots\cdots\cdots \text{（P式）}$$

ラスパイレス指数は，全期間にわたって基準年1つのウェイトを利用する．パーシェ指数は，t=1，2，3，……年にわたり常にウェイトを切り替える．すなわち，前者は固定ウェイトの指数，後者は可変ウェイトの指数を意味している．計算の現実的な問題から言えば，ラスパイレス指数のほうが便利である．比較したい年度すべてにわたり交易額（実際は数量）を調査する必要がない．今日，消費者物価指数や卸売物価指数など，経済情報としての速報性が要求されるものは，ラスパイレス指数が採用されているのは，そのためである．

経済理論的には，どちらの指数がベストなのだろうか．その問題に取り組んだのが，アーヴィング・フィッシャーである．彼は，いくつかのテストを考案し，

このテストにすべて合格しなければ，指数は統計学的にも経済学的にも意味をなさない，と考えた[3]．彼は，この検証作業を通じて，ラスパイレス指数もパーシェ指数も，実際の価額の変化を正確に表現できているわけではない．ラスパイレス指数は物価の上限，パーシェ指数は物価の下限を示し，物価の真の水準は，両指数の間にあることを見出した．そこで，彼は，2つの指数を組み合わせる方法を模索し，最もテストの条件を満たすものは，ラスパイレス指数とパーシェ指数の幾何平均である，と結論づけた．これがフィッシャー理想公式である．

$$\text{フィッシャー理想公式} = \sqrt{\frac{\sum p_t q_0}{\sum p_0 q_0}} \times \sqrt{\frac{\sum p_t q_t}{\sum p_0 q_t}} \quad \cdots\cdots\cdots (\text{F式})$$

フィッシャー理想公式を利用するためには，比較したいすべての年度について価格と数量を揃えなければならない．すでに述べたように，この条件を当初から備えているのが，貿易統計であり，現在世界各国の貿易物価指数は，フィッシャー理想公式を標準としている．本書もその例にならいフィッシャー理想公式を採用した．

(2) 貿易統計における標本と連鎖

貿易統計は，理想的な指数の公式を採用できることを確認した．ここでは，貿易統計で指数を構築する場合に直面する，より実際的な問題について言及する．どの公式を採用する場合でも，そこでの議論は，基準年と比較年の間で，商品の構成は一致していることを前提にしていた．しかし，貿易統計の場合，長期的にみると，基準年に取引されていた商品が，比較年ではなくなる，あるいは基準年にはなかった商品が比較年では登場する，という現象がみられる．例えば，中国の場合，アヘンは19世紀に重要な輸入品であったが，20世紀には貿易統計に登場しなくなる．したがって，19世紀の商品構成をウェイトとしたままでは，20世紀の正確な物価水準は求められない．このように，基準年と比較年の間で商品構成が異なる問題を広く，「標本（Sample）問題」と呼ぶことにしよう．

指数理論は，標本問題を克服するために，いくつかの方法を考案してきた．それを実用化したものとして「連鎖指数」と呼ばれる方法がある[4]．連鎖指数は，商品構成に類似性がみられるいくつかの期間に分けて，期間別の指数を作成し，それをつなぐことで長期の指数を作る．この場合，例えば10年といった区切ら

---

3) フィッシャーが考案したテストについては，阿部 [1980]．
4) アレン [1977]．

れた期間の商品構成はほぼ一致している,と仮定し,1年ごとにウェイトをとる手間をはぶく.

連鎖指数が考案された理由は,過去から現在にわたるすべての期間にわたり,すべてのデータを利用した指数を計算するのは,あまりも極端な方法であり,計算作業からみても現実的ではない,と考えられたからである.つまり,連鎖指数とは,なるべく計算の手間をはぶきながら,最も確からしい指数を構築するための方法である.

これを逆に見れば,極端な方法をとれば,連鎖指数は不要であることを意味する.本書は,この極端な方法,すなわち海関統計から取得できるすべてのデータから指数を推計した.本書が採用した方法は,連鎖期間の間隔を縮めて,年次の連鎖に進めたものである.したがって,1年ごとにウェイトをとる年次連鎖法になっている.

方法的には,最も理想的な形になっているが,海関統計には,数量の記載がないため,単価が求めることができない品目も登場する.この場合,別の資料から単価と交易量を推計して標本に加える,という作業は行っていない.なぜなら,本書の指数推計の目的は,中国の物価水準を確定することではない.海関統計に対応したデフレーター,すなわち実質交易量を確定することに重点があるからである.欠落する標本を補う作業を実施していないとは言え,次節でみるように,本書の標本の総額は,貿易総額の80％以上をほぼ全年にわたり維持している.このことは,標本をこれ以上加えても,推計結果は10％強の範囲でしか変動しないことを意味し,近代中国の貿易趨勢の全体像の評価を大きく変えることはない,と筆者は考えている.

III 中国輸出入物価指数(1867～1948年)

(1) 利用資料と年限

利用した資料は,巻末海関統計一覧に示した以下の統計である.

　　1867～1931年:IGC編旧分類 No. 3 年報.

　　1932～1942,1946～1948年:IGC編新分類 No. 1 年報全国.

　　1943～1944年:IGC編新分類 No. 8 月報全国,各12月号.

　1859～1866年,1945年は,資料はあるけれども指数計算をする上で制約が大

きすぎるため，推計に至っていない．中国海関が各港湾の統計を集計し，中国輸出入品目表を作成するのは 1867 年からである．1866 年以前のすべての港湾の統計を入力し，中国輸出入品目表を構築する作業は，まだ完了していないため，推計を断念せざるを得なかった．1945 年は，太平洋戦争中の税関行政の分裂によって，汪兆銘政権と蒋介石政権の 2 つの統計を合算し，輸出入品目表を構築しなければならない．汪政権側は通年統計を欠き，蒋政権側は品目詳細を記す統計を利用できないことなど，1945 年の輸出入品目表を構成する資料をそろえることができなかった[5]．いずれも今後と課題とする．

(2) 初期物価指数の作成

海関統計の数値からそのまま推計した物価指数を「初期物価指数」と呼ぼう．初期物価指数の推計後，Hsiao Liang-lin が推計した中国輸出入額に対応するように指数全体を修正する[6]．まず，初期物価指数の推計方法についてみていこう．

指数推計で，最も基礎的な作業は，品目表を連年にわたり整理することである．特定の商品を連続して繋げることは，難しい作業ではない．より重要な点は，品目表の構造を確定することである．貿易統計は，実際に取引される多種多様な商品をそのまま表記することは稀である．必ず，何らかのより広義の概念に置き換え，複数の商品をまとめあげる．つまり，いつからいつまで，同じ分類基準で品目表が作成されていたのかが重要である．品目表の構造から切り離して，品目を機械的に連年でつなぎあわせることはできない．

1867〜1948 年の約 80 年の間に，中国の輸出入品目表は，大小様々な変更を含めるならば，輸出が 9，輸入は 15 の時期に分けることができる．表 9-1 で示したように，中国海関は，1931 年までは，品目表が改訂されると，前年分を新しい品目表で再整理した表を掲載した．中国海関が品目表の変更点を連年対照表で示してくれたおかげで，指数を連年で推計することが容易になっている．

推計は次のように行った．輸出 9，輸入 15 の時期に分けて連年の指数を推計した．そして，各時期の切れ目にあたる年度は，連年対照表から前年分も含めて推計し，前後を連結して 1867〜1931 年の期間を 1 本の指数系列にまとめあげた．

1931〜1932 年の間は，この方法が採用できないため，目測で同一であると判

---

[5] 重慶海関総税務司署統計科 [2011] によって，蒋介石政権側の輸出入品目表の詳細が復刻された．この資料を利用することも今後の課題である．
[6] Hsiao [1974, pp. 268-269].

表 9-1　海関統計の輸出入品目数

輸出品目表			輸入品目表		
	採用期間	品目数		採用期間	品目数
①	1867〜1870	63	①	1867〜1868	85
②	1870〜1886	64	②	1868〜1869	95
③	1886〜1894	61	③	1869〜1886	101
④	1894〜1903	76	④	1886〜1889	104
⑤	1903〜1908	151	⑤	1889〜1894	107
⑥	1908〜1913	173	⑥	1894〜1902	161
⑦	1913〜1924	303	⑦	1902〜1903	155
⑧	1924〜1931	393	⑧	1903〜1905	291
⑨	1932〜1948	356	⑨	1905〜1907	301
			⑩	1907〜1910	305
			⑪	1910〜1913	360
			⑫	1913〜1915	395
			⑬	1915〜1924	352
			⑭	1924〜1931	868
			⑮	1932〜1948	483

断される品目をつなぎあわせる作業を行った[7]．また，資料の制約上，1945 年のデータが取得できないため，1946〜1948 年は，戦前期中国経済の最盛期と目されている 1936 年を基準年として指数を推計した．なお，数量単位が異なる場合，表 9-2 で掲示した換算率で適宜修正をしている[8]．

初期物価指数の計算結果は，輸出は表 9-3，輸入は表 9-4 のようになる．ラスパイレス指数 (L 指数)，パーシェ指数 (P 指数)，そして両指数の幾何平均であるフィッシャー指数 (F 指数) の結果を単年度の変化で示した．Yo は基準年，Yt は比較年である．そして，指数が各年度の貿易総額の何％を反映しているのかを，カバレッジ率 (Coverage Rate) で示した．カバレッジ率が 100％に近ければ近いほど，指数の精度が高いことを意味する．指数の精度を確認すると，輸出の場合，1939〜1941 年が 70％台となっているが，概ね 80％以上のカバレッジ率を維持し，全体として高い精度を確保することができた．一方，輸入の場合，1931 年までは輸出と同様の水準を維持しているが，1932〜1944 年にかけて 50〜70％と

---

7) この作業の詳しい内容は，木越 [2007]．
8) 数量単位のカテゴリーが異なる場合，例えば個数と重量，面積と重量，容積と重量などの場合は，海関統計 [1948, No.1] に掲載されている度量衡換算表を利用した．例えば，紙巻煙草 1 本 = 1 グラムで換算などである．

第 4 部
統計と推計

表 9-2　度量衡換算表

Categories	Unit	Convert	Rate
Capacity measure	Imp. galls	Litres	4.54596
	12sho	Litres	21.6469
	Am. galls	Litres	3.78533
	12Bottles	Litres	9
	Quarts	Litres	0.75
	Bottles	Litres	0.75
	Sho	Litres	1.80391
	Doz. qts	Litres	9
	Reputed quarts	Litres	0.75
	Litres	Litres	1
Lineal measure	Metres	Yards	1.09361
	Yards	Yards	1
Square measure	Sq. metres	Sq. ft	10.0764
	Sq. ft	Sq. ft	1
	10sq. metres	Sq. ft	100.764
	100sq. ft	Sq. ft	100
Timber measure	Cub. ft	Cub. ft	1
	1000sup. ft	Sup. ft	1000
	100sup. ft	Sup. ft	100
	Sup. ft	Sup. ft	1
	Cub. metres	Sup. ft	423.777
Unit measure	Bolts	Bolts	1
	Boxes	Boxes	1
	Cases	Cases	1
	No.	No.	1
	Pairs	Pairs	1
	Pieces	Pieces	1
	Dozens	Pieces	12
	Hundreds	Pieces	100
	Gross	Pieces	144
	Mille	Pieces	1000
	500's	Pieces	500
	50's	Pieces	50
	Reams	Reams	1
	Rolls of 37 metres	Rolls	1
	Rolls	Rolls	1
	Sets	Sets	1
Value	Value	Value	1
Weight	Metric Tons	Metric Tons	1
	Tons	Metric Tons	1.01605
	Ounces	Ounces	1
	Catties	Piculs	0.01
	Hectogrs	Piculs	0.00165
	Kilogrs	Piculs	0.01653
	Pounds	Piculs	0.0075
	Quintals	Piculs	1.65347
	Taels	Piculs	0.00063
	Piculs	Piculs	1

第9章
貿易物価指数の推計

表 9-3　輸出の初期物価指数

Yo	Yt	L指数	P指数	F指数	Coverage Rate %	
					Yo	Yt
1867 Tls.	1868 Tls.	1.06	1.06	1.06	98.30	99.06
1868 Tls.	1869 Tls.	0.93	0.90	0.91	99.04	98.13
1869 Tls.	1870 Tls.	0.97	0.97	0.97	98.13	98.79
1870 Tls.	1871 Tls.	1.03	1.03	1.03	99.50	98.78
1871 Tls.	1872 Tls.	1.02	1.01	1.02	98.78	98.66
1872 Tls.	1873 Tls.	1.04	1.03	1.04	98.48	98.63
1873 Tls.	1874 Tls.	0.84	0.83	0.84	98.64	98.35
1874 Tls.	1875 Hk. Tls.	0.88	0.88	0.88	98.58	98.03
1875 Hk. Tls.	1876 Hk. Tls.	1.17	1.15	1.16	98.03	98.32
1876 Hk. Tls.	1877 Hk. Tls.	0.86	0.87	0.86	98.40	96.96
1877 Hk. Tls.	1878 Hk. Tls.	0.98	0.98	0.98	96.95	96.94
1878 Hk. Tls.	1879 Hk. Tls.	1.01	1.00	1.01	96.94	97.59
1879 Hk. Tls.	1880 Hk. Tls.	1.00	1.00	1.00	97.59	97.39
1880 Hk. Tls.	1881 Hk. Tls.	0.99	0.98	0.99	97.39	97.60
1881 Hk. Tls.	1882 Hk. Tls.	0.95	0.94	0.94	97.60	97.01
1882 Hk. Tls.	1883 Hk. Tls.	1.03	1.02	1.02	97.01	97.10
1883 Hk. Tls.	1884 Hk. Tls.	0.91	0.91	0.91	97.10	97.07
1884 Hk. Tls.	1885 Hk. Tls.	1.02	1.01	1.01	97.07	97.03
1885 Hk. Tls.	1886 Hk. Tls.	1.06	1.06	1.06	97.03	96.17
1886 Hk. Tls.	1887 Hk. Tls.	0.97	0.96	0.96	94.66	91.40
1887 Hk. Tls.	1888 Hk. Tls.	1.01	1.01	1.01	91.40	87.71
1888 Hk. Tls.	1889 Hk. Tls.	1.03	1.01	1.02	87.71	88.79
1889 Hk. Tls.	1890 Hk. Tls.	1.04	1.04	1.04	88.95	87.35
1890 Hk. Tls.	1891 Hk. Tls.	1.02	1.01	1.01	87.35	88.33
1891 Hk. Tls.	1892 Hk. Tls.	0.98	0.98	0.98	88.33	86.34
1892 Hk. Tls.	1893 Hk. Tls.	1.04	1.03	1.04	86.34	84.55
1893 Hk. Tls.	1894 Hk. Tls.	1.01	1.02	1.02	84.55	84.07
1894 Hk. Tls.	1895 Hk. Tls.	1.02	0.96	0.99	87.02	86.41
1895 Hk. Tls.	1896 Hk. Tls.	1.10	1.09	1.09	85.73	83.70
1896 Hk. Tls.	1897 Hk. Tls.	1.11	1.10	1.11	83.04	82.61
1897 Hk. Tls.	1898 Hk. Tls.	0.99	1.00	1.00	83.12	84.14
1898 Hk. Tls.	1899 Hk. Tls.	1.10	1.10	1.10	85.04	86.28
1899 Hk. Tls.	1900 Hk. Tls.	0.92	0.94	0.93	86.28	82.94
1900 Hk. Tls.	1901 Hk. Tls.	0.97	0.97	0.97	82.51	80.58
1901 Hk. Tls.	1902 Hk. Tls.	1.15	1.12	1.13	80.58	82.80
1902 Hk. Tls.	1903 Hk. Tls.	1.10	1.10	1.10	82.80	81.59
1903 Hk. Tls.	1904 Hk. Tls.	1.08	1.07	1.08	90.17	92.24
1904 Hk. Tls.	1905 Hk. Tls.	0.97	0.98	0.98	92.24	90.63
1905 Hk. Tls.	1906 Hk. Tls.	0.99	1.00	0.99	90.64	91.29
1906 Hk. Tls.	1907 Hk. Tls.	1.08	1.08	1.08	91.29	92.36
1907 Hk. Tls.	1908 Hk. Tls.	0.96	0.95	0.95	92.36	89.98
1908 Hk. Tls.	1909 Hk. Tls.	1.04	1.05	1.05	94.00	94.74

第 4 部
統計と推計

(表 9–3 の続き)

Yo	Yt	L 指数	P 指数	F 指数	Coverage Rate %	
					Yo	Yt
1909 Hk. Tls.	1910 Hk. Tls.	1.01	1.00	1.00	94.74	95.16
1910 Hk. Tls.	1911 Hk. Tls.	1.04	1.02	1.03	95.16	94.92
1911 Hk. Tls.	1912 Hk. Tls.	0.96	0.95	0.96	94.98	94.81
1912 Hk. Tls.	1913 Hk. Tls.	1.02	1.01	1.02	94.81	94.65
1913 Hk. Tls.	1914 Hk. Tls.	0.99	0.99	0.99	96.85	96.69
1914 Hk. Tls.	1915 Hk. Tls.	1.03	1.02	1.02	97.08	97.41
1915 Hk. Tls.	1916 Hk. Tls.	1.08	1.07	1.07	97.40	95.00
1916 Hk. Tls.	1917 Hk. Tls.	0.98	0.95	0.97	95.00	96.70
1917 Hk. Tls.	1918 Hk. Tls.	1.09	1.09	1.09	96.70	96.74
1918 Hk. Tls.	1919 Hk. Tls.	0.99	1.00	0.99	96.74	96.46
1919 Hk. Tls.	1920 Hk. Tls.	1.03	1.04	1.04	96.45	95.02
1920 Hk. Tls.	1921 Hk. Tls.	1.04	1.05	1.04	95.02	93.14
1921 Hk. Tls.	1922 Hk. Tls.	1.08	1.07	1.07	92.98	93.54
1922 Hk. Tls.	1923 Hk. Tls.	1.08	1.07	1.07	93.53	93.75
1923 Hk. Tls.	1924 Hk. Tls.	0.99	0.99	0.99	93.92	93.90
1924 Hk. Tls.	1925 Hk. Tls.	1.03	1.03	1.03	94.51	94.86
1925 Hk. Tls.	1926 Hk. Tls.	1.06	1.05	1.05	94.78	94.74
1926 Hk. Tls.	1927 Hk. Tls.	1.01	1.00	1.01	94.74	94.30
1927 Hk. Tls.	1928 Hk. Tls.	1.01	1.02	1.02	94.31	94.97
1928 Hk. Tls.	1929 Hk. Tls.	1.02	1.02	1.02	94.97	94.80
1929 Hk. Tls.	1930 Hk. Tls.	0.99	0.99	0.99	94.80	93.41
1930 Hk. Tls.	1931 Hk. Tls.	0.97	0.97	0.97	93.41	92.14
1931 Hk. Tls.	1932 Hk. Tls.	0.84	0.85	0.84	90.98	90.78
1932 St. $	1933 St. $	1.00	0.89	0.94	89.66	89.31
1933 St. $	1934 St. $	0.92	0.91	0.92	90.08	88.94
1934 St. $	1935 St. $	1.02	1.01	1.01	89.08	90.25
1935 St. $	1936 St. $	1.16	1.15	1.16	90.89	89.91
1936 St. $	1937 St. $	1.18	1.19	1.18	89.21	88.84
1937 St. $	1938 St. $	1.02	1.01	1.02	88.83	86.10
1938 St. $	1939 St. $	1.42	1.45	1.44	86.34	81.37
1939 St. $	1940 St. $	2.06	1.60	1.81	81.02	77.37
1940 St. $	1941 St. $	1.62	1.61	1.61	77.40	74.87
1941 St. $	1942 F.R.B.	2.14	1.71	1.91	70.78	87.75
1942 F.R.B.	1943 F.R.B.	0.95	0.89	0.92	87.25	86.95
1943 F.R.B.	1944 F.R.B.	1.71	1.45	1.57	87.05	84.63
1944 F.R.B.	1945 St. $					
1936 St. $	1946 C.N. $ (1,000)	3.48	2.58	2.99	83.85	85.57
1946 C.N. $ (1,000)	1947 C.N. $ (1,000)	7.68	5.50	6.50	99.37	98.32
1947 C.N. $ (1,000)	1948 G.Y.	0.14	0.12	0.13	99.56	98.95

第 9 章
貿易物価指数の推計

表 9-4　輸入の初期物価指数

Yo	Yt	L 指数	P 指数	F 指数	Coverage Rate % Yo	Yt
1867 Tls.	1868 Tls.	0.91	0.84	0.87	95.68	95.30
1868 Tls.	1869 Tls.	0.96	0.94	0.95	95.40	94.13
1869 Tls.	1870 Tls.	0.99	0.95	0.97	96.52	96.62
1870 Tls.	1871 Tls.	1.03	1.00	1.02	96.61	97.13
1871 Tls.	1872 Tls.	0.99	0.97	0.98	97.17	96.12
1872 Tls.	1873 Tls.	0.98	0.99	0.98	96.05	95.96
1873 Tls.	1874 Tls.	0.95	0.95	0.95	96.04	96.32
1874 Tls.	1875 Hk. Tls.	1.11	1.10	1.11	96.40	94.88
1875 Hk. Tls.	1876 Hk. Tls.	0.96	0.96	0.96	94.84	94.57
1876 Hk. Tls.	1877 Hk. Tls.	1.05	1.04	1.05	94.56	94.75
1877 Hk. Tls.	1878 Hk. Tls.	1.00	0.99	1.00	94.85	93.85
1878 Hk. Tls.	1879 Hk. Tls.	1.00	1.00	1.00	93.94	93.90
1879 Hk. Tls.	1880 Hk. Tls.	1.01	1.00	1.01	93.91	92.71
1880 Hk. Tls.	1881 Hk. Tls.	1.02	1.02	1.02	92.71	91.66
1881 Hk. Tls.	1882 Hk. Tls.	0.94	0.95	0.94	91.66	89.99
1882 Hk. Tls.	1883 Hk. Tls.	0.96	0.95	0.96	89.99	90.78
1883 Hk. Tls.	1884 Hk. Tls.	1.01	1.01	1.01	90.78	90.44
1884 Hk. Tls.	1885 Hk. Tls.	0.99	0.98	0.98	90.44	89.55
1885 Hk. Tls.	1886 Hk. Tls.	0.99	0.99	0.99	89.56	87.94
1886 Hk. Tls.	1887 Hk. Tls.	1.02	1.01	1.02	91.70	92.16
1887 Hk. Tls.	1888 Hk. Tls.	1.02	1.02	1.02	92.16	92.42
1888 Hk. Tls.	1889 Hk. Tls.	1.01	1.01	1.01	91.87	90.77
1889 Hk. Tls.	1890 Hk. Tls.	0.96	0.96	0.96	90.36	90.63
1890 Hk. Tls.	1891 Hk. Tls.	1.00	0.99	1.00	90.66	89.52
1891 Hk. Tls.	1892 Hk. Tls.	1.03	1.02	1.03	89.32	88.10
1892 Hk. Tls.	1893 Hk. Tls.	1.09	1.07	1.08	88.10	84.59
1893 Hk. Tls.	1894 Hk. Tls.	1.08	1.07	1.07	84.59	85.07
1894 Hk. Tls.	1895 Hk. Tls.	1.06	1.05	1.06	87.36	83.28
1895 Hk. Tls.	1896 Hk. Tls.	1.02	1.02	1.02	82.28	86.54
1896 Hk. Tls.	1897 Hk. Tls.	1.07	1.06	1.07	86.56	84.54
1897 Hk. Tls.	1898 Hk. Tls.	0.98	0.98	0.98	84.64	84.51
1898 Hk. Tls.	1899 Hk. Tls.	1.03	1.02	1.03	84.45	84.22
1899 Hk. Tls.	1900 Hk. Tls.	1.03	1.03	1.03	84.25	82.67
1900 Hk. Tls.	1901 Hk. Tls.	1.01	1.01	1.01	82.66	81.07
1901 Hk. Tls.	1902 Hk. Tls.	1.03	0.74	0.87	81.15	83.72
1902 Hk. Tls.	1903 Hk. Tls.	1.09	1.09	1.09	83.46	80.78
1903 Hk. Tls.	1904 Hk. Tls.	0.99	0.99	0.99	86.87	86.52
1904 Hk. Tls.	1905 Hk. Tls.	0.97	0.91	0.94	86.70	85.90
1905 Hk. Tls.	1906 Hk. Tls.	0.93	0.92	0.92	85.74	82.60
1906 Hk. Tls.	1907 Hk. Tls.	1.02	1.02	1.02	82.60	81.84
1907 Hk. Tls.	1908 Hk. Tls.	1.15	1.13	1.14	81.88	81.50

第 4 部
統計と推計

(表 9-4 の続き)

Yo	Yt	L 指数	P 指数	F 指数	Coverage Rate %	
					Yo	Yt
1908 Hk. Tls.	1909 Hk. Tls.	1.01	1.00	1.00	81.50	81.03
1909 Hk. Tls.	1910 Hk. Tls.	1.14	1.08	1.11	81.04	80.12
1910 Hk. Tls.	1911 Hk. Tls.	1.04	1.03	1.03	84.86	85.74
1911 Hk. Tls.	1912 Hk. Tls.	1.00	0.99	1.00	85.74	84.46
1912 Hk. Tls.	1913 Hk. Tls.	1.01	1.00	1.00	84.46	84.49
1913 Hk. Tls.	1914 Hk. Tls.	1.14	1.07	1.10	83.80	84.49
1914 Hk. Tls.	1915 Hk. Tls.	1.06	1.03	1.05	84.33	89.07
1915 Hk. Tls.	1916 Hk. Tls.	1.11	0.99	1.05	88.92	84.69
1916 Hk. Tls.	1917 Hk. Tls.	1.07	1.06	1.07	84.71	86.79
1917 Hk. Tls.	1918 Hk. Tls.	1.15	1.10	1.13	85.16	83.89
1918 Hk. Tls.	1919 Hk. Tls.	1.02	0.96	0.99	81.98	80.53
1919 Hk. Tls.	1920 Hk. Tls.	1.15	1.13	1.14	81.10	81.50
1920 Hk. Tls.	1921 Hk. Tls.	1.10	1.02	1.06	82.29	76.32
1921 Hk. Tls.	1922 Hk. Tls.	0.91	0.88	0.89	76.27	79.62
1922 Hk. Tls.	1923 Hk. Tls.	1.14	1.01	1.07	80.37	82.78
1923 Hk. Tls.	1924 Hk. Tls.	1.01	0.95	0.98	83.02	83.78
1924 Hk. Tls.	1925 Hk. Tls.	0.99	0.96	0.98	84.38	84.59
1925 Hk. Tls.	1926 Hk. Tls.	0.98	0.97	0.98	82.99	82.53
1926 Hk. Tls.	1927 Hk. Tls.	1.02	1.02	1.02	84.70	81.56
1927 Hk. Tls.	1928 Hk. Tls.	1.00	0.98	0.99	82.67	82.08
1928 Hk. Tls.	1929 Hk. Tls.	1.00	1.00	1.00	80.51	80.03
1929 Hk. Tls.	1930 Hk. Tls.	1.15	1.13	1.14	82.11	79.39
1930 Hk. Tls.	1931 Hk. Tls.	1.14	1.09	1.11	79.86	80.29
1931 Hk. Tls.	1932 G.U.	0.77	0.75	0.76	75.33	76.33
1932 G.U.	1933 G.U.	0.86	0.83	0.84	76.66	74.99
1933 G.U.	1934 G.U.	0.85	0.86	0.85	73.44	69.02
1934 G.U.	1935 G.U.	0.98	0.96	0.97	70.50	67.95
1935 G.U.	1936 G.U.	0.95	0.93	0.94	68.14	58.36
1936 G.U.	1937 G.U.	1.13	1.12	1.12	59.41	63.58
1937 G.U.	1938 G.U.	1.22	1.04	1.13	63.58	64.69
1938 G.U.	1939 G.U.	1.04	0.92	0.98	66.19	75.22
1939 G.U.	1940 G.U.	1.47	1.45	1.46	74.14	77.41
1940 G.U.	1941 G.U.	1.30	1.28	1.29	78.17	82.21
1941 G.U.	1942 G.U.	1.31	1.25	1.28	70.55	58.54
1942 G.U.	1943 F.R.B.	4.29	4.16	4.22	58.70	53.93
1943 F.R.B.	1944 F.R.B.	2.22	1.83	2.02	54.18	44.32
1944 F.R.B.	1945 St. $					
1936 St. $	1946 C.N. $ (1,000)	6.92	4.06	5.30	59.20	73.94
1946 C.N. $ (1,000)	1947 C.N. $ (1,000)	9.72	6.99	8.24	99.94	99.60
1947 C.N. $ (1,000)	1948 G.Y.	0.15	0.11	0.13	100.00	100.00

比較的低い精度にとどまっている．その理由は，単価が取得できない品目が増えたためである．1943～44年にかけては，これ以上精度を上げることは資料上ほぼ不可能であるが，1932～1942年については，本書が利用した483品目の輸入品目表よりも詳しい，約1,100品目の輸入品目表の資料も残されているので，改善の余地はある．これは今後の課題としたい．

(3) Hsiaoによる中国修正貿易額への対応

Hsiao Liang-linの中国修正貿易額（1864～1948年）は，近代中国の輸出入額のほぼ確定数値として広く利用されている．ただし，Hsiaoの修正は，現在の中華人民共和国の主権領域に一致させたものではない．例えば，1932年7月から1948年まで，東北各港の貿易額を欠く．しかし，中国総税務司の管轄した領域を基準に，現在の外国貿易統計となるべく一致するように修正がされているため，長期統計としての利便性が高い．Hsiaoの修正貿易額の汎用性の高さを尊重する．Hsiaoの修正事項は，本推計の基本になるものであるため，その概要をここに記す．

Hsiaoは，なるべく原資料の数値を提示し，修正数値と原数値の関係が明瞭になるよう配慮している（統計数値は付表1参照）．Hsiaoの中国修正貿易額の基本事項は次のようである．

①**価額単位**：1864～1932年にかけて海関両（Haikwan Teal: Hk. Tls）で統一．この間，原資料は1864～1874年にかけて上海両（Shanghai Teal: Tls）で表記されているため，1海関両=1.114上海両で換算している．1933～1941年，1945年は国幣元（Standard Dollar: St. $）．1942～1944年は連銀券（Federal Reserve Bank Note: F.R.B.）．この間，原資料は連銀券と儲備銀券（Central Reserve Bank Note: C.R.B.）の2通貨で地域別に表記されているため，1942年は1連銀券=1儲備銀券，1943年は1連銀券=3儲備銀券，1944年は18連銀券=100儲備銀券で換算している．1946～1947年は1,000新国幣元（Chinese National Currency: C.N. $）．1948年は金元（Gold Yuan: G.Y.）である．

②**価格評価**：Hsiaoは，1864～1948年にかけて輸出はF.O.B.価格，輸入はC.I.F.価格で統一した．原資料では1861～1903年にかけて市場価格（Market Price）で評価されているため，Hsiaoは，Hou Chi-mingが推計した換算率[9]でF.O.B./C.I.F.

---

[9] Hou [1965, pp. 231-232].

価格に修正している（表9-5）．また，1932～1948年にかけて原資料には輸出額に輸出税および付加税が入っていないため，それを加えている．ただし，1941～1945年にかけては，輸出税および付加税の資料を欠くため修正はされていない．

③**対朝鮮貿易の修正**：原資料では1890～1894年まで，対朝鮮貿易が国内貿易統計に編入されているため，Hsiaoはそれを輸出入額に追加している．

④**ジャンク貿易の一部追加**：原資料は，1859～1931年6月1日まで，ジャンクによる貿易をほぼ含まないため，資料でその貿易額の一部がわかる1909～1931年5月31日までのそれを追加している．

以上がHsiaoによる中国修正貿易額の概要である．Hsiaoの修正貿易額に近づけるように，初期物価指数に修正処理を施す．ただし，貿易額では容易にできる修正であっても，指数に対して施すには，あまりにも複雑すぎたり，資料上不可能な処理もある．以下に，対応処理ができた部分と，できなかった部分に分けて記す．

Hsiaoの修正貿易額に対応させた部分：Hsiao修正の①価額単位については，一致するようにすべて修正した．上海両は海関両に，輸入の海関金単位（Gold Unit: G.U.）は国幣元に換算した．その換算率は表9-6で示した．②価格評価は，Houの換算率を利用して，1867～1903年にかけて市場価格をF.O.B. / C.I.F.価格に換算した．

Hsiaoの修正貿易額に対応させていない部分：②価格評価の輸出税および付加税は，物価指数に含める調整をしていない．そのため，本推計から求めた実質輸出額は，1932～1940年にかけて，輸出税および付加税の分，過少評価されている．③対朝鮮貿易，④ジャンク貿易についても，物価指数に含める調整を施していない．もし，対朝鮮貿易，ジャンク貿易の輸出入物価が，該当期間，本推計の初期物価指数よりも上昇傾向にあるならば，その分，実質輸出入額は過大評価されていることになり，その逆であるならば，過少評価されていることになる．ただし，対朝鮮貿易，ジャンク貿易の修正を施した輸出入品目表を作成することは，極めて困難であるため，それがはたしてどの程度の評価額の変化になるか，推定することはできなかった[10]．

Hsiaoの中国修正貿易額に対応させた輸出入物価指数，そして輸出入数量指数の最終結果は，付表1に示した．

---

10) ジャンク貿易の規模については，注15を参照．

表 9-5　F.O.B. / C.I.F. 修正率

	輸出	輸入
1867	1.157	0.878
1868	1.151	0.878
1869	1.157	0.879
1870	1.156	0.874
1871	1.159	0.876
1872	1.158	0.876
1873	1.151	0.873
1874	1.163	0.870
1875	1.163	0.873
1876	1.151	0.873
1877	1.164	0.873
1878	1.167	0.871
1879	1.162	0.872
1880	1.165	0.872
1881	1.175	0.876
1882	1.177	0.870
1883	1.168	0.871
1884	1.173	0.871
1885	1.177	0.871
1886	1.170	0.873
1887	1.158	0.870
1888	1.151	0.867
1889	1.146	0.869
1890	1.144	0.865
1891	1.140	0.866
1892	1.138	0.871
1893	1.128	0.859
1894	1.125	0.863
1895	1.121	0.874
1896	1.121	0.876
1897	1.112	0.877
1898	1.114	0.880
1899	1.112	0.884
1900	1.111	0.881
1901	1.108	0.887
1902	1.103	0.954
1903	1.102	0.950

出所) Hou [1965, pp. 231-232]. 同書に示されている Hou の修正物価指数を修正前の物価指数（南開指数）で除した.

表 9-6　価額単位換算表

Unit	Convert	Year	Rate
Hk. Tls.	Tls.	All year	1.114
Hk. Tls	St. $	All year	1.558
G.U.	Hk. Tls.	1932	1.184
	St. $	1933	1.952
	St. $	1934	1.967
	St. $	1935	1.886
	St. $	1936	2.260
	St. $	1937	2.271
	St. $	1938	2.300
	St. $	1939	2.500
	St. $	1940	2.700
	St. $	1941	2.700
	St. $	1942.1-3	2.700
	St. $	1942.4-12	20.000
F.R.B.	St. $	1942	1.000
	C.R.B.	1942	1.000
	C.R.B.	1943	3.000
	C.R.B.	1943	5.556

(4) 既往推計との比較

　付表1に示される本書の推計結果を既往推計と比較し，その差異について言及する．近代中国の輸出入物価指数の既往推計は2つある．第1は，南開大学の何廉が推計し，それを Hou Chi-ming が F.O.B. / C.I.F. に修正した指数である．これを「南開修正指数」と呼ぼう．推計期間は 1867～1936 年である[11]．第2は，中国科学院が推計した指数である．これを「科学院指数」と呼ぼう．推計期間は 1867～1894 年である[12]．

　図 9-1 は輸出物価の比較である．3者の相違点について言及すると，第1に，最も目を引く違いは，南開修正指数の 1886 / 1887 年にかけての騰貴である．南開指数は，標本数，カバレッジ率およびラスパイレス指数，パーシェ指数の結果を公表していないため，その騰貴の要因について特定することができない．本推計，科学院指数ともに同年に騰貴がないことから，おそらくは南開修正指数の計算ミスである可能性が大きいと考えられる．第2に，南開修正指数は，1880 年代から 1893 年にかけて，一貫して物価が下落している．これも南開修正指数だ

---

11) 孔 [1988].
12) 姚 [1962].

1874年=100

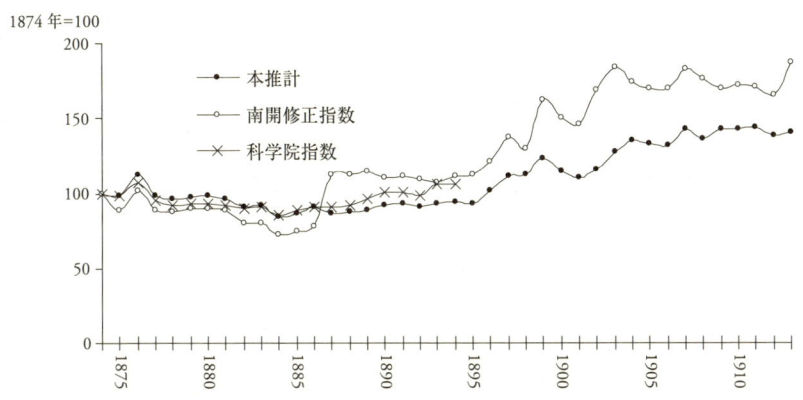

図9-1　本推計と既往推計の比較（中国輸出物価指数：1874～1913年）

出所）本推計：付表1.
南開修正指数：Hou [1965, pp. 231-232].
科学院指数：姚 [1962, p. 1641].

けにみられる特徴である．第3に，1893年以降は，本推計と南開修正指数の推移はほぼ一致している．第4に，科学院指数は本推計に比べて1880年代後半の物価上昇率が高い．科学院指数は，パーシェ指数を採用していること，また標本数が7種と少ないことなどが，本推計との差異を生んでいる，と考えられる．

図9-2は輸入物価の比較である．輸入物価も南開修正指数の騰貴幅の大きさが際立っている．1885/86年，1893/94年に大きな物価上昇を示している．1886年，1894年は，表9-1でみるように，海関統計の商品分類が変化する年度であり，その処理が適切に行われていないのではないか，と思われる．

以上のように19世紀後半の南開修正指数は問題がある，と思われる点が多い．これまで多くの中国外国貿易研究は同指数を利用してきたが，同指数で求められた19世紀後半の実質貿易額は，同指数の騰貴幅の大きさを考えると，かなり過大に評価されてきた，といえる．

IV　上海貿易物価指数（1869～1942年）

(1) 利用資料と年限

利用した資料は，巻末海関統計一覧に示した以下の統計である．

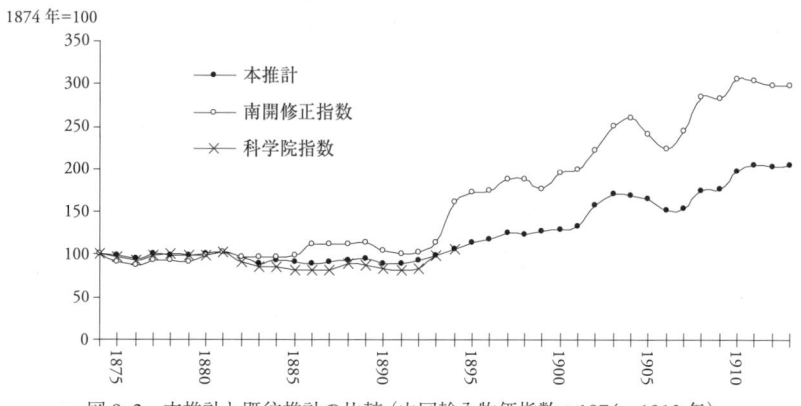

図9-2 本推計と既往推計の比較（中国輸入物価指数：1874〜1913年）

出所）本推計：付表1.
南開修正指数：Hou [1965, pp. 231-232].
科学院指数：姚 [1962, p. 1641].

1869〜1931年：IGC編旧分類No.3年報の上海海関の部.

1932〜1942年：IGC編新分類No.1年報全国.

つまり，1869〜1931年までは上海海関の年報を利用し，1932〜1942年までは全国の年報を利用した[13]．第8章で言及したように，海関統計は，国定関税施行により1932年から貿易統計の編制方法が国民経済の外国貿易統計に刷新された．この編制方法の変更は，全国の外国貿易をみる場合，留意すべき事項は少ないが，港別の統計では前後を連結するために複雑な処理を必要とする．最初に，この問題について整理しよう．ここでは便宜的に，旧分類の港別統計を「各関年報」，新分類を「全国年報」と呼ぶことにする．

付表2にみるように，「各関年報」の統計様式は，①から⑪まで計11項目に分かれ，これら11項目を組み合わせることによって，開港場を出入する商品移動を詳細にみることができる．一方，「全国年報」の場合，⑫から⑯まで計5項目の掲示に留まる．特に，外国品の再輸移出についての情報を欠くため，上海のように中継貿易の規模が大きい開港場の交易構造をみる上では，利便性を欠く．そ

---

13) 1932〜1942年にかけては，上海海関の年報（IGC編新分類No.2）の利用もできる．こちらを利用すれば，IGC編新分類No.1よりも詳しい輸出入品目表をみることができる．しかし，国内貿易統計が掲載されていない．そのため，外国貿易統計と国内貿易統計の2つを利用できる，IGC編新分類No.1を資料とした．

こで，本書は，「各関年報」の様式に基づいた 1869〜1931 年の指数，「全国年報」の様式に基づいた 1932〜1942 年の指数の 2 つに分けて推計を行った．そして，前者を後者に連結することで，「全国年報」の様式でみた 1869〜1942 年の長期指数の推計も行った．以下，「各関年報」と「全国年報」に分けて推計方法を解説する．

(2)「各関年報」(1869〜1931 年) の貿易物価指数推計
香港の処理

「各関年報」は，対香港貿易を 1892 年まで国内貿易，1893 年から外国貿易として処理している．推計する場合，1892 年以前の対香港貿易を国内貿易から切り出し，外国貿易に追加処理することが望ましい方法である．しかし，貿易総額の足し引きは単純にできるが，それをすべての品目にわたり実施することは，極めて困難であった．そのため，本推計は，香港について「適切な」処理がされていない．

対香港貿易の品目別の修正処理がされていないとは言え，筆者は，この問題は物価指数を推計する上で大きな障害にはならない，と考えた．その根拠は，当該期の海関統計が Valuation System と呼ばれる独特の制度の下，貿易財の価格を推計していた点にある．Valuation System とは，中国海関が単価を調査し，商業送り状に基づかずに貿易額を評価する制度である[14]．一般的な貿易統計は，輸出入業者が通関の際に提出する商業送り状に記載されている単価，数量，価額に基づいて作成される．海関統計の場合，中国海関が市場価格を自ら調査し，貿易統計の作成にあたっては商業送り状の数量にその調査価格を掛け合わせることで貿易額を求めていた．つまり，海関統計から求められる貿易物価は，中国海関が調

---

14) 鄭友揆によると，Valuation System の市場価格は次のような方法で集められていた．調査された市場価格は Valuation List と呼ばれる表にまとめられ，同表に記載された価格と申告された数量を掛け合わせることによって，おのおのの商品の貿易額が求められていた．Valuation List は，Import Valuation List と Export Valuation List に分けられる．輸入と輸出に区分されているように見えるが，実際には前者は外国品の価格表であり，後者は内国品の価格表である．Import Valuation List は，上海海関と広州海関が調査した価格を標準としていた．そして華北および長江沿岸の各海関は上海海関の価格表を，そして華南および西江流域の各海関は広州海関のそれを利用していた．もし上海，広州の価格表に記載されていない商品があった場合，各海関は管轄する開港場における市場価格を調査した．一方，Export Valuation List は，上海，漢口，天津，広州の 4 開港場の商品価格を標準とするが，基本的に各海関によって作成されていた（鄭 [1984, pp. 305-306]）．

表 9-7　上海年報における綿花の輸移出単価

単位：1担当たり海関両

年次	外国 ⑨	国内 ⑩	香港 ⑪	年次	外国 ⑨	国内 ⑩	香港 ⑪
1869	15.0	15.0	15.0	1894	9.8	9.8	9.8
1870	15.0	15.0	15.0	1895	12.5	12.5	12.5
1871	12.0	12.0	12.0	1896	12.0	12.0	13.1
1872	12.0	12.0	12.0	1897	15.0	15.0	15.0
1873	9.0	9.0	9.0	1898	11.5	11.5	11.5
1874	9.0	9.0	9.0	1899	13.0	13.0	13.0
1875	10.2	10.2	10.2	1900	13.7	13.7	13.7
1876	9.2	9.2	9.2	1901	16.3	16.3	16.3
1877	9.9	9.9	9.9	1902	17.0	17.0	17.0
1878	10.1	10.1	10.1	1903	17.5	17.5	17.5
1879	10.0	9.8	9.9	1904	21.4	21.4	21.4
1880	9.9	10.0	10.0	1905	15.5	15.5	15.5
1881	9.9	9.9	9.9	1906	15.0	15.0	15.0
1882	9.7	11.0	11.0	1907	17.0	17.0	17.0
1883	10.9	11.0	10.9	1908	17.0	17.0	17.0
1884	11.3	11.5	11.3	1909	24.5	24.5	24.5
1885	11.6	11.6	11.5	1910	22.5	22.5	22.5
1886	11.0	11.0	10.8	1911	24.0	24.0	24.0
1887	10.0	10.0	10.0	1912	21.0	21.0	21.0
1888	11.0	11.0	11.0	1913	20.0	20.0	20.0
1889	10.0	10.0	10.0	1914	16.0	16.0	16.0
1890	10.0	10.0	10.0	1915	20.0	20.0	20.0
1891	10.8	10.8	10.8	1916	22.5	22.5	22.5
1892	10.0	10.0	10.0	1917	25.9	25.9	25.9
1893	10.7	10.7	10.7	1918	28.7	28.7	28.7

出所）海関統計［1869-1918, No. 3 to 4，上海］．

査した市場価格なのである．

　Valuation System によって，海関統計から計算される単価は，税則表上の同一品目であれば，どの国家・地域との取引であれ同じになる．それを具体的に示そう．表9-7は，「各関年報」から計算した輸移出綿花の単価である．付表2に対応する⑨，⑩，⑪の単価は，香港向けであろうと，国内向けであろうと全年にわたって一致していることが確認できよう．以上のように1892年以前と1893年以後の指数は，数量ウェイトに注意すれば，基本的に同一系列として連結することが可能である．

1919〜1931年の価額表記簡略化への対応

「各関年報」は，1919〜1931年にかけて仕向地別貿易額の表記を簡略化するようになった．この問題もValuation Systemの特質を踏まえれば，指数の推計の障害にはならない．外国品の輸移入表を事例に挙げると，1919年以降，付表2の①から④の項目は数量だけが記載されている．そして貿易額は，①＋②－③－④，すなわち純輸移入額が示されているだけである．そのため①から④の単価は直接に求めることができない．しかし，前述のように，実際は①から④の単価は同一であり，純輸移入額を純輸移入量で割ることによって求めることができる．筆者は，以上のValuation Systemの特質から，1869〜1931年まで①から⑪までの項目を同一系列として物価指数を推計することができる，と判断した．

F.O.B. / C.I.F. 修正

Ⅲでみた中国輸出入物価指数は，Hou Chi-mingの推計を利用して，F.O.B. / C.I.F.の修正を一括して行った．「各関年報」からの指数は，個々の標本に対してF.O.B. / C.I.F. 修正を施す．その理由は，第1に，最終的に「全国年報」と連結するためには①から⑪の項目の合算・差し引きを必要とするため，標本個別に対して修正を施さなければ，足し引きの過程で指数に誤差が発生してしまうこと，第2に，外国貿易と国内貿易では課税率が異なるため，Hou Chi-mingの推計をそのまま適用できないことである．

さて，F.O.B. / C.I.F. 修正率を国内貿易について計算しようとすると，1つの問題に直面する．国内貿易税，より厳密には沿岸貿易税の内訳を示す統計は，1871〜1881年の掲載に留まり，その前後は移出税と移入税に分けて税額を知ることができない．修正は困難であると予想されるが，上海海関の税額の内訳の詳細が完備している1876〜1881年から修正率を計算すると，その修正率は小数点以下2桁まで一致している．これは単なる偶然ではなく，先のValuation Systemと同様に，中国海関は，一定の規則に基づいて市場価格とF.O.B. / C.I.F. 価格の間を換算していた．修正率が1876〜1881年にかけてほぼ同一であるという事実は，同率を利用してその前後を修正しても大きな過誤はないと考えてよい，と判断する．

表9-8，表9-9，表9-10，表9-11は，修正率の計算過程とのその結果を示している．表中の①から⑪は，付表2に対応している．1876〜1881年の修正率の平均を実際の修正率として採用した．上海の「各関年報」がF.O.B. / C.I.F. 額で

第 4 部
統計と推計

表 9-8　輸入の C.I.F 額修正率（上海）

	市場価格評価額 (1) 粗輸入 外国品 ①	(2) 輸入税額	(3) 諸経費 ((1) − (2)) × 0.07	(4) C.I.F. 額 (1) − (2) − (3)	(5) 修正率 (4) ÷ (1)
1876	46,884,562	2,191,950	3,128,483	41,564,129	0.887
1877	51,101,862	2,355,188	3,412,267	45,334,407	0.887
1878	49,117,021	2,382,513	3,271,416	43,463,092	0.885
1879	58,847,069	2,788,966	3,924,067	52,134,036	0.886
1880	56,046,498	2,735,018	3,731,804	49,579,676	0.885
1881	67,329,150	3,077,289	4,497,630	59,754,231	0.887
平均	54,887,694	2,588,487	3,660,944	48,638,262	0.886

注 1) 市場価格評価額は，原統計記載の価額．
注 2) 表中の①は付表 2 に対応する．

表 9-9　輸出の F.O.B 額修正率（上海）

	市場価格評価額			(4) 合計 (1)+(2)+(3)	(5) 輸出税額	(6) 諸経費 (4) × 0.08	(7) F.O.B. 額 (4)+(5)+(6)	(8) 修正率 (7) ÷ (4)
	(1) 純輸出 内国品 ①+⑩	(2) 再輸出 外国品 ③	(3) 再輸出 内国品 ⑧					
1876	25,377,010	1,992,566	15,790,243	43,159,819	608,011	3,452,786	47,220,616	1.094
1877	13,944,345	2,756,501	15,466,942	32,167,788	397,048	2,573,423	35,138,259	1.092
1878	16,331,646	2,180,158	11,972,330	30,484,134	540,485	2,438,731	33,463,350	1.098
1879	17,878,808	2,213,265	14,166,460	34,258,533	581,966	2,740,683	37,581,182	1.097
1880	19,461,742	2,171,032	16,717,069	38,349,843	671,554	3,067,987	42,089,384	1.098
1881	15,731,039	1,784,384	17,713,422	35,228,845	448,405	2,818,308	38,495,558	1.093
平均	18,120,765	2,182,984	15,304,411	35,608,160	541,245	2,848,653	38,998,058	1.095

注 1) 市場価格評価額は，原統計記載の価額．
注 2) 表中の③から⑩は付表 2 に対応する．

表 9-10　移入の C.I.F 額修正率（上海）

	市場価格評価額		(3) 合計 (1) + (2)	(4) 移入税額	(5) 諸経費 ((3) − (4)) × 0.07	(6) C.I.F. 額 (3) − (4) − (5)	(7) 修正率 (6) ÷ (3)
	(1) 粗移入 内国品 ⑤	(2) 粗移入 外国品 ②					
1876	39,399,424	1,089,305	40,488,729	188,955	2,820,984	37,478,790	0.926
1877	36,919,434	1,000,310	37,919,744	151,181	2,643,799	35,124,764	0.926
1878	32,861,230	804,418	33,665,648	180,749	2,343,943	31,140,956	0.925
1879	40,339,011	1,152,092	41,491,103	203,798	2,890,111	38,397,194	0.925
1880	42,594,862	1,070,635	43,665,497	247,891	3,039,232	40,378,374	0.925
1881	43,798,517	915,003	44,713,520	193,801	3,116,380	41,403,339	0.926
平均	39,318,746	1,005,294	40,324,040	194,396	2,809,075	37,320,569	0.926

注 1) 市場価格評価額は，原統計記載の価額．
注 2) 表中の②から⑤は付表 2 に対応する．

表 9-11　移出の F.O.B 額修正率（上海）

	市場価格評価額				(5) 移出税額	(6) 諸経費 (4)×0.08	(7) F.O.B. 額 (4)+(5)+(6)	(8) 修正率 (7)÷(4)
	(1) 純移出 内国品 ⑪	(2) 再移出 内国品 ⑦	(3) 再移出 外国品 ④	(4) 合計 (1)+(2)+(3)				
1876	11,424,454	14,233,469	32,976,415	58,634,338	331,236	4,690,747	63,656,321	1.086
1877	13,826,700	14,731,663	34,253,336	62,811,699	231,051	5,024,936	68,067,686	1.084
1878	11,841,959	14,865,964	34,553,877	61,261,800	230,637	4,900,944	66,393,381	1.084
1879	13,257,519	17,370,394	46,290,994	76,918,907	297,053	6,153,513	83,369,473	1.084
1880	15,742,494	18,288,062	40,370,177	74,400,733	420,194	5,952,059	80,772,986	1.086
1881	14,147,648	17,508,114	46,677,435	78,333,197	481,758	6,266,656	85,081,611	1.086
平均	13,373,462	16,166,278	39,187,039	68,726,779	331,988	5,498,142	74,556,909	1.085

注 1) 市場価格評価額は，原統計記載の価額．
注 2) 表中の⑦から⑪は付表 2 に対応する．

評価されるようになるのは，1902 年からである．したがって 1869～1901 年の標本の価額に対して同修正率を掛け合わせた．以上の修正過程を経て推計した原統計表①から⑪に対応する上海貿易物価指数は，付表 3 に示した．

外国貿易・国内貿易物価指数の作成

①から⑪の指数系列を組み合わせることで，外国貿易，国内貿易に対応する物価指数を作成する．組み合わせの方法は以下のようになる．

　　　粗外国貿易　　粗輸出＝③＋⑧＋⑨＋⑩
　　　　　　　　　　粗輸入＝①＋⑥
　　　粗国内貿易　　粗移出＝④＋⑦＋⑪
　　　　　　　　　　粗移入＝②＋⑤
　　　純外国貿易　　純輸出＝⑨＋⑩
　　　　　　　　　　純輸入＝①＋②－③－④
　　　純国内貿易　　純移出＝⑪
　　　　　　　　　　純移入＝⑤－⑦－⑧
　　再輸出＝③＋⑧
　　再移出＝④＋⑦

　留意点としては，純輸入，純移入が厳密な意味での純貿易ではなく，外国品の純輸入，内国品の純移入であることである．粗輸入，粗移入のうち，どれだけが再輸出と再移出の間で振り分けられたのかを示すデータがないため，外国品，内国品の純貿易で代替することにする．また，純輸入，純移入は引き算の結果，数

第4部
統計と推計

表 9-12 上海の対朝鮮貿易額 (原統計)

単位:海関両

	外国品		内国品		
	輸移入及び再輸移出		輸移入及び再輸移出		輸移出
	② 粗移入	④ 再移出	⑤ 粗移入	⑦ 再移出	⑪ 純移出
1890	475	560,421	9,350	97,431	312,364
1891	0	935,196	17,295	109,068	277,445
1892	0	869,568	39,877	112,400	289,471
1893	0	805,857	20,001	84,873	247,541
1894	18,953	415,017	21,798	74,227	762,301

注) 表中の②から⑪は付表2に対応する.

量, 価額がマイナスとなる品目がある. 海関統計は, そのような品目を超過再輸移出額 (Excess of Re-export) と呼び, 品目別では「0」として, 貿易額の総計ではマイナス分として差し引くという処理をしている. 本推計では, 超過再輸移出額の品目を物価指数の標本からは排除し, 名目貿易額および実質貿易額 (数量指数) を求める場合は, マイナス分を差し引くという処理をした.

11項目の系列を総合することで求めた上海の外国貿易・国内貿易の物価指数が付表4から付表7である.

名目貿易額の修正と数量指数

名目貿易額を修正して, 1869〜1931年を同じ様式に整える. 以下に修正作業の内容を簡潔に示す.

(1) 1890〜1894年の対朝鮮貿易額を国内貿易から外国貿易に修正.
(2) 1869〜1895年の対台湾 (淡水, 台南) 貿易額を国内貿易から外国貿易に修正.
(3) 1869〜1892年の対香港貿易額を国内貿易から外国貿易に修正.
(4) 1869〜1874年の価額単位を上海両から海関両へ修正.
(5) 1869〜1901年の価額を市場評価額から F.O.B. / C.I.F. 評価額へ修正.

(1) から (3) の修正作業で国内貿易から外国貿易に切り替えた数値は, 表9-12, 表9-13, 表9-14, 表9-15に示した. 以上の修正処理を経たのち求められたのが, 付表9の上海の修正貿易額である. 1902年以降は, 原資料の数値と同じであるため表は割愛した. 本書で利用した上海の数量指数は, 付表9の修正貿

表 9-13　上海の対淡水貿易額（原統計）

単位：1869-1874 年（上海両），1875-1895 年（海関両）

	外国品		内国品		輸移出
	輸移入及び再輸移出		輸移入及び再輸移出		
	② 粗移入	④ 再移出	⑤ 粗移入	⑦ 再移出	⑪ 純移出
1869	n.a.	n.a.	n.a.	n.a.	15,136
1870	n.a.	n.a.	28,007	n.a.	22,003
1871	728	50,860	218,816	1,567	6,101
1872	n.a.	8,252	171,600	96	770
1873	0	5,130	136,652	607	4,695
1874	0	0	58,907	0	0
1875	0	3,716	65,281	324	17,304
1876	0	2,018	49,954	266	961
1877	0	12	45,876	229	695
1878	0	0	32,956	0	660
1879	0	3,528	26,557	214	2,893
1880	0	5,175	48,939	3,649	10,940
1881	0	12,345	52,045	1,258	8,258
1882	1,473	5,844	73,418	726	57,423
1883	701	435	45,151	2,575	2,718
1884	55	14,619	87,304	2,580	12,771
1885	0	27,525	12,358	7,617	28,967
1886	0	34,980	20,258	5,145	42,082
1887	256	62,850	33,016	15,533	164,474
1888	3,054	42,066	52,793	25,617	125,490
1889	0	59,460	96,572	25,014	81,093
1890	56	50,765	40,833	64,144	117,889
1891	445	35,622	74,677	49,143	148,149
1892	678	89,853	43,308	102,823	105,965
1893	243	65,282	63,043	333,541	145,009
1894	27,698	175,792	52,624	177,377	217,397
1895	52,764	36,658	17,033	22,623	162,830

注 1）表中の②から⑪は付表 2 に対応する．
注 2）②粗移入額は，淡水から上海への外国品再移出額で補填．
注 3）1870年の⑤粗移入額は，淡水から上海の内国品純移出額37,432Dollarsで補填．1上海両 = 0.75Dollarsで換算．
注 4）1869，1870年の⑪純移出額は台南（高雄）も含む．
注 5）n.a. はデータ入手不能をしめす．

表 9-14　上海の対台南 (1890 年以前，高雄) 貿易額 (原統計)

単位：1869〜1874 年 (上海両)，1875〜1895 年 (海関両)

	外国品		内国品		
	輸移入及び再輸移出		輸移入及び再輸移出		輸移出
	② 粗移入	④ 再移出	⑤ 粗移入	⑦ 再移出	⑪ 純移出
1869	0	28,109	77,717	n.a.	淡水に含む
1870	n.a.	n.a.	n.a.	n.a.	淡水に含む
1871	n.a.	1,875	124,522	875	4,303
1872	n.a.	3,136	253,466	2,400	18,040
1873	0	23,188	83,716	1,690	14,690
1874	0	2,554	182,622	0	2,813
1875	0	0	90,350	0	810
1876	0	0	191,412	60	1,261
1877	0	0	73,309	156	887
1878	0	0	67,986	0	0
1879	0	0	273,900	0	96
1880	0	0	282,691	0	0
1881	0	3,134	218,503	11,141	192,498
1882	0	851	175,385	0	12,058
1883	3,104	0	297,673	0	0
1884	0	349	265,430	646	1,868
1885	0	25,708	205,680	7,054	12,408
1886	0	18,670	113,086	6,116	20,336
1887	1,270	13,419	113,003	2,016	10,328
1888	3,006	0	128,620	0	0
1889	700	8,008	90,650	0	0
1890	0	434	202,344	0	0
1891	0	0	157,601	0	0
1892	0	0	192,908	0	258
1893	0	0	327,797	0	0
1894	196	0	285,631	0	0
1895	0	2,436	321,533	0	87

注 1) 表中の②から⑪は付表 2 に対応する．
注 2) ②粗移入額は，台南から上海への外国品再移出額で補填．
注 3) 1869 年, 1870 年の④再移出額は，台南の上海からの外国品粗移入額で補填．
注 4) 1869 年の⑤粗移入額は，台南から上海の内国品純移出額で補填．
注 5) n.a. はデータ入手不能を示す．

表 9-15　上海の対香港貿易額（原統計）

単位：1869～1874年（上海両），1875～1892年（海関両）

	外国品		内国品		輸移出
	輸移入及び再輸移出		輸移入及び再輸移出		
	② 粗移入	④ 再移出	⑥ 粗輸入 (香港)	⑧ 再輸出 (香港経由中国)	⑩ 純輸出 (香港)
1869	3,263,599	336,871	1,743,125	n.a.	613,864
1870	2,728,457	494,688	1,252,276	1,144,079	1,365,899
1871	4,238,465	557,687	1,916,273	789,374	962,434
1872	4,056,377	277,703	1,652,803	1,041,653	872,246
1873	4,877,545	510,711	1,779,160	1,414,601	1,088,734
1874	4,977,694	544,541	1,372,492	1,407,577	2,170,083
1875	4,959,356	415,110	792,820	1,342,161	817,691
1876	3,831,531	402,603	1,027,274	1,322,285	824,600
1877	5,306,237	761,155	861,367	1,556,166	1,053,416
1878	5,725,597	410,035	2,897,972	1,181,637	660,593
1879	5,637,588	320,857	3,294,104	1,739,519	661,064
1880	6,181,922	710,829	2,649,936	2,184,169	862,027
1881	6,441,057	555,022	2,915,185	1,830,380	1,134,025
1882	6,071,874	431,283	2,837,894	1,808,604	890,342
1883	6,190,846	381,954	2,665,466	1,812,953	905,238
1884	5,703,058	635,238	2,898,390	1,854,419	1,269,658
1885	7,889,644	266,385	3,274,444	2,024,290	1,456,149
1886	8,172,127	354,996	3,028,217	1,824,069	1,417,032
1887	19,431,960	328,264	3,378,418	2,226,930	1,583,492
1888	17,957,687	380,055	3,376,579	2,642,465	2,130,341
1889	15,687,252	291,684	3,053,653	2,650,442	2,164,936
1890	17,674,297	624,188	4,119,742	2,754,811	1,807,327
1891	16,145,296	736,162	4,342,330	2,632,720	1,764,515
1892	17,436,986	926,454	3,408,726	2,133,166	2,151,741

注) 表中の②から⑩は付表2に対応する．

易額を付表3から付表7の物価指数で除して求めたものである.

(3)「全国年報」(1932～1942年) の貿易物価指数推計

「全国年報」から貿易物価指数を推計する際に問題となるのは対東北貿易の処理である. 結論を述べれば, 資料上の制約から, 上海の貿易物価指数に対して修正を施すことは不可能である. 上海の対東北貿易は, 1932年1月から6月までは国内貿易, 1932年7月から1943年までは外国貿易となっている. 上海の対満洲国および関東州向けの貿易額の内訳が明らかになるのは1935年から1940年までであり, 1932年から1934年の数値を示す資料は管見の限り存在しない. したがって, 付表4, 付表6, 付表7に示した貿易物価指数は, 対東北貿易を修正していない指数である. 付表10の天津の貿易物価指数も同様である. ただし, 1932～1942年の関内40開港場の輸出および国内貿易物価指数のうち, 全国の指数については可能な限りの修正を施した. その概要については, 第5章の注29を参照されたい.

(4) 本推計の課題

本推計が克服してない問題点について, 明示しておく. 本推計は以下の点について留保状態にある.
① 本推計にジャンク貿易は含まれていない[15].
② 国内貿易に開港場間貿易 (沿岸貿易〔Coastwise Trade〕) は含むが, 開港場と内陸部の非開港都市との貿易 (通過貿易〔Transit Trade〕) は含まれていない[16].
③ 冀東特殊貿易を主とする密貿易部分は含まれていない[17].

---

15) ジャンク貿易の統計 (常関統計) を取得できる1931年までのうち, 数値が完備している1930年をとりあげると, 上海港に入港したジャンクは54,410隻, 国内輸入額7,022万海関両, 国内輸出額4,379万海関両, 外国貿易なしである. 同年の上海海関の貿易額は, 総国内輸入額3億3,000万海関両, 純国内輸出額3億7,100万海関両である. ジャンク貿易の上海の国内貿易額に占める比重は, 輸入17%, 輸出11%となる (海関統計 [1931, No.3 to 4, 上海, pp. 4-6]).
16) 城山智子の指摘に従えば, 開港都市と内地市場を結ぶ国内貿易の形態は, 1930年までは, 沿岸貿易と通過貿易の二つに分けられる (佐々波 (城山) [1992, p. 86]). 1930年の通過貿易の規模は, 外国品の内地の上海からの輸入額2,081万海関両, 内国品の内地から上海への輸出額5,693万海関両である (海関統計 [1931, No.3 to 4, 上海, pp. 83-84]).
17) 冀東特殊貿易および関東州経由による密貿易の代表的商品は, 人絹糸, 白糖, 紙巻煙草用

第9章 貿易物価指数の推計

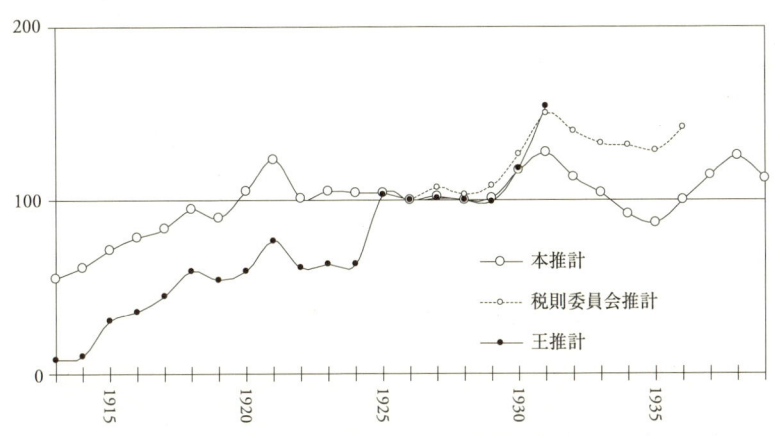

図9-3 上海の本推計と既往推計の比較（粗輸入物価指数，1926年=100）
出所）本推計：付表4を1926年=100に再計算．
　　　税則委員会推計：本文注19．
　　　王推計：本文注20．

④　原資料は，1932年7月以降，対東北貿易を国内貿易から外国貿易（関東州貿易）に組み替えているが，再度，国内貿易に修正するという処理はしていない[18]．

(5) 既往推計との比較

近代上海の貿易物価指数には，2つの既往推計がある．第1に，国民政府財政部国定税則委員会が推計した1926～1936年までの外国貿易の輸出入物価指数[19]．第2に，台湾の王良行が推計した1867～1931年までの輸出入物価指数である[20]．

図9-3は，本推計と既往推計の粗輸入を比較したグラフである．3者ともに大まかな趨勢は共通しているが，起伏の幅が大きく異なっている点が確認できよ

ライスペーパーであった（久保［1999, pp. 165, 169］）．人絹糸，砂糖の関東州（「満洲国」）経由による密輸入額の推計については，堀［2006］に詳しい．本推計における密貿易問題の処理の難しさは，関内に一度入った密貿易品が船舶以外の手段によって，上海に持ち込まれた量を推計する点にある．

18) 1932年以降，上海の対関東州貿易の商品類別の内訳がわかるのは，1935年から1942年までに限定される（海関統計［1936-1942, No.1］）．
19) 中華民国財政部国定税則委員会［1934-1942, No.1］．
20) 王良行［1997］．

う．この幅の違いが生まれる要因について説明する．

国定税則委員会推計は，そもそも中国の外国貿易の主要品目の物価推移を大まかに把握しようとしたものであり，貿易統計に対応したデフレーターを推計することを目的としていない[21]．そのため，輸出66品目，輸入82品目と標本数が少ないだけでなく，計算方法も単価を幾何平均した指数であり，品目ウェイトを加えていない[22]．その結果，単年度で単価の変動が大きい品目に偏った数値結果となっている．また，国定税則委員会が利用した単価は，市場価格であるため，輸入は関税も含まれている．1931年の騰貴幅の大きさは，関税も含まれているからである．

王良行推計は，国定税則委員会推計にみられる標本数の少なさ，計算方法の問題を克服し，さらに国内貿易も網羅する指数である．ただし王推計は年限が1931年までに留まっているため，両大戦間期の通時的分析に利用できない．また，輸出物価指数は1918年から断続的に急騰しており，その騰貴幅は1926年までに5倍強と，日中戦争期のハイパーインフレ並みの様相を示している．輸入物価指数についても図9-3にみるように，1924年から1925年にかけて1.5倍に急騰するなど，計算処理のミスと思われる点が多々ある[23]．以上が既往推計との比較である．

[21) 国定税則委員会の成立の経緯と目的については，久保 [1999, pp. 233-235] に詳しい．
[22) 幾何平均法で求められた物価指数は，数量の変化が0であるならば，本推計が用いたフィッシャー式と一致する．しかし，貿易数量の変化が0で，物価だけが上下しているという状態は現実にありえない．
[23) 王良行は，1919年以降，付表2の①から⑪に該当する細目の記載が数量だけで価額がないため，同細目の物価指数を推計できないと述べている（王良行 [1997, p. 153]）．しかし，Valuation List の特質を踏まえれば，王の認識は正しくない．

終　章　全国市場圏の形成と挫折

I　ダイバーシティ経済としての中国

　本書の課題は，海関統計を利用することで，開港から戦後初期に至る近代中国の市場圏の構造と変遷を明らかにすることであった．ここでは，第I部から第III部の分析編を通じて，本書が導きだした結論をまとめ，近代中国市場圏の歩みにみられる論理を考えてみたい．

　農業社会は，はたして国際貿易を通じて経済成長を達成することができるのだろうか？　この問題は，長らく途上国の開発と発展をめぐる中心的な論点であり続けた．その論争は，現在でも続けられている[1]．農業社会が国際貿易を通じて発展することは難しい，と悲観的にみる見解の多くは，往々にして途上国が提供できる輸出商品が限られていること，あるいは単一の耕作物に過度に依存した状態に置かれることを想定している．このように単一の商品作物の輸出を通じて国際貿易に乗り出している農業社会のことを，モノカルチャー経済 (monoculture economy) と呼ぶ．モノカルチャー経済の多くは，国際価格波動と先進国の総需要の変化から大きな影響を受ける．もちろん，場合によっては，依存している一次産品の価格上昇と総需要の拡大によって，外向き志向の成長を実現する場合もある．しかし，ひとたびその好条件を失った時，深刻な経済的打撃から身を守る術をもたない．

　はたして近代中国は，モノカルチャー経済であったのだろうか？　開港から戦

---

1) この問題についての国際経済論と開発経済理論における論争については，以下を参照．Stiglitz [2002], Stiglitz and Charlton [2005], Todaro and Smith [2009], Krugman and Obstfeld [2009].

277

後初期に至る輸出品の構成をみるならば，その大部分が常に一次産品で占められていた．明らかに近代中国は農業を中心とする経済であった．しかし，本文で明らかにしたように，その中国的特徴は，農業社会でありながらきわめて多種多様の一次産品の輸出を続けたことにある．この近代中国にみられた多種多様な一次産品輸出に特徴づけられる経済を，モノカルチャー経済に対比して，ダイバーシティ経済 (diversity economy: 多様性ある農業経済) と呼びたい．

ダイバーシティ経済が成立するためには，三つの条件が必要である．第一に，広い国土と気候風土の多様性，そして豊富な地下資源に恵まれなければならない．このような条件をもつ国は，世界広しといえども，中国の他にはアメリカぐらいであろうか．世人の言う「中国は広くて大きい」という単純明快な定義が，ダイバーシティ経済成立の最初の条件になる．

第二に，交通通信革命と価格革命を通じて，一次産品の輸送コストと最終価格が低落する必要がある．開港から約40年にわたり，中国の国際貿易は絶対的にも相対的にも低い水準にあった．たとえ国土の広さと多様性に恵まれていたとしても，市場に到達できない限り，ダイバーシティ経済は成立しない．中国の一次産品輸出が拡大を始めるのは，銀価格の長期的低落により為替相場と輸送コストが下落した1880年代である．表終-1から実質輸出額をみるならば，茶・生糸でほぼ占められていた沿海市場圏の時代の118百万海関両から，開港場市場圏の時代には綿花・羊毛などの軽工業原材料が加わることで，約2倍の226百万海関両に拡大した．開港場市場圏の時代は，ダイバーシティ経済の萌芽がみられた時期である．

第三に，ダイバーシティ経済として真に開花するためには，工業国の産業構造のさらなる高度化が必要である．中国の一次産品輸出は，工業国において重化学工業が発展した第1次世界大戦以降にさらなる発展をみせた．表終-1から実質輸出額をみるならば，重化学工業で需要される原材料 (植物性油脂・希少金属) の輸出が著しく拡大し，長江市場圏の時代には576百万海関両にまで達したのである (表終-1)．そして，この時代の一次産品輸出にみられるもう一つの特徴は，それまでの輸出を牽引していた嗜好性・奢侈性の高い消費財と軽工業原材料のいずれも一定の輸出規模を維持していた点にある．

消費財から重化学工業原材料まで広がる一次産品の多様性により，中国経済は両大戦間期の対外関係の難局を幾度もくぐり抜けてきた．国内のある地域の特産品の輸出が著しく減退したとしても，その他の一次産品輸出の成長がみられるこ

終章　全国市場圏の形成と挫折

表終-1　近代中国の市場圏の変遷と純交易規模

			名目交易比重（当年価格）				実質交易額（1913年不変価格：100万海関両）			
			外国品	中国品 国外	中国品 国内	合計	外国品	中国品 国外	中国品 国内	合計
			（輸入）	（輸出）	（移入）		（輸入）	（輸出）	（移入）	
①開港〜1870年代	沿海市場圏	（1876年）	31%	47%	22%	100%	103	118	56	277
②1880年代〜1913年	開港場市場圏	（1898年）	40%	38%	22%	100%	241	226	128	595
③1914〜1929年	長江市場圏	（1926年）	42%	33%	25%	100%	723	576	428	1,727
④1930〜1941年	関内市場圏	（1936年）	33%	26%	42%	100%	520	366	591	1,477
⑤1942〜1945年	日本帝国北方圏	（1943年）	34%	40%	26%	100%	45	67	44	156
⑥1946〜1948年	南方市場圏	（1948年）	25%	30%	45%	100%	115	273	410	798

注1）再輸出入・再移出入を含まない純交易（Net Trade）の数値。
注2）名目交易比重：輸入、移入は付表1から計算、輸出は海関統計より。
注3）実質交易額：付表1の物価指数から計算。移入の物価指数は輸出を利用した。
注4）中国の領域は、時代毎に統一されていない。詳しくは、第8章および付表1の注を参照。

279

とで，農業部門の全般的な所得減少を回避することができたのである．これは他の途上国が獲得できなかった中国の成長の好条件であった．

II 輸入代替工業化とダイバーシティ経済

(1) 農業社会の工業化をめぐる理論

　ダイバーシティ経済は，農業社会が抱える国際経済上のリスクを軽減しただけではない．国内の勃興間もない工業部門も支えたのである．ダイバーシティ経済と国内工業部門の結合こそが，第1次世界大戦後に，中国が急速に国民経済的様相を持ち始めた要因であった．ダイバーシティ経済が支えた工業化とは，どのような性格をもつのだろうか．最初に，農業社会が工業化を達成する条件を論じた議論を整理したいと思う．

　長江市場圏から関内市場圏へと続く時代は，輸入代替工業化の時代である，とも言われる．中国の輸入代替工業化のプロセスは，一見すると，ラグナー・ヌルクセ (Ragnar Nurkse)，アルバート・O. ハーシュマン (Albert O. Hirschman) に代表される最初期の開発経済理論が想定するような成長であった，と考えられるかもしれない[2]．すなわち，政府が限られた国内市場を保護することで，工業部門の資本形成が進み，農業社会のさまざまな側面が牽引されていった，と理解することもできる．成長のために必要なもう一つの要素である労働は，中国には豊富に存在していたし，工業生産に必要とされる技術も日本を中心とした列強諸国の直接投資を通じて補われた，ともみることができる．

　しかし，この時代の中国では，資本形成の進展によって，農業部門の就業人口比率が減少していく，という西ヨーロッパ諸国で発生したパターンはみられなかった．また，新しい投資を効果的により高い生産性に導くメカニズムが国内に備わっていたかと言えば，それは非常に限定されていた．たしかに，南京国民政府の時代には，初等教育の拡充，通貨金融改革，そして産業・金融政策に携わる知識をもつテクノクラートの出現もみられた[3]．ただし，そのほとんどは南京国

---

　2) Nurkse [1959]．Hirschman [1958]．ヌルクセの国際貿易と経済発展に関する諸説については，田口信夫「保守的経済学の反論―R・ヌルクセ VS A・ケアンクロス―」小野編 [1981] 所収を参照．最初期の開発経済理論にみられる特徴と問題点については，澤田 [2003] を参照．
　3) 石川 [2010]．

民政府が本拠地とする江南地方に偏在していた．したがって，工業部門の資本形成とそれを推進した政府の政策によって，中国全土が産業社会に向けて離陸（take off）した，とみることはできない．

ここでわれわれは，資本形成，政府の革新者としての役割を強調した初期の開発経済理論を批判的にみたW・アーサー・ルイス（W. Arthur Lewis）の二重構造モデルを想起せざるを得ない[4]．ルイスは，途上国の問題を資本不足だけに求めない．資本不足の解消は，経済成長のための必要条件ではあるが十分条件ではない．成立して間もない工業部門が，停滞を余儀なくされている事例の多くは，工業部門の側よりも，それをとりまく国内の農業部門の側に問題がある．

農業と一部の手工業に基盤を置く伝統的な農村経済という大海のなかで，誕生したばかりの近代工業という小島が再び埋没してしまわない条件とは何か．それは，農業部門が労働力と食糧・原材料を工業部門に安定的に供給することである．また，成立して間もない工業部門は，海外市場に輸出できるほどの競争力をもたないため，農業部門は工業部門に対して市場も提供する必要がある．この循環は，農業部門が提供できる労働力と資源の余剰供給力が限界に到達してしまうと停滞に陥っていく（「リカードの罠」）[5]．このように，二重構造モデルは，工業部門がうまく機能しない国の多くは，そもそも農業部門が停滞しているからである，と考えている．

近代中国の場合，産業社会化に成功した日本のような徹底した土地改革は途中のままであり，抜本的な農業生産性の上昇をもたらす技術改良の組織的取り組みもほとんどみられなかった．そのため，土地改革と技術改良がされないなかで，農業部門が工業部門を支えることができた条件を模索する必要がある．本書は，その条件こそがダイバーシティ経済であった，と考えている．

(2) ダイバーシティ経済化した長江流域

ダイバーシティ経済に立ち戻ろう．開港場市場圏の時代は，北は満洲から南は華南に至るまで，各地の純交易規模はほぼ同じであった．そして，各地の一次産品を中心とする特産品は，ほとんどが当時の工業国に向けて輸出されていた．個々の地域をとりあげるならば，ほぼ一部の一次産品の輸出に特化していた．すなわ

---

4) Lewis [1978].
5) ルイスは国際貿易が成長にとって重要である点を認めている．ルイスの貿易理論については，本山美彦「古典派理論への回帰—W・ルイス—」小野編 [1981] 所収を参照．

ち，開港場市場圏の時代とは，中国全体としてみればダイバーシティ経済とみえるが，地域のレベルでみれば，モノカルチャー経済の集合であった，といえる．

　前節でダイバーシティ経済の開花期とした両大戦間期は，モノカルチャー経済の集合とは異なる構造をもつ．なぜなら，長江流域が一次産品輸出だけでなく，一次産品移出も拡大していくことで，モノカルチャー経済の性格を払拭していったからである．国内では，上海を中心とする軽工業部門の原材料，そして都市で消費される穀物の移出が飛躍的に拡大した．海外市場に対しては，工業国の重化学工業部門の原材料，例えば自動車・航空機の塗料に使われた桐油，軍需産業の戦略資源として重宝された西南諸省のタングステン，アンチモニー，モリブデンといった希少金属などの輸出が伸びていった．長江流域は，国内の軽工業部門，海外の重化学工業部門に対して同時に一次産品を供給するようになった．つまり，中国全土の中で長江流域が最初にモノカルチャー経済からダイバーシティ経済へ脱皮した．そして，長江流域が勃興間もない上海の工業部門の製品を最も旺盛に需要していったのである．

　中国では工業投資が全くできないほど，絶対的に資本蓄積がされていなかったわけではない．問題は，蓄積された資本のほとんどが商業・金融・不動産に向けられていたことにある．第1次世界大戦の勃発は，西ヨーロッパ工業製品の中国市場からの後退と，工業生産に有利な交易条件をもたらし，急速に資本が工業へ振り向けられた．しかし，工業投資を誘引した有利な条件が失われた時，ひとたび形成された工業部門が再び埋没してしまう危険性もあった点に留意する必要がある．19世紀末中国にみられた早期的な工業投資が失敗したのは，工業投資のスケールの小ささではなく，投資を促した条件が持続しなかったからである．それに対して，両大戦間期の工業が生き抜くことができたのは，第1次世界大戦後においても拡大する国内市場があったからにほかならない．長江市場圏は，ダイバーシティ経済化する長江流域，そして工業資本形成が進む上海の2つが結合して生まれた．特に前者がなければ，中国の工業部門は，19世紀末の工業投資と同じ運命をたどったのではないだろうか．

III　近代中国の広域市場圏の到達点

(1) 関内市場圏の構図

　近代中国は，ダイバーシティ経済が発展・維持される限り，国内市場を軸に工業化を進めることができた反面，ひとたびダイバーシティ経済の性格を失うと，「貧困の罠」に再びからめ取られてしまう．本書は，1930〜40年代に続く，中国経済の推移は，ダイバーシティ経済の発展と衰退という視角から理解することができる，と考える．

　1930年代に形成された関内市場圏は，上海と長江流域で形成された長江市場圏がいわば扇が広がるように，華北，華南地域を包み込む構造をもっていた．扇の要である上海の工業製品がほぼ中国全土に流通したのである．この時代，中国を取り巻く対外関係は，決して良好ではなかった．日本によって満洲が分離され，さらには世界恐慌に続く工業国の消費財需要の全般的停滞が続いた．このような難局に直面して，国内の工業部門は，いっそう国内市場に活路を求めてゆく．

　ここでも長江流域は，工業部門が対外的に失っていった成長の条件を提供した．満洲の喪失は，石炭，大豆油粕，穀物など，中国本土の農業部門と工業部門の再生産に必要な一次産品供給の減少をもたらした．さらに，工業部門が依拠できる限られた国内市場の相当大きな部分の消失を意味した．しかし，長江流域は，満洲から流入しなくなった一次産品のかなりの部分を代替的に供給し，また工業部門により大きな規模の市場も提供したのである．そして，長江流域は，海外の重化学工業部門の原材料も輸出し続けた．1930年代にみられたほぼ中国全土を覆う関内市場圏とは，長江流域の農業部門が果たした満洲移入代替，そして一次産品輸出の拡大によって達成されたものである．ここにも長江流域のダイバーシティ経済のさらなる発展をみることができる．

　長江市場圏は，形成途上にある国民経済の中核であった．それを基盤に形成された関内市場圏の構造を概念図として示すならば，図終-1のようになる．概念図の中央に中核的市場圏としての長江市場圏が位置する．その分業関係は，長江流域の農業部門と上海・欧米の工業部門が結ぶ2つの環節に支えられている．その周辺に，満洲，華北，華南が位置し，それぞれが上海から工業製品を仰ぐという関係になっている．満洲が日本帝国圏に吸収されたことで，上海から満洲への工業製品移出は，破線で示したように，1930年代に達成されなかった．結果と

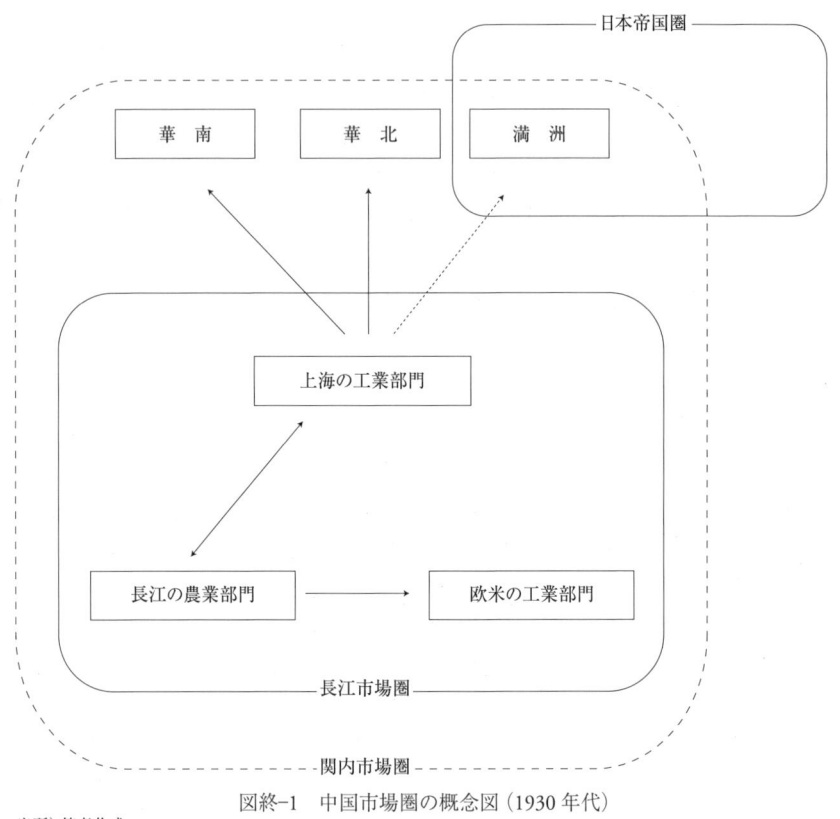

図終-1　中国市場圏の概念図（1930年代）
出所）筆者作成.

して，満洲を欠くため，中国全土を覆う市場圏もまた実線ではなく破線となり，全国市場圏ではなく関内市場圏となった．本書がみる近代中国の市場圏の到達は，以上のように抽象化される．

　さらに，別の視点から図終-1の概念図を読み解こう．ここに理念的な全国市場圏の姿として，市場圏の再生産にとって，ある地域の存在が密接不可分であるような構成体，つまり有機体としての全国市場圏があるとする．各地域は，市場圏が生存するための組織であり器官であり，その一つでも損なわれると，その他の地域も破壊され，市場圏そのものが生存できない．他方で，その対極に，無機体としての市場圏があるとしよう．表面的には一つの固体としてのまとまりはあるけれども，それが分割されても個々の属性には変わりがない．例えば鉱石が分

割されても，個々の塊片が鉱石であることは変わりがないように，そこにある区別は大小の違いでしかない．

　図終-1を再度みてほしい．市場圏は，有機体と無機体の二つの部分から構成されている．有機体の部分とは，長江市場圏であり，無機体の部分とは，満洲，華北，華南を指す．満洲，華北，華南は，多分に19世紀末以来の開港場市場圏としての属性を持っている．それらが関内市場圏の中にあるのは，上海の工業部門を介在しているからであって，その部分を除けば，一次産品輸出のほうが大きな比重を占めている．一方，長江流域は，対欧米向けの一次産品輸出も重要であるが，それ以上に上海の工業部門に市場を提供し，原料も供給する，という双方向的な位置にある．したがって，上海の工業部門にとって，満洲と華北の喪失は，いわば海外市場の喪失と同じであるが，長江流域の喪失は工業生産そのものの存立を左右する．これが長江市場圏を有機体として位置づける理由である．

　1930年代，日本は，満洲だけでなく，華北も中国から切り離す工作を展開した．この間，華北では密貿易が横行し，国民政府の関税ラインを超えて日本の工業製品が流入し，中国の輸入代替化に多くの苦難を与えた．しかし，このような難局に置かれながらも，中国本土での交易は拡大し，さらに工業生産力も持続的に拡大した．その理由は，日本が中国本土から切り取った部分は，市場圏の無機体部分であり，有機体部分（長江市場圏）が破壊されない限り，上海の工業部門はまだ成長できる条件をもっていたからである．

(2) 日本帝国圏と中国の市場圏

　中国経済の停滞の始まりは，日本が市場圏の有機体部分を破壊したからにほかならない．最初に，日中戦争が長江流域に波及し，上海―長江流域の交易を途絶状態に追い込み，次いで太平洋戦争の勃発は，長江流域の農業部門から欧米市場を失わせた．市場圏の中核である長江市場圏が解体したことで，関内市場圏も急速に全国規模のまとまりを失ったのである．

　たしかに，上海の工業部門の相当な部分は，戦争のさなかにあっても戦前水準の設備を維持していた．そして，日本軍が支配した領域内で原材料の供給が確保される限り，生産活動も行われ，一時的な「繁栄」もみられた．しかし，表終-1にみられるように，全体としての交易規模は，戦争前に比べて約10分の1以下の水準，19世紀半ば以来，最も低い水準にまで低落した．

　有機体の破壊とは，長江流域のダイバーシティ経済的性格の喪失でもある．第

Ⅰ節において整理したように，ダイバーシティ経済が本領を発揮するためには，最も先進的な工業国との結びつきが不可欠である．そして，長江流域がダイバーシティ経済として台頭した理由は，アメリカの自動車産業を中心とする重化学工業の発展と結びついたからである．

　1930年代から戦時にかけて，日本の重化学工業部門の生産力の拡充を基礎に，満洲・華北の鉱物資源の交易が伸長した．しかし，日本の重化学工業部門は，長江流域の一次産品を活用するほどの生産力はなかった．そのため，戦前に欧米の重化学工業部門での需要拡大に牽引されて輸出が伸びた一次産品のほとんどが，放置されていたのである．

　19世紀末以来，日本は工業化を基礎に中国大陸の市場と資源を求め続けた．日本は，自らの生存にとって中国を必要不可欠な存在として意識し，大陸に特殊権益を獲得し，そこに多大な資本と労力を注ぎ込んだ．その結果，満洲を中心として，中国経済を変えていった側面をむろん無視することはできない．しかし，両大戦間期の長江流域における変化は，日本によって進められた変化とは別に進行したものであった．その変化は，再三述べているように，欧米の産業構造の高度化，とりわけアメリカの工業部門に支えられていた．

　日本にとってもアメリカとの経済関係が最も重要であった．石油・屑鉄を筆頭に，工業部門の再生産を支える資源の多くをアメリカに依存していた．日本にとって不幸であったのは，アメリカが工業製品に対して市場を開放していなかったことである．日本の対米輸出の大部分を占めた生糸は，アメリカでは一次産品であった．その生糸ですら，総需要の縮小と代替品である人絹糸の登場で，輸出規模を縮小させていったのである．日本の工業部門の活路は，植民地であった朝鮮・台湾，そして中国大陸に市場を求めることであった[6]．中国大陸に活路を求めたとき，中国でもアメリカへの一次産品輸出に支えられた国内市場を基盤に工業部門が台頭し，日本の前に立ちはだかった．満洲事変から日中戦争へと続く道のりは，経済史的には，活路の前に立ちはだかる「障害」を日本が軍事力で取り除こうとした，ともみることができる．しかし，それは結果として，アメリカに支えられていた日中両方の経済を壊滅に導いたのである．

---

　6) この当時，日本の工業製品は，東南アジア，西アジア，アフリカまで市場を求めて展開した（堀 [2009]）．

(3) 未完の国民経済

　第2次世界大戦が終結した時，中国には，活動の休止を余儀なくされていたが，戦前に匹敵する工業生産設備が残されていた．上海の綿工業は，アメリカからの原料供給に支えられながら，日本が撤退した市場の空白（台湾・東南アジア）に進出することで，戦前以上の生産と交易の拡大を達成する．しかし，上海の工業部門の復興とは裏腹に，中国全土の農業部門の疲弊と停滞は見るも無残な状態で放置されていた．そこに，国民政府の不適切なマクロ経済政策が加わることで，沿海都市部から離れた地域ほど，戦時中よりも大きな経済的苦難に陥っていた[7]．

　戦後初期，国民政府は全国市場圏の再建と復興に失敗する．その理由は，共産党との内戦だけに求めることができない．問題は，戦前の成長を支えた市場圏の中核である長江市場圏を再び蘇らせることができなかったからである．長江流域の海外市場の一画を占めた西ヨーロッパ諸国が，戦時の疲弊と戦後の混乱から立ち直っていなかったこと，そして上海の工業部門が原材料と食糧をアメリカの援助に依存したことで，長江流域は輸出も移出もままならない状態に置かれた．結果，農業部門の所得水準は低位なままにあり，かつ国民政府が工業製品のほとんどを外貨獲得のために海外市場へ振り向けたことで，長江流域の移入も停滞を続けた．長江流域はダイバーシティ経済としての性格を発揮する余地が少なかっただけでなく，政策的にも奪われていたのである．太平洋戦争から戦後初期に至る1940年代の停滞は，長江市場圏の解体とダイバーシティ経済の消失という共通性をもっている．ここに，近代中国における国民経済の確立は，未だ途上のままに終わり，時代は人民共和国に移ることになった．

IV　通時的比較と国際比較

　その後の国民経済形成の歩みは，本書の検討課題ではない．ただ，中国経済が国際貿易と工業投資を通じて成長していくためには，どのような条件が必要であったのか，本書の分析を通じていくつかの含意は引き出されるかもしれない．
　今日，われわれは，改革開放政策に続く現代中国経済の躍動は，海外からの積極的な直接投資の受け入れと工業製品の輸出志向を通じてもたらされた，と知っ

---

[7] 戦後初期内陸部の経済苦境の実態については，笹川［2011］．

ている[8]．ただし，そのような成長が達成されるためには，直接投資を受け入れる途上国がかなりの程度，外国企業の投資先と資金移動をコントロールできること，そして工業製品を受け入れる先進国が寛容な通商政策を展開していることに支えられている．

近代中国が置かれた国際環境では，そのような寛容な条件を望むことができなかった．工業製品の市場開放は，先進国ではなく後進国に要求されたし，海外資本の流入はあっても，それを後進国が統御することも現在ほど認められていなかった．中国よりも有利な条件で開港した日本ですら，先進国市場の開拓は，茶・生糸，工芸雑貨品など農業と手工業に基づく特産品によって担われた．工業製品を輸出できる市場は，後進地域であり，先進国ではなかった[9]．このような国際環境の中で工業部門が成長するためには，国内市場の拡大に頼らざるを得ないのは，いわば当然のことであった．

日本は，拡大する国際貿易を通じて農業と手工業がもたらす利益をうまく吸収し，それを工業投資に結びつける制度的仕組みを整備した[10]．また，農産物と工芸雑貨品がいっそう市場を開拓できるような基盤を作った．例えば，海外の商況の情報収集を行い，技術的改良や品質の向上に意欲的に努め，商業団体を組織し，外国商社を通じてではなく自国商人による直輸出の奨励を行った[11]．農業と人口の規模から言えば，中国のほうが日本よりもはるかに有利であったのに，以後，中国が日本の後塵を拝したのは，農業がもつ潜在力の違いではなく，農業と交易を結びつける商業と組織力の違いに一因があった．

戦前期中国の工業化は，国内市場に立脚したという意味で，まぎれもなく輸入代替工業化であった．しかし，そのプロセスは，社会主義時代にみられたように，なるべく先進工業国との関係に巻き込まれないようにしながら，自給自足経済の確立を目指したものではない．むしろ，成長の鍵は，現在と同様に国際貿易の拡大にあった．近代が改革開放期と異なる点は，海外市場の拡大を農業が担った点にある．そして，後に工業投資の原資となる資本蓄積もまた，一次産品の輸出を通じてなされた．その意味で，国際貿易が近代工業の勃興期に果たした役割

---

8) 直接投資，輸出工業化のほかに現代中国経済の成長を支えた要因は，以下の6点に整理される．(1) 農業改革．(2) 国家統合．(3) 労働生産性の上昇．(4) 人口ボーナス．(5) 通貨金融改革．(6) 国有企業改革（Maddison [2007]）．

9) 堀 [2009]．

10) 石井寛治 [2007]．

11) 角山 [1986]．

は，中国と日本の間で時期の違いはあるけれども，共通する部分が多いのである．

　開港から長らく，中国は日本が国際貿易で達成したのと同じ成果を勝ち取ることができなかった．そして，ようやく第1次世界大戦以降，同じ成果を獲得していくが，それもまた日本が明治以来取り組んできた市場開拓と技術的改良の努力に支えられていたものではない．すでに述べたように，それは中国がダイバーシティ経済としての本領を発揮して，世界経済が要求するあらゆる一次産品を供給できたことにある．それを単なる偶然，あるいは幸運としてみるのではなく，中国の農業社会が持つ潜在力と豊かさの現れとみる．ただし，その潜在力と豊かさを組織的に国際貿易と結びつける国家の能力は，未成熟なままであった．

　日本の中国侵略は，それまで国家の盛衰よりも日々の糊口をしのぐことに汲々としていた中国の一般民衆のナショナリズムを覚醒し，さらに国家権力が農村の末端にまで浸透する契機になった，と言われる[12]．国家による民衆掌握は，人民共和国の時代にいっそう進展した．中国の社会主義は，国際貿易がもたらす便益を犠牲にすることで，近代に達成できなかった強力な国権を確立した時代と位置づけることもできる．現在，中国の民主化と人権擁護を求める声が高まっている．それが今後どのように動くのか，未知数の部分が多いけれども，農村の末端まで掌握した国家権力の存在は，現代中国が国際経済を通じて成長を加速化した条件の一つであったことは否定できない．そして，国権の確立なくして，改革開放前に実施された農業改革の達成はなかったはずである[13]．

　現在，中国経済の成長を見守る視点は，輸出工業部門の行く末ではなく，拡大する国内の消費市場に向けられている[14]．改革開放以来の中国経済の変化は，沿海都市部における輸出工業部門の成長だけでなく，農村経済における市場の拡大もあったことが認知されている．改革開放期の農業部門は，近代のように国際貿易の表舞台に登場しないが，都市化と工業化を支え，そして今や中国経済の外需主導型から内需主導型成長という質的転換の中心を担いつつある．農業部門は，近代中国経済の歩みの全体を特徴づける主役であったが，現在においてもその役割を失っていない．

---

12) 奥村［2000］．
13) カメール・ダロン・アセモグル（Kamer Daron Acemoglu）らは，政治体制と経済成長の関係を論じている．経済成長のためには，市場原理が機能できるような安定した政治体制が必要であるとし，アフリカ諸国は強固な政治体制が確立しない限り成長の軌道に乗ることは難しいとみている（Acemoglu, Johnson and Robinson［2008］）．
14) 胡錦濤政権後の中国の発展戦略の変化については，木越［2011b］．

本書は，農業部門を内在的に分析した研究ではない．農業部門を外側からしか把握できなかったのは，遠隔地間流通だけを記録した海関統計という資料の性格，そしてそれを利用して市場圏のマクロ的構造を描くという方法の限界である．個々の農村の実態を分析すれば，そこには厳しい労働条件と経済的な苦境にあえぐ人々の姿のほうが眼前に広がるであろう．しかし，農業部門と工業部門の関係を長期的かつマクロ的に捉えるならば，農業部門は工業部門を支える力と規模まで失っていなかった．国際貿易と工業投資を通じた成長の規模と速度は，常に農業部門という土台の裾野の広さに依存していたのである．

付表1　中国修正貿易額・物価指数・数量指数（1864-1948年）
（1864-1932，海関両．1933-1941，1945，国幣元．1942-1944，連銀券．1946-1947，1,000新国幣元．1948，金元．）

年度	貿易額 1,000未満省略		指数 1913＝100			
			物価指数		数量指数	
	輸入	輸出	輸入	輸出	輸入	輸出
	C.I.F.	F.O.B.				
1864	40,724	56,413				
1865	49,271	62,938				
1866	59,434	58,870				
1867	55,151	60,761	85	83	11	18
1868	55,794	71,938	74	88	13	20
1869	59,181	70,223	70	80	15	21
1870	55,915	64,762	67	78	15	20
1871	61,617	78,453	69	80	16	24
1872	59,186	88,244	67	82	15	26
1873	58,434	80,947	66	84	16	24
1874	56,308	78,457	63	71	16	27
1875	59,426	80,880	62	70	17	28
1876	61,572	94,010	60	80	18	29
1877	64,225	79,349	62	70	18	28
1878	61,953	79,488	62	68	18	28
1879	71,194	84,925	62	69	20	30
1880	69,448	91,848	62	69	20	33
1881	80,825	84,990	64	68	22	30
1882	67,919	80,215	60	64	20	30
1883	64,325	82,983	57	65	20	31
1884	63,598	79,669	58	60	19	33
1885	77,308	77,499	57	61	24	31
1886	76,689	91,433	56	64	24	35
1887	88,167	100,209	57	61	27	40
1888	108,240	107,191	58	62	33	43
1889	96,028	112,091	59	63	29	44
1890	109,600	101,168	56	65	34	38
1891	115,124	116,820	56	66	36	43
1892	116,918	118,249	58	64	35	45
1893	129,369	113,204	62	66	37	42
1894	140,008	146,505	66	67	37	54
1895	150,244	162,158	71	66	37	60
1896	177,630	148,266	73	72	43	50
1897	177,915	183,455	78	79	40	56
1898	184,487	178,852	76	79	42	55

291

付　表

1899	233,954	219,536	79	87	52	62
1900	185,870	178,722	81	81	40	54
1901	237,872	189,879	82	78	51	59
1902	300,909	238,531	77	88	68	66
1903	310,453	239,015	84	97	65	60
1904	344,061	242,932	87	95	69	63
1905	447,101	231,143	82	93	96	61
1906	410,270	239,843	75	92	95	64
1907	416,401	268,268	77	99	95	66
1908	394,505	280,869	87	95	79	72
1909	418,298	344,285	88	99	84	85
1910	463,072	386,482	97	99	84	95
1911	471,655	383,010	100	103	82	91
1912	473,281	376,579	100	98	83	94
1913	570,278	409,625	100	100	100	100
1914	569,361	361,825	110	99	90	89
1915	454,615	426,026	115	101	69	102
1916	516,629	489,167	121	109	75	110
1917	549,893	469,344	129	105	75	109
1918	555,317	491,950	146	114	67	105
1919	647,426	638,753	145	113	78	137
1920	762,519	547,514	165	118	81	114
1921	906,980	608,294	174	122	91	121
1922	945,828	661,697	156	132	107	123
1923	924,150	760,931	167	141	97	132
1924	1,019,143	779,745	163	140	110	136
1925	948,477	785,631	159	145	104	133
1926	1,124,929	875,874	156	152	127	141
1927	1,013,786	933,205	159	153	112	149
1928	1,196,453	1,006,394	157	156	134	158
1929	1,266,092	1,031,669	157	159	142	159
1930	1,309,929	928,367	179	157	128	144
1931	1,433,495	964,851	199	152	126	155
1932	1,049,247	573,633	178	128	103	109
1933	1,345,567	642,374	233	188	101	83
1934	1,029,665	569,246	200	173	90	80
1935	919,211	605,345	193	176	84	84
1936	941,545	742,594	181	203	91	89
1937	953,386	880,010	204	240	82	89
1938	886,200	787,100	230	245	68	78
1939	1,333,654	1,052,817	225	353	104	73
1940	2,027,143	2,012,453	328	639	108	77
1941	2,400,361	2,911,872	425	1,032	99	69
1942	651,065	1,499,686	545	1,973	21	19

1943	1,046,633	1,209,521	2,301	1,819	8	16
1944	1,456,038	1,371,130	4,641	2,864	6	12
1945	4,199,025	4,484,981				
1946	1,501,165	419,408	960	608	27	17
1947	10,681,327	6,377,307	7,914	3,954	24	39
1948	1,159,601	1,398,457	1,012	512	20	67

出所 1) 貿易額
  1861-1941，1946-1948 年，Hsiao [1974, pp. 268-269] による修正貿易額.
  主な修正点.
   ① 1861-1903 年，市場価格を F.O.B. / C.I.F. に換算．換算率は Hou [1965, pp. 231-232] に依拠．
   ② 1890-1894 年，対朝鮮貿易を追加．
   ③ 1909-1931 年，ジャンク貿易を追加．
   ④ 1932-1941 年，1946-1948 年，輸出税及び付加税の追加．
  1942 年，海関統計 [1942, No.1]．
  1943 年，海関統計 [1943.12, No.8]．
  1944 年，海関統計 [1944.12, No.8]．
  1945 年，重慶総税務司編 [1945]．
出所 2) 指数
  筆者の推計．物価指数は，フィッシャー式値．海関統計から推計の後，Hsiao による貿易額の修正に合わせて指数も調整．数量指数は，貿易額を物価指数で除したもの．
注 1) 1932 年 7 月～1945 年まで，東北各港を含まず．
注 2) 1896～1945 年まで，台湾を含まず．
注 3) 1942～1944 年まで，国民政府支配地区を含まず．
注 4) 1942～1944 年まで，資料では連銀券と儲備銀券の 2 通貨建で表記されている．それを次のレートで換算．
  連銀券：儲備銀券，1942 年 1：1，1943 年 1：3，1944 年 18：100．
注 5) 1945 年は，1～8 月までの日本軍占領地域を含む．
注 6) 1946～1948 年まで，共産党支配地区（東北及び山東のほぼ全域）を含まず．
注 7) 1941～1945 年までの輸出額には輸出税及び付加税を含まず．
注 8) 1947～1948 年までの輸出額には付加税を含まず．
注 9) 1941 年の輸入額は，Hsiao [1974] の誤植を原資料から修正．

付表2　海関統計の年報の整合性

「各関年報」 （1869-1931 年）	「全国年報」 （1932-1948 年）
(1) 外国品の輸移入 　（Foreign Goods imported through the Maritime Customs） ① 粗輸入 　（Gross Imports from Foreign Countries & Hongkong） 　※ 1892 年まで香港を含まず ② 粗移入 　（Gross Imports from Chinese Ports） 　※ 1892 年まで香港を含む ③ 再輸出 　（Re-exports to Foreign Countries & Hongkong） ④ 再移出 　（Re-exports to Chinese Ports）	(1) 外国貿易の輸入 　（Foreign Trade of China: Analysis of Imports） ⑫ 粗輸入 　（Gross Imports） 「各関年報」との整合性＝①＋⑥
(2) 内国品の輸移入 　（Chinese Goods imported through the Maritime Customs） ⑤ 粗移入 　（Gross Imports from Chinese Ports） ⑥ 粗輸入 　（Gross Imports from Hongkong） 　※ 1893 年以降，①粗輸入に合算． ⑦ 再移出 　（Re-exports to Chinese Ports） 　※ 1893 年以降，香港経由中国再輸出を含む ⑧ 再輸出 　（Re-exports to Foreign Countries & Hongkong） 　※ 1892 年まで香港経由中国再輸出を含む	(2) 外国貿易の輸出 　（Foreign Trade of China: Analysis of Exports） ⑬ 粗輸出 　（Gross Exports） 「各関年報」との整合性＝③＋⑧＋⑨＋⑩ (3) 国内貿易：内国品の国内移動 　（Domestic Trade: Analysis of Interport Movement of Chinese Produce） ⑭ 粗移入 　（Gross Imports） 「各関年報」との整合性＝⑤ ⑮ 純移出 　（Net Exports）
(3) 内国品の輸移出 　（Chinese Goods exported through the Maritime Customs） ⑨ 純輸出（香港を除く） 　（Net Exports to Foreign Countries） ⑩ 純輸出（対香港） 　（Net Exports to Hongkong） ⑪ 純移出 　（Net Exports to Chinese Ports）	⑯ 再移出 　（Re-exports） 「各関年報」との整合性＝⑦

付表 3　上海の物価指数（原統計対応：1869-1931 年）

1869 年 = 100.00

年次	外国品				内国品						
	輸移入				輸移入				輸移出		
	①粗輸入	②粗移入	③再輸出	④再移出	⑤粗輸入	⑥粗輸入香港	⑦再輸出	⑧再輸出	⑨純輸出除香港	⑩純輸出香港	⑪純移出
1869	100.00	100.00	100.00	100.00	100.00	100.00	100.00	100.00	100.00	100.00	100.00
1870	91.60	94.14	92.88	91.86	97.02	100.09	98.99	95.35	110.01	104.62	100.92
1871	94.80	98.72	91.73	93.74	98.26	121.63	90.61	101.53	107.27	98.48	86.16
1872	94.43	97.91	97.99	94.81	99.82	112.61	92.55	102.99	107.49	99.18	88.28
1873	89.10	101.79	92.57	90.00	89.20	127.34	98.11	77.22	109.43	86.65	78.78
1874	87.15	110.82	96.03	89.29	84.29	127.62	97.14	69.86	67.64	82.89	78.26
1875	85.93	99.65	83.51	85.41	85.53	144.67	104.97	66.60	71.08	100.13	89.90
1876	81.63	93.96	77.27	81.16	90.79	192.68	104.97	73.88	108.03	101.42	91.36
1877	84.85	104.62	77.71	85.39	86.75	182.06	107.34	65.34	105.05	106.45	91.95
1878	83.65	100.25	66.47	85.93	81.41	174.45	99.75	60.11	101.78	103.22	93.60
1879	83.59	100.88	68.62	86.84	83.32	184.40	101.55	67.43	99.86	102.20	93.20
1880	84.04	100.53	65.66	87.19	79.94	179.28	96.67	64.13	93.35	97.19	87.49
1881	86.25	101.64	63.82	89.07	80.27	189.13	97.30	63.31	108.09	98.13	87.62
1882	75.98	101.51	60.68	81.35	81.21	181.78	100.51	62.98	94.64	101.04	89.80
1883	75.07	100.46	60.92	76.82	77.15	172.83	97.17	60.75	101.57	94.35	89.68
1884	76.01	99.17	64.90	77.62	74.38	167.89	94.89	54.60	88.11	98.77	90.95
1885	74.76	105.02	64.53	76.55	73.79	155.59	89.60	56.54	88.26	95.31	98.86
1886	72.69	105.37	63.41	74.01	72.01	155.39	87.24	56.34	93.87	95.16	104.42
1887	74.00	105.47	65.33	74.58	73.72	143.09	89.32	55.99	99.37	95.77	89.02
1888	76.20	106.39	63.49	75.54	73.26	145.02	86.89	56.72	96.85	95.77	92.94
1889	76.53	108.00	65.16	75.90	75.18	149.32	89.95	58.55	96.37	95.43	91.73
1890	71.66	100.79	61.81	69.83	76.48	149.79	90.92	60.10	102.03	95.82	89.72
1891	74.44	97.52	63.34	72.27	78.14	169.01	97.70	59.20	90.93	94.60	104.57
1892	76.74	99.21	63.63	73.25	77.52	156.89	94.91	59.45	94.09	94.87	94.44
1893	86.22	114.73	69.03	82.78	80.64		99.59	62.35	97.65	95.73	93.30
1894	92.01	120.41	77.15	87.39	80.22		100.11	61.64	97.00	93.73	101.46
1895	97.64	127.92	82.19	92.66	83.36		110.32	62.43	103.64	97.55	123.26
1896	100.21	134.67	85.08	94.96	94.39		113.30	76.69	103.13	95.80	111.33
1897	109.22	162.80	88.56	103.66	106.67		127.61	88.79	114.65	106.10	130.23
1898	105.30	173.16	87.16	98.57	104.97		128.35	81.73	119.35	107.01	114.91
1899	106.13	174.70	86.64	98.88	108.90		128.49	84.59	136.42	117.67	120.13
1900	111.35	177.71	92.86	104.06	99.99		115.46	84.28	132.64	109.23	110.76
1901	113.77	176.08	96.93	108.10	101.58		120.48	80.37	120.32	114.47	120.87
1902	132.21	184.30	89.09	102.89	119.91		117.56	81.00	142.43	106.67	120.33
1903	144.37	206.17	94.80	113.96	127.20		126.70	84.55	149.74	114.73	132.49
1904	145.71	201.77	97.64	116.69	140.47		128.03	97.31	157.99	130.24	145.82

295

1905	139.54	201.56	92.22	113.07	136.39	119.10	96.67	146.06	119.21	131.76
1906	135.00	199.92	89.43	109.19	134.12	120.28	92.41	146.53	116.61	130.12
1907	134.78	219.19	93.80	110.10	140.58	125.21	98.36	158.80	119.16	132.47
1908	151.35	223.24	107.09	120.88	139.91	126.96	96.67	148.95	118.39	130.48
1909	148.65	266.07	101.40	118.18	149.26	130.55	105.34	153.68	115.95	134.05
1910	171.09	294.33	124.85	124.39	157.99	148.63	105.53	149.34	123.08	136.78
1911	177.70	301.18	129.37	128.07	169.89	157.92	113.66	150.73	117.95	150.06
1912	172.75	325.32	131.78	123.63	162.90	162.11	107.43	138.23	117.24	144.58
1913	174.34	362.42	134.67	124.46	167.34	162.38	109.46	149.57	114.68	134.84
1914	194.55	416.05	224.68	131.36	168.42	163.65	111.22	145.29	113.06	133.23
1915	227.32	526.77	314.29	150.37	177.74	170.60	118.38	139.55	115.34	134.51
1916	249.68	548.46	323.65	157.98	184.74	166.49	126.97	159.81	130.91	151.14
1917	266.99	607.57	344.58	170.53	183.26	170.06	123.14	161.50	130.23	156.00
1918	303.29	624.06	433.09	197.04	195.10	183.68	127.60	165.75	139.97	197.04
1919	287.53	612.80	430.44	194.24	192.58	183.96	125.67	178.76	164.08	233.93
1920	334.18	764.29	475.36	221.59	193.65	191.43	125.07	178.40	167.00	228.47
1921	393.34	879.91	583.78	265.89	202.78	195.26	131.40	196.77	174.83	221.77
1922	323.24	717.78	490.06	207.90	217.43	210.83	143.43	217.96	179.12	228.83
1923	336.84	708.22	519.63	205.73	238.40	225.00	161.50	244.39	186.41	241.55
1924	333.54	764.15	517.69	201.48	241.86	223.86	157.18	224.81	191.65	245.94
1925	331.03	738.52	526.17	200.14	244.35	247.41	154.25	225.63	198.24	254.56
1926	318.55	757.47	504.97	194.82	253.62	261.63	164.05	226.79	199.85	260.15
1927	324.93	748.61	510.32	200.54	246.41	260.28	158.71	232.41	204.56	267.71
1928	319.34	768.60	495.71	194.04	244.77	244.83	162.16	235.46	208.17	271.61
1929	321.00	786.71	480.08	194.67	249.28	255.15	165.03	239.02	190.91	250.59
1930	375.27	921.42	570.35	226.24	258.17	276.76	165.43	238.61	199.61	265.82
1931	407.81	1,128.07	693.82	269.87	290.64	296.44	184.21	224.29	195.85	258.29

注1）表中①から⑪は付表2に対応する．
注2）表中⑥粗輸入（香港）は1893年以降，表中①に含まれる．

付表 4 上海の粗外国貿易物価指数（1869-1942 年）

1869 年 = 100.00

年次	粗輸出 ③+⑧+⑨+⑩	内国品 ⑧+⑨+⑩	外国品 ③	粗輸入 ①+⑥	内国品 ⑥	外国品 ①
1869	100.00	100.00	100.00	100.00	100.00	100.00
1870	101.36	109.64	92.88	91.74	100.09	91.60
1871	103.55	106.61	91.73	94.94	121.63	94.80
1872	104.75	106.64	97.99	94.54	112.61	94.43
1873	95.34	107.79	92.57	89.49	127.34	89.10
1874	72.96	68.86	96.03	87.60	127.62	87.15
1875	73.75	73.22	83.51	86.43	144.67	85.93
1876	97.74	109.54	77.27	82.11	192.68	81.63
1877	88.29	109.87	77.71	85.34	182.06	84.85
1878	83.41	106.54	66.47	84.16	174.45	83.65
1879	85.83	104.56	68.62	84.38	184.40	83.59
1880	80.93	97.81	65.66	84.54	179.28	84.04
1881	85.88	112.39	63.82	86.91	189.13	86.25
1882	80.96	99.34	60.68	76.85	181.78	75.98
1883	78.82	101.82	60.92	75.82	172.83	75.07
1884	70.31	89.58	64.90	76.56	167.89	76.01
1885	71.63	89.46	64.53	75.04	155.59	74.76
1886	73.06	94.44	63.41	73.16	155.39	72.69
1887	73.82	98.10	65.33	73.74	143.09	74.00
1888	73.41	95.89	63.49	75.86	145.02	76.20
1889	74.36	95.42	65.16	76.35	149.32	76.53
1890	77.05	100.46	61.81	71.73	149.79	71.66
1891	72.79	90.40	63.34	75.17	169.01	74.44
1892	74.11	93.28	63.63	77.04	156.89	76.74
1893	77.24	96.52	69.03	86.55		86.22
1894	76.75	95.73	77.15	92.36		92.01
1895	79.98	102.04	82.19	98.01		97.64
1896	87.76	101.43	85.08	100.60		100.21
1897	99.24	112.74	88.56	109.64		109.22
1898	96.39	116.53	87.16	105.71		105.30
1899	103.97	132.66	86.64	106.54		106.13
1900	102.65	128.50	92.86	111.78		111.35
1901	96.93	118.57	96.93	114.21		113.77
1902	103.48	136.91	89.09	132.72		132.21
1903	108.50	144.32	94.80	144.93		144.37
1904	121.19	154.08	97.64	146.27		145.71
1905	116.96	141.96	92.22	140.07		139.54

付　表

1906	113.71	142.78	89.43	135.52		135.00	
1907	121.50	153.95	93.80	135.30		134.78	
1908	118.59	145.20	107.09	151.93		151.35	
1909	125.98	148.93	101.40	149.22		148.65	
1910	126.20	145.94	124.85	171.75		171.09	
1911	133.61	146.05	129.37	178.38		177.70	
1912	125.72	135.13	131.78	173.42		172.75	
1913	129.44	144.25	134.67	175.01		174.34	
1914	134.20	140.39	224.68	195.30		194.55	
1915	141.33	135.98	314.29	228.20		227.32	
1916	153.75	155.49	323.65	250.64		249.68	
1917	150.97	156.93	344.58	268.02		266.99	
1918	157.05	162.08	433.09	304.45		303.29	
1919	160.46	176.30	430.44	288.63		287.53	
1920	160.42	176.29	475.36	335.46		334.18	
1921	172.30	192.84	583.78	394.85		393.34	
1922	186.81	211.26	490.06	324.49		323.24	
1923	208.96	234.57	519.63	338.14		336.84	
1924	200.19	219.65	517.69	334.83		333.54	
1925	198.87	221.44	526.17	332.31		331.03	
1926	206.26	222.74	504.97	319.78		318.55	
1927	204.48	228.23	510.32	326.18		324.93	
1928	208.01	231.41	495.71	320.57		319.34	
1929	209.62	231.11	480.08	322.24		321.00	
1930	211.16	232.30	570.35	376.71		375.27	
1931	217.02	219.65	693.82	409.38		407.81	
1932	176.47			361.32			
1933	155.53			332.36			
1934	147.88			294.71			
1935	153.89			276.91			
1936	184.59			320.30			
1937	213.24			364.21			
1938	225.52			399.91			
1939	346.62			360.44			
1940	752.85						
1941	1,178.83						
1942	2,653.39						

注 1) 表中①から⑩は付表 2 に対応する．
注 2) ⑥は 1893 年以降，①に含まれる．
注 3) 粗輸入 1940-1942 年は未推計．

付表 5　上海の純外国貿易・再輸出物価指数（1869-1931 年）

1869 年 = 100.00

年次	純輸出 ⑨ + ⑩	純輸入 ① + ② − ③ − ④	再輸出 ③ + ⑧	内国品 ⑧	外国品 ③
1869	100.00	100.00	100.00	100.00	100.00
1870	109.64	100.89	95.18	95.35	92.88
1871	106.61	113.21	100.95	101.53	91.73
1872	106.64	113.71	103.04	102.99	97.99
1873	107.79	99.31	80.17	77.22	92.57
1874	68.86	93.30	73.44	69.86	96.03
1875	73.22	89.35	69.11	66.60	83.51
1876	109.54	85.04	75.05	73.88	77.27
1877	109.87	92.07	67.22	65.34	77.71
1878	106.54	87.79	61.17	60.11	66.47
1879	104.56	85.61	67.72	67.43	68.62
1880	97.81	85.13	64.42	64.13	65.66
1881	112.39	88.34	63.54	63.31	63.82
1882	99.34	86.02	63.05	62.98	60.68
1883	101.82	83.43	60.93	60.75	60.92
1884	89.58	87.41	55.15	54.60	64.90
1885	89.46	88.71	57.01	56.54	64.53
1886	94.44	87.94	56.77	56.34	63.41
1887	98.10	87.01	56.65	55.99	65.33
1888	95.89	92.63	57.20	56.72	63.49
1889	95.42	95.53	59.02	58.55	65.16
1890	100.46	87.45	60.29	60.10	61.81
1891	90.40	80.78	59.49	59.20	63.34
1892	93.28	74.78	59.73	59.45	63.63
1893	96.52	86.92	62.75	62.35	69.03
1894	95.73	94.04	62.46	61.64	77.15
1895	102.04	98.12	63.64	62.43	82.19
1896	101.43	98.02	76.60	76.69	85.08
1897	112.74	106.13	87.77	88.79	88.56
1898	116.53	106.21	81.33	81.73	87.16
1899	132.66	113.02	83.87	84.59	86.64
1900	128.50	116.95	84.26	84.28	92.86
1901	118.57	116.79	81.16	80.37	96.93
1902	136.91	134.22	81.21	81.00	89.09
1903	144.32	142.02	84.83	84.55	94.80
1904	154.08	137.49	96.77	97.31	97.64
1905	141.96	126.96	95.64	96.67	92.22

299

1906	142.78	122.83	91.59	92.41	89.43
1907	153.95	119.04	97.34	98.36	93.80
1908	145.20	144.80	96.92	96.67	107.09
1909	148.93	144.64	104.54	105.34	101.40
1910	145.94	182.73	105.93	105.53	124.85
1911	146.05	167.21	113.84	113.66	129.37
1912	135.13	163.22	107.92	107.43	131.78
1913	144.25	168.22	109.97	109.46	134.67
1914	140.39	196.58	116.02	111.22	224.68
1915	135.98	239.40	125.28	118.38	314.29
1916	155.49	284.52	134.04	126.97	323.65
1917	156.93	302.18	130.47	123.14	344.58
1918	162.08	325.14	136.62	127.60	433.09
1919	176.30	292.85	134.64	125.67	430.44
1920	176.29	336.18	134.81	125.07	475.36
1921	192.84	382.54	143.78	131.40	583.78
1922	211.26	331.20	153.74	143.43	490.06
1923	234.57	360.15	172.62	161.50	519.63
1924	219.65	360.60	168.17	157.18	517.69
1925	221.44	357.13	165.27	154.25	526.17
1926	222.74	341.59	175.02	164.05	504.97
1927	228.23	346.14	169.62	158.71	510.32
1928	231.41	343.77	173.03	162.16	495.71
1929	231.11	346.55	175.89	165.03	480.08
1930	232.30	406.14	177.69	165.43	570.35
1931	219.65	425.31	198.75	184.21	693.82

注）表中①から⑩は付表2に対応する．

付表 6 　上海の粗国内貿易物価指数（1869-1942 年）

1869 年＝100.00

年次	粗移出 ④＋⑦＋⑪			粗移入 ②＋⑤		
		内国品 ⑦＋⑪	外国品 ④		内国品 ⑤	外国品 ②
1869	100.00	100.00	100.00	100.00	100.00	100.00
1870	99.85	99.74	91.86	96.73	97.02	94.14
1871	88.55	87.99	93.74	98.35	98.26	98.72
1872	90.27	90.04	94.81	99.58	99.82	97.91
1873	87.86	87.03	90.00	91.15	89.20	101.79
1874	87.05	86.30	89.29	87.36	84.29	110.82
1875	93.91	96.32	85.41	86.72	85.53	99.65
1876	93.88	97.15	81.16	90.35	90.79	93.96
1877	96.69	98.63	85.39	88.15	86.75	104.62
1878	94.21	95.91	85.93	83.04	81.41	100.25
1879	94.83	96.60	86.84	84.70	83.32	100.88
1880	90.06	91.37	87.19	81.74	79.94	100.53
1881	90.56	91.75	89.07	82.16	80.27	101.64
1882	93.15	94.46	81.35	82.96	81.21	101.51
1883	91.00	92.49	76.82	79.31	77.15	100.46
1884	90.61	91.74	77.62	76.75	74.38	99.17
1885	91.36	92.36	76.55	76.86	73.79	105.02
1886	92.17	93.52	74.01	75.37	72.01	105.37
1887	86.25	87.31	74.58	76.59	73.72	105.47
1888	86.79	87.85	75.54	76.51	73.26	106.39
1889	88.12	89.00	75.90	78.28	75.18	108.00
1890	87.88	88.71	69.83	77.81	76.48	100.79
1891	96.60	99.16	72.27	78.26	78.14	97.52
1892	90.52	93.05	73.25	78.19	77.52	99.21
1893	92.79	95.08	82.78	82.69	80.64	114.73
1894	96.33	98.86	87.39	82.27	80.22	120.41
1895	109.19	114.49	92.66	85.50	83.36	127.92
1896	103.25	109.85	94.96	96.79	94.39	134.67
1897	119.00	126.15	103.66	109.42	106.67	162.80
1898	114.58	119.96	98.57	107.73	104.97	173.16
1899	116.65	122.71	98.88	111.75	108.90	174.70
1900	107.06	111.86	104.06	102.66	99.99	177.71
1901	111.72	119.84	108.10	104.26	101.58	176.08
1902	109.01	118.34	102.89	122.94	119.91	184.30
1903	117.48	129.02	113.96	130.45	127.20	206.17
1904	118.72	136.24	116.69	144.00	140.47	201.77
1905	110.43	124.88	113.07	139.88	136.39	201.56

付　表

1906	111.53	124.66	109.19	137.57	134.12		199.92
1907	116.10	128.39	110.10	144.29	140.58		219.19
1908	117.72	128.40	120.88	143.63	139.91		223.24
1909	121.05	131.97	118.18	153.35	149.26		266.07
1910	137.82	142.76	124.39	162.35	157.99		294.33
1911	146.44	154.05	128.07	174.52	169.89		301.18
1912	150.31	153.53	123.63	167.53	162.90		325.32
1913	150.57	148.43	124.46	172.20	167.34		362.42
1914	151.75	148.20	131.36	173.52	168.42		416.05
1915	158.19	151.77	150.37	183.71	177.74		526.77
1916	154.38	160.77	157.98	190.93	184.74		548.46
1917	157.69	165.28	170.53	189.77	183.26		607.57
1918	170.32	198.26	197.04	201.90	195.10		624.06
1919	170.58	224.37	194.24	199.30	192.58		612.80
1920	177.50	223.23	221.59	200.92	193.65		764.29
1921	181.05	219.65	265.89	210.77	202.78		879.91
1922	195.50	228.88	207.90	225.13	217.43		717.78
1923	205.30	242.12	205.73	246.55	238.40		708.22
1924	206.91	245.39	201.48	250.28	241.86		764.15
1925	215.77	257.45	200.14	252.78	244.35		738.52
1926	220.10	265.13	194.82	262.34	253.62		757.47
1927	225.44	271.04	200.54	254.92	246.41		748.61
1928	225.44	271.19	194.04	253.29	244.77		768.60
1929	213.38	255.19	194.67	257.96	249.28		786.71
1930	228.55	271.46	226.24	267.31	258.17		921.42
1931	227.52	266.15	269.87	301.09	290.64		1,128.07
1932					234.03		
1933					200.62		
1934					197.77		
1935					204.41		
1936					234.00		
1937					254.05		
1938					245.79		
1939					305.94		
1940					551.87		
1941					781.68		
1942					1,201.07		

注1）表中②から⑪は付表2に対応する．
注2）表中の空白は，推計可能データ無しを示す．

付表7 上海の純国内貿易・再移出物価指数 (1869-1942年)

1869年 = 100.00

年次	純移出 ⑪	純移入 ⑤-⑦-⑧	再移出 ④+⑦	内国品 ⑦	外国品 ④
1869	100.00	100.00	100.00	100.00	100.00
1870	100.92	98.47	93.02	98.99	91.86
1871	86.16	101.16	93.46	90.61	93.74
1872	88.28	101.49	94.65	92.55	94.81
1873	78.78	106.44	91.49	98.11	90.00
1874	78.26	100.66	90.76	97.14	89.29
1875	89.90	96.89	88.79	104.97	85.41
1876	91.36	100.82	85.24	104.97	81.16
1877	91.95	99.38	89.05	107.34	85.39
1878	93.60	97.30	87.73	99.75	85.93
1879	93.20	96.71	88.81	101.55	86.84
1880	87.49	91.40	87.89	96.67	87.19
1881	87.62	97.11	89.52	97.30	89.07
1882	89.80	97.67	84.36	100.51	81.35
1883	89.68	93.16	80.18	97.17	76.82
1884	90.95	95.47	80.35	94.89	77.62
1885	98.86	93.90	78.14	89.60	76.55
1886	104.42	86.47	75.80	87.24	74.01
1887	89.02	89.17	76.68	89.32	74.58
1888	92.94	88.44	76.82	86.89	75.54
1889	91.73	91.18	77.92	89.95	75.90
1890	89.72	91.80	73.66	90.92	69.83
1891	104.57	96.01	76.96	97.70	72.27
1892	94.44	89.81	77.30	94.91	73.25
1893	93.30	97.40	85.99	99.59	82.78
1894	101.46	94.20	89.55	100.11	87.39
1895	123.26	91.60	95.81	110.32	92.66
1896	111.33	94.49	98.35	113.30	94.96
1897	130.23	106.14	107.90	127.61	103.66
1898	114.91	112.70	103.64	128.35	98.57
1899	120.13	110.49	104.06	128.49	98.88
1900	110.76	99.85	106.89	115.46	104.06
1901	120.87	109.21	111.20	120.48	108.10
1902	120.33	129.46	106.34	117.56	102.89
1903	132.49	134.23	117.19	126.70	113.96
1904	145.82	143.93	119.65	128.03	116.69
1905	131.76	140.98	115.26	119.10	113.07

303

付 表

1906	130.12	137.75	112.24	120.28		109.19
1907	132.47	149.49	113.77	125.21		110.10
1908	130.48	149.72	122.96	126.96		120.88
1909	134.05	159.61	121.61	130.55		118.18
1910	136.78	191.45	130.64	148.63		124.39
1911	150.06	211.96	135.51	157.92		128.07
1912	144.58	214.02	133.01	162.11		123.63
1913	134.84	213.56	133.90	162.38		124.46
1914	133.23	207.87	139.45	163.65		131.36
1915	134.51	215.85	156.45	170.60		150.37
1916	151.14	216.59	160.97	166.49		157.98
1917	156.00	223.99	171.25	170.06		170.53
1918	197.04	252.46	194.87	183.68		197.04
1919	233.93	249.68	192.77	183.96		194.24
1920	228.47	247.25	213.50	191.43		221.59
1921	221.77	261.84	245.71	195.26		265.89
1922	228.83	271.98	206.12	210.83		207.90
1923	241.55	296.02	208.03	225.00		205.73
1924	245.94	320.37	204.48	223.86		201.48
1925	254.56	316.17	211.32	247.41		200.14
1926	260.15	311.68	211.60	261.63		194.82
1927	267.71	301.24	215.29	260.28		200.54
1928	271.61	296.71	206.08	244.83		194.04
1929	250.59	297.95	209.20	255.15		194.67
1930	265.82	321.90	239.68	276.76		226.24
1931	258.29	373.87	280.74	296.44		269.87
1932	183.19			224.78		
1933	169.43			194.17		
1934	157.91			191.56		
1935	155.05			188.08		
1936	158.70			196.74		
1937	173.84			212.56		
1938	196.68			223.57		
1939	249.24			279.71		
1940	708.83					
1941	1,158.94					
1942	3,281.50					

注 1) 表中④から⑪は付表 2 に対応する．
注 2) 純移入は，内国品の純移入．外国品を含まない．
注 3) ⑦再移出（内国品）の 1940-1942 年は未推計．
注 4) 上記を除く空白は推計可能データ無しを示す．

付表8 上海の名目貿易額（原統計：1869-1895年）

単位：1869-1874年（上海両）、1875-1895年（海関両）

年次	外国品 輸移入 ① 粗輸入	② 粗移入	③ 再輸出	④ 再移出	⑤ 粗移入	輸移入 内国品 ⑥ 粗輸入 香港	⑦ 再移入	⑧ 再輸出	⑨+⑩ 純輸出 除香港	輸移出 ⑪ 純移出
1869	51,286,262	3,915,380	1,105,043	37,871,921	33,058,759	1,743,125	8,324,898	19,681,176	15,271,409	4,811,918
1870	48,911,548	3,541,900	1,394,327	39,130,232	29,719,362	1,252,276	6,961,373	19,499,048	15,873,375	7,127,311
1871	52,729,329	4,740,128	1,363,530	41,350,111	34,750,126	1,916,273	6,941,966	22,424,368	18,956,128	10,434,412
1872	52,190,300	4,871,988	2,634,687	44,331,182	41,048,359	1,652,803	9,377,774	25,955,988	20,728,266	10,872,325
1873	46,635,745	5,648,210	2,107,771	41,783,684	38,972,652	1,779,160	12,082,151	21,330,121	22,731,201	8,671,237
1874	46,989,388	5,912,714	2,491,478	11,369,145	35,361,749	1,372,492	11,681,739	18,264,450	19,312,333	8,229,501
1875	40,903,000	5,737,277	1,661,118	34,440,017	35,063,250	792,820	12,799,281	15,557,390	17,211,063	9,617,333
1876	43,053,031	4,920,836	1,589,963	33,379,018	38,372,150	1,027,274	12,911,184	17,112,528	25,941,346	10,860,118
1877	45,795,625	6,306,547	1,995,346	35,014,491	36,058,067	861,367	13,175,497	17,023,108	14,921,646	12,849,399
1878	43,391,424	6,530,015	1,769,972	34,964,063	29,963,258	2,897,972	13,684,123	13,153,967	16,793,438	11,380,167
1879	53,209,481	6,789,680	1,892,408	46,611,851	37,044,907	3,294,104	15,642,875	15,893,979	18,300,129	12,836,198
1880	49,864,506	7,252,627	1,460,203	41,081,006	39,944,926	2,649,936	16,103,893	18,901,238	20,075,046	15,129,190
1881	60,888,093	7,356,060	1,229,362	47,232,457	40,883,332	2,915,185	15,677,734	19,543,802	16,483,936	13,394,751
1882	48,139,355	6,854,119	1,025,127	38,923,001	39,238,075	2,837,894	15,446,306	17,186,608	14,470,872	11,209,911
1883	42,861,916	6,668,669	760,501	37,308,775	34,895,656	2,665,466	15,133,380	16,911,033	13,280,781	10,061,043
1884	41,153,988	6,004,025	757,645	38,932,472	36,555,923	2,898,390	15,460,310	17,115,792	14,911,653	11,691,541
1885	51,526,311	8,277,988	759,930	43,273,327	38,043,945	3,274,444	15,721,512	17,985,376	12,308,864	14,571,531
1886	51,570,476	8,484,452	1,256,707	44,442,152	39,354,674	3,028,217	16,360,620	18,963,897	14,707,622	15,526,358
1887	43,635,707	19,737,643	1,758,515	45,451,466	41,636,152	3,378,418	17,834,915	20,957,899	15,330,212	14,866,391
1888	50,475,856	18,185,677	1,476,624	43,902,310	42,076,274	3,376,579	17,526,642	21,737,076	18,128,662	14,674,798
1889	43,484,998	15,862,671	1,951,177	42,984,006	45,112,585	3,053,653	18,034,028	22,383,305	23,149,220	14,986,872
1890	48,577,047	17,848,959	910,442	51,135,863	44,399,002	4,119,742	20,057,792	20,577,537	16,620,849	13,579,507
1891	60,989,544	16,346,571	1,105,039	58,302,730	43,031,697	4,342,330	18,253,032	21,908,038	21,407,148	19,426,572
1892	61,116,120	17,661,306	1,267,223	62,492,718	45,781,353	3,408,726	19,044,330	21,628,496	24,843,102	14,016,895
1893	83,761,540	18,185,677	1,846,086	62,514,192	55,293,713		19,248,640	25,434,891	24,544,359	13,205,519
1894	96,661,920	212,705	3,405,779	63,029,438	53,361,347		18,043,677	29,048,486	29,373,344	15,966,749
1895	98,639,609	193,218	5,929,821	69,038,721	58,267,974		18,276,327	30,498,072	39,702,266	21,930,216

305

付　表

付表 9　上海の修正名目貿易額 (1869-1901 年)

単位：海関両

年次	①粗輸入	外国品 輸移入			粗移入	輸移入 再移出	内国品 再輸出	純輸出 ⑨	輸移出 純移出 ⑩
		②粗移入	③再輸出	④再移出	⑤	⑦	⑧		
1869	44,838,343	541,501	1,445,256	36,523,546	27,400,715	8,106,627	19,349,586	15,028,996	4,671,015
1870	42,093,816	675,810	1,857,189	37,622,558	24,667,637	7,892,935	18,045,723	15,627,572	6,919,014
1871	47,111,198	416,178	1,940,695	39,671,535	28,585,227	7,526,254	21,272,887	18,646,983	10,150,701
1872	46,392,468	677,611	2,874,518	42,887,351	33,749,912	10,143,809	24,497,031	20,397,528	10,568,947
1873	42,565,127	640,270	2,602,207	40,163,261	32,195,474	13,140,644	19,582,240	22,367,283	8,425,009
1874	42,619,442	776,816	2,987,379	10,538,307	29,177,948	12,746,127	16,572,867	18,989,723	8,010,992
1875	41,478,919	719,976	2,278,020	36,905,917	32,307,469	15,340,172	15,569,318	18,869,933	10,413,156
1876	42,668,411	1,008,166	2,184,531	35,770,363	35,290,551	15,440,000	17,294,325	28,414,207	11,778,559
1877	46,150,074	925,800	3,019,019	37,157,733	33,261,917	15,980,373	16,940,300	16,344,386	13,937,209
1878	46,179,777	744,500	2,387,612	37,483,934	27,637,973	16,126,479	13,112,470	18,393,421	12,344,398
1879	55,329,345	1,066,277	2,427,901	50,212,274	34,007,481	18,856,050	15,502,642	20,046,147	13,921,363
1880	52,304,532	990,952	2,383,450	43,787,632	36,662,636	19,834,785	18,313,053	21,998,800	16,400,157
1881	62,483,031	846,848	1,971,266	50,618,518	37,587,676	18,979,212	19,413,873	18,273,596	14,312,741
1882	50,772,829	722,615	1,602,438	41,748,246	36,085,093	18,717,201	16,843,266	15,925,049	12,085,050
1883	46,134,517	438,710	1,251,729	40,057,449	31,979,019	18,380,454	16,538,709	14,548,503	10,911,191
1884	44,400,751	278,498	1,541,922	41,528,297	33,506,536	18,779,380	16,718,266	16,347,742	12,667,010
1885	55,742,981	359,418	1,183,355	46,595,841	35,008,384	19,234,590	17,497,149	13,526,368	15,762,197
1886	55,739,195	289,061	1,823,947	47,767,196	36,299,866	19,714,390	18,784,409	16,176,610	16,775,159
1887	59,008,420	281,501	2,369,038	48,866,554	38,399,674	21,743,892	20,533,963	16,981,576	15,937,319
1888	63,796,858	205,399	2,079,565	47,166,962	38,774,255	21,851,497	20,941,071	19,992,518	15,782,973
1889	55,304,707	161,705	2,530,345	46,239,102	41,579,025	22,411,213	21,639,445	25,442,565	16,169,670
1890	62,579,847	161,161	2,350,640	54,131,182	40,858,154	24,571,655	19,696,969	18,674,900	14,264,206
1891	72,418,221	185,871	3,079,811	61,394,618	39,595,429	22,485,071	21,284,209	23,911,902	20,612,109
1892	72,871,385	206,984	3,453,372	65,745,820	42,115,728	22,739,707	21,587,614	27,642,318	14,776,170
1893	74,585,115	196,636	2,975,990	66,869,892	50,794,833	20,426,879	28,315,348	27,311,682	13,899,407
1894	86,012,397	196,361	4,377,188	67,732,927	49,053,408	19,300,699	32,090,375	33,243,601	16,257,833
1895	87,751,024	129,992	6,537,342	74,850,245	53,614,443	19,801,473	33,427,219	43,661,595	23,612,992
1896	114,887,653	409,513	3,975,477	91,125,012	50,887,502	16,205,294	32,097,404	28,170,747	17,475,930
1897	117,159,032	452,658	5,607,100	103,991,768	68,306,905	24,381,902	44,233,149	41,627,360	22,952,625
1898	112,207,961	486,094	5,439,648	100,629,345	70,423,161	29,207,138	41,516,902	34,146,935	18,203,021
1899	136,289,075	413,086	5,260,961	120,007,409	75,544,376	23,049,226	49,743,700	49,853,867	17,448,972
1900	111,639,453	757,185	7,551,529	88,067,961	61,578,851	14,369,741	48,794,713	36,785,857	18,090,491
1901	140,839,388	1,089,136	5,151,692	123,398,539	70,143,231	18,558,336	48,698,739	39,978,069	28,252,398

注 1）表中①から⑩は付表 2 に対応する。
注 2）修正内容については、第 9 章を参照。

306

付表10　天津の粗輪移出入物価指数（1861-1940年）

1913年＝100.00

年次	粗輪移出 ⑬＋⑮				粗輪移入 ⑫＋⑭			
		一次産品	軽工業品	重工業品		一次産品	軽工業品	重工業品
1861	77.57	35.53	313.71	15.89				
1862	77.72	35.14	306.03	18.46				
1863	86.73	42.05	285.66	14.89				
1864	74.27	36.29	172.66	13.37	71.02	51.46	96.75	116.00
1865	73.69	36.22	152.83	15.15	76.29	65.72	91.98	115.36
1866								
1867	72.10	37.20	122.73	12.72	76.64	57.85	101.96	85.46
1868	65.12	33.33	116.89	8.83	69.52	49.03	96.86	69.43
1869	75.19	38.42	138.81	10.00	69.25	49.07	96.27	62.12
1870	74.26	36.28	159.63	8.46	64.50	47.88	87.61	61.58
1871	94.06	48.13	184.07	10.28	63.61	48.40	85.56	58.34
1872	83.83	60.91	97.49	13.38	61.80	47.68	82.17	68.22
1873	102.44	59.35	174.45	13.36	61.07	46.90	81.42	66.23
1874	95.86	53.54	177.73	11.75	61.98	50.61	81.61	63.42
1875	97.89	53.68	191.89	10.70	55.98	37.21	79.67	53.79
1876	98.25	50.07	214.61	13.97	58.98	38.76	84.32	57.11
1877	73.54	57.61	117.98	13.96	73.35	56.93	91.07	61.33
1878	77.69	57.22	131.63	11.93	73.94	60.38	85.56	60.08
1879	77.89	49.24	155.04	13.13	72.46	49.82	94.39	57.29
1880	63.21	59.53	91.96	15.06	68.71	49.08	87.91	54.86
1881	72.69	57.91	121.20	13.69	64.40	48.64	80.19	51.66
1882	70.18	55.99	117.28	12.68	69.92	56.29	85.69	45.43
1883	74.25	58.64	127.38	8.74	64.06	46.30	81.84	46.61
1884	66.13	51.35	114.64	8.32	58.28	40.44	75.92	40.67
1885	65.93	51.12	115.22	7.64	59.11	44.11	73.94	47.59
1886	66.57	53.75	112.22	8.28	60.02	45.88	75.78	36.51
1887	55.81	49.90	86.80	10.12	57.10	44.02	70.47	48.48
1888	51.57	47.23	78.27	11.52	58.98	45.08	73.16	48.15
1889	57.08	50.82	89.08	13.95	66.10	51.30	81.81	49.76
1890	59.86	53.53	93.01	14.16	67.59	55.18	81.98	52.64
1891	61.09	56.34	90.98	13.92	63.94	46.63	80.89	54.26
1892	59.09	53.06	92.85	11.49	63.92	49.37	79.31	51.51
1893	58.42	50.10	96.05	41.31	61.03	53.37	71.48	67.26
1894	56.68	47.80	95.04	41.97	79.79	55.41	102.51	62.94
1895	68.19	57.44	114.63	48.31	73.32	57.03	87.95	63.36
1896	67.06	57.06	111.18	46.02	76.14	62.05	89.27	68.76
1897	66.62	58.08	105.36	48.36	77.61	61.49	91.67	72.26
1898	73.09	66.39	106.35	35.34	78.38	73.63	87.62	74.79

付表

1899	75.33	69.11	107.71	37.98	81.74	63.80	98.31	73.27
1900	80.59	74.76	110.98	30.85	86.76	67.90	104.34	75.74
1901	80.62	74.53	112.28	28.52	91.64	79.82	105.13	74.55
1902	89.76	82.64	124.82	24.14	94.99	87.44	107.13	70.79
1903	98.92	89.76	141.24	41.90	97.01	92.90	95.55	109.43
1904	93.03	85.36	129.63	35.64	103.38	86.92	110.44	127.95
1905	97.34	87.38	142.18	40.07	94.74	89.66	94.64	119.49
1906	111.15	100.80	157.46	62.65	94.42	91.18	93.89	114.81
1907	100.10	90.25	143.82	57.98	95.70	86.26	97.06	121.30
1908	96.67	78.56	171.80	73.41	103.97	103.26	101.64	123.25
1909	106.10	92.26	169.52	77.79	102.87	101.80	100.47	126.19
1910	113.71	101.67	169.66	69.93	102.94	94.25	104.12	124.44
1911	101.64	100.73	109.38	89.73	101.52	98.49	101.84	107.58
1912	95.61	93.72	108.42	119.34	99.00	95.58	99.32	105.91
1913	100.00	100.00	100.00	100.00	100.00	100.00	100.00	100.00
1914	93.01	91.58	100.95	106.28	103.39	115.98	99.63	101.31
1915	105.24	105.87	99.17	117.99	107.60	112.01	102.16	143.65
1916	105.00	103.50	110.71	120.06	118.78	119.18	112.48	185.85
1917	95.42	113.26	62.52	122.10	128.50	133.86	120.82	192.43
1918	102.80	118.05	72.19	248.37	145.62	157.67	135.93	210.91
1919	103.42	118.34	77.36	238.30	144.56	155.96	140.01	164.30
1920	105.85	119.48	84.13	187.07	168.08	178.17	164.33	178.71
1921	102.56	116.03	81.04	186.15	174.25	187.28	169.71	182.01
1922	103.12	116.04	83.94	191.01	167.73	187.20	166.49	139.03
1923	115.41	130.83	91.16	195.86	168.37	194.14	163.99	143.71
1924	121.90	138.91	91.82	192.79	174.08	199.84	170.75	138.55
1925	130.26	148.47	98.02	205.75	167.77	212.85	157.67	126.80
1926	133.73	151.08	104.43	202.16	175.40	208.51	172.73	123.66
1927	152.73	162.60	148.64	194.24	183.78	214.01	181.94	135.01
1928	152.02	160.13	155.29	189.37	187.90	224.14	183.90	138.77
1929	149.29	159.79	142.51	183.16	185.49	224.78	179.71	140.90
1930	152.71	166.11	135.04	185.74	192.65	234.86	183.50	161.93
1931	162.60	175.21	152.62	171.55	209.12	252.30	195.33	205.52
1932	160.69	170.08	170.91	167.95	184.67	234.75	167.45	173.23
1933	141.18	145.74	161.71	167.96	169.69	203.98	159.87	153.14
1934	133.29	134.75	161.97	172.84	155.76	178.37	150.22	139.32
1935	120.45	138.05	138.33	173.49	143.66	161.91	139.71	125.80
1936	133.01	154.74	145.27	177.29	151.71	179.99	144.27	134.21
1937	175.58	202.20	201.65	186.22	163.01	192.39	152.56	155.70
1938	196.26	235.56	193.74	231.10	184.13	191.84	174.69	218.07
1939	213.42	256.95	189.29	266.18	234.02	247.87	217.63	293.75
1940	390.37	457.66	368.17	475.15	517.24	523.65	505.02	596.79

注1) 表中⑫から⑮は付表2に対応する.
注2) 産業分類の方法は第2章本文参照.

付表 11　関内 40 開港場・移出物価指数（1932-1942 年）

1932 年 = 100

	1932	1933	1934	1935	1936	1937	1938	1939	1940	1941	1942
全　国	100	91	85	86	92	100	105	132	328	527	1,215
華北沿海	100	88	80	81	86	98	107	131	246	345	449
秦皇島	100	92	79	71	70	71	72	72	92	147	168
天津	100	90	86	86	91	106	109	127	252	392	473
龍口	100	88	63	65	69	85	106	134	278	312	447
烟台	100	90	88	87	89	93	106	122	245	299	414
威海衛	100	82	57	65	90	105	89	149	295	316	543
青島	100	84	75	79	85	98	112	157	282	373	508
長江上流	100	84	82	87	110	117	91	116	186	326	
重慶	100	90	88	83	98	99	62	71	96	202	
万県	100	99	93	103	144	140	78	88	173	285	
宜昌	100	64	66	68	94	95	73	82	105		
沙市	100	75	72	70	79	87	89	101	145		
長沙	100	87	90	105	135	164	219	452	1,031		
岳州	100	77	70	97	143	142	101	100			
長江下流	100	89	84	85	94	103	110	124			
漢口	100	92	90	92	104	113	121	136			
九江	100	82	80	74	76	86	95				
蕪湖	100	85	66	67	80	83					
南京	100	79	76	73	74	79					
鎮江	100	102	98	102	104	113					
華中沿海	100	93	87	85	87	95	107	135	371	607	1,719
上海	100	92	86	85	87	95	107	136	387	633	1,791
蘇州	100	112	124	117	114	123					
杭州	100	88	89	88	91	88					
寧波	100	93	90	88	91	95	95	117	149		
温州	100	92	90	87	81	86	89	113	183	415	
華南沿海	100	91	91	90	94	97	91	111	171	230	506
三都澳	100	89	89	89	84	84	70	161	151	203	
福州	100	80	80	81	83	81	66	72			
廈門	100	102	104	105	106	103	97	124	243	430	733
汕頭	100	103	103	104	108	115	107	140	203		
広州	100	91	89	88	92	95	97	102	260	336	754
九龍											
拱北											
江門	100	97	97	85	59	63	97	90			
三水	100	99	100	100	99	99	104				

付　表

梧州	100	97	104	102	111	111	107	121	123	579
南寧	100	95	94	81	107	151	148	173		
雷州										
瓊州	100	104	114	103	104	106	109	144	236	267	1,047
北海	100	83	86	80	89	86	75	83		
華南辺境	100	102	102	102	102	135	163	121		
龍州										
蒙自	100	102	102	102	102	136	164	121		
思芽										
騰越										

注1) 全国は対東北貿易補正済み. 補正方法は第5章注29参照.
注2) 地域, 開港場の推計値は, 1932年度に同年1月-6月までの対東北貿易を含む.
注3) 表中の空白は単価情報が取得できないため推計値無しを示す.
注4) 地域分類は中国海関によるもの.

付表 12　関内 40 開港場・移入物価指数（1932-1942 年）

1932 年＝100

	1932	1933	1934	1935	1936	1937	1938	1939	1940	1941	1942
全　　国	100	88	83	84	91	98	100	120	279	462	1,031
華北沿海	100	92	89	85	87	92	99	123	321	531	1,137
秦皇島	100	73	68	69	81	93	108	116	304	705	646
天津	100	95	91	86	88	92	101	123	351	605	1,500
龍口	100	84	78	73	79	90	109	137	280	446	479
烟台	100	94	90	87	90	94	96	130	301	445	568
威海衛	100	89	78	81	84	93	99	140	441	745	707
青島	100	89	90	88	88	95	100	124	309	484	1,055
長江上流	100	82	72	70	70	78	99	128	236	508	
重慶	100	78	67	65	64	72	96	134	250	507	
万県	100	81	68	62	60	72	96	118	247	597	
宜昌	100	83	76	79	73	80	94	118	180		
沙市	100	67	79	78	76	79	96	122	246		
長沙	100	90	79	80	84	97	117	135	153		
岳州	100	97	84	80	78	84	104	102			
長江下流	100	86	80	83	87	92	90	97	130	117	
漢口	100	88	81	85	88	95	90	97	130	117	
九江	100	78	73	74	76	83	96				
蕪湖	100	81	74	75	79	87					
南京	100	98	105	100	99	90					
鎮江	100	96	90	102	129	120					
華中沿海	100	87	85	87	99	108	106	131	258	363	558
上海	100	86	85	87	100	109	105	131	236	334	513
蘇州	100	93	93	86	92	92					
杭州	100	107	117	101	109	119					
寧波	100	91	84	83	86	98	114	139	341	329	
温州	100	85	73	71	76	84	90	105	302	404	
華南沿海	100	87	79	82	88	96	102	116	271	386	1,046
三都澳	100	93	91	88	90	93	75				
福州	100	94	88	89	91	95	95	102	202		
廈門	100	91	83	84	94	101	107	136	312	580	1,235
汕頭	100	80	73	76	80	87	97	104	179		
広州	100	89	78	83	92	101	107	116	405	528	1,568
九龍											
拱北	100	72	69	62							
江門	100	93	83	87	96	118	110				
三水	100	49	46	48	48	47					

付　表

梧州	100	90	87	87	89	100	109	139			
南寧	100	88	79	79	80	85	95	102			
雷州	100										
瓊州	100	95	96	97	100	106	119	136	318	395	1,033
北海	100	88	86	82	87	96	103	121			
華南辺境	**100**	**92**	**85**	**102**	**102**	**103**	**106**	**116**	**163**		
龍州	100	113	97	97							
蒙自	100	92	85	102	102	103	106	116	163		
思芽											
騰越											

注 1) 全国は対東北貿易補正済み．補正方法は第 5 章注 29 参照．
注 2) 地域，開港場の推計値は，1932 年度に同年 1 月–6 月までの対東北貿易を含む．
注 3) 表中の空白は単価情報が取得できないため推計値無しを示す．
注 4) 地域分類は中国海関によるもの．

付表 13　関内 40 開港場・移入数量指数（1932-1942 年）

1932 年 = 100

	1932	1933	1934	1935	1936	1937	1938	1939	1940	1941	1942
全　　国	100	97	107	107	117	106	74	53	35	21	12
華北沿海	100	92	105	102	103	82	78	88	58	47	40
秦皇島	100	115	107	67	70	32	59	191	95	11	2
天津	100	99	115	112	112	85	81	77	41	37	34
龍口	100	105	110	124	99	69	20	52	72	57	35
烟台	100	102	115	121	122	91	144	114	113	87	71
威海衛	100	102	128	176	152	123	84	76	70	28	17
青島	100	67	74	67	74	74	55	86	63	57	47
長江上流	100	103	97	146	168	145	90	38	24	13	
重慶	100	116	96	160	187	150	83	46	37	12	
万県	100	87	96	107	89	90	30	23	21	40	
宜昌	100	100	89	96	92	73	77	67	18		
沙市	100	67	105	90	124	112	206	44	8		
長沙	100	72	128	246	280	236	149	11	1		
岳州	100	135	65	114	199	227	85	6			
長江下流	100	101	98	97	104	106	32	1	0	0	
漢口	100	109	101	92	118	125	49	2	0	0	
九江	100	125	151	154	94	93	16				
蕪湖	100	103	85	104	102	86					
南京	100	34	23	37	52	39					
鎮江	100	46	59	61	66	80					
華中沿海	100	95	127	116	146	135	82	65	62	26	10
上海	100	94	137	126	160	148	83	57	59	32	13
蘇州	100	91	45	69	135	93					
杭州	100	105	54	58	87	70					
寧波	100	94	95	68	72	70	52	99	100	0	
温州	100	97	71	80	73	62	242	256	132	22	
華南沿海	100	102	96	96	92	82	75	41	17	18	9
三都澳	100	125	99	90	52	51	0				
福州	100	127	131	99	105	96	80	85	0		
廈門	100	103	86	84	68	59	28	21	41	33	13
汕頭	100	111	114	103	107	82	59	65	0		
広州	100	89	80	86	83	82	71	3	2	14	10
九龍	100										
拱北	100	68,037	56,404	79,273							
江門	100	110	190	129	109	115	308				
三水	100	81	148	44	16	25					

313

付　表

梧州	100	111	95	134	94	77	73	1			
南寧	100	114	94	122	110	134	113	78			
雷州	100										
瓊州	100	135	121	153	159	131	149	32	28	14	32
北海	100	106	132	107	94	96	87	262			
華南辺境	**100**	**109**	**116**	**125**	**114**	**128**	**119**	**122**	**42**		
龍州	100	93	10	175							
蒙自	100	109	116	125	114	128	120	123	42		
思芽	100										
騰越	100										

注1) 全国は対東北貿易補正済み．補正方法は第5章注29参照．
注2) 地域，開港場の推計値は，1932年度に同年1月-6月までの対東北移入を含む．
注3) 表中の空白は単価情報が取得できないため推計値無しを示す．
注4) 表中の0は，0未満を示す．

付表 14　戦後初期中国の貿易物価指数（1946-1948 年）

1936 年 = 100

	純輸出				総移出				純移入			
	1936	1946	1947	1948	1936	1946	1947	1948	1936	1946	1947	1948
総計	100	300	2,313	300	100	497	3,682	458	100	445	2,853	249
1 動物製品	100	273	2,285	333	100	196	1,655	317	100	171	1,310	184
うち 豚毛	100	293	2,636	461	100	128	1,654	607	100	127	1,044	236
皮革	100	198	1,458	298	100	194	1,363	166	100	205	1,742	182
卵	100	401	2,865	243	100	322	2,072	196	100	326	2,281	175
2 食料品	100	336	1,884	220	100	443	3,314	323	100	427	2,769	210
うち 穀物	100	368	1,571	259	100	465	2,529	264	100	392	2,527	242
砂糖	100	870	4,704	505	100	614	3,939	231	100	642	2,655	175
紙巻煙草	100	650	3,041	661	100	503	4,016	490	100	477	2,912	227
小麦粉	100	128	6,849	509	100	339	4,533	486	100	384	4,022	267
茶	100	240	1,485	187	100	333	1,190	139	100	270	1,010	86
葉煙草	100	591	2,016	584	100	205	2,903	234	100	196	3,413	235
3 採油用種子	100	519	2,824	392	100	437	2,960	358	100	419	2,869	239
4 油脂蝋	100	237	1,505	224	100	170	1,312	141	100	175	1,226	124
うち 桐油	100	228	1,423	205	100	137	995	103	100	151	895	93
5 燃料	100	377	1,387	201	100	311	3,223	367	100	273	3,470	295
うち 石炭	100	310	1,526	280	100	308	3,244	376	100	271	3,472	293
6 繊維原料	100	316	2,595	305	100	242	2,648	330	100	229	2,769	281
うち 生糸	100	354	3,199	339	100	263	3,741	388	100	220	2,242	301
綿花	100	134	702	317	100	238	2,561	317	100	221	2,819	291
羊毛	100	229	1,739	186	100	110	1,387	176	100	139	1,383	99
7 繊維製品	100	411	3,657	401	100	777	5,393	807	100	740	3,867	359
うち 刺繍品	100	299	1,926	235	100	218	1,514	661	100	220	753	171
衣類	100	421	4,597	476	100	1,182	6,080	768	100	1,015	4,132	335
綿糸	100	232	8,742	468	100	677	5,199	855	100	652	3,808	370
綿布	100	662	4,821	663	100	884	5,875	862	100	844	4,210	388
8 鉱産物	100	245	2,817	566	100	249	1,390	231	100	153	922	104
9 化学品	100	414	4,680	1,210	100	364	3,744	284	100	301	2,572	205
10 雑品	100	259	1,681	191	100	313	2,221	265	100	291	2,034	157

注 1）商品分類については，第 7 章の注 30 を参照．
注 2）1948 年，純輸出の綿花の単価は，資料から取得できないため，移出の単価で代替．

海関統計一覧

1) 本書が指す海関統計とは，1859～1949年にかけて，中国総税務司 (Inspector General of Customs: IGC) の下で作成された貿易報告と貿易統計である．中国海関の出版分類では，I. Statistical Series に属する．
2) 海関統計の分類は，1940年に作成された中国海関出版リストと同様に，国定関税施行前の編制方法に基づく1859～1931年を「旧分類」，施行後の方法に基づく1932～1949年を「新分類」と呼び区別する．
3) 中国海関の出版リストに含まれていないが，中国総税務司編と編制方法上，類似性，連続性がみられる以下の作成主体の統計も一次統計に含める．各地方海関，満洲国財政部・経済部，汪兆銘政権の上海総税務司，重慶総税務司，中央人民政府．
4) 中国総税務司が作成した統計ではないが，中国海関の内部資料に基づいて，中国総税務司編では利用できない数字を掲載している統計を準一次統計とみなし，ここに掲載する．
5) 一次統計，準一次統計を利用した統計書は参考文献一覧に掲載した．
6) 台湾に逃れた中華民国政府の1949年以後の貿易統計はここに含まれない．
7) 慣例に従い，中国総税務司編の統計書は英文名を，その他の機関による統計書は中文もしくは日文名を基準とする．

I 一次統計

①中国総税務司 (IGC) 編：旧分類 (1859-1931)

海関統計一覧

No. 1　日報[1)]
　　1866-1932.3.31. *Shanghai Customs Daily Returns*
No. 2　季報[2)]
　　1869-1913. *Customs Gazette*
　　1886-1902. *Fines and Confiscations*
　　1914-1931. *Quarterly Returns of Trade*[3)]
No. 3　年報[4)]
　　1859-1864. *Annual Returns of Trade*
　　1865-1881. *Returns of Trade*[5)]
　　1882-1919. *Returns of Trade and Trade Reports*[6)]
　　　Part I. Report on the Foreign Trade of China, and Abstract of Statistics
　　　Part II. Port Trade Statistics and Reports
　　　Part III. Analysis of the Foreign Trade of China
　　　　Vol. I Imports, Vol. II Exports
　　1920-1931. *Foreign Trade of China*
　　　Part I. Report and Abstract of Statistics
　　　Part II. Analysis[7)]
　　1920-1931. *Annual Trade Reports and Returns*[8)]
No. 4　年報[9)]
　　1865-1881. *Reports on Trade*
No. 5　年報中国語版[10)]
　　1875-1912.

---

1) 上海のみ刊行．1932年3月31日廃刊．
2) 1931年12月廃刊．
3) 1920～1931年にかけて，英語版と中国版を合冊し，港別に刊行．1920～1922年の第4季報（10～12月）は，No. 3年報 *Annual Trade Report and Returns* を含む．
4) 1913年から No. 3, No. 4, No. 5 を一括し，No. 3 to 5 となる．1931年廃番．1932年から No. 1 になる．
5) 報告を含まず．報告は No. 4 *Reports on Trade* として分冊．
6) 1882年から No. 3統計と No. 4報告を合冊．1913年から No. 5中国語版を合冊．
7) 1882～1919年までの Part III に該当．
8) 1882～1919年までの Part II に該当．英語版と中国版を合冊し，港別に刊行．1920～1922年は，No. 2の第4季報（10～12月）と合冊．1923～1931年は，No. 2と分冊．
9) 統計を含まず．
10) 統計は1875年から，報告は1889年から刊行開始．1913年より英語版に合冊．

318

No. 6　十年報
Decennial Reports 1882–1891, First Issue
Decennial Reports 1892–1901, Second Issue
Decennial Reports 1902–1911, Third Issue
Decennial Reports 1912–1921, Fourth Issue
Decennial Reports 1922–1931, Fifth Issue[11]

No. 7　常関統計[12]
　　1902. *Native Customs Trade Returns: Tientsin*
　　1903. *Native Customs Trade Returns: Foochow*
　　1902–1906. *Quinquennial Reports and Returns, 1902–06*

②中国総税務司（IGC）編：新分類（1932–1949）
No. 1　年報全国[13]
　　1932–1934. *The Trade of China*（中文名『海関中外貿易統計年刊』）
　　　　Vol. I. Report, with General Tables of Customs Revenue, Value of Trade, Treasure, and Shipping
　　　　Vol. II. Foreign Trade: Abstract of Import and Export Statistics
　　　　Vol. III. Foreign Trade: Analysis of Imports
　　　　Vol. IV. Foreign Trade: Analysis of Exports
　　　　Vol. V. Domestic Trade: Interport Statistics
　　1935–1948. *The Trade of China*（中文名『海関中外貿易統計年刊』）
　　　　Vol. I. Report, with General Tables of Customs Revenue, Value of Trade, Treasure, and Shipping; and Analysis of Trade by Countries
　　　　Vol. II. Foreign Trade: Complete Analysis of Imports
　　　　Vol. III. Foreign Trade: Complete Analysis of Exports
　　　　Vol. IV. Domestic Trade: Domestic Trade: Movement of Chinese Produce carried by Steamers between Open Ports

---

11）中国語版あり．1935 年刊行．
12）1904 年から No. 3 to 5 年報に合冊．1931 年 6 月 1 日，常関の廃止により統計の作成停止．
13）英語中国語併記．1932 年 7 月以後，東北各港を含まず．1942〜1943 年，国民政府支配地区を含まず．この間，汪兆銘政権下の総税務司により刊行されたため，国民政府は公式統計として認めていない．1943 年，Vol. IV. Domestic Trade のみ刊行．1944〜1945 年休刊．1946〜1948 年，共産党支配地区を含まず．台湾を含む．

No. 2　年報上海

1936-1942. *Shanghai Annual Returns of Foreign Trade*（中文名『上海対外貿易統計年刊』）

No. 3～No. 7　欠番

No. 8　月報全国[14]

1931.9-1942.12. *Monthly Returns of the Foreign Trade of China*（中文名『海関進出口貿易統計月報』）[15]

1943.1-1945.8. *Monthly Returns of the Trade of China*（中文名『中国貿易統計月報』）[16]

1946.7-1949.3. *Monthly Returns of the Foreign Trade of China*（中文名『海関進出口貿易統計月報』）[17]

No. 9　月報上海[18]

1934.8-1942.12. *Shanghai Monthly Returns of Foreign Trade*（中文名『江海関進出口貿易統計月報』）

1943.1-1943.12. *Monthly Returns of Trade of Shanghai*（中文名『上海貿易統計月報』）

1946.11-1946.12. *Shanghai Monthly Returns of Foreign Trade*（中文名『江海関進出口貿易統計月報』）

③満洲国財政部編（1938年より経済部編）

1. 年報

1932-1942.『満洲国外国貿易統計年報』

2. 月報

1933.1-1943.12.『満洲国外国貿易統計月報』

---

14) 1932年7月以後，東北各港を含まず．1942年12月～1945年8月まで国民政府支配地域を含まず．1945年9月～1946年6月まで休刊．1946年7月～1949年3月まで共産党支配地区を含まず．台湾を含む．1949年3月刊行停止．

15) 国内貿易統計を含まず．

16) 国内貿易統計を含む．汪兆銘政権下の総税務司により刊行されたため，国民政府は公式統計として認めていない．1945年1月から日本語．

17) 国内貿易統計を含まず．

18) 1944年1月～1946年10月休刊．

④津海関編（1939年6月より華北海関編）[19]
　1．年報
　　　1939-1942.『華北海関進出口貿易統計年報』
　　　1943-1944.『華北六港外国貿易統計年報』
　2．月報
　　　1938.10-1939.5.『津海関進出口貿易統計月報』
　　　1939.6-1942.12.『華北海関進出口貿易統計月報』
　　　1943.1-1945.5.『華北六港外国貿易統計月報』

⑤粤海関編
　1．年報
　　　1933-1935.『粤海関進出口貿易統計年報特刊』
　2．月報
　　　1936.1-1936.12.『粤海関進出口貿易統計月報』

⑥重慶総税務司編
　　　1942-1945.「土貨統計出口統計表」及び「洋貨統計進口統計表」
　　　1945.「中華民国海関進出口貿易統計民国三十四年」（商品別詳細なし）

⑦上海総税務司編
　　　1942.『中国国内貿易統計半年報』上・下

⑧中央人民政府編
　　　1949-1950.『中国外国貿易統計年報』

II　準一次統計

①満鉄上海事務所編
　1．全国
　　　1938.『支那外国貿易統計年報』

19）中華民国臨時政府の指示により天津海関が作成をはじめた．

2. 華北

   1917-1930.『北支那貿易年報』

   1930-1939.『北支那外国貿易統計年報』

3. 華中・華南

   1936-1937.『中南支那外国貿易統計年報』

   1939.『中支那外国貿易統計年報』

   1939.『南支那外国貿易統計年報』

   1941.『上海転口貿易統計半年報』上・下

②北支那開発株式会社編

   1940-1941.『北支那外国貿易統計年報』

   1940.『北支那内国貿易統計年報』

③東亜研究所編

   1936.『中南支那外国貿易詳細統計』

   1937.『支那地域別商品輸出入額相手国別表』（中支及ビ南支ノ部）

④その他

   1919，1927-1931. 蔡謙・鄭友揆編『中国各通商口岸対各国進出口貿易統計』1936，商務院書館

   1936-1940. 韓啓桐編『中国埠際貿易統計 1936-1940』上・下　1951，中国科学院社会研究所

III　復刻集

Harvard University［1970］*Chinese Maritime Customs Publications*, micro, 100 Reel.

国史館史料処編［1982］『中華民国海関華洋貿易総冊』全83巻.

中国第二歴史档案館編［2001］『中国旧海関史料1859-1948』京華出版社，全170冊.

重慶海関総税務司署統計科［2011］『重慶海関総税務司貿易冊』国家図書館出版社，全15冊.

参考文献一覧

1) 本書において直接的に参照・引用した文献のみ掲げる．
2) 中国海関の刊行物のうち，海関統計は前掲「海関統計一覧」に，その他の文献はここに含める．
3) 配列は，著者・編者名に基づいて，日本語文献は五十音順，中国語文献はピンイン順，英語文献はアルファベット順とする．
4) 同一の著者・編者の場合，発行年順に配列する．

〈日本語〉

青木 昌彦 [1979]『分配理論』筑摩書房．
阿部 喜三 [1980]『経済統計学（新版）』日本評論社．
アレン，R. G. D.（溝口 敏行・寺崎 康博訳）[1977]『指数の理論と実際』東洋経済新報社．
石井 寛治 [2007]『経済発展と両替商金融』有斐閣．
石井 孝 [1972]『日本開国史』吉川弘文館．
石川 禎浩 [2011]『革命とナショナリズム 1925-1945』（シリーズ中国近現代史 3）岩波新書．
石田 興平 [1964]『満州における植民地経済の史的展開』ミネルヴァ書房．
泉谷 陽子 [1997]「南京国民政府の水運業政策―招商局の国有化を中心に―」『史学雑誌』第 106 巻第 4 号．
岩井 茂樹 [2006]「中国近代の財政問題と在華紡」森 時彦編『在華紡と近代中国』京都大学学術出版会．
内田 知行 [2005]『黄土の大地 1937〜1945』創土社．
王 穎琳 [2001]「19 世紀中国の対外取引と買弁制度」岡崎 哲二編『取引制度の経済史』東京大学出版会．
——— [2009]『中国紡織機械製造業の基盤形成―技術移転と西川秋次―』学術出版会．
王 玉茹 [1997]「相対価格変動と近代中国の経済発展」アジア長期統計：ディスカッションペーパー（一橋大学経済研究所）．
——— [2004]「近代中国の都市における卸売物価変動と経済成長」『鹿児島国際大学地域総合研究』第 31 巻第 2 号．
大石 恵 [2008]「戦後中国の経済復興政策とアメリカの援助（上）」『高崎経済大学論集』第 50 巻第 3・4 号．
大蔵省編 [1938]『明治大正財政史』第 8 巻 関税．
大阪市立大学経済研究所編 [1994]『経済学辞典』第 3 版，岩波書店．
太田 和宏 [1992]「帝国主義の世界経済」長岡 新吉・太田 和宏・宮本 謙介編『世界経済史入門―欧米とアジア―』ミネルヴァ書房．

大塚 久雄［1969］『大塚久雄著作集』第 5 巻，岩波書店．
岡本 隆司［1999］『近代中国と海関』名古屋大学出版会．
─── ［2011］『李鴻章─東アジアの近代─』岩波新書．
奥村 哲［2000］「中国の現代史─戦争と社会主義─」青木書店．
小野 一一郎編［1981］『南北問題の経済学』同文館．
籠谷 直人［2000］『アジア国際通商秩序と近代日本』名古屋大学出版会．
加島 潤・木越 義則・洪 紹洋・湊 照宏［2012］『中華民国経済と台湾：1945-1949』現代中国研究拠点研究シリーズ No. 8, 東京大学社会科学研究所．
加藤 弘之・久保 亨［2009］『進化する中国の資本主義』岩波書店．
加藤 祐三・川北 稔［1998］『アジアと欧米世界』中央公論社．
金子 文夫［1991］『近代日本における対満州投資の研究』近藤出版社．
川井 伸一［1987］「戦後中国紡織業の形成と国民政府─中国紡織建設公司の成立過程─」『国際関係論研究』第 6 号．
─── ［1992］「大戦後の中国綿紡織業と中紡公司」『愛知大学国際問題研究所紀要』第 97 号．
─── ［2001］「中紡公司と国民政府の統制─国有企業の自立的経営方針とその挫折─」姫田 光義編『戦後中国国民政府史の研究 1945-1949 年』中央大学出版部．
川勝 平太［1981］「19 世紀末葉における英国綿業と東アジア市場」『社会経済史学』第 47 巻第 2 号．
木越 義則［2005］「天津を事例とする近代中国貿易物価指数の推計─1861 年～1940 年─」『経済論叢別冊　調査と研究』（京都大学）第 30 巻．
─── ［2007］「両大戦間期上海における貿易物価, 貿易数量, 所得交易条件」『東アジア経済研究』（京都大学大学院経済学研究科東アジア経済研究センター）第 1 巻．
─── ［2008］「近代中国における市場形成」堀 和生編『東アジア資本主義史論Ⅱ』ミネルヴァ書房．
─── ［2010］「戦前期中国の全国市場圏の形成と日本帝国」『社会経済史学』第 76 巻第 3 号．
─── ［2011a］「近代中国の貿易統計」『近きに在りて』第 59 巻．
─── ［2011b］「中国発展モデルの転換と日本企業の対中ビジネス」『政策創造研究』（関西大学）第 5 号．
木越 義則・河﨑 信樹［2011］「開発経済学における国際資本移動の評価をめぐる一考察」『経済論集』（関西大学）第 61 巻第 2 号．
木越 義則・内藤 友紀［2011］「開発経済学における貿易政策の評価をめぐる一考察」『経済論集』（関西大学）第 61 巻第 1 号．
久保 亨［1981］「日本の侵略前夜の東北経済」『歴史評論』第 377 巻．
─── ［1991］『中国経済 100 年のあゆみ』創研出版．
─── ［1999］『戦間期中国〈自立への模索〉』東京大学出版会．
─── ［2004］「20 世紀の中国経済─発達と変化の道程─」加藤 弘之・上原 一慶編著『中国経済論（現代世界経済叢書 2）』ミネルヴァ書房．
─── ［2005］『戦間期中国の綿業と企業経営』汲古書院．
─── ［2011］「近現代中国の財政史」『近きに在りて』第 59 巻．
久保 亨編著［2006］『1949 年前後の中国』汲古書院．
久保 亨・土田 哲夫・高田 幸男・井上 久士［2008］『現代中国の歴史─両岸三地 100 年のあゆみ─』東京大学出版会．

グローブ リンダ [1999]「華北経済の中心都市」天津地域史研究会編『天津史―再生する都市のトポロジー』東方書店.
――――[2000]「華北における対外貿易と国内市場ネットワークの形成」杉山 伸也・グローブ リンダ編著『近代アジアの流通ネットワーク』創文社.
黒田 明伸 [1994]『中華帝国の構造と世界経済』名古屋大学出版会.
経済産業省 [2005]『通商白書 2005』ぎょうせい.
国際連合 (オムニ情報開発株式会社訳) [2000]『国際連合標準国際貿易商品分類 (SITC) 改訂第 3 版』オムニ情報開発株式会社.
小瀬 一 [1989]「19 世紀末, 中国開港場間流通の構造―営口を中心として―」『社会経済史学』第 54 巻第 5 号.
――――[1998]「戦前期の中国海関と貿易統計」アジア長期経済統計室ニュースレター, No. 9 (一橋大学経済研究所).
坂本 雅子 [2003]『財閥と帝国主義：三井物産と中国』ミネルヴァ書房.
笹川 裕史 [2011]『中華人民共和国誕生の社会史』講談社.
佐々波 (城山) 智子 [1992]「19 世紀末, 中国に於ける開港場・内地市場間関係―漢口を事例として―」『社会経済史学』第 57 巻第 5 号.
澤田 康幸 [2003]『国際経済学』新世社.
柴田 銀次郎 [1938]『外国貿易統計論』叢文閣.
柴田 善雅 [1999]『占領地通貨金融政策の展開』日本経済評論社.
杉原 薫 [1996]『アジア間貿易の形成と構造』ミネルヴァ書房.
――――[2001]「アジア間貿易と日本の工業化」濱下 武志・川勝 平太編著『アジア交易圏と日本工業化 1500―1900〈新版〉』藤原書店.
――――[2002]「インド近代史における遠隔地貿易と地域交易」『東洋文化』第 82 巻.
杉山 伸也 [2005]「明治日本の貿易環境―「貨幣制度調査会報告」を読む―」『三田商学研究』第 48 巻第 5 号.
鈴木 智夫 [1992]『洋務運動の研究』汲古書院.
諏訪園 貞男 [1964]「日本の貿易統計 (Ⅱ)―商品分類の体系―」『アジア経済』第 5 巻第 5 号.
曽田 三郎 [1984]「生糸の世界市場における上海器械糸」『史学研究』第 163 巻.
高村 直助 [1982]『近代日本綿業と中国』東京大学出版会.
――――[2001]「開港後日本の対アジア貿易とアジア間競争」濱下 武志・川勝 平太編著『アジア交易圏と日本工業化 1500-1900〈新版〉』藤原書店.
高柳 松一郎 [1926]『支那関税制度論』改定増補, 内外出版.
角山 栄編著 [1986]『日本領事報告の研究』同文館.
手塚 正夫 [1944]『支那重工業発達史』大雅堂.
東洋経済新報社編 [1929]『明治大正国勢総覧』東洋経済新報社.
――――[1935]『日本貿易精覧』東洋経済新報社.
富澤 芳亜 [2005]「在華紡の遺産―戦後における中国紡織機器製造公司の設立と西川秋次―」森 時彦編『在華紡と中国社会』京都大学学術出版会.
富澤 芳亜・久保 亨・萩原 充編著 [2011]『近代中国を生きた日系企業』大阪大学出版会.
長岡 新吉・西川 博史編著 [1995]『日本経済と東アジア』ミネルヴァ書房.
中林 真幸 [2003]『近代資本主義の組織』東京大学出版会.
中村 隆英 [1983]『戦時日本の華北経済支配』山川出版社.
並木 頼寿・井上 裕正 [1997]『中華帝国の危機』中央公論社.
仁井田 陞 [1951]『中国の社会とギルド』岩波書店.

西川 博史 [1987]『日本帝国主義と綿業』ミネルヴァ書房.
―――― [1992]「戦後中国の貿易と貿易管理体制」『経済論集』(北海学園大学) 第 39 巻第 3 号.
西村 成雄 [2006]「中華ナショナリズムの経済史的文脈―1936 年中国「埠際交易」増大の政治的含意―」現代"中国"の社会変容と東アジアの新環境・2005 年度特別研究 (2) (大阪外国語大学).
日本工業新聞 [1941.10.20]「世界の桐油工業」.
根岸 佶 [1932]『支那ギルドの研究』斯文書院.
萩原 充 [2000]『中国の経済建設と日中関係』ミネルヴァ書房.
旗田 巍 [1973]『中国村落と共同体理論』岩波書店.
波多野 善大 [1961]『中国近代工業史の研究』東洋史研究会.
浜口 充子 [1999]「歴史と都市像の変化」天津地域史研究会編『天津史―再生する都市のトポロジー―』東方書店.
濱下 武志 [1989]『中国近代経済史研究―清末海関財政と開港場市場圏―』汲古書院.
―――― [1990]『近代中国の国際的契機―朝貢貿易システムと近代アジア―』東京大学出版会.
濱下 武志・川勝 平太編著 [2001]『アジア交易圏と日本工業化 1500-1900〈新版〉』藤原書店.
濱下 武志・小瀬 一 [1993]「統計―中国近代社会経済史に関する統計資料について―」小島 晋次・並木 頼寿編著『近代中国研究案内』岩波書店.
原 洋之介 [1996]『開発経済論』岩波書店.
深尾 京司・岳 希明・清田 耕造 [2004]「中国商品別貿易統計の作成」尾高 煌之助編『近現代アジア比較数量経済分析』法政大学出版局.
藤村 是清 [1995]「還流的労働移動の社会的条件―1876～1938―」冨岡 倍雄・中村 平八編著『近代世界の歴史像』世界書院.
古田 和子 [2000]『上海ネットワークと近代東アジア』東京大学出版会.
―――― [2011]「近代中国の市場秩序と広域の経済秩序」『近きに在りて』第 59 巻.
防衛庁防衛研修所戦史室 [1967]『一号作戦 1 ―河南の会戦―』朝雲新聞社.
―――― [1968]『一号作戦 2 ―湖南の会戦―』朝雲新聞社.
―――― [1969]『一号作戦 3 ―広西の会戦―』朝雲新聞社.
堀内 義隆 [2008a]「近代台湾における中小零細工業の発展」堀 和生編『東アジア資本主義史論 II―構造と特質―』ミネルヴァ書房.
―――― [2008b]「植民地台湾における民族工業の形成―制帽業を事例として―」『日本史研究』第 556 巻.
堀 和生 [2001]「日本帝国の膨張と植民地工業化」秋田 茂・籠谷 直人編著『1930 年代のアジア国際秩序』渓水社.
―――― [2006]「1930 年代日本・中国の経済関係」中村 哲編『1930 年代の東アジア経済』日本評論社.
―――― [2007]「上海の経済発展と日本帝国―貿易構造の分析―」『東アジア経済研究』(京都大学大学院経済学研究科東アジア経済研究センター) 第 1 巻.
―――― [2009]『東アジア資本主義史論 I―形成・構造・展開―』ミネルヴァ書房.
堀 和生・木越 義則 [2008]「開港期朝鮮貿易統計の基礎的研究」『東アジア経済研究』(京都大学大学院経済学研究科東アジア経済研究センター) 第 3 巻.
本庄 比佐子編 [2006]『日本の青島占領と山東の社会経済 1914-22 年』東洋文庫.
松本 俊郎 [2000]『「満洲国」から新中国へ―鞍山鉄鋼業からみた中国東北の再編過程, 1940～

1954年―』名古屋大学出版会.
南満洲鉄道株式会社調査部編［1939］『支那交通統計集成　鉄道編』南満洲鉄道株式会社.
宮田　道昭［2006］『中国の開港と沿海市場―中国近代経済史に関する一視点―』東方書店.
村上　衛［2011］「清末沿海経済史」『近きに在りて』第59巻.
村松　祐次［1949］『中国経済の社会態制』東洋経済新報社.
本野　英一［2004］『伝統中国商業秩序の崩壊―不平等条約体制と「英語を話す中国人」―』名古屋大学出版会.
森　時彦［1996］「産業」狭間　直樹・岩井　茂樹・森　時彦・川井　悟編著『データでみる中国近代史』有斐閣.
――――［2001］『中国近代綿業史の研究』京都大学学術出版会.
森　時彦編［2006］『在華坊と近代中国』京都大学学術出版会.
山口　和雄・大内　力編著［1968］『明治初年の貿易統計』東京大学出版会.
山澤　逸平・山本　有造［1979］『長期経済統計14 貿易と国際収支』東洋経済新報社.
山村　睦夫［2007］「日本の上海租界占領と華人食米問題―上海租界接収の一考察―」『東西南北』（和光大学総合文化研究所年報）.
山本　進［2002］『清代の市場構造と経済政策』名古屋大学出版会.
山本　有造［2003］『「満洲国」経済史研究』名古屋大学出版会.
――――［2011］『「大東亜共栄圏」経済史研究』名古屋大学出版会.
米谷　栄一［1939］『近世支那外国貿易史』生活社.
林　采成［2006］「日中戦争下の華北交通の設立と戦時輸送の展開」『歴史と経済』（政治経済学・経済史学会）第193巻.
林　満紅［2007］「清末における国産アヘンによる輸入アヘンの代替（1805-1906）：近代中国における「輸入代替」の一事例研究」（木越　義則訳）中村　哲編『近代東アジア経済の史的構造』日本評論社.
鹿　錫俊［2001］『中国国民政府の対日政策：1931-1933』東京大学出版会.

〈中国語〉

班　思徳（T. R. Banister）編［1931］『最近百年中国対外貿易史』海関総税務司統計科.
陳　其広［2003］『百年工農産品比価與農村経済』社会科学文献出版社.
陳　詩啓［1993］『中国近代海関史（晩清部分）』人民出版社.
――――［1999］『中国近代海関史（民国部分）』人民出版社.
陳　詩啓・孫　修福編著［2002］『中国近代海関常用詞語　英漢対照宝典』中国海関出版社.
陳　慈玉［1982］『近代中国茶業的発展與世界市場』中央研究院経済研究所.
鄭　友揆［1934］「中国海関貿易統計編制方法及其内容之沿革考」『社会科学雑誌』第5巻第3号.
――――［1984］『中国的対外貿易和工業発展』上海社会科学院出版社.
重慶海関総税務司署統計科［2011］『重慶海関総税務貿易冊』国家図書館出版社.
樊　衛国［2005a］「近代外貿類型分析及其対中国工業化的影響（1900-1937）」張　東剛等編『世界経済体制下的民国時期経済』中国財政経済出版社.
――――［2005b］「内外貿易一体下的城市貿易競争力」張　忠民編『近代上海城市発展與城市綜合競争力』上海社会科学院出版社.
国史館史料処編［1982］『中華民国海関華洋貿易総冊』（全83巻）.
韓　啓桐編［1951］『中国埠際貿易統計 1936-1940』中国科学院社会研究所.

黄 立人［1998］『抗戦時期大後方経済史研究』中国档案出版社.
孔 敏編［1988］『南開経済指数資料匯編』中国社会科学出版社.
久保 亨［2005］「民国時期中国の工業発展，新修訂指数：1912-1948」張 東剛等編『世界経済体制下の民国時期経済』中国財政経済出版社.
劉 素芬［1990］『烟台貿易研究（1867-1919）』商務院書館.
莫 日達編［2006］『中国近代統計史』中国統計出版社.
沈 祖煒［2002］「沿江城市商業和埠際貿易的発展」張 仲礼・熊 月之・沈 祖煒編著『長江沿江城市與中国近代化』上海人民出版社.
唐 凌等［2002］『自開商埠與中国近代経済変遷』広西人民出版社.
天津市地方志編修委員会編［1995］『天津通志・金融志』天津社会科学院出版社.
王 良行［1997］『近代中国対外貿易史論集』知書房.
王 毓霖［1935］『経済統計提要』.
威海市政協科教文史委員会編［1998］『英国租占威海衛三十二年』.
呉 承明［1985］『中国資本主義與国内市場』中国社会科学出版社.
武 月星編［1995］『中国抗日戦争史地図集』中国地図出版社.
許 世融［2010］「戦時体制下的両岸貿易（1941-1945）」『国史館館刊』第 25 巻.
厳 中平［1955］『中国棉紡織史稿』科学出版社.
厳 中平等編［1955］『中国近代経済史統計資料選輯』科学出版社.
楊 瑞六・俟 厚培編著［1931］『六十五年来中国国際貿易統計』国立中央研究院社会科学研究所.
楊 天宏［2002］『口岸開放與社会変革—近代中国自開商埠研究—』中華書局.
姚 洪卓編［1993］『近代天津対外貿易 1861-1948』天津社会科学院出版社.
姚 賢鎬編［1962］『中国近代対外貿易史資料：1840-1895』中華書局.
葉 淑貞［1983］「天津港的貿易対其腹地経済之影響（1867-1931）」（国立台湾大学経済学研究所法学碩士学位論文）.
張 賽群［2007］『孤島時期的上海工業』中国言実出版社.
張 耀華編［2005］『旧中国海関歴史図説』中国海関出版社.
張 仲礼・熊 月之・沈 祖煒編著［2002］『長江沿江城市與中国近代化』上海人民出版社.
張 忠民編［2005］『近代上海城市発展與城市綜合競争力』上海社会科学院出版社.
中国第二歴史档案館編［2001］『中国旧海関史料 1859-1948』（全 170 巻）京華出版社.
中国国民党中央文化工作会編［1984］『中国国民党與経済建設』.
中国抗日戦争史学会・中国人民抗日戦争紀年館編著［1997］『抗日戦争時期重要資料統計』北京出版社.
中国貿易年鑑社［1948］『中国貿易年鑑』.
中国銀行経済研究処［1937］『全国銀行年鑑』.
中華民国財政部国定税則委員会編［1934］『上海貨価季刊（民国 22 年第 4 季）』.
―――［1937］『上海貨価季刊（民国 25 年）』.
庄 維民［2000］『近代山東市場経済変遷』中華書局.

〈欧文〉

Acemoglu, Kamer Daron, S. Johnson and J. A. Robinson [2008] "Income and Democracy," *American Economic Review*, Vol. 98.

Allen, G. C. and Audrey G. Donnithorne [1954] *Western Enterprise in Far Eastern Economic Development China and Japan*, George Allen & Unwin Ltd.
Allen, R. G. D. and J. Edward [1953] *International Trade Statistics*, John Wiley & Sons, Inc.
Bergere, Marie C. [1986] *The Golden Age of the Chinese Bourgeoisie 1911–1937*, Cambridge University Press.
Bickers, R. [2008] "The Chinese Maritime Customs at War, 1941-45," *The Journal of Imperial and Commonwealth History*, Vol. 36(2).
Chang, John K. [1969] *Industrial Development in Pre-Communist China, a Quantitative Analysis*, Edinburgh University Press.
Cheng, Yu-kwei [1956] *Foreign Trade and Industrial Development of China*, University of Washington Press.
China, The Second Historical Archives（中国第二歴史档案館）[2004] *China and the West The Maritime Service Archive*, Reading, Berkshire, U. K.; Woodbridge, Conn.
Dorrance, G. S. [1948] "The Income Terms of Trade" *The Review of Economic Studies*, Vol. XV.
Eastman Lloyd E [1988] *Family, Fields, and Ancestors: Constancy and Change in China's Social and Economic History, 1550–1949*, Oxford University Press.
GBFO (Great Britain Foreign Office) [1876] *Diplomatic and Consular Reports on Trade and Finance*, China, Commercial Reports on Hankou.
――――― [1886] *Diplomatic and Consular Reports on Trade and Finance*, China, Commercial Reports on Shanghai.
――――― [1891] *Diplomatic and Consular Reports on Trade and Finance*, China, Commercial Reports on Shanghai.
――――― [1893] *Diplomatic and Consular Reports on Trade and Finance*, China, Commercial Reports on Shanghai.
――――― [1894] *Diplomatic and Consular Reports on Trade and Finance*, China, Commercial Reports on Shanghai.
Hou Chi-ming [1965] *Foreign Investment and Economic Development in China*, Harvard University Press.
Hsiao Liang-Lin [1974] *China's Foreign Trade Statistics, 1864–1949*, Harvard University Press.
Inspector General of Customs (IGC: 中国総税務司) [1879] *Instructions for preparing Returns of Trade and Revenue, etc.*, First Issue, China. Imperial Maritime Customs (CIMC).
――――― [1881] *The Working of the Shanghai Office*, First Issue, CIMC.
――――― [1883a] *Instructions for preparing Returns of Trade and Revenue, etc.*, Second Issue, CIMC.
――――― [1883b] *The Working of the Shanghai Office*, Second Issue, CIMC.
――――― [1887] *Catalogue of Customs Publications, with Prices*, First Issue, CIMC.
――――― [1891] *The Working of the Statistical Department*, First Issue, CIMC.
――――― [1907] *Instructions for preparing Returns of Trade and Revenue, etc.*, Third Issue, CIMC.
――――― [1924] *List of Customs Publications with Alphabetical Index*, First Issue, China. Maritime Customs (CMC).
――――― [1932a] *Export Valuation List 1931*, CMC.
――――― [1932b] *Import Valuation List 1931*, CMC.
――――― [1935] *List of Customs Publications with Alphabetical Index*, Second Issue, CMC.
――――― [1940] *Documents illustrative of the origin, development and activities of the Chinese Customs Service*, Vol. 4, CMC.
――――― [1948] *Survey of The Trade of China, 1941–45*, CMC.

Imlah, Albert H. [1948] "Real Values in British Foreign Trade, 1798–1853," *The Journal of Economic History*, Vol. 8(2).
Jamieson, G. [1893] "Effect of the fall in Value of Silver on Prices of Commodities in China," *Reports on Subjects of General and Commercial Interest*.
Krueger, Anne O. and H. Sonnenschein [1967] "The Terms of Trade, the Gains from Trade and Divergence," *International Economic Review*, Vol. 8(1).
Krugman, Paul R. and M. Obstfeld [2009] *International Economics*, Pearson Education.
Lewis, W. Arthur [1978] *The Evolution of the International Economic Order*, Preston University Press.
London and China Express [Jun. 2, 1880].
Lyons, Thomas P. [2003] *China Maritime Customs and China's Trade Statistics 1859–1948*, Willow Creek of Trumansburg.
Maddison, A. [2007] *Chinese Economic Performance in the Long Run 960–2030AD*, OECD.
Matsui, Shichiro (松井 七郎) [1930] *The History of the Silk Industry in the United States*, Howes.
League of Nations (LN) [1925] *Memorandum on Balance of Payments and Foreign Trade Balances 1910–1924*.
North China Herald (NCH) [Mar. 16, 1894].
―――― [May. 25, 1883].
―――― [Nov. 17, 1886].
―――― [Oct. 11, 1889].
Platt, D. C. M. [1971] "Problems in the Interpretation of Foreign Trade Statistics before 1914," *Journal of Latin American Studies*, Vol. 3(2).
Prebisch, R. [1950] *The Economic Development of Latin America and Its Principal Problems*, United Nations.
Rawski, T. G. [1989] *Economic Growth in Prewar China*, University of California Press.
Remer, C. F. [1926] *The foreign trade of China*, Commercial Press.
Sargent, A. J. [1907] *Anglo-Chinese Commerce and Diplomacy*, Oxford.
Shiroyama, Tomoko (城山 智子) [2008] *China During The Great Depression – Market, State, and The World Economy, 1929–1937*, Harvard University Press.
Skinner, G. William [1964] "Marketing and Social Structure in Rural China," *Journal of Asian Studies*, Vol. 24(1).
Skinner, G. William (ed.) [1977] *The City in Late Imperial China*, Stanford University Press.
Stiglitz, Joseph E. [2002] *Globalization and its Discontents*, W. W. Norton & Company.
Stiglitz, Joseph E. and A. Charlton [2005] *Fair Trade for All-How Trade Can Promote Development*, Oxford University Press.
Todaro, Michael P. and S. Smith [2009] *Economic Development*, 10th Edition, Pearson/Addison-Wesley.
Harvard University [1970] *Chinese Maritime Customs publications*.
Williams, Faith M. [1921] "The Origin and Development of Modern Trade Statistics," *Quarterly Publications of the American Statistical Association*, Vol. 17(134).

あとがき

 本書は筆者が取り組んできた中国海関統計研究をまとめたものである．序章，終章は，今回新たに書き下ろした．その他の各章は，既に発表した論文を基礎に，本書のタイトルである「近代中国と広域市場圏」というテーマに沿うよう，大幅に加筆・修正を加えた．各章の初出論文は以下の通りである．

第1章 「銀価低落問題の数量的検討 —— 貿易と物価を中心として ——」(京都大学大学院経済学研究科学位申請論文「近代中国における貿易物価と市場構造」2008年，第1章)
第2章 「天津を事例とする近代中国貿易物価指数の推計 —— 1861～1940年 ——」(京都大学経済学会経済論叢別冊『調査と研究』第30号，2005年)
第3章 「戦前期中国の全国市場圏の形成と日本帝国」(『社会経済史学』第76巻・第3号，2010年，第1節を大幅に加筆)
第4章 「両大戦間期上海の貿易物価，貿易数量，所得交易条件」(京都大学大学院経済学研究科『東アジア経済研究』第1号，2007年)
第5章 「近代中国における市場形成」(堀和生編著『東アジア資本主義史論II』ミネルヴァ書房，2008年)
第6章 第3章初出論文の第3節を大幅に加筆．
第7章 「戦後初期中国の広域市場圏の再統合」(加島潤・木越義則・洪紹洋・湊照宏『中華民国経済と台湾：1945-1949』現代中国研究拠点研究シリーズNo. 8，東京大学社会科学研究所，2012年)
第8章 「近代中国の貿易統計」(『近きに在りて』第59号，2011年)
第9章 「貿易物価指数の推計」(京都大学大学院経済学研究科学位申請論文，第5章)

 海関統計は，中国経済史研究に携わる者であれば，誰もが知り，誰もが手にしたことがある基本的な資料である．けれども，90年にわたり刊行されたすべての統計書をくまなく見た人は少ないのではないだろうか．もし，海関統計の数値をすべてパソコンに入力したならば，近代中国経済のマクロ的概観は，どのよう

な姿となって現れるのだろうか．そんな，素朴な着想が，本書の出発点である．

　修士論文の執筆に本格的に取り組みはじめた 2000 年の春から，データ入力作業をはじめた．天津の 80 年分の統計を 9ヶ月かけて入力した．本書第 2 章は，私の修士論文でもある．次いで，上海の統計入力に 2 年以上費やした．このペースで行くと，すべての港湾（約 50 港）のデータ入力が完了する前に，私の生涯が終わってしまう，と気づいた時，既に博士課程 4 年になっていた．自分の計画性の無さにただ恥じ入るばかりである．2007 年から，20 世紀前半期に作業を集中させた．90 年と言う長期間でなくとも，1 年でもすべての港湾のデータを入力すれば，その時代の商品流通の構造が見えてくる，とようやく感じられるようになった．海関統計をすべて入力してこそ真の価値があると今でも思っているが，この切り替えがなければ，本書の刊行はできなかったと思う．本書の背後にある入力データは，近い将来，何らかの媒体で公開できればと思っている．それでも，海関統計全体の半分にも満たないのだが．

　本書をまとめるまでに，多くの方々のご指導，ご教示，そして励ましに支えられてきたことを改めて感じている．堀和生先生からは，京都大学経済学部 2 回生の時に演習への参加を許されて以来，公私両面にわたって様々なご指導をいただいてきた．論文を執筆することよりも，自分の知的好奇心の充足を優先しがちな不肖の弟子を見て，きっと先生は何度も嘆息されたに違いない．先生から幾度となく受けた警句と励ましがなければ，一篇の論文さえ書けなかったと思う．現在，先生は，日本帝国の貿易統計のデータベース化を進められている．それと海関統計を連結し，東アジア 100 年のデジタル貿易統計を完成させるお手伝いができれば，学恩にささやかながら報いることができるのでは，と思っている．

　京都大学の学部生の時点で，経済史研究を志す優れた先輩に出会えたことは，私にとって幸運であった．河﨑信樹氏は，学術文献の読み方から論文の書き方に至るまで，丁寧にご教示してくださっただけでなく，研究の袋小路に陥った私に何度も手を差し伸べてくださった．菅原歩氏には，私の拙い着想や思いつきにすぎない「発見」を幾度となく聞いていただき，研究を進める勇気をたくさんいただいた．そして，大学院で同じ演習に所属していた堀内義隆氏，福岡正章氏，そして学部演習の先輩の大澤篤氏からは，私が研究報告をするたびに貴重なご意見をいただいた．

　大学院に進学し，山本有造先生の演習に参加できる機会を得たことも，私が研

あとがき

究を続ける原動力であった．東洋史学の正規の訓練を受けたことがない私が，経済学研究科で中国経済史学を続ける不安は，博士課程にあがった後も大きかった．そんな不安を山本先生の前で口にした時，「けれども，君が修士論文でやったことは，日本にも現代にも当てはめることができることだろう」とお言葉をいただいた．刊行統計を活かすも殺すも方法にかかっている，と教えていただいた時，私は経済学の方法と概念で近代中国経済を描く道を追求しようと思った．

　経済史は史学なのか経済学なのか．この問題をめぐり，演習を終えた後に，橋口勝利氏，内藤友紀氏とたびたび議論したことが懐かしい．日本綿業史を専門とする橋口氏が精力的に全国大会で報告し，学会誌に多くの論文を寄稿する姿をみて，同世代の研究者として大きな刺激を受けている．所属演習を同じくしていた内藤氏とは，大学院で最も長く時間を共有させていただいた．私より経済学に精通し，歴史・文学の幅広い知識をもつ内藤氏との議論と会話は，かけがえのない時間であった．

　私は優秀な後輩たちにも恵まれた．中でも小堀聡氏，竹内祐介氏の二人に感謝したい．日本経済史を専門とする小堀氏からは，私では学術的評価や判断ができない多くの研究の意義について，教えてもらう機会が多い．本書序章の草稿も通読してもらい，貴重なアドバイスをいただいた．竹内氏からは，私の研究について，いつも忌憚のない意見をもらっている．先輩・後輩の関係を超えて，同じ経済史研究を歩む者として，深い信頼関係に支えられている．竹内氏には，本書全体の草稿に目を通してもらった．改めて感謝を申し上げたい．

　久保亨先生は，京都大学の中でだけ研究を進めていた私に，中国史研究者との広い交流の場を与えてくださった．先生が主催される様々な研究会を通じて，富澤芳亜先生，萩原充先生といった，今まで著作を通じて学ばせていただいていた先達の方々に，直接お話を伺うことができた．また，同世代の中国研究者である湊照宏氏，加島潤氏，吉田建一郎氏，今井就稔氏と面識を得たことも，私の大きな財産となっている．特に，湊氏，加島氏と一緒に仕事ができたことは，研究者として独り立ちできていなかった私に大きな自信を与えてくれた．

　なお，本書の刊行にあたっては，京都大学の「平成23年度総長裁量経費若手研究者に係る出版助成事業」による出版助成を受けた．また，海関統計の中国現地調査では，京都大学人文科学研究所・大学院経済学研究科から助成を受けた．その際にお世話になった先生・事務職員の皆さまに感謝を申し上げたい．そして，京都大学学術出版会の斎藤至氏には，本書のタイトルから内容の細かなチェッ

ク・修正まで，大変お世話になった．最初の読者でもある斎藤氏から「本書の特徴は，歴史人文的な要素をもちながら，経済学の方法で分析されたものですね」と言っていただいた時は，私の意図が読者に伝わるものだ，と嬉しかった．本書の装幀から構成に至るアイディアの多くは，斎藤氏からいただいたアドバイスに基づいている．心より感謝を申し上げる．

　最後に，私が本格的に研究者の道を歩みはじめる前から，エールを送り続けてくれた故郷大館市の名士の皆さま，そして花岡事件と中国人強制連行問題の市民活動を通じて出会った数多くの人たちに感謝の気持ちを述べたい．谷地田恒夫氏，川田繁幸氏，伊藤治兵衛氏，鈴木泰人氏，櫻井秀一氏，猪八戒氏，老田裕美氏には大変お世話になった．そして，私が高校2年生の時に，はじめて出会った研究者である杉原達先生は，いつも私の成長を見守ってくださっている．

　本書を，私の人生と学業が楽しくあれと願い続けてくれる母陽子にささげる．

2012年4月28日

　　　　　　　　　　　　　　　　　　　　　　　　　　　　　　　木越　義則

索 引

[アルファベット]
BEC分類　155-156
C.I.F.　49, 114, 237, 240, 259-262, 267-268, 270, 293
F.O.B.　49, 237, 240, 259-262, 267-270, 293
GDP　2
GHQ　231, 245
Hou Chi-ming（侯継民）　12, 259-262, 267
Hsiao Liang-lin　12, 224, 237-238, 244, 252, 259-260, 293
Jamieson, G.　45-46, 48-49, 60
SITC（国際連合標準国際貿易分類）　71-73, 112, 131, 231
UNRRA（アンラ：国際連合救済復興機構）→アメリカ援助
Valuation System　265-267

[ア行]
愛琿　94, 152, 170
麻袋　161
アジア　7, 15-16, 22-23, 30-34, 39, 50, 61-63, 98, 139, 150, 201-202, 205-206, 240
　西——　97, 99, 104, 164, 175, 181, 200-202, 206, 218, 286
　東——　15, 18, 100, 103, 115, 139, 201-202, 206, 220
　南——　99, 104, 164, 175, 181, 200-202, 218
アジア間貿易　16, 35, 139
アジア交易圏論　7, 31, 34
アメリカ
　——援助（UNRRA）　190-191, 197, 216, 235, 287
　——銀政策　36, 48
　北——（北米）　97, 99-100, 104, 107, 164-165, 175-176, 181, 184, 199, 218
　南——（南米）　23, 97, 164, 175, 181
　貿易（対中）　20, 23, 38-40, 57, 68, 83-84, 97, 100, 107, 144, 164-165, 172, 175, 177, 181, 184, 195, 199-202, 205-206, 208, 215, 218, 286
　貿易（対日）　286, 288
アフリカ　97, 99, 104, 164, 175, 181, 201-202, 206, 218, 286, 289
アヘン　7, 18-19, 43, 72-73, 77, 81-82, 178, 229-230, 234, 250
アヘン戦争　6, 229, 239
亜麻　62
厦門　94, 143, 147, 154, 163, 170, 193-194, 204, 210-211, 309, 311, 313
安徽　131, 148, 152, 163-164
アングロ・サクソン型　229
アンチモニー　→金属
安東　67, 94, 152, 164, 170, 175, 181, 195, 234
威海衛　143, 147, 154, 163, 170, 194-195, 204, 210-211, 233, 309, 311, 313
イギリス
　外交　6, 14, 173-174, 229, 233
　物価　37-39, 44-45, 57
　貿易　38-40, 60-61, 97, 148, 201
　貿易統計　226, 228-230, 236-237, 239, 244
　ポンド　36-37, 114, 238
　綿業　59
イタリア　56-57
一次産品　11, 16, 18, 23-24, 32, 35, 60, 63, 66, 68, 71-80, 83, 85, 91, 95, 97, 100, 102-103, 105, 110-111, 114, 156, 172, 175, 184-185, 191, 193, 201, 205, 207-208, 214, 216, 219, 278, 281-283, 286, 289, 307
　——価格　14, 23, 61, 69, 75-77, 79, 86, 110, 112, 277
　——輸出　11, 14-16, 23-24, 32, 35, 65-66, 69, 75, 77-80, 82, 85, 87, 91-92, 96, 111, 131-132, 172, 184-185, 197-198, 202-203, 205, 218-219, 278, 281-283, 285-

335

286, 288
衣類　72, 132, 212-215, 315
印刷物　145-146, 158, 199
インド
　アヘン　81
　銀　48, 60-61
　茶　51-53
　物価　30-32, 34, 36-38
　貿易　39-40, 62-63, 97, 182, 195
　貿易統計　231, 236
　綿糸　15, 32, 41, 44, 58-62, 139
インドネシア（蘭領印度）　15, 201, 203
インフラ　17, 67-68, 87, 171, 189, 191, 219
インフレーション（インフレ, 物価上昇）　4, 21, 32, 45, 60, 68, 113, 124-125, 128, 142, 144, 178, 188-189, 192, 198, 238, 263, 276
飲料　72, 120-128
ウェイト（Weight）　53, 123, 125, 249-251, 266, 276
羽毛　62, 180
雲南　19, 81, 163, 177, 207
営口　→牛荘
エジプト　201
粤漢鉄道　148-149, 152, 175, 194, 205, 207-208
沿海市場圏　→市場圏
沿海部（沿海地域，沿岸部）　1, 13-15, 19-20, 139, 150, 157, 161, 169, 172, 174-175, 177, 181-182, 184, 188, 191-193, 195, 216, 234
遠隔地間決済　5
遠隔地間流通（遠隔地間交易）　16, 19-21, 62, 92-93, 95, 97-98, 100-101, 105, 139, 141-142, 150-152, 155, 160, 162, 174, 185, 239, 247, 290
沿岸貿易　→国内貿易
援蒋ルート　185, 188
烟台（芝罘）　65, 67, 94, 143, 147, 154, 163, 170, 194-195, 204, 210-211, 309, 311, 313
オーストラリア　60, 236
欧州　→ヨーロッパ
汪兆銘政権　141, 173, 177, 188, 234, 243, 252, 317, 319-320
欧米　2-5, 16, 26, 39, 55, 57, 173-174, 178-179, 181, 185, 199, 224, 230, 240, 283-286

王良行　275-276
大塚久雄　10
オセアニア　97, 164, 175, 181, 201-202, 206
オランダ　201
温州　94, 143, 147, 154, 163, 170, 183, 194, 204, 210-211, 309, 311, 313

[カ行]
外貨　106, 191-192, 197, 287
海外市場　→外国市場
改革開放　1, 22, 287-289
海関　→中国海関
海関金単位（G.U.）　173, 238, 260, 262
海関統計　3, 11-12, 20, 42, 45, 48, 66, 83, 94-95, 105, 131, 141-142, 152, 155, 177, 209, 223-245, 247, 251-253, 263-270, 274, 275, 290, 293-294, 317-322
海関両（Hk.Tls.）　37, 238, 259-260, 262
海峡植民地　→シンガポール
蚕（繭）　51, 53-54, 56
開港　1-6, 8-11, 13-14, 17, 19, 22, 29, 50, 53, 60, 66, 68-70, 72-73, 78-79, 83, 86, 91, 100, 128, 139-140, 228-229, 277-279, 288-289
開港場　→開港都市
開港場間流通　17-18, 139
開港場市場圏　→市場圏
開港都市　7-9, 12, 16-19, 29, 50, 59, 63, 65-67, 75, 81, 83, 86-87, 91-92, 94-95, 102, 107, 140-144, 147, 152-154, 160-164, 170, 173, 176-178, 180-181, 194, 224, 232-234, 237, 247, 264-265, 274, 309-314
外国式船舶　→船舶
外国市場（海外市場，輸出市場）　4, 24, 50-51, 53, 55-56, 76, 80, 82-83, 98, 100, 102, 131, 136-137, 150, 162, 172, 181, 185, 190-192, 205, 208, 218-219, 281-282, 285, 287-288
外国商人　9, 44
外国人税務司制度　3, 7, 173, 227, 231
外国籍船舶　→船舶
外債　31, 106, 173-174
海上交易（海上貿易）　3, 178, 227, 232, 239
海水産物　→水産物
海南　163

索　引

開発経済理論　5, 8, 23, 69, 75, 189, 191, 218-219, 277, 280-281
価格波動　14, 22, 24, 29, 34, 45, 69, 75-77, 128, 277
科学院指数　262-264
化学品（化学製品）　72, 99, 104, 120-122, 124-128, 145-146, 158, 199-200, 202, 207, 212-215, 315
岳州　94, 143, 147, 154, 163, 170, 179, 193-194, 204, 210-211, 309, 311, 313
果実　72, 145-146, 148, 158, 160, 180, 199
華中沿海　94, 97-101, 103-107, 143, 147, 154, 162, 164-165, 170, 174-176, 179, 181, 185, 192-193, 196, 238, 309, 311, 313
カナダ　201
河南　67, 81, 131
華南（華南沿海と華南辺境）　22, 67, 94, 96-100, 104-107, 148, 152, 162, 164-165, 170, 172-173, 175-176, 179, 181, 192-193, 196, 218, 239, 243, 265, 281, 283-285, 322
華南沿海　13, 15, 48, 142-145, 147-148, 150, 154, 164, 174, 180, 183-184, 238, 309, 311, 313
華南辺境　142-145, 147, 154, 183-184, 194, 203-204, 206-207, 210-211, 214-215, 218, 310, 312, 314
カバレッジ率（Coverage Rate；CR）　253, 262
河北（直隷）　15, 67, 81-82, 152, 162-163, 194, 203-211, 214-215, 218
華北（華北沿海と華北内陸）　21, 23-24, 65-68, 75, 78-81, 83-87, 103, 169, 171-172, 178-179, 185, 192-193, 195, 218, 238-239, 283-286
華北沿海　94, 96-100, 104-105, 107, 143-144, 147, 150, 154, 157, 162, 164-165, 170, 174-176, 178, 181, 196, 242-243, 265, 309, 311, 313
華北内陸　170, 183-184
紙　50-51, 62, 72-73, 81, 130, 145-146, 148, 158, 180, 199
ガラス　145-146, 158, 199
何廉　12, 262
皮　→皮革（ひかく）
為替相場　4-5, 14, 30, 32-39, 44-45, 47-48, 60-62, 71, 114, 188-189, 191, 197-198, 238, 278
漢口　65, 75, 94, 105, 131, 140, 143, 147-148, 154, 157-158, 163, 170, 174-175, 178-180, 182, 185, 193-194, 204, 210-211, 233-234, 238, 265, 309, 311, 313
関税
　国定——　228, 233, 239, 264, 317
　輸出——　237, 260, 268, 293
　輸入——　7, 114, 234, 237, 238-239, 268
関税自主権　5-6, 153, 173, 225-226, 228-231, 234, 244-245
関税政策　5, 20, 93, 114, 140, 153, 164, 173, 184, 217
関税制度　224-226, 228-229, 231, 245
関税表（税則表）　229-231, 239, 266
関税率　5, 31, 81, 231, 239, 267
関東州　→大連
広東　16, 152, 163, 180, 194, 204-207, 210-211, 214-215, 217-218
関内　20-21, 24, 140-144, 147-155, 157-162, 164-165, 174-175, 181, 185, 241, 247, 274-275, 309, 311, 313
関内市場圏　→市場圏
生糸
　中国——　29, 33, 48, 51, 53-57, 60, 98-99, 104-105, 124-126, 128, 132, 199-200, 202, 230, 278, 315
　日本——　34, 55, 57, 286, 288
機械　72, 99, 104, 112, 120, 124-128, 191
企業　5
　外国——　7-8, 101-102, 288
　民族——　102
企業家　4, 8-9, 229
岸本広吉　177
貴州　19, 81, 207
技術　4, 79, 81, 87-88, 219, 280-281, 288-289
宜昌　94, 143, 147, 154, 163, 170, 182-183, 194, 204, 210-211, 309, 311, 313
希少金属　→金属
汽船　→蒸気船
北アメリカ（北米）　→アメリカ
冀東特殊貿易　239, 274
絹　13, 32-33, 44-45, 50-51, 53-56, 60-61, 63,

337

索　引

98-99, 104, 121, 126, 128, 132, 144, 150, 180
九江　94, 143, 147, 154, 163, 170, 193-194, 204, 210-211, 309, 311, 313
牛荘（営口）　67, 94, 152, 164, 170, 175, 181, 195, 234
教育　280
共産党　21, 169, 193-195, 242, 287, 293, 319-320
曲江　94, 170, 183
義和団事件　77, 96
銀　5, 14-15, 29-32, 34, 36-37, 42, 44-48, 127, 235, 238
　——価低落　14, 16, 22, 29-36, 38-40, 44-46, 48, 50-51, 53-55, 57, 60-62, 65, 71, 139, 238, 278
　——危機　113, 142, 150
　——効果重視説　31, 34-35, 37, 40, 44
　——効果否定説　31, 33
　——収支　48-49
　——ストック　46, 49, 61
　——銭比価　33, 35, 40-42, 44, 59, 61, 139
　——本位　30, 35
　——利用国　30-31, 34, 37-39, 60
金
　——貨国　30, 34, 38-40, 42
　——銀比価　33, 35-37, 44, 46, 60-61, 71, 139
　——本位　14, 30-31, 35, 37
金元（G.Y.）　238, 259
銀行　5, 174, 177, 191
均衡　6, 17, 49, 91, 133, 197-198, 212
均斉的成長　24, 91, 172, 185
金属　73-75, 157
　——製品　72
　貴——　48-49, 235
　希少——　111, 148, 157, 161-162, 182, 278, 282
　非鉄——　72-73
近代的運輸通信手段　20, 67, 139
金融改革　4, 280, 288
金融
　——機関（金融組織）　79, 87, 101
　——危機　4

——市場　5, 191
——資本　16-17
——制度　5, 20-21, 139
——政策　4, 93, 178, 188, 217, 280
九龍　48, 94, 143-144, 147-148, 154, 163, 170, 177, 193-194, 203-205, 208, 210-211, 227, 232, 239, 309, 311, 313
靴（はき物）　72, 129-130
靴下　122, 129-130
久保亭　20, 140, 153, 239
黒田明伸　17-18, 65-66
軽工業　105, 161, 184, 278, 282
軽工業品　71-75, 80, 105, 162, 188, 191, 203, 208, 213, 307
経済史　5, 11, 92, 141, 165, 286
　アジア——　185
　西洋——　10, 33
　中国——　2-3, 6-7, 10, 12, 93-94
　日本——　9-10, 34
経済成長　1, 80, 189, 218, 277, 281, 289
経済統計　3, 11, 169, 228, 231, 248
経済統計に関する国際条約　231, 236
瓊州　94, 143, 147, 154, 163, 170, 193-194, 204, 210-211, 310, 312, 314
桂皮　62
毛織物　43
毛皮　67, 72, 104, 132, 144-146, 158, 178, 199
原材料（原料）　13, 15, 59, 61, 65, 69, 72-73, 82, 84, 87, 91, 99, 104-106, 109-111, 118, 120, 122-128, 132, 144, 153, 155-156, 179, 181-182, 190-191, 199, 217, 219, 278, 281-283, 285, 287
交易条件　24, 69, 109, 111-113, 133-137, 198, 282
広九鉄路　232
鉱工業生産指数　150-151
工業化　1, 4-6, 19, 21, 23-24, 32, 34, 62, 85, 87-88, 91, 93, 101-103, 105-106, 109, 111-113, 117, 120, 128-129, 139, 164, 172, 185, 218-219, 280, 283, 286, 288-289
工業国　→先進国
工業製品　6, 25, 32, 35, 44, 63, 66, 69, 72, 75, 85-86, 88, 99, 101-102, 104, 119-128, 131, 150, 164, 175, 179, 219, 282-283, 285-288

338

索 引

工業製品価格　110-112, 114
工業投資　67, 101-103, 109, 170, 282, 287-288, 290
工業部門　4, 10, 17, 21, 23-25, 69, 84, 86-87, 91-93, 103, 105-106, 109-111, 114-115, 117, 133-134, 137, 171-172, 176, 184-185, 190, 192-193, 208, 217, 219, 280-290
航空機産業　282
鉱産物（鉱物）　111, 144-146, 148, 152, 157-158, 171-172, 178, 182, 195, 199-202, 207, 212-215, 286, 315
鉱産物製品（鉱物製品）　72-73
膠州　→青島
杭州　94, 143, 147, 154, 163, 170, 193-194, 204, 210-211, 309, 311, 313
広州　65, 94, 140, 143, 147, 154, 163, 170, 175, 178-180, 183-184, 193-194, 203-205, 208, 210-211, 227, 232, 234, 237, 242-243, 265, 309, 311, 313
広州湾　233
工場　18-19, 57, 81-82, 101-102, 169, 179, 182, 189
後進国　→途上国
香辛料　73, 145-146, 158, 199
江西　131, 152, 163-164
広西　163, 180, 207
江蘇　41, 131, 162-163
江南　11, 13, 15, 66, 281
拱北　48, 94, 143, 147, 154, 163, 170, 183, 194, 204-205, 210-211, 227, 232, 239, 309, 311, 313
江門　94, 143, 147, 154, 163, 170, 190, 194, 204, 210-211, 309, 311, 313
香油　62
港湾　3, 172, 180, 182, 193, 195, 203, 205, 209, 228, 233-234, 237, 252
国際価格波動　→価格波動
国際経済　→世界経済
国際経済統計会議（ジュネーブ会議）　228, 231
国際経済論　5, 23, 277
国際市場　→世界市場
国際収支　4
国際分業　15-16, 20, 22-23, 29, 31-32, 34-35, 61, 63, 65, 84, 91, 95, 97, 100, 190, 203, 207-208
国際貿易　2, 5-8, 10-12, 14, 17-19, 30, 33, 65-66, 68, 78, 107, 109, 117, 189, 277-278, 280-281, 287-290
国際貿易論　12
国際連盟　224, 231
国内経済　3, 25, 32, 106, 219
国内市場　1, 15-16, 19-20, 23-24, 51, 54-56, 60, 82-83, 88, 91, 93-94, 101-102, 105-106, 109-114, 117, 129, 131-133, 136-137, 150, 153, 157, 160, 172, 185, 188, 191-192, 218-220, 280, 282-283, 286, 288
国内分業　1, 16, 20, 23, 87, 91, 162, 190, 203, 208-209
国内貿易（沿岸貿易，埠際貿易，開港場間貿易）　12, 20, 45, 84, 91, 95-96, 100, 102, 105-107, 112, 117-118, 122-123, 128-129, 134-137, 139-142, 150, 152-153, 155-157, 160-164, 171, 174-175, 178, 181, 188, 196-197, 207, 209, 212, 214, 216-217, 228, 231, 234, 236, 239, 243, 265, 267, 269-270, 274-275, 294
国内貿易税（沿岸貿易税，転口税，移出税，移入税）　234, 236, 267-269
国内貿易統計　→貿易統計
国内流通税　7, 81, 182, 234
国幣元（法幣，St.$）　173, 177, 188-189, 191-194, 204, 206, 209-212, 214-215, 238, 260, 262
国民経済　1, 6, 10-12, 17, 20-21, 23-25, 65, 84, 93, 102, 172, 187, 190, 207, 219-220, 224, 226, 228, 231, 244, 264, 280, 283, 287
国民国家　106, 244
国民政府　1, 4-5, 20-21, 24-25, 93, 103, 109, 114, 139-140, 148, 153, 169-170, 172-175, 177-179, 181-182, 184-185, 187-195, 197, 203-204, 206-211, 214-217, 219-220, 226, 234, 238-239, 241-242, 252, 275, 280, 285, 287, 293, 319-320
――財政部　173, 177, 192
――財政部国定税則委員会　275-276
国民政府支配地域　21, 139, 169, 170, 175, 178, 181-182, 184-185, 204, 206-207, 210-211, 214-215, 238, 241-242, 293, 319-320

339

索　引

穀物（雑穀）　13, 16, 48, 50-51, 73, 104-105, 145-146, 152, 157-158, 179, 199-202, 212-216, 282-283, 315
梧州　94, 143-144, 147-148, 154, 163, 170, 183, 194, 204, 210-211, 310, 312, 314
呉承明　20, 140-141, 160, 162
小瀬一　17-18, 139, 224
国共内戦　21, 188, 212, 239, 287
湖南　11, 148, 152, 162-164, 193
湖北　148, 162-164, 174
胡麻　157
ゴム　72, 130
小麦　48, 73, 160, 178, 191
小麦粉　73, 86, 104-105, 127-130, 155, 161, 178, 212-215, 315
米　45, 48, 73, 99, 127-130, 152, 157, 159, 161-162, 178, 180, 191
琿春　94, 152, 170
昆明　→蒙自

[サ行]

再移出　119, 152, 209, 215, 236, 269-273, 279, 294-295, 303-306
在華紡　102-103, 170
財政　5, 31, 190
　　——政策　4, 21, 188
再輸出　98, 115, 118-119, 131, 135, 236, 268-269, 273, 279, 294-295, 299, 305-306
再輸入　209, 236
採油用種子（種子）　32, 51, 72, 75, 98-99, 104-105, 124-125, 132, 144-146, 157-158, 199-202, 207, 212-215
酒（焼酎）　62, 72, 130, 145-146, 148, 158, 199
沙市　94, 143, 147, 154, 163, 170, 183, 194, 204, 210-211, 309, 311, 313
雑品（雑貨）　32, 42, 52, 80, 99, 104, 112, 120-122, 124-129, 145-146, 158, 161, 199-202, 207, 212-215, 288, 315
砂糖　13, 16, 43, 50-51, 73, 145-146, 153, 155, 158, 161, 164, 178, 180, 188, 199-200, 202, 213-215, 217, 239, 274-275, 315
真田紐　51, 72, 80
産業革命　9, 15, 92
産業政策　5

三水　94, 143, 147, 154, 163, 170, 193-194, 204, 210-211, 309, 311, 313
三姓　94, 170
山東　13, 15, 65, 81, 92, 103, 131, 152, 163, 193-195, 203-208, 210-211, 214-215, 218, 242, 293
三都澳　94, 143, 147, 154, 163, 170, 183, 194, 204, 210-211, 309, 311, 313
産地別勘定　236
サンフランシスコ平和条約　→条約
シェーレ現象　110-111, 133
塩　13, 158, 159, 161, 178, 214
自給自足　10, 288
子口半税　7, 234
市場介入　4, 6-7
市場価格評価　229, 237, 240, 259-260, 265-269, 276, 293
市場機会　1, 4, 7, 188
市場経済　1, 3, 8, 12, 17, 33, 66, 102-103, 184
市場圏　1, 3, 9-18, 21-24, 29, 65-66, 68, 70, 75, 84, 86-88, 91-96, 100, 103, 106, 169, 172, 174-176, 181, 185, 187, 277, 279, 284-285, 287, 290
　沿海——　13-14, 17, 22, 139, 174, 278-279
　開港場——　16-18, 22-23, 65-66, 68-70, 75-78, 81-87, 91-92, 95, 97, 100-101, 103, 107, 278-279, 281-282, 285
　関内——　24, 139, 164-165, 218-219, 279-280, 283-285
　局地的——　7, 10, 13-14
　広域——　1, 23, 66, 77, 83, 85, 87, 109, 165, 184, 187, 190, 217, 283
　全国——　13, 18, 20-24, 65, 103, 107, 139, 161, 164-165, 174, 185, 277, 284-285, 287
　地域的——　10, 13, 92, 98
　長江——　23, 91-92, 95, 106-107, 165, 278-280, 282-285, 287
　南方——　217-219, 279
市場研究　3-4, 12
市場秩序　6-7, 9, 188
市場メカニズム（市場調整機能）　4-6, 9, 21, 178
刺繍品（レース）　132, 200, 202, 315

索 引

指数理論　248, 250
四川　11, 19, 81, 148, 162-164, 175, 182, 193, 207
自動車産業　144, 282, 286
シベリア　232
資本財　73, 118, 120, 155-156, 191
資本主義　4, 10
資本蓄積　9, 282, 288
思芽（シモン）　94, 143, 147, 154, 163, 170, 183, 194, 204, 210-211, 310, 312, 314
社会主義　1, 21, 288-289
社会的分業　2, 10, 13, 50, 140, 156, 164, 184
ジャンク　→船舶
上海　16-18, 43, 46, 50-56, 59-60, 63, 66-68, 83-85, 94, 98, 100-101, 103, 105, 107, 114-119, 128-129, 131-136, 139-140, 144, 147-148, 150-151, 154, 157, 162, 164-165, 170, 173-175, 177-179, 182-183, 192-195, 203-218, 227, 230, 234, 237-238, 242-243, 265-266, 268, 270-274, 283, 285, 305-306
――工業（工業化）　1, 4, 9, 20-21, 23-25, 82, 85-86, 88, 91-93, 101, 103, 105-106, 109-112, 114, 117, 120, 132-133, 137, 139, 150-151, 162-164, 172, 179, 184, 191, 193, 208, 213, 216-217, 282-285, 287
――貿易物価　46-47, 52-53, 55-60, 85, 112-115, 129, 133, 135, 142-144, 247, 263-264, 269, 274-275, 295, 299, 301, 303, 309, 311, 313
上海海関　240-241, 264-265, 267, 274
上海総税務司　170, 177, 181, 317, 321
上海ネットワーク　16, 18
上海両（Tls.）　238, 259-260, 262, 270-273, 305
重化学工業　278, 282-283, 286
重化学工業品　71-73, 80, 307
重慶　94, 143, 147, 154, 157, 163, 169-170, 177, 183, 192, 194, 204, 209-211, 309, 311, 313
重慶総税務司　170, 177, 183, 317, 321
従属　6-7, 9, 20
種子　→採油用種子
ジュネーブ会議　→国際経済統計会議
常関　3, 227-228, 232, 274, 319

蒋介石政権　→国民政府
蒸気船（汽船）　140, 142, 150-152
上饒　170, 183
消費財　32-33, 41-44, 67, 73, 75, 80, 103, 148, 155-156, 171, 178, 278
消費市場　15, 106, 161-162, 289
商品経済　2, 9-10, 13, 15, 17, 65, 69, 139
商品流通　1-3, 7, 9-10, 17-18, 91-92, 95, 182, 184-185, 188-189, 193, 212, 217, 224
情報の非対称性　6, 9
生薬　51, 72, 145-146, 158, 161, 199
条約　223, 226-227, 229-231
　　国際――　173
　　サンフランシスコ平和――　203, 231
　　通商――　6-7, 9, 14
　　天津――　7, 234
　　南京――　239
　　不平等――　7, 226, 229-231, 245
条約国
　　交渉――　7
　　敗戦――　5, 7
植民地　16, 61, 65, 92-93, 195, 214, 220, 227, 230, 233, 236, 286
食料（食糧）　69, 72-75, 99, 104, 109-110, 120, 123-128, 155-156, 160, 179, 191, 195, 199-200, 202, 207, 212-216, 219, 228, 235, 281, 287, 315
書籍　130
飼料　99, 104, 132
城山（佐々波）智子　4, 131, 274
シンガポール（海峡植民地）　148, 201
新疆　170, 183, 204, 206-207, 210-211, 233
人口　2, 14, 16, 33, 78-79, 103, 182, 220, 288
申告価格　31, 229, 237
新国幣元（C.N.$）　259
人絹　120-121, 155, 239, 274-275, 286
清代　3, 13
清朝　3, 14, 227-228
秦皇島　94, 143-144, 147-148, 154, 163, 170, 172, 193-194, 204, 210-211, 309, 311, 313
清仏戦争　232
瀋陽　195
綏遠　170, 183
水産物（海水産物）　145-146, 148, 158, 199,

341

索 引

235
綏汾河　94, 170
スウェーデン　43
スキナー，ウィリアム (Skinner, William)　9-11
杉原薫　19, 30, 39, 98, 240
杉山伸也　34
スティグリッツ，ジョセフ・E. (Stiglitz, Joseph E.)　6
汕頭　94, 143, 147, 154, 163-164, 170, 193-194, 204, 210-211, 309, 311, 313
製糸業　56
税則表　→関税表
錫　43, 148
西安　170, 183
税関行政　141, 173-174, 177, 193, 195, 233, 240, 244, 252
税関制度　223-227, 230, 244-245
西江　65, 194, 204-207, 210-211, 214-215, 217-218, 265
成都　170, 183
西南諸省　19, 81, 169, 172, 182, 282
西洋　29, 31, 43, 227-228
西洋人　29, 226-227, 244
セイロン　52-53
世界恐慌　68, 113, 136-137, 150, 283
世界経済（国際経済）　1, 6-7, 9, 14-16, 18, 20, 22, 24, 30, 62-63, 69, 76-77, 93, 107, 162, 176, 280, 289
世界市場（国際市場）　8-9, 15-16, 18, 29-30, 33, 51-53, 56, 60, 65-67, 75, 78-79, 86-87, 95, 103, 128, 144, 150, 172, 176, 185, 195, 199, 207
石炭　43, 72, 99, 103-106, 122, 130, 144, 148, 152, 157-159, 161-162, 172, 180, 199-202, 212-215, 217, 228, 283, 315
石油　73, 203, 286
石鹸　81, 122, 130
浙江　131, 163, 194, 204, 206-207, 210-211, 214-215, 217-218
銭　→銅銭
銭圏　33, 59
セメント　130
繊維原料　72-73, 80, 132, 144-146, 157-158, 199-200, 202, 207, 212-216, 315

繊維製品　72-75, 120, 126, 144-146, 158, 199-202, 205, 207, 212-215, 315
先進国（工業国）　5, 9, 31, 65, 82-83, 85, 87, 189, 202, 205, 218-219, 277-278, 281-283, 286, 288
扇子　62
船舶　3, 173, 175, 179-180, 234-236, 275
　　──不足　171, 178, 185
　　外国式──　103, 140, 227-228, 231-232, 234-235
　　外国籍──　174, 177
　　中国式──（ジャンク）　139-140, 151, 180, 227-228, 232, 239, 260, 274, 293
　　中国籍──　173
染料　73, 145-146, 158, 199
ソーダ　130
相対価格　22, 33, 35, 62-63, 69, 73, 110, 112-114
租界　173, 176, 179, 185
蔬菜　72, 132, 145-146, 148, 158, 160, 180, 199
租借地　92, 233
蘇州　94, 143, 147, 154, 163, 170, 193-194, 204, 210-211, 309, 311, 313
ソ連　67, 97, 99, 104, 111, 164, 175, 181-182, 190, 195, 201-202, 206, 231, 233

[タ行]

タイ　201, 203
第 1 次世界大戦　4, 6, 9, 19, 23, 81-85, 95-97, 100-103, 105-106, 109-111, 113, 115, 118, 139, 177, 278, 280, 282, 289
大豆（―油，―油粕）　13, 15, 32, 48, 62, 72, 75, 98-99, 103-106, 125, 128, 130, 145-146, 153, 157-159, 161, 164, 199, 283
大東亜共栄圏　171, 177-178, 180, 203, 217
大東溝　94, 170
台南（高雄）　193, 270-272
ダイバーシティ経済 (diversity economy)　184, 219, 277-278, 280-283, 285-287, 289
太平天国の乱　2, 19
太平洋戦争　24, 169-174, 176-178, 180, 184-185, 188-189, 193-196, 199, 203, 205, 208, 226, 233-234, 238, 241, 244, 252, 285-287
台北　177, 193

大陸欧州（大陸ヨーロッパ） →ヨーロッパ
大陸ヨーロッパ型　229, 231
大連（関東州）　67, 92-94, 141, 148, 152, 164, 170, 175, 177, 181, 233, 239, 274-275
タイル尺度　141, 148-149, 160-161
台湾　25, 188, 194-195, 199, 203-204, 206-207, 210-211, 214-220, 231, 238, 270, 286-287, 293, 319-320
高雄　→台南
竹　144-146, 148, 158, 199
煙草　50-51, 61-62, 72-73, 99, 104, 105, 120-128, 130, 132, 145-146, 152, 158, 161-162, 199, 212-215, 315
　紙巻——　11, 81, 86, 105, 122-123, 128-130, 155, 161, 178, 212-215, 239, 253, 274, 315
卵（鶏卵，卵粉）　32, 52, 72, 104, 127, 132, 178, 200, 202, 315
タングステン　→金属
淡水　270-272
チベット　233
地方政府　17, 242
茶　13, 29, 32-33, 44-45, 48, 50-53, 55-56, 60-61, 63, 73, 75, 98-99, 104, 111, 127-128, 132, 144-146, 150, 158, 161-162, 199-200, 202, 212-215, 217, 230, 233, 278-278, 315
中央政府　4, 7-8, 17
中華人民共和国　3, 21-22, 187, 220, 231, 259, 287, 289
中華民国　67, 158-159, 187, 228, 231, 317
中華民国臨時政府　321
中継貿易　234-235
　上海　18, 100, 115, 117-118, 120, 133, 139, 212, 216-217, 264
　香港　39, 236
中国海関（China. Maritime Customs; CMC）　3, 37, 42, 46-47, 95, 112, 143, 146, 173, 177, 187, 198-199, 223, 225, 227-228, 235, 237, 239-244, 252, 265, 267, 310, 312, 317
　——統計科　223, 230, 237, 239, 242
中国経済　1-4, 6, 8-9, 13-14, 17, 20, 22-24, 29, 31-33, 66, 84, 93, 96, 102, 141, 185, 187, 208, 218-219, 253, 278, 283, 285-289
中国式船舶　→船舶
中国市場　6, 8-10, 13-15, 18, 32, 43, 59, 92-93, 97, 101-102, 184-185, 282
中国籍船舶　→船舶
中国総税務司（Inspector General of Customs; IGC）　3, 173, 177, 227-228, 231-234, 237, 239-240, 242-243, 259, 317, 319
長江市場圏　→市場圏
長江流域　15, 23-24, 65, 85, 91, 94, 97-101, 103-107, 148, 157-158, 160, 162, 164-165, 170, 173-177, 179-185, 196, 205, 216-217, 281-283, 285-287
　下流　143-145, 147, 154, 157-158, 164, 169, 206, 216, 309, 311, 313
　上流　142-143, 145, 147, 154, 157, 174-175, 185, 193-194, 203-204, 206-207, 210-211, 216, 218, 309, 311, 313
長沙　94, 143, 147, 154, 163, 170, 183, 194, 204, 210-211, 309, 311, 313
朝鮮　18, 84, 171, 195, 232, 234, 260, 270, 286, 293
直接投資　280, 287-288
直隷　→河北
儲備銀券（C.R.B.）　173, 177, 181, 192-194, 204, 206, 209-211, 214-215, 238, 259, 262, 293
鎮江　43, 94, 143, 147, 154, 163, 170, 193-194, 204, 210-211, 309, 311, 313
青島（膠州）　67, 82, 94, 140, 143, 147, 154, 162-163, 170, 177, 193-194, 204-205, 209-211, 233-234, 242, 309, 311, 313
通貨　2, 5, 14, 17, 31, 178, 181, 188-189, 192-193, 198, 204, 209-211, 238, 259, 293
　——供給量　5, 30, 32
　——政策　21, 93, 178, 188, 192, 209, 217
　——制度　5, 35
通過貿易（Transit Trade）　12, 131, 234, 274
津浦鉄道　105
鄭友揆　12, 224, 239, 243, 265
鉄　43, 286
鉄鋼　72-73, 120
鉄鉱石　148, 172
鉄道建設　43, 67, 73, 75, 78-79, 87, 152, 169, 171
鉄道輸送　151-152, 162, 171, 175, 178-181,

343

184, 205, 207-208
デフレーション（デフレ，物価下落） 33, 38, 46, 142, 144, 188
転口税 →国内貿易税
天津 46-47, 65-86, 91, 94, 105, 140, 143, 147, 154, 162-163, 170, 173, 177-178, 193-194, 203-204, 209-211, 233-234, 238, 242, 247, 265, 274, 307-309, 311, 313, 321
天津条約 →条約
ドイツ 177, 181, 195, 201
騰越（騰衝） 94, 143, 147, 154, 163, 170, 177, 183, 194, 204, 210-211, 310, 312, 314
銅鉱 148
陶磁器 32, 62
銅銭（銭） 5, 15, 33, 35, 41, 235
動物（動物製品） 72, 120, 123-128, 132, 145-146, 158, 198-202, 207, 212-215, 315
東北 →満洲
とうもろこし 159
桐油 130, 144, 148, 157, 161-162, 183, 200, 202, 212-215, 282, 315
灯油 73, 180
東南アジア 8, 15-16, 25, 62, 97, 99, 102, 104, 107, 150, 164-165, 171, 175-176, 181, 191, 196, 200-203, 205-206, 208, 216-219, 286-287
途上国（後進国，後進地域） 5-6, 8, 23, 75, 109, 111, 189, 218-219, 231, 277, 280-281, 288
土地改革 111, 281
土布（在来綿布，Nankeen） 13-14, 59, 62, 82, 126, 130

[ナ行]
内国航行権 6
内国通商権 6
内地海関 234
内地市場 7, 59, 274
内地貿易 →通過貿易
内陸部 11, 19, 21, 131, 169, 173, 182, 188, 192-193, 207-208, 212, 216, 287
ナショナリズム 106, 289
南開指数 261-264
南京 94, 103, 143, 147, 154, 163, 170, 173, 193-194, 204, 210-211, 280, 309, 311, 313
南京条約 →条約
南米 →アメリカ
南方 96, 172, 208, 216-217
南寧 94, 143, 147, 154, 163, 170, 183, 194, 204, 210-211, 243, 310, 312, 314
西アジア →アジア
西川博史 187, 191
西ヨーロッパ →ヨーロッパ
二重構造モデル →ルイス
日露戦争 92-93, 96-97, 232
日清戦争 15, 96
日中戦争 20-21, 24, 72, 101, 109, 113, 115, 129, 139-140, 142, 149-150, 153, 160-161, 169, 172-176, 180-181, 184, 188, 192, 208, 276, 285-286
日本
　大蔵省 231, 245
　開港 7, 9
　貨幣制度 30-31
　為替相場 36, 114, 238
　生糸 55-57, 286
　銀 48
　産業革命 4, 15, 34, 92, 139, 281, 288-289
　石炭 152
　大東亜共栄圏 171
　太平洋戦争 171, 176-181, 185, 188, 203, 233
　台湾 214, 217, 219-220, 287
　茶 51-53
　敗戦 25, 93, 180, 190-191
　物価 37-38, 61
　貿易（対中） 15, 18, 20, 23-24, 32, 38-40, 43, 62, 68, 83-84, 92, 97-100, 104-107, 140, 148, 150, 164-165, 171, 174-176, 181, 195-196, 200-203, 205, 208, 218
　貿易（対東南アジア） 203, 219, 286-287
　貿易（対米） 286, 288
　貿易統計 223, 231, 241-242, 244-245
　満洲 15, 24, 65, 92-93, 96-98, 102-103, 105-106, 139, 152, 181, 283-286
　密輸 239, 285
　綿業 11, 15, 32, 58-60, 82, 102
日本軍 152, 165, 169-170, 172-182, 184, 193-

194, 216, 233-235, 285
日本軍占領地域　21, 139, 169, 171, 174, 178, 181-182, 184-185, 188, 190, 192, 194, 204, 206, 210-211, 214-215, 234, 238, 241-242, 285, 293
日本帝国圏　91-93, 95, 103, 140, 181, 185, 279, 283-286
寧波　94, 143, 147, 154, 163, 170, 193-194, 204, 210-211, 309-311, 313
ヌルクセ，ラグナー（Nurkse, Ragnar）　280
ネットワーク（網）　7-9, 16-19, 33, 66, 103, 224
燃料　72, 120, 122, 124-128, 145-146, 155-158, 199-200, 202, 207, 212-215, 235, 315
農業改革（農業開発）　110, 111, 219, 288-289
農業社会（農業国）　5-6, 65, 69, 73, 85-87, 189, 277-278, 280-281, 283, 288-289
農業部門　15-16, 23-25, 48, 69, 79, 86-87, 91-92, 106, 109-111, 172, 176, 185, 190-192, 208, 216, 219-220, 280-281, 283-285, 287, 289-290
農業余剰　110, 219
農工間比価　110
農工間分業　22, 105-106, 139
農産物（農畜産物）　29, 33, 66-67, 72-73, 78-79, 111, 214-215, 288
農村　8-11, 15-16, 29, 33, 65, 169, 289-290
農民（農業生産者）　10-11, 14, 41-43, 69, 78-80, 87, 290

[ハ行]
パーシェ指数　75-76, 141, 249-250, 253, 262-263
パーシェ・チェック　75-76
ハーシュマン，アルバート・O（Hirchman, Albert O.）　280
ハート，ロバート（Hart, Robert）　173, 227
買弁　8-9
廃両改元　238
濱下武志　30-31, 224
哈爾濱　94, 152, 170
皮革　50-51, 62, 72, 75-76, 79, 80, 83, 99, 111, 132, 144-146, 158, 199-200, 202, 315
東アジア　→アジア

東トルキスタン　233
非均衡型市場経済　17, 66
標本（Sample）　141, 250-251, 262, 267, 269-270, 276
標本問題　250
肥料　13, 72
ビルマ　182, 232,
貧困の罠　1, 77, 88, 110, 283
フィッシャー（Fisher, Irving）　12, 248-250
フィッシャー指数　128, 132, 141, 159, 248, 250, 253, 276, 293
フィリピン　201, 203
付加税（輸出付加税）　237, 260, 293
福州　94, 143, 147, 154, 163, 170, 183, 194, 204, 210-211, 309, 311, 313
蕪湖　94, 143-144, 147-148, 152, 154, 163, 170, 193-194, 204, 210-211, 309, 311, 313
埠際貿易　→国内貿易
埠際貿易統計　→貿易統計
藤　145-146, 158, 199
豚毛　72, 161-162, 178, 182, 200, 202, 212-215, 315
福建　16, 163, 194, 204, 206-207, 210-211, 214-215, 217-218, 238
復興政策（復興計画）　24-25, 187, 189-192, 220
仏領インドシナ（仏印，ベトナム）　148, 182, 201, 232-233
フランス　56-57, 201, 233, 244
古田和子　12, 18, 139
ブレトンウッズ体制　189
プレビッシュ＝シンガー命題　23, 69
分業関係　1-2, 6, 14-16, 18-19, 22-23, 63, 66, 87, 91-92, 103, 160, 181, 216-217, 283
平漢鉄道　105
幣制改革　5, 113, 136, 140, 142
北京　66, 81, 105, 241
北京特別関税会議　228
ベトナム　→仏領インドシナ
ベルギー　201
ベルジェール（Bergere, Marie-Claire）　4, 6
貿易財　3, 35, 45, 50, 68-70, 85, 112, 237, 265
貿易自由化（市場開放）　6, 188-189, 191, 197, 288

索 引

貿易収支　30, 32, 44, 49, 91, 133-135, 188, 196-198, 240
貿易政策　6, 21, 109-110, 172, 188
貿易統計　3, 12, 141, 178, 182, 195, 223-231, 233, 235-236, 239, 241-242, 244-245, 247-248, 250, 252, 265, 276, 317
　外国――　95, 187, 228-229, 233, 236-237, 239, 244, 259, 264
　現代――　224-226, 229, 242, 244-245
　国内――（埠際――）　95, 141, 150, 152-153, 160, 188, 234, 236-237, 239, 241, 243, 260, 264, 320-322
　常関――　232
　通過――　234
貿易統制　170, 173-174, 177, 182, 191
貿易物価　35, 44-47, 49-53, 55-58, 60, 68, 70-71, 73-74, 112-115, 123-124, 126, 128-129, 141, 153, 247, 250, 263, 265, 269, 274-275, 315
　移出物価　47, 113, 123, 181, 309
　移入物価　47, 114-115, 311
　外国貿易物価（輸出入物価）　12, 35, 46, 113, 247, 251, 260, 262, 267, 269, 275, 297
　国内貿易物価　46-47, 113, 247, 269, 274, 301, 303
　再移出物価　303
　輸移出物価　45-46, 48, 53, 58, 69-70, 74-75, 79, 85
　輸移入物価　70-71, 74-75, 80
　輸出物価　33, 46-47, 54-56, 60-62, 112, 114-115, 142-147, 149, 159, 198, 209, 262-263, 276
　輸入物価　37-44, 61-63, 112, 114, 198, 263-264, 275-276
貿易報告　223, 238, 317
紡績業　→綿業
法幣　→国幣元
北米　→アメリカ
北海　194, 143, 147, 154, 163, 170, 183, 193-194, 204, 210-211, 232, 312, 314
北方　15, 92, 97, 172
堀和生　20
香港
　占領　185

統計処理　232-234, 236-238, 240, 265-266, 270, 273, 294-296, 305
貿易　39-40, 55-56, 66, 96-100, 104, 107, 119, 148, 164-165, 175-177, 180-181, 195-196, 201-203, 205-207, 218
密輸　48, 81, 227, 232

[マ行]
マーシャル・プラン　189, 191
マカオ　48, 81, 97, 99-100, 104, 107, 164-165, 175-176, 181, 196, 218, 227, 232-233
マクロ経済学　11-12
マクロ経済政策　4-5, 190, 197, 287
マクロ的構造　9, 16, 290
マディソン（Maddison, Angus）　1-2, 78
マッチ　32, 43, 81, 155
万県　94, 143, 147, 154, 163, 170, 183, 194, 204, 210-211, 309, 311, 313
満洲（中国東北地方）　13, 15, 24, 65, 67, 75, 84, 91-94, 96-100, 102-107, 119, 139, 141, 143, 146, 150, 152-154, 157-160, 162, 164, 190, 193, 195, 232-234, 242, 259, 274-275, 281, 283-286, 293, 310, 312, 314, 319-320
満洲里　94, 170
満洲国　24, 93-94, 103, 106, 140, 148, 150, 158-160, 164-165, 170-171, 175-176, 181, 185, 195-196, 233-234, 239, 241, 274-275, 320
満洲事変　24, 103, 173, 184, 286
密輸（密貿易）　48, 81, 153, 178, 182, 184, 232, 239, 274-275, 285
南アジア　→アジア
南アメリカ　→アメリカ
南満洲鉄道株式会社（満鉄）　15, 93, 103
宮田道昭　13-14, 139, 239
明礬　130
明代　13, 66
メーズ，フレデリック（Maze, Frederick）　173-174, 177
メキシコドル　238
綿花　13, 15, 32, 43, 50-51, 58-60, 62, 67, 72, 75-76, 79, 83, 99, 101, 104-105, 122, 124-125, 128, 130, 132, 161, 178, 191, 199-202, 212-216, 266, 278, 315

346

綿工業（綿紡績業） 32, 58-59, 82, 101-102, 106, 170, 175, 191, 207, 212-213, 216, 287
綿糸 15, 32, 34, 41, 43-44, 51, 58-60, 73, 77, 81-83, 98-99, 101, 104-106, 121-122, 126, 128-132, 155, 161, 199-200, 202, 207, 212-215, 315
綿製品 42-43, 101, 120, 144, 150, 178-179, 203, 217
綿布 11, 13-15, 34, 39, 43, 51, 58-59, 62, 73, 82, 85-86, 99, 101, 104-106, 121, 123, 126, 128-132, 153, 155, 161-164, 174, 199-200, 202, 207, 212-215, 230, 315
麺類 62
蒙疆 171
蒙自（昆明） 94, 143-144, 147-148, 154, 163, 170, 183, 194, 204, 210-211, 232, 310, 312, 314
木材 73, 145-146, 158, 199
木製品 72-72
モノカルチャー経済（monoculture economy） 277-278, 282
モリブデン →金属
モンゴル 66-67, 233

[ヤ行]
野菜 →蔬菜
油脂 32, 50-51, 72, 99, 104, 120, 124-128, 131-132, 144-146, 157-158, 199-200, 202, 205, 207-208, 212-215, 278, 315
輸出志向工業化 109, 220, 287-288
輸出市場 →外国市場
輸送手段 3, 21, 151, 208, 239
輸入代替 18-19, 77, 81, 84, 87
輸入代替工業化 20, 24, 32, 82, 84, 106, 109-111, 120, 170, 280, 285, 288
輸入防遏 20, 114, 155, 160
ヨーロッパ（欧州） 6, 8, 14, 18, 20, 23, 30-35, 38, 42-44, 48, 56-57, 60-63, 71, 83, 96, 98, 100-101, 103-104, 107, 164-165, 172, 175-177, 181, 184, 199-202, 205-206, 208, 218, 225, 244
　大陸―― 38, 40, 97
　西―― 6, 14, 23, 33, 171, 189, 191, 228, 280, 282, 287

洋関 →中国海関
洋務派官僚 4, 17, 67
羊毛 51, 60, 62, 67, 72, 75-76, 79, 83, 111, 132, 178, 182, 199-200, 202, 278, 315

[ラ行]
ライスペーパー 239, 275
雷州 94, 143, 147, 154, 163, 170, 183, 194, 204, 210-211, 243, 310, 312, 314
洛陽 170, 183
ラスパイレス指数 75-76, 141, 249-250, 253, 262
落花生 72, 125, 128, 130, 161
蘭州 170, 183
蘭領印度 →インドネシア
リカードの罠 109-111, 281
釐金 81
陸上貿易 182, 232-234
陸路輸送（陸上輸送） 105, 140, 151
李鴻章 67
龍口 94, 143, 147, 154, 163, 170, 194-195, 204, 210-211, 309, 311, 313
龍州 94, 143-144, 147-148, 154, 163, 170, 183, 194, 204, 210-211, 232, 310, 312, 314
龍井村 94, 152, 170
流通構造 3, 17-18, 63
両大戦間期 19, 22, 93, 109-115, 117, 137, 172, 276, 278, 282, 286
臨時戦時消費税 182, 234
ルイス, W. アーサー（Arthur, William Lewis） 109, 281
歴史統計（歴史的統計） 12, 224, 227, 247
列強 3, 96-97, 144, 173, 228, 280
連銀券（F.R.B.） 173, 181, 192-194, 204, 206, 209-212, 214-215, 238, 259, 262, 293
連合国 170, 177, 179-180, 182, 184, 193
労働（労働力） 79, 87, 91, 109, 191, 280-281
労働者 8, 175
労働生産性 34, 288
労働力移動 15-16
ロシア →ソ連
ロンドン 52-53, 56-57, 238
ロンドン・シティ 174

[著者略歴]

木越　義則（きごし　よしのり）

1974年　秋田県大館市に生まれる
1999年　京都大学経済学部卒業
2003年　中華人民共和国清華大学公共管理学院高級進修生
2008年　京都大学大学院経済学研究科博士後期課程修了
　　　　経済学博士（京都大学）
　　　　京都大学大学院経済学研究科研究員などを経て
現在　　関西大学政策創造学部非常勤講師
　　　　大阪産業大学経済学部非常勤講師

主要業績

「満鉄撫順炭鉱の労務管理制度と小把頭 ── 1901～1940年 ── 」（『日本史研究』560号，2009年）
「戦前期中国の全国市場圏の形成と日本帝国」（『社会経済史学』第76巻第3号, 2010年）

（プリミエ・コレクション　12）
近代中国と広域市場圏 ── 海関統計によるマクロ的アプローチ
© Y. Kigoshi 2012

2012年5月25日　初版第一刷発行

　　　　　　　　著　者　　木　越　義　則
　　　　　　　　発行人　　檜　山　爲次郎
　発行所　　京都大学学術出版会
　　　　　　京都市左京区吉田近衛町69番地
　　　　　　京都大学吉田南構内（〒606-8315）
　　　　　　電　話（075）761-6182
　　　　　　ＦＡＸ（075）761-6190
　　　　　　ＵＲＬ　http://www.kyoto-up.or.jp
　　　　　　振　替　01000-8-64677

ISBN 978-4-87698-215-8　　　印刷・製本　㈱クイックス
Printed in Japan　　　　　　　定価はカバーに表示してあります

本書のコピー，スキャン，デジタル化等の無断複製は著作権法上での例外を除き禁じられています。本書を代行業者等の第三者に依頼してスキャンやデジタル化することは，たとえ個人や家庭内での利用でも著作権法違反です。